# Coisas, velhas e novas

Dados Internacionais de Catalogação na Publicação (CIP)
(Câmara Brasileira do Livro, SP, Brasil)

Harada, Hermógenes
  Coisas, velhas e novas : à margem da espiritualidade franciscana / Frei Hermógenes Harada. – Petrópolis, RJ : Vozes ; Bragança Paulista, SP : Editora Universitária São Francisco, 2021.

  Bibliografia.
  ISBN 978-85-326-6482-2 (Vozes)

  1. Cristianismo 2. Deus 3. Espiritualidade 4. Franciscanos 5. Teologia sistemática 6. Vida cristã – Escritores católicos I. Título.

20-34875                                             CDD-248.894

Índices para catálogo sistemático:
1. Espiritualidade franciscana : Cristianismo    248.894

Maria Alice Ferreira – Bibliotecária – CRB-8/7964

Frei Hermógenes Harada, OFM

# Coisas, velhas e novas

À margem da espiritualidade franciscana

Petrópolis

Bragança Paulista

© 2021, Editora Vozes Ltda.
Rua Frei Luís, 100
25689-900  Petrópolis, RJ
www.vozes.com.br
Brasil

Editora Universitária São Francisco – Edusf
Avenida São Francisco de Assis, 218
Jardim São José
12916-900  Bragança Paulista, SP
www.saofrancisco.edu.br/edusf
edusf@saofrancisco.edu.br
Brasil

Todos os direitos reservados. Nenhuma parte desta obra poderá ser reproduzida ou transmitida por qualquer forma e/ou quaisquer meios (eletrônico ou mecânico, incluindo fotocópia e gravação) ou arquivada em qualquer sistema ou banco de dados sem permissão escrita da editora.

**CONSELHO EDITORIAL**

**Diretor**
Gilberto Gonçalves Garcia

**Editores**
Aline dos Santos Carneiro
Edrian Josué Pasini
Marilac Loraine Oleniki
Welder Lancieri Marchini

**Conselheiros**
Francisco Morás
Ludovico Garmus
Teobaldo Heidemann
Volney J. Berkenbrock

**Secretário executivo**
João Batista Kreuch

*Editoração*: Maria da Conceição B. de Sousa
*Diagramação*: Raquel Nascimento
*Revisão gráfica*: Nilton Braz da Rocha / Fernando Sergio Olivetti da Rocha
*Capa*: Ygor Moretti

ISBN 978-85-326-6482-2

Editado conforme o novo acordo ortográfico.

Este livro foi composto e impresso pela Editora Vozes Ltda.

# Sumário

*Apresentação*, 7

*Introdução*, 15

I – Experiência, 19

    1 A pergunta: O que é espiritualidade?, 19

    2 Da experiência, 42

    3 O meio-silêncio, 55

II – A experiência de Deus, 68

    4 Importa não ser, 69

    5 Reflexões de quem não sabe o que é a oração, 82

III – Blá-blá-blá acerca da experiência de Deus, 98

    6 Experiência de Deus: a identidade religiosa, 99

    7 O Deus feito experiência, 107

    8 O pivô da experiência do Deus cristão e o seguimento de Jesus Cristo: amarás..., 111

    9 O modo de ser do trabalho da experiência, 114

    10 O lugar do querer na experiência de Deus, 119

IV – Liberdade dos filhos de Deus, 125

    11 Espírito e liberdade, 125

    12 A rosa é sem porquê, 135

    13 Contemplação franciscana, hoje?, 142

V – Vida religiosa consagrada e liberdade interior, 152

    14 Da pobreza, 152

    15 Da pobreza da obediência, 171

    16 Da obediência, 185

    17 Da virgindade consagrada: um problema do celibato?, 192

    18 Da vida fraterna, 207

VI – Os afazeres espirituais, 217

    19  Vida espiritual: trabalho ou ócio?, 218

    20  Meditação cristã?, 222

    21  A boa vontade, a semente de mostarda, 229

    22  A autonomia da boa vontade, 234

    23  A imitação, 238

    24  A pessoa, o corpo do encontro, 242

    25  O bem-fazer, 246

    26  A perfeição, 251

    27  As dificuldades, um mal necessário?, 255

    28  O elementar, 259

    29  A vocação franciscana, 264

    30  Formação permanente?, 271

    31  A criança, 280

    32  O bom exemplo, 284

VII – Chatice de usuais pré-conceitos, 290

    33  O esquema sujeito-objeto, 291

    34  O pessoal e o social, 300

    35  Uma dúvida, apenas..., 306

    36  Tempo, 310

*À guisa de uma conclusão*, 315

*Referências*, 317

# Apresentação

*Um abismo chama outro abismo ao fragor das cataratas*
(Sl 42(41),8).

O livro que o leitor tem em mãos intitula-se *Coisas, velhas e novas: à margem da espiritualidade franciscana*. São obra e fruto da práxis reflexiva do Frei Hermógenes Harada, a qual se realizou ao longo de muitos anos, em seu serviço aos religiosos e religiosas, em encontros cujo interesse maior era o cuidado pela espiritualidade franciscana. O livro é uma coletânea, um recolhimento, de coisas escritas, cujo escopo era sempre de novo servir a essa causa. É obra do trabalho artesanal do pensamento do Frei Harada. A re-edição desta obra visa celebrar, com gratidão, a memória desse pensamento e desse pensador, que há uma década (21/05/2009) fez o seu trânsito definitivo. Celebrando, visa deixar emergir a vigência latente do passado no presente, a qual não somente nos segue, mas antes nos precede, em todo empenho nosso de responder ao apelo do futuro.

Nestes escritos se revelam o artesão do pensar, que, sempre de novo, se ocupa com as coisas da espiritualidade. No espírito de artesão, de mestre pensador, o autor considerava o repertório de escritos ao modo de um depósito, de uma "miscelânea de sucatas", para o uso "caseiro", "tralhas". O autor, como um pai de família, recolhe de seu depósito coisas velhas e novas, que possam prestar para o serviço da casa. Resulta, portanto, do trabalho de conservação, crescimento e fomento do viço e do vigor da moradia. Os escritos são, portanto, fruto do estudo, isto é, do empenho do trabalho intelectual, no serviço aos que habitam a morada da espiritualidade franciscana, fruto do empenho e desempenho do cuidado pelo *ethos*, ou seja, do habitar nessa morada. É, portanto, fruto da práxis do autor, na sua autorresponsabilização pela permanência na Terra dos homens. É fruto de empenho e também de luta, do combate ontológico da vida – o bom combate do *homo viator* – que, como São Francisco, sabe-se peregrino e viandante da existência. Combatendo o bom combate da vida no pensar e no crer, Frei Harada inscreveu sua existência na história e escreveu estes escritos, que, neste livro, o leitor pode colher e recolher, com sua leitura. Bom é esse combate, pois promove a vida em sua totalidade.

Estes escritos se apresentam como "marginais". Estão à margem, tanto da filosofia quanto da espiritualidade da fé cristã e franciscana. Estes textos não são e não pretendem ser nem de filosofia nem de teologia e espiritualidade. Mas, o que é este "nem isto – nem aquilo"? Resposta: Nada. É justamente em meio a esse nada que, nestes textos, o autor deixa ressoar, seja a coragem e a ousadia questionadora do pensar, que funda a filosofia, seja a cordialidade e obediência da fé, que funda a teologia e a espiritualidade cristã e franciscana. Oscilando nesse nada, o autor, como um burro trágico, que não consegue suportar o peso que carrega, e nem lançá-lo fora, afunda, isto é, vai ao fundo, às profundezas abissais da existência humana, de sua facticidade.

O livro apresenta-se como uma fuga musical – como modulações e variações de um mesmo tema. Esse tema é, na verdade, uma pergunta: O que é isto – a espiritualidade? No afundar do pensamento, esta pergunta deixa de ser uma pergunta positiva, ôntica, para ser uma pergunta essencial, que abre, sempre de novo e a cada vez, em cada novo tema, à vastidão, profundidade e dinâmica criativa da realidade. Cada nova colocação de cada novo tema repete o mesmo movimento: o da experiência do abismo insondável da possibilidade de ser. Assumindo o confronto com a indigência do niilismo contemporâneo, a discussão sempre de novo e de modo novo busca colocar o *positum* da espiritualidade franciscana no nível da vastidão, profundidade e criatividade da questão do sentido do ser. E esse questionamento se faz (re)fundação da existência no mistério do ser. A pergunta "O que é isto – a espiritualidade?" soa então como a exclamação da admiração atônita que ressoa sob o toque da imensidão, profundidade e dinâmica fontal da possibilidade de ser, da Terra. Assim, a existência humana, que se exerce como um habitar a Terra, recobra o seu frescor, a sua nitidez, a sua claridade, vivacidade, flexibilidade e firmeza, enfim, a sua pregnância, deixando ressoar limpidamente o tinir do ser em tudo o que está sendo.

A questão do sentido do ser se dá como paixão, coração inquieto, anelo e saudade, elã, de uma busca interrogante e investigadora, que se abre, numa receptividade cordial, ao toque e ao envio do mistério de ser, na viagem da experiência da existência histórica, e se faz, assim, disposição para o nada do ser (já que ser não vige como ente nenhum), decisão para a clara e precisa espera do inesperado, ausculta e ressonância da gênese do todo da vida. O modo de ser da acolhida dessa ausculta e ressonância se chama espírito.

Espírito não é, aqui, nada de abstrato nem de imaterial. Espírito é, antes, o vigor do mistério da vida. A partir daí a espiritualidade se presenta e apresenta como o cultivo cordial do espírito – do vigor do mistério da vida. O pensar é realização do espírito: como o puro nada da recepção do sentido do ser. O pensar deixa ser a entoação do que está sendo no *medium* do silêncio do nada. Também o crer é uma realização do espírito. A fé tem sua possibilidade a partir dela mesma e não a partir do pensar. O pensar, face à fé, só pode experimentar sua impossibilidade. Na experiência dessa impossibilidade, o pensar afunda para dentro de si mesmo. Mas, nesse afundar, o pensar repercute mais nitidamente, desce o abismo da possibilidade do ser. Não só, estranhamente, também a existência na fé passa a repercutir mais nitidamente para dentro dela mesma, a partir do fundo-abismo do mistério, do *logos* da Cruz.

Assim, os escritos levam o leitor a afundar, seja como pensador, seja como crente, no não saber, não poder e não ser. Tanto a existência do pensar quanto a existência da fé ficam suspensas em si mesmas pairando nesse abismo. A existência ganha, assim, a cada vez, em contenção. E é esta contenção que deixa tinir a autoidentidade e, ao mesmo tempo, ressoar a diferença, a alteridade. Surge, assim, enfim, uma positividade nova, que vem do nada. Na posição da existência se dá o tinir do silêncio do nada – o *medium silentium* de Eckhart. Trata-se de um silêncio que clama, pois evoca, invoca, provoca e convoca cada coisa a ser propriamente ela mesma, a realizar o mistério da identidade, na ressonância das diferenças.

O leitor é convidado, pois, a fazer, a concentrar-se todo no dito e no não dito destes escritos, para auscultar esse silêncio que é o meio, o elemento, a atmosfera e o permeio, em que viceja cada novo esforço de reflexão destes escritos. Não é à toa que, após a reflexão inaugural, o texto conduz o leitor a pensar a experiência e o meio-silêncio. Somente a partir da transitividade da experiência – entendida como a viagem da existência – que se abre para o meio-silêncio e sua sonância, é que o discurso da fé a respeito de Deus pode ressoar com vigor e nitidez. O leitor, então, aprende a importância do não ser e do deixar, do desprendimento, como um habitar na proximidade da serenidade do mistério. Então, a oração deixa de ser idolatria para ser *laudes*, louvores em que retinem a ressonância da entoação do mistério de Deus, a acolhida do mistério tremendo da Deidade, de sua bondade inefável, evocada e invocada quando o discípulo de Jesus Cristo diz: "Pai nosso que estais nos céus..." É na viagem do mistério, no meio-silêncio, que Deus deixa de ser um objeto e um ídolo para ser uma experiência. O momento (*kairós*) da fé é, sempre de novo e de modo novo, o vislumbre do instante da clarividência do mistério da Deidade desse Deus feito experiência – a percussão e a repercussão do encontro, que transforma todo o existir humano na gratuidade de um renascimento: novo homem, novo céu e nova terra.

A facticidade da existência da e na fé vem a ser exposta em sua fenomenologia nas páginas que se seguem. A identidade do viver cristão, exemplarmente consumada na vida de São Francisco de Assis, ressoa como seguimento de Jesus Cristo Crucificado. Ser cristão é perfazer essa identidade como história. O sentido dessa existência da e na fé cristã é envio que avia o discípulo a partir do encontro com Jesus Cristo Crucificado, o Deus-homem feito experiência. O mistério da Cruz é a fonte a partir da qual emerge o viver cristão como renascimento de todas as coisas, novo homem, novo céu e nova terra. O pivô dessa experiência cristã da vida é o Mandamento Novo: o "Amarás..." A identidade cristã é realizada, consumada, no "Amai-vos uns aos outros", no servir a toda humana criatura, como fez Jesus Cristo, cujo testamento e testemunho se consumou em sua paixão e morte na Cruz. Jesus Cristo revelou o rosto do Deus servo de toda humana criatura. Na fraqueza da Cruz, o crente encontra o vigor de Deus. Na loucura da Cruz, a sabedoria de Deus. O ápice dessa revelação do Crucificado é: Deus é Amor. Ele não tem outro poder que a fragilidade, a vulnerabilidade da benignidade, da gratuidade, da jovialidade de ser, do amor-caridade. Ser cristão é tornar-se menor com esse Deus do Cristo Crucificado, o "*Abba*: Pai!"

O perfazer da identidade, porém, exige trabalho. O modo de ser do trabalho artesanal da experiência vem à luz nos escritos seguintes. O segredo desse modo de ser é a paciência. É pela paciência – o vigor do receber e do suportar – que o seguidor de Cristo adquire a vitalidade de sua vida. A paciência está longe de ser mera resignação. Ela é, antes, a perseverança na dinâmica da boa vontade, que se renova em toda a ação e paixão, em meio aos apertos, às premências, às tentações, às perseguições e rejeições etc. A boa vontade é o querer o querer do próprio querer. Mas aqui a potencialização do querer se realiza como busca de doar-se na recepção ao mistério da gratuidade e à gratuidade do mistério. Esta boa vontade é a dinâmica da liberdade dos filhos de Deus.

O Espírito é liberdade. Como Dante, também Frei Harada intuiu o Espírito Santo, o Sopro Sagrado, como o sorriso da liberdade de Deus. É a vida do mistério da gratuidade. A rosa sem por quê de Silesius florescendo. De repente, a pergunta "O que é isto – a espiritualidade?" se torna ela mesma resposta-correspondência ao toque desse mistério.

Seguindo esse *ductus*, essa condução, o texto então traz à fala uma fenomenologia da vida religiosa consagrada franciscana como experiência da liberdade interior – a clareira do ser. Os momentos estruturantes dessa vida vão sendo tratados de modo a conduzir o leitor, a cada vez, para o seu fundo ontológico-existencial, isto é, para o abismo da possibilidade do ser. É então que a pobreza se mostra como acolhida da riqueza essencial, abertura radical ao inesgotável mistério do envio jovial da liberdade de Deus. A obediência se mostra como a simplicidade da facticidade da existência. Obediência é a própria existência que se abre à regência cordial do mistério e aos seus envios nas vicissitudes e peripécias da história. O sentido do celibato aparece como a solidão perfeita da vida. A virgindade consagrada, como pobreza, desprendimento, do serviço à vida. No viver cristão, tanto o não matrimônio quanto o matrimônio é "por causa do Reino dos Céus": a vigência reinante, a regência, do Amor, que é Deus. A vida fraterna é a responsabilidade de ser exercida na convivência, nos encontros e desencontros com os outros, que são recebidos sempre como irmãos. É a prática, mais uma vez, do "amai-vos uns aos outros como eu vos amei", isto é, da caridade, do amor-gratuidade atestado e testemunhado pelo Cristo Crucificado.

Como este livro se concentra no trabalho artesanal da experiência do espírito, os afazeres espirituais são tematizados em sua dinâmica. O essencial dessa dinâmica se chama repetição. Não se trata da pseudorrepetição, compulsiva, estéril. Trata-se, antes, da verdadeira repetição, que se dá à medida que o homem se faz novo sempre de novo para solicitar e demandar a força criativa e criadora do espírito, do vigor da vida. O trabalho que é realizado gratuitamente, livremente, sem por quê, como exercício da criatividade do espírito se chama ócio. Nele vige a doação de si que deixa ser a concreção da obra da identidade, a cada vez. É o modo de agir e trabalhar fontal: o modo de ação do Deus de Jesus Cristo, que diz: "Meu Pai trabalha sempre e eu também trabalho" (Jo 5,17). Trabalhar é, aqui, pôr em obra, perfazer a obra do Espírito, da liberdade de Deus.

Nessa perspectiva, contemplação e meditação aparecem como o exercício da boa vontade, da disposição de fazer a vontade de Deus, isto é, de querer o que e como Deus quer. E o querer de Deus é amor. Essa boa vontade da benevolência é como a semente de mostarda de que fala Jesus no Evangelho. É como o *bindu*, o ponto, a pinta, a partícula, a mônada, que atua como centro criativo da vida. É pura potencialidade. A centelha divina no humano. A autonomia. O erguer-se em si mesmo que diz sim à vida. A boa vontade experimenta no não poder, na impossibilidade, na Cruz, o abismo de possibilidades da gratuidade, em que tudo ressurge. Essa boa vontade acontece no perfazer da obra do espírito. A imitação de Cristo, aqui, reaparece como a aprendizagem desse perfazer, como o empenho de re-petição, em que vem à tona a originalidade e originariedade do vigor criativo da vida. Esse empenho de re-petição se dá na concreção da existência, nos envios da história, na viagem da experiência, como luta corpo a corpo, como *full contact*. No bem-fazer desse perfazer, o ser humano se perfila; surge, então, a pessoa como o corpo do encontro. Nessa perfilação, as dificuldades deixam de ser um mal necessário, elas passam a ser acolhidas e colhidas como envios do mistério, naquela paciência em que, somente, o homem pode adquirir o vigor da vida. Tudo isso é o elementar. O trabalho do espírito consiste, pois, em cuidar do cuidado pelo elementar. No elementar está o essencial que há de ser sempre de novo re-petido, isto é, re-tomado, na dinâmica do crescimento e da maturação da identidade.

Em meio a tudo isso, a vocação franciscana vai aparecendo como ser na jovialidade do mistério da gratuidade de Deus, como amor à Senhora Pobreza, como seguimento de Jesus Cristo, o Deus feito experiência, feito homem pobre e humilde, e servo de toda humana criatura. Nessa perspectiva, a educação deixa de ser informação, instrução, adestramento, para ser formação. E formação deixa de ser mero enquadramento numa forma, para ser essencialização, realização da maturação da identidade, no perfazer da obra do espírito. Essa formação, por sua vez, é permanente, isto é, o seu segredo consiste em permanecer, em perseverar, na gratuidade da re-petição e na re-petição da gratuidade. É pedir sempre de novo, e de modo novo, o vigor de ser na jovialidade da graça. Pedir significa, por sua vez, dispor-se a receber. Quem vive assim se torna como criança. Faz-se, como o Jesus Cristo, o Deus-encarnado, pequenino. No pequenino se concentra a grandeza da simplicidade. Ele habita junto à fonte da vida. Vive na dinâmica da doação plena. Suposto tudo isso, o discurso sobre o bom exemplo toma um outro sentido, não moralizante. O bom exemplo é o exemplo que mostra a dinâmica do fazer e do perfazer, a dinâmica da doação plena à consumação da obra do espírito.

O livro, ainda, traz à discussão a "chatice dos pré-conceitos". Ser homem é interpretar. Toda interpretação, por sua vez, parte de pressuposições, isto é, de posições prévias, de visões prévias, de conceituações prévias. Pensar não é mera tomada de posição. Pensar é pôr em questão as pressuposições, os pré-conceitos, os pré-julgamentos. É buscar ver. É deixar aparecer a evidência da coisa mesma – do fenômeno. Por tudo isso, na práxis fenomenológico-reflexiva, a que o Frei Harada tanto se dedicou, boa parte do trabalho consiste na destruição das formas defasadas de nossa mentalidade usual.

Destruir não é, aqui, porém, anular e arrasar. Destruir é, antes, o empenho de reconduzir nossas pressuposições às fontes da evidência, à intuição da coisa mesma, à experiência, à clareira do ser. Nesse sentido, o livro, a caminho do fim, convida o leitor a realizar o enfrentamento de alguns esquemas mentais e suas dicotomias (sujeito e objeto; pessoal e social etc.) que dominam nossa mentalidade cotidiana.

Assim, a pergunta "O que é isto – a espiritualidade?" vai abrindo caminhos, sendas, na clareira do ser. O espírito vai vindo à tona como o mistério da vida. E a espiritualidade como a cura, isto é, o cuidado, pelo todo da vida. Mas, para o viver cristão, a vida da vida é o Deus de Jesus Cristo. O Espírito, enfim, aparece como a liberdade desse Deus. O Espírito é Deus... E não pode ser visto senão no espírito. Bom vidente não é o que vê o visível, mas o que vê o invisível. É o que vê o visível no invisível. Em vez de dizer, Deus é um espírito, afirmação metafísica, a reflexão diz: o Espírito é Deus, o Deus de Jesus Cristo, o Pai. E só se pode vê-lo, isto é, conhecê-lo, sendo como Ele é, enfim, sendo filho no Filho. A gênese desse filho no Filho – o tornar-se o que se é, para o cristão – acontece como história (cf. *História de uma alma*). Nessa história, todo o momento se torna momento oportuno (*kairós*) de salvação, isto é, de abrigar-se no vigor essencial da vida. Toda atualidade, todo o passado, todo o futuro, todas as articulações do tempo, que nós mesmos somos, se recolhem no ins-tante, ou seja, naquela mirada de olhos, em que o olhar enamorado do mistério para com o homem e do homem para com o mistério se cruzam, se encontram, e se tornam um só olhar, uma só mirada.

A cada página deste livro, não só na conclusão, o leitor é chamado a retornar à sombra da gratuidade do mistério. É instado a ir para o fundo, para o centro do todo da vida, para o chão, a terra oculta, em que se enraíza a existência humana, em que, segundo Mestre Eckhart, somos nascidos continuamente pelo toque da gratuidade e da jovialidade do Pai de Jesus Cristo. O trabalho artesanal da obra do espírito acaba revelando, assim, seu sentido mais profundo: é a gênese de nós mesmos como filhos no Filho unigênito. Espiritualidade, então, aparece como o acontecer dessa gênese. Nessa perspectiva, pode-se entender por que o livro termina, numa suspeita, acenando para a vigência da espiritualidade fora dos conventos, no "fundo do quintal do mundo secular", vigência que se dá e se retrai na "solidão cinzenta das estações do metrô e das ruas desertas nas noites abandonadas", sim, mesmo no corre-corre do trânsito na hora do *rush*. A todo o momento e por toda a parte a sombra da espiritualidade abraça os desertos da Terra dos homens. Para o viver cristão isto significa: "A boa sombra da gratuidade da boa-nova do Deus de Jesus Cristo gosta de retrair-se no fundo oculto e desprezado da cidade de pedra, onde a existência humana, em sendo pobre, é valente, buscando corpo a corpo a sua sobre-vivência...".? Assim, o mistério da identidade e a identidade do mistério acontecem nos cimos, nos vales e em todos os abismos da existência humana. Ele, silenciosamente, clama. Que o leitor, pois, se sinta convidado, na leitura destas páginas, a escutar este silencioso clamor e a deixá-lo percutir e retinir em sua existência. Boa leitura.

*Marcos Aurélio Fernandes*
*Renato Kirchner*

# Introdução

O título deste livro evoca a parábola de Jesus sobre o Reino dos Céus: "Por isso, todo escriba que se torna discípulo do Reino dos Céus é como o pai de família que de seu tesouro retira coisas novas e velhas" (Mt 13,52). As reflexões que aqui se reúnem, porém, não têm nada a ver nem com o *tesouro* nem, muito menos, com o *Reino dos Céus*. Trata-se simplesmente de algo muito banal, a saber, de coisas escritas, ora velhas, ora mais recentes; algumas já publicadas, outras não; fruto de reflexões feitas esporadicamente em diversos encontros de espiritualidade franciscana. O título mais adequado seria, talvez, *Miscelânea de sucatas, velhas e novas, do depósito das reflexões franciscanas*[1]. Sucatas podem ser úteis, de modo provisório, a quem não tem outro recurso melhor e mais adequado. Podem fazer funcionar, ainda que por um tempo, um aparelho parado por falta de peças. Mas as seguintes tralhas de reflexões franciscanas só poderiam ser de alguma forma úteis, se quem as cata do depósito sofre também da enfermidade de que essas reflexões se ressentem. Essa enfermidade é na verdade uma *mania*. A modo de introdução, tentemos dizer mais ou menos, no que se segue, de que mania se trata.

Na espiritualidade, bem como em qualquer matéria, há diversos temas. Na colocação desses temas entram em jogo muitos aspectos. E um desses aspectos é o filosófico, enquanto ali se usam conceitos e termos que foram tirados da filosofia. Nem as compreensões e pré-compreensões, nem os conteúdos desses conceitos são analisados ao se tratar dos temas espirituais; pois, no uso, já são pressupostos como obviamente compreendidos. Esse caráter do "obviamente

---

1. Os títulos das reflexões desta obra sugerem pusilanimidade. Se alguém é franciscano e denomina "à margem de" a tentativa de refletir acerca da espiritualidade de sua ordem religiosa, alguma coisa não está em ordem, pois tais reflexões podem não ter nada a ver com o espírito de São Francisco e de seus verdadeiros seguidores. Talvez, no que se segue, as reflexões não passam de pensamentos piedosos e edificantes – digamos, de uso caseiro, certamente válidos, mas que não convém a uma publicação do estilo acadêmico-científico. Por outro lado, é uma tentativa e tentação de dizer de um jeito muito pouco especializado, mas presumível e pretensiosamente franciscano, o que poderia ser importante para quem gosta da espiritualidade franciscana.

compreendido" não diz respeito propriamente aos conceitos e termos filosóficos, mas sim ao processamento que esses conceitos e termos sofreram ao ser assimilados a partir e dentro do uso da espiritualidade. E se perguntarmos pelo *a partir e dentro* de que foram processados e assimilados responderemos que é a partir e dentro da *dimensão da fé*. Assim, surge o problema de como entender esses conceitos e termos, uma vez que, de um lado, como filosóficos, não são nada claros – ou melhor, são antes uns pontos referenciais; mais implicantes de questões do que de soluções[2]; e, por outro lado, uma vez subsumidos e assimilados sob a experiência viva da fé, devem ter recebido o seu significado próprio enquanto o vir à fala da experiência da fé.

As seguintes *coisas, velhas e novas*, são reflexões que, ao tratar de temas que são da espiritualidade, se ressentem constantemente dessa dificuldade de compreensão, embora isso não esteja dito explicitamente. Por causa desse "ressentimento" tais reflexões não pertencem propriamente à espiritualidade. Para que fossem próprias da espiritualidade seria necessário mais fé. A partir dessa carência torna-se possível sentir o quanto tais reflexões são marginais; ou melhor, marginalizadas da espiritualidade. Por isso, de um lado, as coisas da espiritualidade, óbvias e conhecidas a quem está por dentro delas, aparecem nestas reflexões de modo muito fragilizado, pálido, enfermo e, talvez, também ingênuo, para não dizer ignorante e ignorado, ao serem interrogadas no seu ser. Assim, quem é da espiritualidade achará que estas reflexões estão expondo banalidades espirituais, como alguém que, ignorante da causa, está "chovendo no molhado" ou "recitando o Pai-nosso ao vigário". Por outro lado, a quem está afeito à precisão e profundidade da "acribia" filosófica, aos arrazoados e descrições, estas reflexões são certamente insuficientes e inconvenientes. Dito de outro modo: a tais reflexões falta o vigor do conhecimento. Por isso, elas não são nem espirituais, nem filosóficas, mas particulares. Só que, nas coisas da filosofia, em toda e qualquer busca das "últimas e primeiras" causas, quando levada a sério a sua orientação, vai-se na direção de um *não saber do fundo*, no qual não se trata de mais e melhor saber, mas sim de deixar que o próprio saber vá a pique, como a afundar sob o seu próprio peso. Aqui, a

---

2. Assim, esses conceitos, enquanto filosóficos, não ajudam a confirmar e explicar a experiência da fé; ou seja, não se constituem instrumentos em função da fé. Tais conceitos filosóficos são, antes, questionadores não da experiência da fé, mas da explicação e da justificação "racionais" das afirmações "dogmatizadas" que a expressão da fé faz da sua coisa e da sua causa, servindo-se desses como muletas. O único bom serviço que esses conceitos filosóficos poderiam oferecer à experiência da fé residiria mais em mostrar que ali há somente entrecruzamentos de questões e nenhuma solução, nenhuma confirmação ou negação.

única forma de ser das reflexões não seria a do particular, isto é, do confronto consigo mesmo, sem nenhuma pretensão ou expectativa de poder dizer algo de válido aos outros, a não ser a si mesmo? Esse ir a fundo de si, ir a pique, é o único necessário da busca como sua autoidentidade. Nesse sentido, toda a reflexão do tipo é autoafirmação. Esta autoafirmação, porém, não deve ser a empáfia da pretensão do saber inflado nem a sua variante "pseudo-humilde" da autonegação de si enquanto camuflagem da autoafirmação enferma, privada de sua propriedade. Autoafirmação, aqui, deve ser de modo próprio, e não alheio. Nessa perspectiva, as nossas reflexões querem ser próprias, mas logo viram particulares, porque estão ressentidas da ambiguidade da ausência da propriedade do pensar e da fé.

A enfermidade, a partir e dentro da qual estas sucatas do pensamento foram feitas, consiste justamente nesse particularismo proveniente da falta de identidade da propriedade do pensar e da fé.

Que algo assim particular – portanto, sem utilidade comum – deixe-se publicar vem certamente da vaidade. Mas, quem sabe, estas reflexões procedem da vaidade que se expõe na sua privação da fé e do saber, justamente por estar fascinada de alguma forma da/pela cordialidade da fé e da/pela coragem do pensar de alguém como São Francisco de Assis; e, por isso, embora não conseguindo buscando ser, como ele, jovial e intrépido na causa de uma busca maior e melhor. Assim, a entoação de fundo das seguintes reflexões poderia ser na *ambiguidade* o estímulo do aguilhão do aforismo presente na obra *Crepúsculo dos ídolos*, de Friedrich Nietzsche: "Pode um jumento ser trágico? Que se afunde debaixo de um fardo que não pode carregar, nem jogar fora?... O caso do filósofo"[3]. Este, aliás, é o caso do homem da fé e do homem do pensamento, cada qual a seu modo; não sendo, porém, de modo algum, o do amador da filosofia que apenas cai de amores pela espiritualidade, como é o nosso caso.

---

3. "Kann ein Esel tragisch sein? – Dass man unter einer Last zu Grunde geht, die man weder tragen, noch abwerfen kann?... Der Fall des Philosophen". In: NIETZSCHE, F. *Götzen-Dämmerung*. Vol. 6. Munique/Berlim: Deutscher Taschenbuch/Walter de Gruyter, 1980, p. 60 [Tradução nossa]. Mas, então, que utilidade teriam estas reflexões "espirituais"? Talvez nenhuma; ou então, a de simplesmente convidar a espiritualidade, que vem da linguagem da fé, a ir a fundo nela mesma, não no sentido de sucumbir e ir a pique num *não saber do fundo do nada*, mas sim de vir cada vez mais cordial e gratuitamente à fala, a partir *da plenitude abissal e insondável do mistério da anterioridade, superioridade e profundidade do encontro de e com quem se nos doou primeiro*.

# I
# Experiência

## 1 A pergunta: O que é espiritualidade?[4]

Hoje, a palavra *espiritualidade* insinua um quê de chique, de fino e grã-fino; *espiritual*, por sua vez, algo de etéreo, sublime, superior, não corporal, para além do sensível; e *espírito*... bem, se não for confundido à guisa de fantasma ou assombração, pode evocar também, às vezes, algo como força, presença, vigor e vitalidade. Mas, de que coisa se trata quando, *na vida cristã*, falamos tanto de *espírito*, de *espiritual* e de *espiritualidade*? Formulando mais decididamente: *O que é espiritualidade?* Esta *pergunta* é, pois, o tema da seguinte reflexão.

### A pergunta "O que é espiritualidade?" como tema

O tema da pergunta é muito extenso. Por ser extenso, sói permanecer geral, indeterminado. É necessário, pois, dar rumo ao tema, para que não se busque de modo disparatado. Para isso é necessário delimitar o tema. A expressão *delimitar o tema* pode induzir-nos a escutá-la como *demarcar área* e nos insinuar uma representação de superfície ali estendida, da qual podemos

---

4. Como já dissemos inicialmente, este livro se define enquanto coletânea de reflexões escritas como artigos que, publicados em distintas revistas e em circunstâncias e ocasiões diferentes, formam cada qual um todo. Para dar a este trabalho um caráter de conjunto, uma dinâmica de reunião, tais reflexões, pautadas em diferentes temas e títulos, foram ajuntadas, recolhidas numa ordem que as articule a partir de uma aproximação de sentido. Por isso, acrescentamos depois do título de cada capítulo, que corresponde a um conjunto de artigos, uma breve reflexão que evidencie nesse enfeixamento uma forma de sequência e unidade como um todo. Não se esconde, pois, o interesse de que estas reflexões sejam lidas como se fossem modulações e variações de um mesmo tema musical, como sói acontecer numa fuga musical. Cumpre assim lê-las, mesmo que as variações não modulem nem fluam na agilidade e flexibilidade de uma fuga sonora. Feitos estes esclarecimentos de corte metodológico, queremos muito agradecer ao Professor Enio Giachini e ao Frei Jairo Ferrandin, por cuja colaboração de colecionar, reunir e digitar todos os artigos aqui apresentados a composição deste trabalho tornou-se viável e menos árdua.

destacar um segmento; assim também, *dar rumo ao tema* pode ser representado como determinar o objetivo, fixar um fim, traçar um caminho de antemão, definir meta. São essas representações que nos induzem à pergunta: Como posso delimitar uma área que eu ainda não conheço? Como me aviar, encetar caminho; sim, começar a andar sem saber para onde? Enfim: dar um rumo ao tema, fixar a investigação a partir e dentro de um ponto de vista do interesse subjetivo, não é tudo isso arbitrariedade?

Mas na abordagem de um tema, delimitar não significa fixar aleatoriamente determinadas definições ou mirar o objeto como o ponto de vista da mira e, assim, uma vez cercada a área do tema, ou fixado o rumo, simplesmente ir tirando conclusão e construindo todo um mundo de saber, sem se preocupar com esse modo de abordar o tema, sem examinar e conhecer o "tipo" do sentido do ser que está pulsando no toque do impulso inicial. Pois, definição de um tema não vem do ponto de vista do sujeito e de sua mira, mas do toque do impulso inicial originário que possibilita o *sujeito* e a sua *mira*. Do impulso inicial, a partir do qual o todo de um saber se deslancha, recebendo a tonalidade e o colorido que determina a sua própria pré-compreensão, concreta e fundamental. Sendo assim, "*delimitar um tema*" não é propriamente fechar com "cerca" uma extensão nem fixar a meta e disparar em sua direção, mas, sim, sondar o sentido do ser, no qual já operamos quando perguntamos *O que é espiritualidade*? Essa sondagem, porém, é feita examinando bem o objeto da nossa busca. Examinar bem o objeto da nossa busca é examinar bem em concreto *o quê* da nossa pergunta. No nosso caso, *o quê* da nossa pergunta é *a espiritualidade*. Mas o objeto é somente um momento destacado de todo um projeto processual no qual a pergunta constitui aquele momento dinâmico que, em sendo continuamente operante, trabalha como que oculto, na sombra; isto é, sem ser tratado nele mesmo.

Assim, para responder à pergunta *O que é espiritualidade*, examinando melhor o seu objeto, consideremos com mais vagar a sua estrutura: *O que é isto, a espiritualidade?* A pergunta assim colocada contém em si uma dupla tendência. Pergunta, pois, simultaneamente duas coisas, com dois modos diferentes de perguntar.

### "O que é isto?" como pergunta positiva

A primeira tendência da pergunta ou da busca nos é mais conhecida e nos conduz "para frente" para a fixação e a exploração do objeto. É a pergunta que busca determinar o que seja uma coisa, distinguindo uma coisa da outra, interessada *na diferença entre coisa e coisa*. Em vez de *coisa e coisa* dizemos também, de modo mais geral, *ente e ente*. Assim, a primeira tendência implícita na pergunta *O que é isto?* de-fine o ente, captando a diferença entre *ente e ente*[5]. Destaca-se a diferença, o *como* de uma coisa, comparando-a com a diferença, com o *como* de uma outra coisa. As diferenças entre um ente e outro são possibilitadas e se dão tendo-se como plataforma uma pré-compreensão comum, geral e válida a ambas as coisas comparadas[6]. Há, portanto, entre este ente e aquele ente que se apresentam como diferentes um algo de comum entre si. Os entes são assim captados, distinguindo-se a diferença entre ente e ente, tendo como fundo um e mesmo "ente", um "algo" como "pano de fundo" comum, cujo ser, cujo sentido do ser permanece oculto, implícito, pressuposto como óbvio. E todo o problema reside nessa obviedade.

Nessa perspectiva, poderíamos entender a pergunta *O que é isto, a espiritualidade?* como uma pergunta que busca captar o que é a espiritualidade, distinguindo-a de uma outra disciplina; como por exemplo, distinguindo-a da teologia mística, da moral, da psicologia profunda etc. Repetindo: para que haja esse tipo de comparação é necessário haver uma *afinidade comum*. Nesse sentido, tanto a espiritualidade como a teologia mística estão subsumidas sob o conceito comum da teologia cristã. Por sua vez, a teologia cristã pode se distinguir da teologia muçulmana, tomando como base comum a teologia como tal. Mas, por outro lado, a espiritualidade pode servir de conceito comum, debaixo do qual pode se distinguir a espiritualidade dominicana da franciscana, ou estas, por sua vez, da espiritualidade jesuítica, ou ainda da carmelita etc. Assim, estabelece-se toda uma ramificação de divisão ou diferenciação ascendente e descendente. Descendente significa que tal diferenciação vai indo na direção da compreensão da "coisa", de modo cada vez mais particular ou individual; portanto, na direção disto e daquilo. Ascendente, por sua vez, diz que tal diferenciação vai indo na direção da compreensão da "coisa", de modo cada vez mais comum ou geral; portanto, na direção do conceito mais geral e comum, a saber, o *ser*. Esse modo de compreender chama-se *generalização* e trata-se da compreensão determinada pela *classificação*. A "coisa" ou o ente aqui diferenciado e classificado chama-se *objeto*. *Generalização* ou *classificação* é o modo como as ciências positivas interpretam e ordenam os entes como ob-jetos do seu saber; subsumindo-os, portanto, dentro de uma determinada perspectiva do projeto do seu saber, a partir de um fundo comum estabelecido

---

5. Denominemos esse tipo de diferença de *diferença ôntica*.

6. Exemplificando, se perguntamos: *O que é isto, o verde? O que é isto, o vermelho?* pressupomos a compreensão prévia do que são tanto o verde como o vermelho; isto é, pressupomos o que é cor.

como abertura inicial. Esta determina o âmbito e profundidade da possibilidade da objetividade do saber científico. Essa abertura inicial é representada como uma determinada área, um determinado campo, destacado da vastidão, profundidade e dinâmica criativa da realidade. É o fundo pressuposto, posto previamente, o campo comum, ali aberto, pré-jacente, dentro do qual os entes aparecem como objetos de uma investigação. Na investigação, a partir da unidade de fundo comum, pode-se comparar o ente como objeto e objeto, descobrir diferença no ente como diferenças entre objeto e objeto, e assim trazer à luz toda uma rede de conhecimentos, concatenados coerentemente entre si a partir do pressuposto básico do campo, como uma explicitação da possibilidade dada de antemão pelo campo pré-jacente. Esta pré-jacência prévia como campo ou horizonte "pré-su(b)-posto" chama-se o *positum* de uma ciência. Daí o termo *ciências positivas* para indicar o saber científico, diferenciando-o do "saber" filosófico. As ciências positivas têm nessa pré-jacência, nesse *positum* as suas *positividades*; isto é, o seu ser posto, colocado, o seu estar assentado no chão da possibilidade de ser que, por sua vez, é uma das determinadas manifestações da *experiência do abismo insondável da possibilidade de ser*, à qual a grande tradição do pensamento ocidental acenou, por exemplo, com as "palavras" vida, ser, espírito, realidade etc., denominadas por Pascal, no início de nossa época moderna, de *mots primitifs*[7].

As ciências positivas buscam nessa sua pré-jacência, nesse seu *positum*, os conceitos fundamentais, as categorias básicas que servem como registros centrais da construção do sistema do seu saber. No processo de explicitação do dado pré-jacente do seu *positum* podem ocorrer extrapolações, incoerências, interpolações, indiferenciações, provenientes da ausência de cuidado nas investigações etc., de tal modo que, com o tempo, começam a entrar no todo do sistema em construção defasagens, ausência de fundamentação etc. A crise de uma ciência surge como uma exigência de voltar ao fundo da sua posição para reexaminar com maior precisão o processo de fundação de uma ciência no seu fundamento. Nessa crise pode ocorrer que uma ciência descubra a necessidade de colocar o seu *positum* num nível de vastidão, profundidade e criatividade maior e melhor, de sorte que essa se revigore e se renove a partir do seu fundamento numa nova possibilidade, dada pelo *positum* recolocado. Essa refundação do saber científico é feita quase sempre operativamente dentro da própria ciência positiva. Mas não é propriamente tarefa essencial e temática das ciências positivas orientar

---

7. Cf. ROMBACH, H. *Substanz, System, Struktur*. Vol. 2. Friburgo/Munique: Karl Alber, 1966, p. 116.

suas pesquisas na direção da investigação dessa fundamentação, a modo de fundamentação da fundamentação da fundamentação, no afundamento do saber para dentro do abismo insondável da possibilidade de ser. Esse movimento de aprofundar o fundo e afundar-se no fundo de si mesmo, para dentro do seu *positum*, em diferentes níveis da possibilidade de ser, é tarefa da busca essencial que na tradição do Ocidente se expressou na pergunta *O que é isto?* Acerca dessa tarefa da busca essencial, enquanto a segunda tendência existente na pergunta *O que é isto?*, buscamos ora refletir.

### "O que é isto?" como pergunta essencial

A segunda tendência, implícita na pergunta *O que é isto (a espiritualidade)?*, nos é menos conhecida, embora a exerçamos sempre de novo operativamente, em todas as nossas perguntas, sem o perceber. Na tradição do pensamento do Ocidente, esse tipo de pergunta, quando tratado, recebeu o nome de *pergunta pelo ser ou pela essência* de uma coisa[8], sendo cunhada pelos gregos na formulação τι το ον (*tí tò ón*)[9]. Em geral traduzimos *tí tò ón* como *O que é o ente?* Se fôssemos pedantes e chatos na precisão, insistiríamos em afirmar que a tradução literal deveria apenas dizer: "*O quê: o ente?*" Com o risco de o que segue ser fantasia, para não dizer pura "chutação", tentemos divisar nessa tradução usual do *tí tò ón*, ou seja, na versão *O que é isto, o ente?*, um encobrimento da pergunta essencial implícita na formulação grega.

---

8. Hoje preferimos dizer *questão do sentido do ser*. Trata-se do modo de perguntar que vem da Antiguidade, dos gregos, e determina a dinâmica da busca denominada *filosofia* ou *metafísica*, que perfaz a vicissitude e o destinar-se da assim chamada *razão ocidental*. É de interesse observar que essa pergunta pelo ser ou pela essência não é propriamente nem tendência, nem tipo, ao lado da tendência e do tipo da pergunta positiva, acima explicada. Pois não se trata propriamente de duas perguntas. Antes, como se disse acima, ela é uma pergunta exercitada, sempre de novo, operativa e imperceptivelmente em todas as perguntas que fazemos. A pergunta pelo ser ou pela essência, portanto, é *dinâmica da presença de fundo, oculta como diferentes níveis de profundidade de toda e qualquer pergunta*. Assim sendo, no seu vir à fala, essa não pode ser tratada diretamente, como se o ser ou a essência fosse um algo ou uma coisa ali dada como isto ou aquilo. Embora não seja exato aqui falar de duas tendências ou de tipos de pergunta, continuemos usando, para a nossa comodidade, esse modo comum de falar, lembrando-nos sempre, porém, dessa nossa observação acima. E, em vez de pergunta pelo ser ou pela essência, usemos também a formulação abreviada *pergunta essencial*.

9. "και Λη και το Παλαι τε και Νυν και, Αει Ζητουμενον και Αει Απορουμενον, τι το Ον" ("E pois, tanto já outrora como também agora, sempre o em anelando e sempre o aporético é: quê, o ente?"). In: ROSS, W.D. (ed.). ARISTÓTELES. *Metaphysics*. Oxford, 1924, Z 1, 1028 b 2 s [Tradução nossa] [Ed. bras. com texto grego em paralelo: ARISTÓTELES. *Metafísica*. Vol. II. São Paulo: Loyola, 2002, p. 289 [Org. e trad. de Giovanni Reale].

### "O que é isto, o ente?": uma interrogação "ajuizada"?

Ao traduzirmos *tí tò ón* como *O que é isto, o ente?* introduzimos a cópula *é* entre *o quê* e *o ente*. Esse fato favorece o vir à fala da *primeira tendência* da pergunta como pergunta positiva *sobre* o ente e faz retrair a pergunta essencial para o anonimato, a ponto de a tradução do *tí tò ón* (*O que é o ente?*) se formular de modo nítido na sua fixidez, acentuando o *isto*: *O que é isto, o ente?* A pergunta assim destacada tornou-se uma modalidade interrogativa, cuja estrutura é a do *juízo*, a saber: *S é P*. Assim, o modo de perguntar todo próprio *tí tò ón* torna-se a-juizado, fazendo desaparecer a ambiguidade da pergunta, que ora pergunta pelo ente, classificando-o na sua diferença entre ente e ente, e ora pergunta pelo ente acerca do seu ser; portanto, acerca da diferença entre ente e ser[10].

No juízo, o sujeito da enunciação é gramaticalmente um substantivo, sobre o qual predicamos adjetivos ou seus correspondentes. Aqui, nessa estrutura gramatical da proposição, na qual o sujeito é substantivo e o predicado adjetivo, está expresso o modo de ser da captação da realidade compreendida a partir e dentro da pré-compreensão do ente como *substância e seus acidentes*. E assim deslizamo-nos para dentro de todo um mundo de implicâncias no qual o ente já está predefinido como substância-coisa. A pergunta *O que é isto, o ente?*, já na sua própria formulação trai a sua posição; a saber, da pergunta a partir e já dentro da compreensão de tudo como substância-coisa, ou seja, da pergunta que busca desvelar o ente na sua identidade e diferença, a partir e dentro da pressuposição comum da *coisidade*. Repetindo: essa pré-compreensão do ser como substância-coisa reflete-se na estrutura lógica de um juízo *S é P*. Assim, ao lermos *tí tò ón* como *O que é isto, o ente?*, portanto, como *juízo*, cujo esquema é *S é P*, correspondendo, assim, ao esquema da teoria do conhecimento tradicional "realista" *S ↔ P*, inclinamo-nos e caímos na direção daquela primeira tendência da busca da pergunta positiva, generalizante e classificatória, cuja formulação fixa, então com maior acentuação, o *isto*: *O que é isto, o ente?* Uma vez que por *ente* designamos todas as coisas, atuais e possíveis, a pergunta *O que é isto, o ente?* torna-se protótipo da pergunta que podemos fazer sobre todos os entes, mesmo sobre o nada. Assim dizemos: *O que é isto, o nada? O que é isto, Deus? O que é isto, a minhoca? O que é isto, o círculo?* e, por conseguinte: *O que é isto, a espiritualidade?*

---

10. No jargão filosófico esse modo da diferença chama-se *diferença ontológica*.

A pergunta ajuizada situa-se na pré-compreensão do ente enquanto substância e acidentes. Por causa disso, a pergunta *O que é isto, o ente?*, que nos dá o modo de perguntar sobre todo e qualquer ente, pressupõe de antemão a entidade do ente como substância. Essa entidade é, como já foi dito, a compreensão comum, básica de todas as coisas, sobre cuja plataforma geral podemos então distinguir ente e ente na sua diferença ôntica.

**A entidade do ente como substância: Como é?**

Na perspectiva da pré-compreensão da entidade do ente como substância, na formulação grega da pergunta essencial *tí tò ón*, entendemos por *tí* esta ou aquela coisa diante de nós, como tendo no seu bojo algo como âmago, cerne, um núcleo-bloco consistente em si, que permanece, em contraste com as aparências que são passageiras e mutantes. Esse núcleo é o que recebe mais tarde em latim o nome de *quidditas*, isto é, *o-quê-dade*. Os acidentes mudam, ao passo que o núcleo, a substância permanece. Nessa compreensão coisista do *tí*, o quê indica, pois, o constante, o cerne, o âmago, o bloco imutável. Assim, tendo diante de nós isto ou aquilo, que nos aparece em seus acidentes desta ou daquela maneira, que podem permanecer ou mudar, perguntamos: *O quê é isto?...*; o que perfaz o quê, o permanente, o consistente disso que está ali diante de mim desta ou daquela maneira acidental; isto é, a modo de acréscimo, a modo do que caiu casualmente sobre a coisa no seu núcleo? Cumpre observar que aqui é como se um sujeito, apontando para uma coisa diante dele, perguntasse: O que é isto? É como se fizesse assim praticamente coincidir o *quê* com *isto*. Aqui a resposta é dada buscando-se tabelas de classificações já preestabelecidas do ente e localizando-o como isto e aquilo dentro de uma dessas tabelas. Todo o problema aqui consiste no modo como surgiram tais tabelas e qual o sentido do ser implícito no *positum pré-jacente* a essas como sua matriz. A pergunta pelo ser, pela essência do ente se transforma, portanto, na pergunta pela tabela a mais geral de classificação dos entes, na pergunta pelo conceito o mais geral e o mais comum, a partir e dentro do qual podemos ordenar todas as coisas, distinguindo-as entre coisa e coisa. Dito com outras palavras, a pergunta que deveria ser essencial "vira" pergunta pela base, pelo fundamento; ou melhor, pelo *positum*, o mais comum e geral, que possibilita toda e qualquer pesquisa classificatória generalizante do ente. Com isso, porém, a pergunta não mais coloca em questão esse *positum básico*, não pergunta pelo ser do *positum*, mas o pressupõe como posto simplesmente. Não chega a ser, pois, questão do ser.

A tendência da pergunta *O que é isto?* no seu momento oculto da busca essencial não pergunta por esse conceito comum, lógico, abstrato do ser, que se dá na generalização classificatória. Toda essa conceitualização generalizante e classificatória pertence ao momento positivo da pergunta. Assim, quando dizemos que a busca essencial da pergunta *O que é isto?* não pergunta pelos particulares, isto ou aquilo, mas investiga, isto é, vai atrás dos vestígios daquilo, a partir e dentro *do qual* o *positum* pressuposto apresenta o ente como isto ou aquilo, não está querendo chegar ao ser, isto é, ao conceito generalizado do ser comuníssimo; mas está investigando o sentido do *ser* do *positum*, a partir e dentro do qual se torna possível toda a rede de classificação dos entes que constitui o sistema de um saber científico arranjado a partir do seu *positum* correspondente como do seu fundamento.

## Como entender mais originariamente o tí como substância

Essa colocação do *tí* como substância, como o núcleo-bloco e portador de suas características-acidente é a situação óbvia, na qual nos achamos. No entanto, é no óbvio que se oculta a possibilidade do despertar da questão do ser, aqui do ser da substância. A esse respeito, diz Heidegger ao analisar a história da compreensão da coisa como substância:

> Em todo o caso, a interpretação da coisa como do portador de suas características, apesar de ser ela corrente, não é tão natural como ela se dá. O que nos ocorre como natural, presumivelmente é apenas o usual de um longo costume, que esqueceu o extraordinário, do qual surgiu. Aquele extraordinário, no entanto, tocou outrora na estranheza o homem e levou o pensar ao espanto[11].

Tentemos, pois, entender a pergunta *tí tò ón* na sua ressonância talvez mais originária e própria da busca essencial. Para isso, é útil observar que nessa pergunta o *isto*, sobre o qual se interroga pelo seu ser, é o *ente*, em grego *ón*, *-tis*. O *ón*, o *ente* é particípio ativo indicativo neutro do *einai*, do ser. Trata-se, pois, de uma ação, de um verbo, na dinâmica de sua atuação, substantivado

---

11. "In jedem Falle ist die zuerst angeführte Auslegung der Dingheit des Dinges, das Ding als der Träger seiner Merkmale, trotz ihrer Geläufigkeit nicht so natürlich, wie sie sich gibt. Was uns als natürlich vorkommt, ist vermutlich nur das Gewöhnliche einer langen Gewohnheit, die das Ungewohnte, dem sie entsprungen, vergessen hat. Jenes Ungewohnte hat jedoch einst als ein Befremdendes den Menschen angefallen und hat das Denken zum Erstaunen gebracht." In: HEIDEGGER, M. *Holzwege*. Frankfurt am Main: Vittorio Klostermann, 1994, p. 9 [Tradução nossa].

pelo artigo neutro *tò*. *Tò* é artigo determinado ou determinante, isto é, não deixa vago, avoado, indeterminado, mas faz assentar, firmar-se em si, torna substancioso, substancial, pleno. Todas essas características da determinação, porém, não têm propriamente nada a ver com fixação, endurecimento, congelamento e coisificação, mas sim com nitidez da plenitude, da autopresença de si em e para si mesmo: trata-se da *realidade da realização*[12]. Ora, essa dinâmica de ser é o que está sendo dito, quando se diz: *em sendo, ente, ens, -tis, ón, -tos*: o *ser*. O *tí*, o quê, indica precisamente essa plenitude. E a plenitude da dinâmica do quê, pleno, ele mesmo por e para ser, chama-se *essência, ousía* (ousia), o *ser* como verbo. O *tí*, o quê, ao mesmo tempo em que indica essa plenitude, pergunta pelo *modo próprio* de *ser do ente como tal*. A expressão *ente como tal* pode nos induzir a um equívoco e fazer pensar que se trata do conceito comuníssimo e o mais geral do ser (algo). Aqui, no entanto, ser do ente como tal está acenando para a compreensão do ser como possibilidade de todas as possibilidades de o ente ser como diferentes e variegados modos de ser, cada vez como um todo. Assim, *tí tò ón, quê, é o em sendo*, pergunta pelo modo de ser próprio desse *em sendo*, pergunta, pois pelo ser do ente. Mas essa maneira de buscar é antes uma interrogação de exclamação como espanto sob o toque da imensidão, profundidade e dinâmica fontal da possibilidade de ser: *quê: o ente, o em sendo*.

Por não sentirmos mais a sonoridade ontológica do *em sendo*, quando escutamos a palavra substância não a escutamos a partir do *em sendo*, mas pelo contrário, escutamos o *ente*, o *em sendo* a partir da substância-coisa. Assim não conseguimos vislumbrar na palavra *substância* o aceno à plenitude de assentamento no próprio de si mesmo. Apenas captamos no *em si* um quê de "ensimesmamento" do asseguramento de fixação e estase como uma coisa, um algo que está sob, debaixo de uma outra coisa, dando sustento, dando embasamento. Esse "em sustentando", uma vez coisificado, é representado ora como fundamento, uma base a modo de última base debaixo ("sub") na construção, ora

---

12. O galo de briga: Chi Hsing Tzu era treinador de galos de briga / Para o rei Hsuan. / Estava treinando uma bela ave. / Sempre perguntava o rei se a ave / Estava pronta para a briga. / "Ainda não", dizia o treinador. / "Ele é fogoso. / Está pronto para atiçar briga. / Com qualquer ave. É vaidoso e confiante / Na sua própria força." / Depois de dez dias, respondeu novamente: / "Ainda não. Eriça-se todo / Quando ouve outra ave grasnar". / Depois de mais dez dias: / "Ainda não. Ainda está / Com aquele ar irado / E eriça as penas". / Depois de dez dias / Disse o treinador: "Agora ele está quase pronto. / Quando outra ave grasna, seu olho / Nem mesmo pisca. / Fica imóvel / Como um galo de madeira. / É um brigador amadurecido. / Outras aves olharão para ele de relance / E fugirão". In: MERTON, T. *A via de Chuang Tzu*. 4. ed. Petrópolis: Vozes, 1984, p. 142-143.

como núcleo, cerne de um todo, o centro permanente, portador de acidentes, ao redor do qual dão-se mudanças circunstanciais, ponto de atribuição de diferentes características ocasionais etc. Nesse processo de representações cada vez mais coisificantes, na própria compreensão da coisa, dá-se uma formalização generalizante na qual todo o conteúdo diferencial da concreção do *em sendo* é esvaziado, é neutralizado, a ponto de restar do conteúdo apenas a compreensão de um quê, um ponto atomizado, um algo mínimo da dinâmica, da vida do ser, mínimo de conteúdo, máximo de extensão, debaixo da qual estão subsumidos todos os entes como *algo*: ponto central lógico, formal, ao redor do qual se dirigem as atribuições lógicas e formais das atribuições, estas também esvaziadas de conteúdo; portanto, "algo" *in se* ao redor do qual se agrupam "algos" *in alio*.

O *quê*, assim como foi insinuado acima, a partir e dentro da pregnância do fundo de tal imensidão é o *em sendo* (o ente). É o *quê*, desvelado no espanto atônito do toque da possibilidade abissal de ser *em sendo*. Daí a exclamação interrogante ou a interrogação atônita no espanto (Θαυμαζειν): quê: o ente?!

O termo sub-stância em grego é υποκειμενον. A diferença de significação entre *stância* (*stare*) e κειμενον (κεισθαι) pode também nos mostrar algo semelhante ao que dissemos acima sobre uma compreensão mais originária da substância. O verbo *stare*, do latim, do qual vem sub-*stância*, significa em português *estar, ficar, achar-se, encontrar-se, estar num estado*. O sentido em português não nos oferece nitidamente o próprio do verbo latino *stare*, que significa: *estar de pé, estar a servir (à mesa), estar à espera (em pé) por quem venha, estar em posição ereta, vertical, ir em ponta, erguer-se*. Como ficar de pé resulta em não se mover, ter os pés colados no chão, *stare* significa também ficar parado, permanecer, persistir, insistir. Embora dele derivadas, essas últimas significações, que expressam o seu modo estático, fazem com que o *stare*, enquanto o estar de pé, não seja mais considerado no aspecto da sua dinâmica do surgir, erguer-se e firmar-se a partir do chão, na terra; mas apenas na maneira do seu estar parado, do seu ser permanente, insistente. Se, porém, analisarmos a dinâmica do erguer-se e firmar-se e assim assentar-se na terra, a verticalidade do em pé, do ereto não aparece mais abstrata e indiferente como contraposição geométrica ao horizontal geométrico, mas faz aparecer a vigência de uma *"surgência"*, a partir e na dinâmica dadivosa de uma imensidão, a vastidão da terra, da qual o erguer-se e o ficar ereto de pé recebem o vigor do assentamento e, ao mesmo tempo, a impulsão do soerguer-se para as alturas. O verbo grego κεισθαι, estar deitado, jazer, acena para a presença dessa imensidão, a vastidão da terra no seu estar ali estendida na grandeza da sua disposição. E κειμενον é o particípio indicativo passivo ou medial de κεισθαι.

28

Por isso poderíamos entender υποκειμενον não apenas como *aquilo que está debaixo, embaixo de*, mas sim como vigência-vastidão, imensidão prévia, pré-jacência da terra, da qual se ergue e na qual se assenta tudo que fica de pé, em pé. Assim entendida, a palavra υποκειμενον/*substância*, na sua compreensão mais originária, não significa propriamente o núcleo-bloco-coisa que está no âmago dos entes, nem fundamento que está debaixo de, mas sim o destacar-se, o tornar-se temático da intensidade, da pré-jacência, da possibilidade da Terra, na sua vastidão, na sua profundidade e no seu vigor originante e originário de todas as "coisas", a essência do ente, o ser do ente.

## Quando o sentido do ser é pleno

A exclamação atônita do espanto interrogativo – *quê: o ente?!* – deixa ser o ser na plenitude e pregnância do seu ser como *em sendo*. Se permanecermos na dinâmica da vibração dando-se como exclamação interrogante do espanto que pulsa no *tí tò ón*, a pergunta deixa de ser pergunta sobre um ente e torna-se um *em sendo na maravilha do espanto* que é: *o ser*. Um tal momento, uma tal situação se dá quando o sentido do ser de um ente é pleno. Assim, quando o ser de um todo está na sua plena vigência, e o ente, o todo do mundo constituído recebe o seu sentido e a sua dinâmica, não surgem perguntas pelo ser do todo em andamento, pois ele ali está como que tinindo no seu ser. Essa presença é a própria resposta à pergunta pelo ser do ente em sendo, mesmo antes de ser perguntado. Aqui não se trata de ausência da pergunta pelo ser, mas o próprio *em sendo* é a plenitude da pergunta pelo ser: a sua resposta. Essa autopresença na plenitude se manifesta como frescor, nitidez e claridade, *"concretude"*, vivacidade, flexibilidade e firmeza; como tônus vital que perpassa o ser do ente no seu todo, vivificando-o.

Quando, porém, o ser do ente no seu todo se retrai, então o todo do ente não mais está na pregnância do seu ser. Daí começam a surgir ambiguidades e equivocidades, ou mesmo quase total ausência do sentido do ser. Tal situação da ausência do ser pode aparecer como positividade na qual não se pergunta mais pelo ser, pois este *é* simplesmente *dado*, uma factualidade do ente e nada mais. Esse estado de coisas, porém, não se identifica com a plenitude do ser como *tinir do em sendo*, onde o próprio tinir do ente no seu ser é ser.

No tempo de indigência da pergunta pelo ser, pela coisa, isto é, pela *causa da essência*, por mais estranha e alienada que essa seja, a pergunta pelo ser da espiritualidade ou das coisas da espiritualidade, ou seja, o sentir e o ressentir-se dessa inquietação pela busca do sentido do ser de uma totalidade como a espiritualidade é, talvez, o que há de mais urgente para nós hodiernos, que não somos mais na atinência a algo como a experiência da fé na sua plenitude. Por isso, a busca pela essência ou pelo ser da espiritualidade pode se tornar útil para nós modernos, que não mais vivemos na plenitude da vivência e da praxe da fé, a partir e dentro da qual não surgem tais problemas e questões, não por ser a dimensão da fé irracional ou emocional e ilógica, mas por ser o seu modo de investigação e compreensão diferente do modo do saber e conhecer no sentido usual. Talvez uma reflexão pela essência ou ser da espiritualidade seja pouco, ou de modo algum necessária, ou melhor, de nenhuma utilidade, sim, até ridícula para quem vive a plenitude da fé; mas pode se tornar necessidade vital para quem não mais consegue permanecer na plenitude da dimensão da fé, na gratidão e alegria da sua gratuidade, florescendo sem porquê; não por ter se tornado mais esclarecido e crítico, mais progressista na dimensão da fé, ou por ter se livrado da "fé do carvoeiro" e ter se tornado mais intelectual, mas antes por ter sido, por longo tempo, pouco fiel na fidelidade de estar ligado, de todo o coração e de toda a alma e de todo entendimento, à fluência e claridade da dinâmica própria da lógica, isto é, do *logos* da fé.

A segunda tendência existente em *O que é isto, o ente?* pergunta, pois, pelo ser, pela essência. Essa pergunta, essa busca pelo ser, pela essência se chama na tradição do Ocidente de *questão do sentido do* ser. A formulação *pergunta pelo ser de uma coisa*, ser de um ente é, pois, uma forma sintetizada, encurtada da *questão do sentido do ser do ente na sua totalidade*. Tentemos detalhar mais essa questão do sentido do ser, examinando o que é *questão* e o que é *sentido*.

### Questão do sentido do ser

Usualmente fazemos coincidir *pergunta* e *questão* como se fossem palavras sinônimas. Isto ocorre porque na *pergunta* buscamos algo, e *buscar* provém do verbo latino *quaerere*[13], que deu origem à palavra *questão*.

De que se trata quando dizemos *questão*? Questão vem do verbo latino *quaerere*. *Quaerere* significa buscar, procurar em sentido falta; investigar, pesquisar, perguntar, interrogar, indagar, inquirir, perquirir. Trata-se, pois, de uma ação toda própria que, no fundo, impregna e impulsiona todos os nossos atos, no que eles, de alguma forma, têm de saber, conhecer, compreender. Trata-se de uma força humana que poderíamos caracterizar como *paixão*. In-

---

13. *Quaero, quaesivi, quaestum* ou *quaesitum, quaerere*. O verbo e a palavra *querer* vêm também de *quaerere*.

felizmente, a nossa maneira de compreender e vivenciar essa paixão tornou-se tão *soft* e doméstica, que talvez estranhemos chamar de paixão o elã que está no fundo do saber, do conhecer e do compreender[14].

Existe uma frase das *Confissões* de Santo Agostinho que é usada e abusada à saciedade. Ei-la: "Inquieto está o nosso coração até que descanse em ti"[15]. A paixão de busca da verdade, implícita e operativa no saber, no conhecer e no compreender do ser humano, deveria ser entendida mais ou menos no sentido dessa *inquietação entranhada* de Santo Agostinho. Portanto, provavelmente, tal inquietação pouco tem a ver com o *coração* feito de "eflúvios sentimentais", usado como a "cara metade" negligenciada e abandonada pela razão através dos séculos da civilização da razão ocidental. Coração esse que, segundo a interpretação hoje em voga e tão a nosso gosto, devemos cultivar com muito carinho, para libertar a humanidade do racionalismo desumanizador[16]. Na frase de Santo Agostinho, trata-se, porém, não de complementar a razão com o coração, a racionalidade masculina com a afetividade femini-

---

14. Os gregos chamavam essa paixão de *virtude dianoética*. Virtude, *virtus* significa a força do varão. Não diz respeito, portanto, ao "machão", mas ao *vir, -ris*, a saber, ao modo de ser da dinâmica varonil, à coragem e sabedoria de ser. Se compreendermos o *varonil* como próprio do macho e o *feminino* como próprio da fêmea, jamais poderemos compreender que o *varonil* e o *feminino* coincidem na dinâmica da *identidade e diferença* do ser do humano; sem deixar, porém, que essa coincidência decaia bichada num unissexualismo, pois tal decadência indica a queda na compreensão ontológica do sentido do ser do humano, em que o homem (a humanidade) é reduzido a planta e bicho coisificados.

15. "Tu excitas, ut laudare te delectet, quia fecisti nos ad te et inquietum est cor nostrum, donec requiescat in te" (SANT'AGOSTINO. *Le confessioni I*. Vol. I. Roma: Città Nuova, 1991, p. 4,7-8 [Nuova Biblioteca Agostiniana – Opere Di Sant'Agostino] [Edição latino-italina] [Ed. bras.: SANTO AGOSTINHO. *Confissões*. Bragança Paulista: Edusf, 2003, p. 23] [Tradução nossa]. Em se tratando de Agostinho, é importante não entender essa *inquietação e o repouso final* no nível de certas neurastenias espirituais, mas sim como ardentíssima paixão de busca, na qual se investe o melhor da possibilidade humana, o âmago, o cerne, o *coração*, o ser do homem; portanto inteligência, vontade, sentimento, a ponto de não se contentar com nada, a não ser com a medida absoluta da dinâmica de transcendência. Aqui, o humano arrisca todas as suas seguranças numa perigosa mas fascinante aventura de busca absoluta. Nesse sentido, o repouso final, o descanso não significa a dormitação da *requiem aeternam* qual do esvaimento da paixão da busca. Pelo contrário, aqui, uma vez assentada, enraizada em Deus, a paixão aumenta cada vez mais, numa provocação cada vez mais íntima, terna, apaixonada, de perder-se na imensidão, profundidade e criatividade do Amor de Deus. Portanto, aqui a palavra *coração* não tem nada a ver com o contrapeso complementar de uma "harmonia" "politicamente correta" entre cabeça e coração, entre razão e sentimento.

16. Vítima dessa maneira defasadamente *soft* de colocar a questão da verdade e da afetividade, em reação à maneira *hard* de unilateralmente extrapolar a "cabeça", é o famoso e abusado aforismo de Pascal: "O coração tem razões que a razão desconhece". Nesse nível de colocação podemos dizer com Millôr Fernandes: "A razão tem corações que o coração desconhece".

na – como tudo isso soa "machista"...! –, mas sim da essência, da excelência humana, na *existencialidade* do seu anelo ardente. Anelo e saudade de estar em casa, no nascente, na fonte inesgotável da vida, na aventura do encontro de alma para alma, face a face com Aquele a quem a espiritualidade cristã chama de Deus.

A *questão* indica esse *elã vital de busca*, esse impulso profundamente enraizado no âmago, no cerne da humanidade, que denominamos *liberdade*, e que aparece em concreto na ação essencial de nós mesmos, experimentada como conhecer, querer e sentir num único vigor de disposição e doação, intrépido, cordial e sem medidas. Questão é, portanto, uma postura humana fundamental que se chamou na tradição do Ocidente de *amor à verdade*. É o engajamento existencial, isto é, de toda uma existência de busca, de *quaerere*, isto é, de *querer, amar* o trabalho, o empenho de investigar, de interrogar, de ir atrás das coisas, para desvendá-las, para desencobri-las naquilo que elas realmente *são*. Toda a questão agora é de compreender com precisão o que devemos entender por *ser*; portanto, captar bem o *sentido do ser*. Antes de tal empreitada, porém, outra questão se impõe; a saber, *o que é sentido?*

### De que se trata quando dizemos "sentido"?

*Sentido* pode significar "os sentidos"; isto é, as faculdades, as aptidões da percepção que denominamos visão, audição, olfato, paladar e tato. Essas faculdades se referem à apreensão sensível chamada sensação. O adjetivo próprio para indicar a peculiaridade da sensação é *sensorial*. Os sentidos são faculdades de captação sensorial. O verbo sentir nesse caso significa a ação de captar sensorialmente. Enquanto captação sensorial, o sentir difere do sentir na acepção do captar sensível, cujas modalidades qualificadas se expressam nos adjetivos *sensual* – na acepção da *sensualidade* enquanto eflúvio "erótico" – e *sensível*, na acepção da *sensibilidade* enquanto finura e delicadeza. *Sentido* pode ser usado também querendo dizer, por um lado, *significação, acepção*, e, por outro, *meta, fim*. Esses três grupos de acepção do que seja *sentido*, diferentes entre si, não conseguem dizer bem o que se deve entender por sentido quando dizemos "questão do *sentido* do ser". No entanto, nesses três grupos de acepção do *sentido* há, de alguma forma, um quê de indicação, sobretudo no verbo *sentir*, que poderia nos dizer o que se deve entender quando usamos a expressão "questão do *sentido* do ser". Tentemos, pois, aproximar-nos dessa acepção toda própria através de algumas descrições circundantes, examinando a significação do verbo sentir, que deu origem à palavra *sentido*.

*Sentido* vem do verbo latino *sentire*. *Sentire* quer dizer sentir, perceber, captar, entender, compreender, adivinhar. Significa também: apreender com os cinco sentidos; sofrer a captação; ser passível de toque, de influência, portanto, passível de ser atingido, ser sensibilizado no sentimento. Trata-se, pois, de um ato de conhecer; mas com um cunho, um modo todo próprio. Em que consiste esse modo todo próprio? Consiste naquele modo de captar que ocorre quando percebemos, apreendemos as coisas através dos sentidos sensoriais. Só que, aqui, quando falamos de sentidos sensoriais devemos nos livrar das representações que já de antemão fazemos quando falamos de sentido referindo-nos aos cinco órgãos da apreensão sensível. Pois essas representações já estão de tal maneira fixas dentro de uma interpretação fisiológica, psicológica, e também metafísica dos sentidos e da percepção sensível, bem como da apreensão sensorial, que não nos libertam o próprio fenômeno vivenciado na percepção sensível. A percepção sensível em todos os cinco sentidos contém em si uma acentuada predominância da *passividade receptiva*. Se nos libertarmos da representação que bloqueia a imediata percepção da vivência como tal, e que a congela dentro de uma determinada interpretação tradicional psicológica, e também metafísica, do que é percepção sensível, podemos intuir de imediato que *essa passividade é o que* constitui, *digamos, o vigor essencial da vida propriamente dita dos sentidos como "sensoriais", da sensibilidade, da sensualidade e das suas apreensões, e ao mesmo tempo das percepções do sentimento e do conhecimento (mesmo intelectual e racional) num certo nível da profundidade da sua constituição.* Mas em que sentido? E como? Para intuirmos tudo isso vamos mexer, "massagear", desbloquear um pouco a nossa compreensão usual do que seja *passividade*.

Usualmente a passividade e a atividade são representadas como movimento de uma coisa física. O ativo é algo em movimento físico, e o passivo é algo parado. Essa compreensão do ativo e do passivo segundo o movimento físico é a mais estática que possuímos. Ela é inteiramente inadequada para captar a atividade e a passividade dos entes vivos e, muito menos ainda, dos fenômenos humanos, principalmente o da liberdade. Nos fenômenos dos entes vivos e nos fenômenos humanos a passividade e a atividade não são propriamente duas coisas opostas. Elas são, por assim dizer, dois momentos recíprocos de uma e mesma dinâmica. Na dinâmica da vida e da liberdade, o momento passivo é como que o fundamento do momento ativo, e passividade ali é como o silêncio de fundo onde toa e repercute o som (= atividade). É como a abertura de *possibilidade do todo* (= passividade), dentro da qual surgem as diferentes concreções (= atividades). É que toda e qualquer atividade deve ser possibilitada primeiramente através de *uma recepção prévia do todo, do horizonte, do espaço da possibilidade, dentro do qual se tornam possíveis e atuais as diferentes e variegadas atividades.*

Na passividade receptiva que, por assim dizer, prepara o ponto de salto do surgimento da possibilidade do todo, no qual se sucedem as concretizações ativas da realização de uma obra, surge uma abertura de disponibilidade atenta a um *a priori*. Este *a priori* não é uma possibilidade ali pré-jacente como espaço vazio, espaço-vácuo de privação e carência, mas sim um toque vivo, algo como direção prévia de condução, prenhe de esboços de consumação vindoura. *Esse ductus*[17] *prévio do toque na condução para a consumação final que há de vir chama-se sentido.* E o *seguir esse ductus* chama-se *sentir. Sentire,* sentir significa, portanto, a dinâmica da recepção do lance inicial, a dinâmica do princípio-envio: o aviar-se, o seguir, o ir atrás de uma direção viva prévia, o ir atrás do vestígio, o in-vestigar. É nesse sentido do encetar o caminho, do enviar-se, do aviar-se, que a palavra alemã para sentido, *Sinn*, e para sentir, *sinnen*, cuja forma antiga é *sinnan*, significa viajar, ir, tender. O *sentido*, portanto, é a pura recepção no *ductus*, na direção, que se dá como o(s) esboço(s) do todo, sob cuja orientação a nossa busca se a-via na in-vestigação do que há de vir como o desvelamento do que ali sempre sub-siste sem ser isto ou aquilo, como abismo insondável de possibilidades sem fim. A *disposição para o* ductus *do abismo insondável da possibilidade chama-se espera do inesperado.*

O *ser* jamais captamos como objeto, como coisa ou ente. Pois o ser somente vem à fala no momento do toque da disposição da espera do inesperado. Como entender melhor essa presença do ser que jamais pode ser captado como objeto-ente, mas sim como "sentido" enquanto *ductus* de uma condução? Em perguntando, junto do ente, junto da coisa, disto e daquilo, e em perfazendo o movimento da generalização que é ao mesmo tempo o de particularização, na acribia de classificação. E se fizermos tudo isso até os limites da possibilidade de "tudo" saber, a modo de classificação sobre isto e aquilo, "sentiremos" a fixação dessa primeira tendência da pergunta *"O que é isto?"* numa predeterminação do sentido do ser como coisa, como o quê, como substância que está oculta, debaixo do conceito o mais comum do ser no processo de generalização. Na medida em que sentirmos essa predeterminação como aquilo que nos dá a base para podermos processar a classificação do nosso sa-

---

17. O termo *ductus* é latino e significa a ação de conduzir. Aqui, *ductus* não somente quer indicar a ação de conduzir, mas, muito mais, o toque, o elã, a flexibilidade e docilidade do movimento que impregna e conduz a ação. É a finura, o frescor, a disponibilidade da "impulsão".

ber sobre isto e aquilo, nos será dado perceber a grande indeterminação desse conceito do ser geral e comum. Indeterminação que guarda e conserva, como tesouro precioso, mas ao mesmo tempo nos esconde e encobre, a "realidade" do *sentido do ser*.

Examinemos, à guisa de repetição e lançando mão da pergunta *O que é isto, a espiritualidade?*, esse sentido predeterminado do ser comum e geral, como *coisa* que nos encobre a profundidade dinâmica do *sentido do ser*, ao mesmo tempo em que nos dá a segurança e fixação para podermos elaborar o nosso saber a modo de classificação.

### Ambiguidade da pergunta "O que é isto?" na ânsia do saber sobre

O que é isto, a espiritualidade? O que é isto? Nesta formulação da pergunta estamos submetendo a espiritualidade a um interrogatório, tentando interpelá-la, para que ela nos diga, nos confesse em que consiste o seu ser. Em vez de *ser* dizemos também *essência*. *Essência é aquilo que faz com que uma coisa seja o que ela é nela mesma; o que ela é realmente.* Tudo isso nos soa terrivelmente monótono, chato, abstrato e formal. Não estamos enveredando aqui para um arrazoamento filosófico?... Afinal, de que se trata mais concretamente? Ou melhor, mais *realmente*?

Observemos atentamente a situação: ao perguntarmos pela *essência* da *coisa* exigimos, sim, sentimos a necessidade de que a resposta seja *real*: O que é isto, a espiritualidade, realmente? O que estamos buscando? *A essência, o ser da espiritualidade.* Na exigência está pressuposto que encontremos a *coisa ela mesma, realmente.* Por que será que a formulação *coisa ela mesma realmente* nos soa concreta, real; ao passo que *essência* ou *ser* nos soa abstrato, formal, sim, "filosófico"? É porque, ao perguntarmos *O que é isto, realmente a espiritualidade?*, já estamos, na impostação da busca, *predeterminados pelo que se refere à compreensão da essência ou do ser numa expectativa, a saber: de querer compreender a essência ou o ser de um ente como coisa, como um quê, como isto ou aquilo.* Com outras palavras, ao buscarmos, em perguntando *O que é isto, a espiritualidade realmente?*, a nossa busca só está interessada, sim, disposta em compreender, distinguindo coisa e coisa, diferenciando ente e ente, sem sequer perceber que ali debaixo dessa pressuposição, dessa pré-compreensão do ser como *coisa*, pulsa o *sentido, o ductus* de um aceno. Assim, por exemplo, queremos saber "concreta e realmente", isto é, a modo da diferenciação existente entre uma coisa e outra, em que consiste a diferença entre espiritualidade e teologia espiritual, entre espiritualidade e mística, entre espiritualidade e psicologia, entre espiritualidade e sociologia etc., ou então, em que consiste a diferença entre as mais diversas espiritualidades (budista, comunista, hinduísta etc.), ou seja, em que consiste o próprio de uma coisa e o próprio de uma outra, desta e daquela coisa, cuja compreensão comum é a da *coisidade*.

O que acontece com a nossa busca, com a nossa pergunta, se a essência, o ser de uma coisa, não for coisa? Ou melhor, não corresponder no seu modo de ser ao modo de ser da coisa? Acontece que a busca, na sua procura de compreensão, por não encontrar o modo de ser prefixado, habituado, o modo de ser no qual concresceu e se tornou concreta, *só encontra diante de si uma indeterminação, um vácuo, um nada confuso, o qual tenta de alguma forma coisificar como "coisa" abstrata, formal, indeterminada.* E sucede que essa indeterminação, esse caráter de ser abstrato e formal, atribuído à essência, ao ser, excita em nós uma irritada impaciência que exige na busca uma solução, uma finalização mais "determinada" – leia-se: fixa –, mais "concreta" – leia-se: maciça –, mais real; isto é, mais coisa: *O que é isto, a espiritualidade realmente?*

No entanto, essa irritada impaciência pela realidade, para não dizer pelo realismo, só surge para quem o interesse da busca chegou a um certo nível de engajamento. Nível de engajamento da busca que não se contenta mais com as explicações, definições e compreensões que distinguem entre ente e ente, coisa e coisa, e que estão em uso como nosso saber ordinário, óbvio, do senso comum, na vida e nas ciências. Com outras palavras, a busca que pergunta, com irritada impaciência, – *afinal de contas, o que é isto, realmente, a espiritualidade?*, está impaciente e irritada não porque não se basta mais de estar apenas na tranquila indiferença, de estar instalada bem "burguesamente" no saber óbvio do seu uso, quer na vida, quer nas ciências, apenas na constatação dos fatos, mas porque está buscando mais ampla, mais profunda e mais originariamente. E, no entanto, ao mesmo tempo, essa irritação e impaciência mostram que a pergunta ainda não percebeu que a essência, o ser, o que constitui o mais amplo, o mais profundo e o mais originário de uma coisa não pode ter o mesmo modo de ser disto ou daquilo. Por isso, ela tem ainda a expectativa de encontrar a essência e o ser como coisa, concreta e determinada a modo disto ou daquilo. Mesmo que a pergunta não apresente em si, "psicologicamente", esse caráter impaciente e irritado, mas antes, com muito interesse e curiosidade informativa, busque possuir mais e novos fatos, o estado de coisa não muda essencialmente. Pois a pergunta assim impostada, embora já esteja no nível de uma busca mais intensa, ainda não entrou no "estado de choque" e, muito menos, no "estado de graça" da pergunta pela essência, pelo ser.

## Necessidade de um outro hálito e nova disposição

Para tanto, seria necessário despertar para a pergunta de modo todo próprio e novo, entrando mais e mais na radicalização do inter-esse da questão do sentido do ser. Isto significa, por sua vez, que a pergunta *O que é isto, a espiritualidade?* é uma daquelas atitudes questionadoras que exigem uma *determinação, decisão de uma nova disposição*. No entanto, não a exigência da determinação da área ou do âmbito do objeto da pergunta, como quem quer delimitar, determinar a área, no afã de distinguir entre ente e ente, entre coisa e coisa, entre uma área de coisas e outra área de coisas, mas da *determinação* no sentido de *decisão da disposição de engajamento radical na busca. Mas na busca de quem foi atingido por um toque de fascínio e atração, sim, pela necessidade de uma investigação que o lança para fora de si, na disposição clara e precisa da espera do inesperado*. Essa disponibilidade é o que chamamos de *questão pelo ou do sentido do ser de uma coisa*.

## Questão do sentido do ser e o saber originário

Em perguntando *O que é isto, a espiritualidade?*, estamos ao mesmo tempo colocados em duas tendências atuantes na nossa existência de busca. Uma tendência consiste na busca do saber sobre uma coisa, de modo ordenado, coerente, bem organizado, partindo da compreensão mais geral do ser até a mais particular e, vice-versa, da mais particular até a mais geral. Esse modo de compreender os entes na sua totalidade, porém, já parte *a priori* de uma prefixação dos entes como coisas e, por sua vez, põe a coisa como objeto sobre o qual se adquirem conhecimentos certos e adequados. No jargão filosófico dizemos então: o ser das coisas é *coisidade*. A outra tendência traduz-se por uma busca do sentido do ser de cada ente, cada vez na sua totalidade. Nessa busca não sabemos de antemão o sentido do ser, mas antes nos dispomos, na atinência absoluta, à espera do toque do sentido do ser. Aqui não pomos o ente como objeto. Antes, deixamo-lo ser no *ductus* do sentido do ser que vem. O que assim vem à fala jamais é uma coisa, um objeto, mas sempre um mundo, uma estruturação da paisagem do ser. Trata-se, pois, de um "saber" não mais no sentido de um conhecimento sobre isto ou aquilo; mas sim de um co-nascer, tornando-se todo ausculta e ressonância da *génesis* (gênese) de um mundo no seu sabor de origem, isto é, no seu surgir, a partir da imensidão, profundidade e criatividade da vigência da vida. Refere-se, pois, a um saber todo próprio, elementar e originário, com suas leis, métodos, conceituações e precisões, "lógicas" próprias; portanto, uma "ciência", não mais a modo das ciências positivas, mas sim a modo originário. A esse modo do saber a tradição do Ocidente chamou de *espírito*.

*Espírito*, esse modo todo próprio do saber, caracteriza o *saber próprio de três dimensões fundamentais criativas da existência humana*, a saber, *a dimensão da fé, a dimensão da arte e a dimensão do pensar.* Embora haja, cada vez, diferença própria no saber originário dessas dimensões, o seu modo de ser é o mesmo. Assim, o que na fé chamamos de espiritualidade recebe o seu ser do *ductus da experiência da fé*, constituindo a diferença da sua identidade; e nesta identidade repercute a mesma ressonância que encontramos, cada vez, tanto no pensar como na arte, de tal modo que tanto no pensar como na arte experimentamos o mesmo processo de ir cada vez a fundo da sua própria possibilidade. Aqui, o mesmo não significa igual, nem comum geral, mas o *mesmo*. Este *mesmo é a disposição da espera do inesperado* que cada vez deve ser experimentada dentro da diferença de cada uma dessas dimensões da criatividade humana. Dizendo, aqui, tomar a sério a identidade de cada uma dessas dimensões fundamentais criativas da existência humana, diferenciar é decisivo para a compreensão do que seja o *mesmo*. Aqui, *o mesmo como o saber originário jamais deve ser entendido como o comum, o genérico das três possibilidades de ser do pensar, da arte e da fé. Ser ou sentido do ser* identifica-se cada vez com *a disposição da espera do inesperado,* na acepção de simultaneidade do dar-se. É como a afinação de um som. Cada som tem sua entoação. Por exemplo, mi, si, si bemol, sol sustenido são sons bem diferentes. Mas a afinação, enquanto afinação, é a mesma, se for mesma, isto é, se cada um desses sons for afinado. E a afinação não é outra coisa do que a nitidez da identidade de cada som na limpidez de sua diferença. Aliás, afinação não é uma linha fixa demarcatória como medida, pois em todos os momentos da entoação, também em todos os níveis de "afinação e desafinação", podemos ser tocados pela afinação, que se torna cada vez de modo diferente presente. Mas, se a afinação não é linha de chegada, mas cada vez medida de si mesma, então, o que chamamos de som jamais é um átomo. Som constitui-se, antes, como momentos de sinfonia ressonante, na qual cada som vem a si na consonância com outro, num intercâmbio mútuo no encontro de diferença e identidade. Desse modo compreende-se som na busca cada vez melhor da sua própria possibilidade, sendo percutido pelo e repercutindo o abismo insondável e inesgotável do ser da musicalidade.

## Pensar espiritual e a espiritualidade da fé

A esta altura da reflexão precisamos retomar o fio da meada da nossa exposição e chamar à razão as nossas divagações perguntando: Tudo isso que viemos dizendo é propriamente espiritualidade? Não seria antes reflexões *sobre* espiritualidade e, quiçá, reflexões não propriamente espirituais, mas meio pseudofilosóficas; pertencentes, portanto, de alguma forma à dimensão do pensar? Em perguntando *O que é isto, a espiritualidade?*, estamos, embora de modo muito desengonçado, indo a fundo dos limites do filosofar, tomando a espiritualidade como pretexto. Busca do ser, ou melhor, busca do sentido do ser, espera do inesperado, tudo isso é da filosofia. Não nos desviamos completamente do nosso tema, que é a espiritualidade?

É difícil responder a esta pergunta. Não por ela ser profunda, complicada, exigindo muito saber, mas por sua resposta não mais poder ser respondida a partir e dentro da dimensão do inter-esse donde parte e no qual se move a espiritualidade *considerada* a partir do pensar. O pensar em sendo pensar, como questão do sentido do ser, em sendo a disposição da espera do inesperado, com outras palavras, em sendo o puro nada da recepção, nada pode, nada sabe, nada *é*, a não ser o tinir da disposição de não ser, *a não ser* disposição. Segundo a tradição do Ocidente, o aberto atônito, a saber, que algo *é*, que *há*, que se dá o ente e não antes o nada, é *aparentemente* exclamação, espanto, expresso na formulação de Leibniz: "Por que há simplesmente o ente e não antes o nada?" Esta pergunta do pensar é ambígua. Pois pode estar perguntando pelo quê do ente, não importando se esse seja chamado de razão, fundo, fundamento, base, causa, motivo ou finalidade. De antemão, nessa maneira profunda e radical de pensar, considera-se o ser como "algo" que está para além de tudo, para além do ente na sua totalidade, mesmo que se diga que esse além é o nada. Há nesse modo de pensar um transcender *à la* metafísica; e nesse movimento de buscar o fundamento do fundamento do fundamento, nesse modo de perguntar pelo ser do ente, torna-se presente simultaneamente uma presença toda própria; portanto, um ente, um sendo dado simplesmente, sem porquê, nem para quê, sem nenhuma transcendência; portanto, também sem imanência, isto é, sendo tão somente a autoevidência de si mesmo, na qual o porquê, o para quê e o quê outra coisa não são do que *em sendo cada vez originário, originante e originado* do ente, isto é, *em sendo ele mesmo*. A serenidade, a *concretude* finita dessa simplicidade de ser, incluindo todas as modalidades de ser nas suas diferenciações, faz-nos exclamar a pergunta atônitos: "Por que há simplesmente o ente, e não antes o nada?" Aqui ente e ser coincidem. Coincidem também ser e nada. Não se trata mais disto, o ente; e aquilo, o ser; disto, o ser; e daquilo, o nada, mas sim da cadência e sombreação do vir à luz, do tornar-se luz em mil e uma variedades de possibilidade de ser – leia-se: *em sendo*.

Essa evidenciação do ente na simplicidade, como a dinâmica do *em sendo ele mesmo* e nada mais; essa entoação do ente no *medium* do silêncio do nada, em que o ente surge como repercussão do nada e o nada como percussão do ente, no seu ser, no seu suceder imenso, sereno, não é causada pela pura disposição da espera do inesperado, mas é a presença que fascina o pensar, excitando-o a buscá-la sempre mais, sempre melhor, jamais descansando. Esse modo de ser da disposição atônita da espera do inesperado, como já foi mencionado, não é nem causa, nem condição de possibilidade, nem condição sem a qual não se pode dar a espiritualidade enquanto experiência da fé, pois esta tem a sua possibilidade a partir dela mesma e não a partir do pensar. Nesse sentido, a disposição para a recepção do *ductus* do sentido do ser, denominada espera do inesperado, permanece pensar, não sendo jamais experiência da fé. E o que aparenta ser a pura recepção do ser, outra coisa não é que o limite do empenho da radicalidade e radicalização da busca, que jamais se dá por satisfeito com nada, por nada e em nada, a não ser com o jamais se dar por satisfeito. A essência da *existência humana* é a *"sistência"*, o assentar-se, o fundar e aprofundar-se, isto é, afundar-se cada vez mais, melhor e inexoravelmente no aberto, no *ex*, na disposição da espera do inesperado como espanto atônito. É a "substancialidade", o aprofundar-se e afundar-se no assentamento da *"sistência"* na nitidez do abissal do nada. Mas, então, o que é a espiritualidade?

A impossibilidade do "pensar" pensar a espiritualidade nela mesma, como que se colocando antes da pergunta, e a necessidade do pensar sucumbir sob o peso do fardo da questão do sentido do ser da espiritualidade constituem a tarefa, a missão, a identidade do pensar, sua ventura e, ao mesmo tempo, seu infortúnio.

Mas... e a espiritualidade? A pergunta agora colocada, depois de todos os arrazoados feitos diletantemente até aqui na reflexão, a partir e dentro da dinâmica do pensar, se bem observada, não é mais qualquer pergunta. Pois, como pergunta, permanece no pensar, e destaca mais e mais a impossibilidade do "pensar" pensar acerca da espiritualidade enquanto experiência da fé. Assim, a pergunta não diz nada sobre a espiritualidade enquanto experiência da fé. Mas a percussão do toque do pensar para dentro dele mesmo, esse afundar e aprofundar-se do ser da existência pensante, torna-se um convite para a percussão e repercussão da fé para dentro dela mesma, não no questionamento da sua *sistência* na fé, mas na plena atenção da vigilância de jamais se justificar, ou seja, de jamais buscar o seu fundamento fora da sua própria identidade, a saber, a dimensão da graça.

Tudo o que estamos refletindo são tentativas que nos afundam sempre de novo na experiência do próprio pensar, uma vez que, aqui, em perguntando o que seja a espiritualidade, caminhamos na impossibilidade de saber a experiência da fé, da qual vive a espiritualidade.

Essas tentativas de se debater sob o peso de tal impossibilidade para nada servem, pois não esclarecem coisa alguma acerca daquilo que o pensar aparentemente pergunta. De fato, porém, o que sucede é que essa impossibilidade, na medida em que vem tomando corpo na tentativa e tentação inexoráveis de busca, isto é, do querer intrépido, a modo de querer o querer do seu querer, isto é, de buscar a busca da sua busca, faz-nos afundar cada vez mais no não poder, no não saber, no não ser senão o vir à fala, o crescer constante na finitude, isto é, na definição, na determinação da ponderação, na qual o pensar está suspenso nele mesmo, como um movimento giratório na intensidade do próprio movimento, a ponto de tinir na contenção do vigor e da força, tomando a forma de uma esfera que é, ela mesma, imóvel, e cuja imobilidade, longe de ser imóvel, é concentração da autoidentidade. Dessa suspensão de si nele mesmo, desse pensar, surge uma mobilização que coloca em questão, portanto na busca, toda e qualquer posição na sua positividade, não deixando intacta nenhuma pressuposição como *positum*, uma vez que este é sempre de novo colocado sob a interrogação: o que é isto, o ente, que é como isto e aquilo?

Essa pura *positividade nova* que vem do nada, esse tinir como silêncio do nada cria um *medium*, no qual todas as coisas são convocadas a serem elas mesmas, a partir da limpidez da sua positividade, na autorresponsabilização da sua própria evidência, sem pré-conceitos, sem pré-tenção, sem pré-juízo e pré-suposição; portanto, revelando tão somente a pura e límpida positividade do seu ser, isto é, do seu *em sendo*. Aqui, porém, é necessário recordar que esse tinir do silêncio no *medium* do nada, que é o próprio do pensar, não é condição de possibilidade da espiritualidade como experiência da fé, mas sim um apelo, a modo da expressão do salmo: "Um abismo chama outro abismo ao fragor das cataratas" (Sl 42(41),8)[18].

---

18. Este texto é, na verdade, uma tessitura composta de diversas reflexões já existentes que, ao serem reformuladas, vieram a calhar como reflexão inaugural deste livro. No que segue, a origem dos textos, colhidos e enfeixados para compor o presente trabalho, virá indicada em nota acrescentada ao título desses.

## 2 Da experiência[19]

Uma antiga poesia do pensamento diz da experiência:

O Duque Hwan, de Khi,
O primeiro da dinastia,
Sentou-se sob o pálio,
Lendo filosofia;
E Phien, o carpinteiro de rodas,
Estava fora, no pátio,
Fabricando uma roda.
Phien pôs de lado
O martelo e a entalhadeira,
Subiu os degraus,
Disse ao Duque Hwan:
"Permiti-me perguntar-vos, Senhor,
O que estais lendo?"
Disse-lhe o duque:
"Os peritos. As autoridades".
E Phien perguntou-lhe:
"Vivos ou mortos?"
"Mortos há muito tempo".
"Então", disse o fabricante de rodas,
"Estais lendo apenas
o pó que deixaram atrás".
Respondeu o duque:
"O que sabes a seu respeito?
És apenas um fabricante de rodas.
Seria melhor que me desses uma boa explicação,
Senão morrerás".
Disse o fabricante:
"Vamos olhar o assunto
Do meu ponto de vista.
Quando fabrico rodas,
Se vou com calma, elas caem,
Se vou com violência, elas não se ajustam.
Se não vou nem com calma nem com violência,

---

19. O que na espiritualidade chamamos de vida espiritual está sempre de novo intimamente ligado à experiência e à existência humana. Por isso, a seguir – ainda que de modo um tanto avulso, sem que haja entre as reflexões uma conexão propriamente dita – são apresentadas algumas considerações cujo teor é uma espécie de modulações da reflexão que inaugurou este capítulo. Esse texto foi publicado originalmente em BOFF, L. (org.). *Experimentar Deus hoje*. Petrópolis: Vozes, 1974, p. 59-73.

Elas se adaptam bem.
O trabalho é aquilo
Que eu quero que ele seja.
Isto não podeis transpor em palavras:
Tendes apenas de saber como se faz.
Nem mesmo posso dizer a meu filho exatamente como é feito,
E o meu filho não pode aprender de mim.
Então, aqui estou, com setenta anos,
Fabricando rodas, ainda!
Os homens antigos
Levaram tudo o que sabiam
Para o túmulo.
E assim, Senhor, o que ledes
É apenas o pó que deixaram atrás de si"[20].

Segundo o texto, a experiência parece ser o fazer da práxis contra o pensar da teoria, o poder presente contra a autoridade passada, o saber da empiria contra o conhecimento acadêmico das letras mortas.

Como fazer, poder e saber, a experiência seria a aptidão do homem, apropriada no empenho do trabalho, que lhe possibilita dominar e manipular com segurança, conforme o querer, a atuação do poder sobre os entes: saber é poder.

Na perspectiva de uma tal leitura do texto, Phien nada diz de im-portância no interesse da experiência: "Vamos olhar o assunto do meu ponto de vista. Quando fabrico rodas, se vou com calma, elas caem, se vou com violência, elas não se ajustam. Se não vou nem com calma nem com violência, elas se adaptam bem. O trabalho é aquilo que eu quero que ele seja".

Mas o texto começa a nos importar, se perguntarmos o que significa a boa adaptação das rodas, quando não vou nem com calma, nem com violência? A que se adapta o meu querer, no trabalho que é como eu quero, quando não vou nem com calma nem com violência?

A letra do texto original chinês para a negação nem-nem da frase "não vou *nem* com calma, *nem* com violência" assinala o pássaro, voando para o céu.

Assim, diz o texto: não vou como o pássaro, voando para o céu, na calma; não vou como o pássaro, voando para o céu, na violência. Ou melhor: quando

---

20. "O Duque de Hwan e o fabricante de rodas". In: Merton, T. *A via de Chuang Tzu*. Op. cit., p. 142-143.

vou com a calma, não vou como o pássaro que voa para o céu; quando vou com a violência, não vou como o pássaro que voa para o céu.

Mas o que é isto, o pássaro, voando para o céu?

O pássaro solto voa para o céu e não volta mais. A soltura do pássaro não re-torna, não tem ressonância, não vigora, se esvai no vazio, sem repercussão.

Isto significa: nem com calma nem com violência não é a indiferença do meio-termo entre a calma e a violência, mas sim a diferença da calma e da violência na repercussão da sua identidade.

De repente, a leitura do texto é ferida pelo toque de um pre-núncio: o artesão Phien, não está ele a dizer que a leitura de Hwan é morta, pó e cinza, porque não re-percute na percussão da autoridade do dito? Não está ele a dizer que a roda, ao bem se adaptar; o trabalho, ao ser o que eu quero que ele seja; e o querer, ao querer no empenho do trabalho a boa adaptação da roda a ela mesma, vão, caminham e seguem o a-cordo com a percussão de um envio silenciado do vigor de ser? Que a experiência é só experiência na medida em que o fazer, o poder, o saber da existência obedecem e acolhem o ditado da autoridade; isto é, do aumento do vigor de ser?

O vigor de ser é, pois, a essência da experiência?

Mas para que esse prenúncio não se perca como o pássaro, voando para o céu, é necessário que repercuta na percussão da pergunta essencial: O que é isto, o vigor de ser?

Perguntemos: O que é isto, o vigor de ser?

Usualmente, de imediato, entendemos o vigor de ser como algo vagamente abstrato, que está por trás das aparências. Esse algo indeterminado, comum a todos os entes, dos quais ele é essência, está bem dentro, no fundo dos entes, ou os envolve, os contém, dando-lhes a energia de ser, a vida.

Mas, o que é isto, ser? O que é isto, energia, vida?

As perguntas nos fazem esvair na percepção vaga de algo vazio, indiferente: o pássaro, voando para o céu.

Uma tal compreensão do vigor de ser nos traz grandes dificuldades na compreensão do que seja a realidade simples da experiência. Demos um exemplo.

Existe uma coleção de antigas poesias líricas do Japão, denominada Manyo-shuu. A denominação significa: 10.000 folhagens em recolhimento. A coleção contém, em caracteres chineses, pequenas poesias que foram pronunciadas ou escritas entre 670 a 760 d.C. Muitas delas são anônimas.

A seguinte poesia de Manyo-shuu é anônima. Foi escrita por uma mulher e dirigida ao seu marido ausente:

> No silêncio claro,
> O luar.
> Abre-se a flor,
> Apenas branca,
> À noite serena
> Do céu.
> Na espera de ti,
> Meu Senhor.

Perguntamos: O que é isto, o vigor de ser?

Diante da poesia, no entanto, perguntamos: O que tem a ver a poesia com a pergunta pelo vigor de ser?

Talvez a poesia tenha tudo a ver com a pergunta, conquanto a pergunta se reconheça nada ter a ver com a poesia.

Perguntamos, por exemplo: O que é "no silêncio claro, o luar"?

A tendência do nosso saber responde: o silêncio é a ausência de som. Claro-claridade é a nitidez da luz. O luar é a paisagem, iluminada pela lua. A lua é o planeta satélite da terra. Mas o que é a ausência? A privação de presença. E a presença?...

O que é o som? O efeito produzido no órgão da audição pelas vibrações dos corpos sonoros. O que é o efeito? O que vem da causa. O que é a causa?...

O que é a paisagem? É o espaço de território que se abrange num lance de vista. Mas o que é o espaço?... O que é o lance de vista? O que é a vista? O movimento dos olhos?!... O que é a lua? A lua do luar é de fato o planeta satélite da terra? É a lua que ilumina a paisagem ou não é antes a paisagem que ilumina a lua?...

No silêncio claro, o luar... O que têm a ver todas essas perguntas e respostas com a fala da poesia?

A tendência do nosso saber se determina com maior exatidão: "No silêncio claro, o luar" é a representação poética que expressa as ideias, os sentimentos, as vivências da autora. É, pois, algo subjetivo. Na realidade objetiva só há coisas, às quais atribuímos os termos como *silêncio*, *claridade*, *lua*, *luar*.

Mas o que é essa coisa a que atribuímos, por exemplo, o termo silêncio? A ausência de som? Que coisa é essa, o som? Vibrações do ar? Que coisa é essa, o ar? Um complexo molecular de nitrogênio, oxigênio, gás carbono, argônio, vapor de água, hélio, neônio, criptônio e xenônio? Que coisa é essa, a molécula? O átomo? As partículas infra-atômicas? A energia? A matéria? Que coisa é essa, a coisa, o algo, o quê?

O que têm, pois, a ver todas essas coisas com o silêncio?

A tendência do nosso saber insiste no seu poder: o silêncio é uma percepção subjetiva do homem. Mas a percepção subjetiva, o que é? Também uma coisa? Se uma coisa, onde está? No homem? Mas onde no homem? No corpo? Se não é coisa, o que é? Onde está o subjetivo? E o homem, não é também ele um complexo orgânico de coisas chamadas moléculas, átomos? Mas o homem não é só matéria, é também psique e espírito. A psique, o espírito, a matéria, o que são?

O que é isto, o ser, quando dizemos: *é* realidade, *é* objetivo,

*é* subjetivo, *é* material, *é* psíquico, *é* espiritual?

O que tem a ver tudo isto, a percepção, o subjetivo, o psíquico, o espiritual, dentro e fora do homem, com o silêncio?

No silêncio claro,
O luar.
Abre-se a flor,
Apenas branca,
À noite serena
Do céu.
Na espera de ti,
Meu Senhor.

Ouvimos a poesia. E perguntamos: O que é "no silêncio claro, o luar?" e já nos achamos a discorrer de pergunta em pergunta, em buscando a resposta, até a própria pergunta não mais saber o *que* pergunta.

O que é isto?, perguntamos. Não sabemos o que perguntamos?

O que perguntamos, enfim? O que *é* isto, o *que* perguntamos?

Ouçamos bem a pergunta. Por que não sabemos mais o que perguntamos? Porque perguntamos o que *é* isto. Ao assim perguntarmos, dirigimo-nos a "isto", já a partir do sentido do "o que *é*". O sentido do "o que *é*" é o lugar de onde colocamos o "que" e o "isto", e perguntamos. "Isto", portanto, recebe o seu sentido do "o que *é*".

Com outras palavras, ao colocarmos diante de nós "isto", para nos dirigirmos a ele, perguntando o *que* é, já o pomos dentro da perspectiva do sentido que prejaz no "o que *é*". Em perguntando o que é isto, o silêncio, o que é isto, o luar, já posicionamos na própria pergunta um sentido predeterminado do ser, que afeta, domina, prefixa o que o silêncio, o luar pode e deve ser.

Essa determinação de sentido do ser é a condição de possibilidade da pergunta. É a partir dela e no âmbito do seu domínio que nos de-finimos a nós mesmos: tudo que somos e não somos; sujeito e objeto, dentro e fora, eu e mundo.

Mas, ao assim estarmos de-finidos pela predeterminação do sentido do ser, não nos apercebemos que tudo o que somos e não somos, sujeito e objeto, dentro e fora, eu e mundo, são pro-dutos distintos de uma e mesma determinação do sentido do ser que per-faz o fundo da nossa existência.

O que está no fundo da nossa existência, sustentando os produtos da sua determinação chama-se, na tradição do Ocidente, substância.

Enquanto "sub-está" a tudo que determina a ser entes da sua determinação, a sub-stância lhes mantém a permanência do sentido do ser, dando-lhes a firmeza de ser; e os contém em multiformes modulações da sua manifestação, dando-lhes a unidade de ser. Enquanto mantém os entes da sua determinação na firmeza de ser e os contém na unidade da sua determinação do sentido do ser, constitui a virtude, a seiva, a vida, a possibilidade íntima desses entes.

A sub-stância do sentido do ser, que perfaz o fundo da nossa existência, enquanto manutenção da firmeza de ser dos entes, é o que entendemos quando usamos termos como fundamental, fundamento, fundamentação. A mesma sub-stância, enquanto contenção dos entes na unidade da determinação de ser, é intencionada no termo *comum*, quando dizemos que há no fundo algo de comum aos entes. E quando concebemos esse algo comum aos entes como essência, como vigor ou energia de ser, ou vida, evocamos a sub-stância do sentido do ser que determina o fundo da nossa existência, enquanto ela, a sub-stância, constitui, como manutenção da firmeza e contenção da unidade de ser, a força íntima da possibilidade dos entes no seu ser.

Somente que a compreensão usual dos termos como *fundamento*, *comum*, *essência*, *vigor* e *vida* já está sob o domínio da determinação do sentido do ser da nossa existência. Por isso, embora intencione a sub-stância do sentido do ser, a capta como objeto entificado em algo como primeira base de uma construção, em algo comum bem dentro dos entes, ou em algo como energética indeterminada, envolvendo e acionando os entes.

A nossa existência, portanto, entende a sub-stância da sua própria determinação de ser, já partindo dos entes que posiciona diante de si como objetos da sua intenção.

Perguntamos: O que é isto, o *vigor de ser?*

Respondemos: O vigor de ser é a ob-jetivação da sub-stância do sentido do ser que determina o fundo da nossa existência.

Perguntamos: *O que é isto,* o vigor de ser?

Respondemos: A *pergunta* "O que é isto?" é a objetivação do próprio movimento dessa objetivação; isto é, da objetivação da sub-stância do sentido do ser que determina o fundo da nossa existência.

Isto significa: o *vigor de ser* e a *pergunta* "O que é isto?" dizem o mesmo, a saber, a sub-stância da determinação de ser da nossa existência.

Portanto, a pergunta pela essência, pelo vigor de ser pergunta a essência, o vigor de ser da própria pergunta. Em assim perguntando, existimos.

Mas há perguntas e perguntas. A pergunta pela essência, pelo vigor de ser não é a pergunta pelo paradeiro dos meus óculos. Ou está-se afirmando que a pergunta pelo vigor de ser é a totalidade da existência? Como entender isso, se a pergunta pelo vigor do ser é um ato parcial da existência? O ato de perguntar já pressupõe a existência. Primeiro devo existir e só depois é que pergunto. E se eu não pergunto, com isso não deixo de existir...

Entretanto, ao pensarmos, ao dizermos tudo isso, ao concebermos *pergunta, existência, totalidade, ato parcial, existo, eu,* ao pensarmos e dizermos o próprio pensar e dizer tudo isso já estamos objetivados na re-ferência da sub-stância do sentido do ser que determina o ser da nossa existência.

O que é isto, a sub-stância do ser da existência?

Certamente essa pergunta é uma pergunta objetivada e por isso "parcial". No entanto, se a ouvirmos na im-portância da colocação acima insinuada, ela pergunta precisamente pela determinação do ser que possibilita a existência na totalidade da sua objetivação, inclusive a própria pergunta ela mesma.

Uma tal pergunta é pergunta essencial.

Mas perguntar, pensar, dizer, conceber palavras, tudo isso são atos intelectuais. Antes desses atos teóricos sentimos, queremos, vivemos. Primeiro viver, depois filosofar.

No entanto, essa objeção e todas as suas discriminações da existência em intelecto, sentimento, vontade, vida agravam ainda mais a necessidade da pergunta essencial. Pois que espécie de vida é essa que primeiro vive para depois filosofar? Perguntar, pensar, dizer, conceber palavras: Por que o ato intelectual é menos vida do que o ato de sentimento e de vontade? Quando é que vivemos? De onde vem essa discriminação? O que é isto, a vida?

Há, no entanto, vida antes de perguntar pela vida! Certamente, mas essa vida anterior que possibilita a própria pergunta pela vida não coincide com a vida de-finida pela nossa objeção.

O que é isto, esse algo anterior? E já colocamos a pergunta essencial!

Mas, ao assim colocarmos a pergunta essencial, a pergunta repercute na própria ob-jeção entificante da pergunta, recolocando sempre nova e de novo a pergunta pela sub-stância do sentido do ser que determina o ser da nossa existência, cuja denominação usual é vida, o vigor de ser.

Mas, numa tal pergunta essencial perguntamos ainda? In-tendemos à sub--stância de ser como ao objeto da nossa pergunta? O que acontece conosco quando colocamos a pergunta essencial?

Ao colocar a pergunta essencial somos colocados no silêncio essencial da pergunta. A sub-stância do sentido do ser que determina o ser da nossa existência, inclusive a pergunta essencial enquanto objetivação dessa mesma sub-stância, colhe a totalidade do nosso ser no reconhecimento de nada saber acerca do ser da nossa existência, do seu envio e da sua determinação. O nada saber desse reconhecimento, porém, objetiva-se de novo como o saber acerca do não saber, que sabe do retraimento da sub-stância de ser como de um puro movimento de transcendência de algo, que se subtrai a toda tentativa da nossa compreensão.

E é precisamente nessa objetivação do saber do não saber que entendemos a sub-stância de ser como princípio, como causa, origem, como algo anterior que se subtrai para aquém ou para além dos entes da existência: Deus?!...

O que acontece, porém, conosco no núcleo desse saber do nada saber acerca da sub-stância de ser da nossa existência? Do saber que objetiva essa mesma sub-stância como o retraimento do sentido do ser?

No in-stante em que somos colhidos pelo reconhecimento da impossibi-lidade de não poder senão saber o próprio não saber re-ferente à sub-stância de ser nos achamos colocados na totalidade da existência como sendo *apenas* essa própria impossibilidade. É a completa suspensão da determinação do querer, saber, poder, fazer; enfim, da vontade de ob-jeção da existência.

É na medida dessa suspensão total da vontade ob-jetiva que *somos* ex-sis-tência, enquanto ressonância do silêncio.

No silêncio do ser há claridade da sonância. A claridade da sonância é *apenas* ausculta obediente, e nada mais.

No mundo da ex-sistência como apenas ausculta obediente tudo é di-ferente. Diferente na di-ferença que se di-fere como a obra per-feita na afeição da identidade.

A identidade da di-ferença é a interioridade do ente na *dia*-ferência do nada que é o ab-ismo do mistério do ser.

A sub-stância da nossa existência ex-siste como o toque do ab-ismo nadificante na afeição de ser, em cuja instância salta sempre o in-stante do tempo de ser por e para o silêncio claro da diferença nadificante.

A di-ferença nadificante, porém, não é aniquilação.

Antes, pelo contrário, é principiar. Principiar sempre novo na tempestade do ser que per-mite tudo renascer *e* morrer na floração miraculosa da identidade da liberdade primordial.

O renascimento *e* a morte na tempestade do ser cunha a determinação de ser como o princípio e o tempo oportuno e a consumação do passado, presente e futuro da existência. O cunho de uma tal determinação epocal é a obra, o *typus* que per-faz a graça da finitude da história.

Ex-sistir co-locado no susto do in-stante historial da tempestade do ser, co-locado como o *typus* da graça da história, no silêncio de ausculta obediente ao milagre do mistério natal da mortalidade é a essência da pergunta essencial, cuja estância denominamos no esquecimento da nossa existência de *o vigor de ser*.

"Da experiência" é o título da nossa reflexão.

Dissemos no início que o vigor de ser é a essência da experiência.

Nada dissemos da experiência se dizemos: o vigor de ser é a essência da experiência. Pois o vigor de ser e a experiência dizem o mesmo: a per-cussão do envio do nada como do destino consumado na viagem perfeita da existência; o tinir da história do mistério do ser na dia-ferência da identidade na identidade da diferença, que *é*, cada vez, apenas, sem por quê, como a finitude livre do mortal na per-feita alegria de ser de graça, do nada.

A experiência *é*, pois, apenas, como percussão, como o tinir: o silêncio claro da ex-sistência.

O silêncio claro da ex-sistência como experiência só *é* como percussão. Mas a percussão só *é* na repercussão.

Na repercussão, a percussão do silêncio claro da ex-sistência vem à fala. O vir à fala é repercussão. A repercussão é a tematização. A objetivação é um determinado modo de tematização.

O silêncio claro da ex-sistência não é, pois, oposto à objetivação. Antes, a objetivação é um determinado modo de o silêncio da ex-sistência repercutir, vir à fala.

A repercussão como tematização é a cadência do silêncio claro da ex-sistência. A objetivação é de-cadência. Decadência é, porém, um modo de cadência.

O silêncio claro da ex-sistência, a experiência, enquanto só *é* na repercussão, se de-termina na repercussão; isto é, na cadência da percussão.

Mas o que é isto, determinar?

Usualmente determinar quer dizer fixar algo dentro de um término. Determinamos, por exemplo, a hora de um encontro, de um ponto cronológico a outro, digamos de 8 a 10 da manhã. Mas, para assim determinarmos a hora é necessário já ter determinado o campo de referência, dentro do qual se possa fixar os pontos terminais da determinação.

O que determina, porém, o campo de referência dos pontos fixos terminais? O tempo cronológico. O que determina o tempo como cronológico?... Não é assim que podemos fixar os pontos terminais no fluxo do tempo cronológico, só porque a fixação é a determinação do tempo colocado como cronológico? O que determina, porém, a determinação do tempo cronológico como fixação?

A perplexidade em responder à pergunta nos mostra que a determinação do que seja a determinação do tempo cronológico não está determinada a modo de ser da determinação cronológica.

A determinação cronológica, no entanto, é um caso exemplar que serve para indicar o modo de ser da determinação como nós a entendemos usualmente.

Isso significa: a determinação como usualmente a entendemos não pode determinar o campo de referência a partir e dentro do qual determina os entes. A sua tentativa de se determinar já vem tarde, pois ela é pro-duto do modo de ser que a toca antes de sua determinação, determinando-a para esse modo de ser da determinação.

Determinar é, porém, ato da existência. Como tal, a determinação está sintonizada ao modo de ser da existência. Da existência, em cujo horizonte indiferente e indeterminado da igualdade fazemos usualmente a pergunta: O que é isto, determinar?

Mas o horizonte do modo de ser da existência cotidiana, a partir e dentro do qual entendemos usualmente o que é determinar, é a cadência, a repercussão do silêncio claro da ex-sistência enquanto vem à fala na decadência; isto é, na repercussão da objetivação.

Dissemos acima que a determinação está sintonizada ao modo de ser da existência. E a existência, enquanto está determinada como a repercussão da objetivação, é, por sua vez, a seu modo, sintonia ao silêncio claro da ex-sistência.

Isto significa que a determinação é sin-tonia?

É o que nos insinua a língua alemã: de-terminar é *bestimmen*. *Bestimmen* se lê: *be-stimmen*. Em *stimmen* está a palavra *Stimme* que significa: voz, som, tom, rumor. *Stimmen* é, pois, sonar, tonar, afinar.

O prefixo verbal *be-* modula o sentido do *stimmen*, ressaltando-lhe uma cambiante que insinua o movimento incoativo. Esse movimento incoativo aparece em português no prefixo *en-*, quando dizemos en-toar. *Bestimmen* é entoar. Determinar é, pois, entoar.

O regente de orquestra "en-toa" a sinfonia. Entoar aqui significa ser colhido pelo primeiro toque da percussão sinfônica e nela se recolher como a repercussão do primeiro toque em acolhimento.

*En-*, *be-* é, pois, o movimento do primeiro toque. Como é, porém, o movimento do primeiro toque?

O primeiro toque não é o começo de uma série de tons sucessivos na sequência linear, à guisa de uma fila.

É, antes, o deslanche da totalidade da sinfonia. No primeiro toque vige toda a sinfonia em cada momento do seu percurso, como que recolhida no in-stante da eclosão nascente. O primeiro toque é o salto de de-cisão da percussão na repercussão da obra.

O regente e sua orquestra. Há o silêncio. O regente e os músicos formam um único corpo de recolhimento na dis-posição da espera. Espera é audiência. Audiência de quê? Do aumento e afinação da audição. Esperam audientes o clarear da audição como o silêncio perfeito da possibilidade da percussão.

O clarear da audição aumenta a audiência. O aumento da audiência aumenta o clarear da audição. Esse movimento de inter-ação mútua é e-vocado pela clareira audiente do silêncio sonoro que recolhe o clarear da audição e o aumento da audiência como a presença sempre mais pura da própria clareira audiente do silêncio sonoro.

Deixar-se e-vocar pela clareira audiente do silêncio sonoro na interação do clarear da audição e do aumento da audiência é *stimmen*, o toar. E a presença sempre mais pura da clareira audiente do silêncio sonoro no *stimmen*, no toar, é *Stimmung*, a entoação, que em português se traduz usual e inadequadamente por afeição, sentimento, humor.

Mas a entoação não existe em si como coisa. Ela se dá no in-stante do primeiro toque da sinfonia, na repercussão da percussão.

Mas o primeiro toque também não existe em si como coisa, isto é, como a primeira nota produzida pelos instrumentos musicais.

O primeiro toque, enquanto a vigência da totalidade da sinfonia no salto nascente da obra perfeita como a percussão na repercussão, só se dá no in-stante da decisão, quando a entoação nos toca na afeição do seu silêncio sonoro para o salto de transcendência do primeiro toque.

Na transcendência do primeiro toque, porém, não saímos do silêncio. Antes, nele entramos. Pois o primeiro toque é acolhido no silêncio como a repercussão sonora da totalidade sinfônica na percussão da entoação do silêncio.

A decisão do salto, onde se dá a transcendência do primeiro toque na imanência do silêncio e a imanência do silêncio na transcendência do primeiro toque, não está sob o poder de nossa determinação. Pois é ela que decide a facticidade do salto; isto é, a repercussão da percussão como o primeiro toque.

A tentativa de determinar mais exatamente o ser da decisão do primeiro toque não é, pois, um caminho determinável a partir da nossa determinação. Pois, se a nossa determinação, de fato, acerta ou não o primeiro toque, só é determinável depois que a decisão do primeiro toque nos atingiu com o toque do seu salto. Por isso, o empenho do nosso fazer, do nosso saber, do nosso poder na tentativa e na tentação da nossa determinação é sempre um caminho aberto, caminho que não sabe se é de fato um caminho ou uma senda perdida.

Dissemos acima que a determinação é sintonia. Sin-tonar é *be-stimmen*, en-toar.

O prefixo verbal *be-*, *en-* indica o movimento incoativo do primeiro toque. O movimento do primeiro toque, no entanto, é o movimento da transcendência. Esse movimento da transcendência se dá como a de-cisão da *syn-these*, na qual a percussão da sinfonia se ergue como *thesis*; isto é, como tema da imanência do silêncio.

Uma tal tematização é o soerguer-se da percussão do silêncio na per-feição da repercussão. Esse movimento do soerguimento é a evocação da palavra *be-stimmen*, en-toar.

Mas o que vem à fala nessa *thesis*, nesse tema, é o retraimento do *syn*; isto é, o mistério do Uno que per-mite a eclosão *thética* das repercussões da existência na baila jovial do silêncio silenciado.

Determinar como *be-stimmen*, como en-toar é, portanto, deixar-se tocar na afeição da de-cisão *syn-thética* da transcendência imanente e da imanência transcendente na evocação silenciosa do retraimento.

Esse movimento, cuja via-gem traçamos sem jeito à mão do exemplo da sinfonia, constitui o modo de ser próprio da ex-*periência*[21]. A experiência é, pois, *apenas*, como percussão, como o *tinir*: o silêncio claro da ex-sistência. A percussão, o tinir, o silêncio claro da ex-sistência, no entanto, é o abismar-se sempre iniciante e iniciado do silêncio na obscura claridade do silêncio silenciado do mistério inominável.

Um tal abismar-se é repetição, re-petição da ex-sistencialidade da existência, a re-petição do mistério da interioridade do ser, o vigor do nosso viver.

Coloquemos, pois, em repetição a pergunta essencial da nossa reflexão: O que é isto, a experiência?

E o aceno do nada no nada dizer da experiência evoca uma antiga repetição:

> Disse Ho-schan (891-960 d.C.): – Quem, em via, aprende chama-se o ouvinte. Quem, em via, aprendeu chama-se o próximo. Quem é, em via, além da perfeição do ouvinte e do próximo é transcendente. Um monge lhe perguntou: – O que significa "transcendente"?
> Disse Ho-schan: – Toque de tambor.
> Replicou-lhe o monge: – Não perguntei pelo sentido da frase: "Lá, onde está Espírito, ali está Budha", mas sim, o que e-voca: "Nada de Espírito, nada de Budha!"
> Disse Ho-schan: – Toque de tambor.
> O monge perguntou por fim: – Se me vem ao encontro alguém ereto como rocha, como abordá-lo?
> Disse Ho-schan: Toque de tambor.

---

21. *Experior, -rtus sum, -iri* (experimentar); *periculum* (perigo, tentativa); *per* (através, para além por sobre) possuem a mesma raiz. Cf. WALDE, A. *Lateinisches Etymologisches Wörterbuch*. Vol. I. Heidelberg: Carl Winter-Universitätsverlag, 1965, p. 430.

## 3 O meio-silêncio[22]

O sermão de n. 57 de Mestre Eckhart[23] fala do nascimento de Deus.

O sermão[24] começa com a palavra da Sabedoria: *"Dum medium silentium tenerent omnia et nox in suo cursu medium iter haberet ..."* ["Enquanto um calmo silêncio envolvia todas as coisas e a noite chegava ao meio de seu curso..."][25] (Sb 18,14).

O que segue não interpreta o sermão de Mestre Eckhart nem a palavra da Bíblia. Tenta apenas ajeitar um pouco, para si mesmo, o estranhamento causado pelas palavras *"dum **medium silentium** tenerent omnia"*.

O que é propriamente o silêncio, que todas as coisas têm, ou melhor, em que todas as coisas são mantidas, o silêncio que tudo contém? O que é, pois, o meio-silêncio?

Na calada da noite o instante em que todas as coisas estão imersas no silêncio, prenhes de quietude. Na medida em que a noite avança e se inclina para a madrugada, a quietude submerge mais e mais no fundo silêncio. Esse mergulho no profundo silêncio é, ao mesmo tempo, um crescer do silêncio que se avoluma e vem ao nosso encontro como o tinir da quietude. É o silêncio intenso. O instante em que o céu e a terra estão suspensos no ponto de salto, na espera. E a contenção da eclosão. De repente, amanhece. Do silêncio se levanta o despertar da vida. Toda a natureza toa numa algazarra matinal. É o nascimento do dia.

Aqui, e também no texto da Bíblia, o silêncio se refere ao evento real, envolve os objetos que ocorrem no acontecer. O silêncio é algo objetivo.

Usualmente, porém, o silêncio se refere às pessoas humanas, diz ato ou estado do sujeito-homem. Silêncio é algo subjetivo.

No entanto, o silêncio não se enquadra muito bem nem no lado do objeto nem no lado do sujeito. O silêncio, não o encontramos nos objetos, como coisas, nem em nós, no sujeito, como algo em nós ou algo de nós. É que o silêncio nos envolve a nós e as coisas, do mesmo jeito. Não é uma parte de nós ou parte das coisas, pois não somos nós e as coisas que temos o silêncio, mas sim, é o silêncio que nos tem a nós e a todas as coisas.

---

22. Publicado originalmente em *Arte e palavra*, vol. 3, 1987, p. 11-24. Rio de Janeiro: UFRJ.

23. Este e outros textos desse grande mestre do pensamento medieval serão citados a partir de: MEISTER ECKHART. *Deutsche Predigten und Traktate*. Munique: Carl Hanser, 1977 [Editado e vertido para o alemão moderno por Josef Quint] [De agora em diante *DPT*].

24. Cf. *DPT*, p. 415-425.

25. Tradução nossa.

O que nos envolve, a nós e a todas as coisas ao redor de nós, chamamos de *medium*. Silêncio é pois um *medium*... Mas, e o *medium*, não é ele algo como espaço, algo objetivo, realmente ocorrente? *Medium* é meio; isto é, a extensão que permeia as coisas, o "entre" as coisas, o inter-médio. Mas o silêncio não é só "espaço" entre as coisas, ao redor das coisas, pois penetra, impregna todas as coisas. O silêncio não só contém, não só permeia, mas compenetra até o âmago, o mais íntimo de todas as coisas. Mas, seja como for o modo de ser desse *medium* chamado silêncio, parece-nos óbvio que o *medium silentium* é algo que ocorre realmente, digamos objetivamente em e ao redor de todas as coisas.

Portanto, o silêncio é um ente intramundano?

Na realidade, porém, tudo quanto se nos apresenta intramundanamente como *medium*, como o inter-médio, é uma referência ontológica, isto é, um fio condutor que nos reporta à dinâmica da constituição do mundo, ao ser-no-mundo. Assim, o *medium*, o entre-meio das coisas, é algo como o reflexo de um determinado momento do movimento, do processo genético da constituição do mundo.

Essa referência ontológica aparece, de início, como uma redução subjetiva. As coisas da natureza e os objetos da cultura ao redor de nós e em nós, todos os entes intramundanos, só têm sentido, são "realidade" somente enquanto referidos ao sujeito-homem. Assim sendo, o *medium silentium* que encontramos entre as coisas, como "espaço" envolvendo as coisas, na realidade não está nem nas coisas nem ao seu redor, mas sim em nós como vivência subjetiva. O silêncio é um estado, uma vivência um sentimento, uma impressão subjetiva em nós, projetada sobre as coisas. Diz respeito, portanto, ao comportamento humano. Talvez é por isso que usualmente, quando ouvimos a palavra *silêncio*, a primeira coisa que nos vem à mente é o comportamento humano chamado calar-se. Silêncio é o ato de silenciar. Silenciar é calar-se. Calar-se, uma modalidade da fala. No entanto, o silêncio não coincide simplesmente com o calar-se:

> Acontece entrementes que alguém se cala dizendo muito. Se alguém, em se calando diz muito ou simplesmente apenas nada diz, depende do que ele tem dito até então. Nada dizer pode também dizer muito. Muito dizer pode nada dizer. Muito dizer pode também dizer muito e nada dizer pode também nada dizer. Somente no instante do silêncio se mostra, se calar-se diz algo[26].

---

26. "Es geschieht mitunter, dass jemand vielsagend schweigt. Ob jemand damit viel sagt, dass er schweigt, oder ob er einfach nur nichts sagt, hängt davon ab, was er bis dahin gesagt hat. Nichts sagen kann viel sagen. Viel sagen kann nichts sagen. Viel sagen kann auch viel sagen und nichts sagen

Na escalação de variações, nada dizer, pouco dizer e muito dizer, o calar-se como modalidade da fala e a fala como modalidade do calar-se se movimentam num processo de condensação e rarefação de uma presença de fundo, cujo ser, em se retraindo para a profundidade dela mesma, nos vem de encontro, à fala, como um outro silêncio. Um outro silêncio, um silêncio de fundo que, em transcendendo o falar e o calar-se, lhes dá, ao mesmo tempo, peso e quilate do seu falar. Esse outro silêncio de fundo, que envolve, compenetra e transcende o comportamento humano chamado "falar e calar-se", não é mais uma ocorrência de algo subjetivo em nós. É antes um momento constitutivo que perfaz a própria dinâmica da estruturação do ser-no-mundo, o qual usualmente denominamos de *existência* ou *transcendência*.

Transcendência é, porém, a essência do homem.

O silêncio é, pois, do inter-esse humano. Inter-esse constitutivo que per-faz o homem, não como sujeito, não como objeto, mas como autoessencialização.

O homem como transcendência é o salto da abertura do sentido do ser enquanto decisão da possibilidade do mundo; isto é, do ente na sua totalidade, inclusive o próprio homem na sua essencialização.

Um tal salto, a partir e dentro do qual eclode o mundo como uma finita concreção do toque do ser, chama-se liberdade. Silêncio parece, pois, se referir a um momento estrutural da liberdade.

Paul Klee fala do movimento da transcendência, da liberdade, a partir e em modos da existência artesanal-artística:

> Gostaria, pois, de considerar a dimensão do objeto num sentido novo para si, e, com isso, tentar mostrar como o artista chega muitas vezes a uma tal "deformação" aparentemente arbitrária da forma natural de aparecimento. Aliás, ele não dá a importância obrigatória às formas naturais de aparecimento, como o fazem muitos realistas críticos.
>
> O artista não se sente tão ligado a essas realidades porque não vê nessas formas-terminais a essência do processo natural de Criação. Pois lhe interessam mais as forças formadoras do que as formas-terminais. Ele é talvez, sem o querer, exatamente filósofo. Embora não declare, como o fazem os otimistas, que este mundo é o melhor de todos os mundos e também não queira dizer que este mundo, que

---

kann auch nichts sagen. Erst im Augenblick des Schweigens zeigt sich, ob Schweigen etwas sagt". In: ROMBACH, H. *Strukturontologie* – Eine Phänomenologie der Freiheit. Friburgo/Munique: Karl Alber, 1971, p. 46 [Tradução nossa].

nos cerca, é ruim a ponto de não se poder tomá-lo como exemplo, embora, pois, não diga nada disso, diz para si: O mundo nesta forma prefigurada não é o único de todos os mundos! Assim mira as coisas que a natureza lhe faz perfilar diante dos olhos com um olhar penetrante.

Quanto mais profundamente olha, tanto mais facilmente consegue estender os pontos de vista de hoje para ontem. Tanto mais se lhe cunha nele, no lugar de uma figura pronta da natureza, a figuração unicamente essencial da Criação como *Génesis* (Gênese).

Ele permite também, então, o pensamento de que a Criação hoje, ainda mal pode estar concluída, e assim estende aquela ação criadora do universo de trás para frente, dando duração à *Génesis* (Gênese).

E vai mais além. Permanecendo aquém, se diz: Este mundo tinha aspecto diferente e este mundo há de ter aspecto diferente. Mas, tendendo para além, pensa: Nas outras estrelas pode-se ter vindo de novo a outras formas bem diferentes[27].

A partir deste exemplo da existência artesanal-artística tentemos ilustrar melhor o movimento da transcendência.

Consideremos todas as coisas que não são diretamente homem, como, por exemplo, as coisas da natureza, os objetos culturais, mas também o próprio

---

27. "Ich möchte nun die Dimension des Gegenständlichen in einem neuen Sinnen für sich betrachten und dabei zu zeigen versuchen, wieso der Künstler oft zu einer solchen scheinbar willkürlichen 'Deformation' der natürlichen Erscheinungsform kommt. Einmal misst er diesen natürlichen Erscheinungsformen nicht die zwingende Bedeutung bei wie die vielen Kritik übenden Realisten.

Er fühlt sich an diesen Realitäten nicht so sehr gebunden, weil er an disen Form-Enden nicht das Wesen des natürlichen Schöpfungs-prozesses sieht. Denn ihm liegt mehr an den formenden Kräften als an den Form-Enden. Er ist vielleicht ohne es gerade zu wollen Philosoph. Und wenn er nicht wien die Optimisten diese Welt für die beste aller Welten erklärt und auch nicht sagen will, diese uns umgebende Welt sei zu schlecht, als dass man sie sich zum Beispiel nehmen könne, so sagt er dich doch: In dieser ausgeformten Gestalt ist sie nicht die einzige aller Welten! So besieht er sich die Dinge, die ihm die Natur geformt vor Augen führt, mit durchdringendem Blick. Je tiefer er schaut, desto leichter vermag er Gesichtspunkte von heute nach gestern zu spannen. Desto mehr prägt sich ihm an der Stelle eines fertigen Naturbildes das allein wesentliche Bild der Schöpfung als Genesis ein. Er erlaubt sich dann auch den Gekanken, dass die Schöpfung heute kaum schon abgeschlossen sein könne, und dehnt damit jenes weltschöpferische Tun von rückwärts nach vorwärts: der Genesis Dauer verleihend. Er geht noch weiter. Er sagte sich, diesseits bleibend: es sah diese Welt anders aus und es wird diese Welt anders aussehen. Nach jenseits tendierend aber meint er: auf anderen Sternen kann es wieder zu ganz anderen Formen gekommen sein". In: KLEE, P. *Das bildnerische Denken.* Basel/Stuttgart: Schwabe, 1964. p. 92-93 [Ed. bras.: KLEE, P. *Sobre a arte moderna e outros ensaios.* Rio de Janeiro: Zahar, 2001, p. 64-65] [Tradução e grifos nossos].

homem em todos os seus diversificados comportamentos, cada um desses comportamentos, atos, ações, volições, intelecções, sentimentos, também todas as interpretações acerca do próprio homem e acerca de todas as coisas que não são diretamente homem, consideremos, portanto todos os entes, nas mais variadas diferenciações e níveis de ser, como formas terminais de ação criadora, acima descrita por Klee. Essas formas ou configurações terminais são os términos, os pontos finais, as pontas de todo um processo de concreção em movimento, cujo elã, prenhe de energia, impulsos, concepções, orientações, esboços e configurações, emana de um centro densamente criativo, de uma fonte inesgotável, sempre nova em iniciativas de possibilidades. Esse centro, no entanto, não é um ponto, um núcleo localizado como ponto de convergência, mas sim um *salto de decisão*, uma repentina abertura, inteiramente nova, inesperada, sem precedentes, sem uma anterior possibilidade pré-jacente, abertura de de-cisão livre, que lança, numa única jogada, todo um mundo de uma determinada possibilidade de ser na sua totalidade; um lance, do qual e no qual se decide o eclodir, o incoar, o crescer, o consumar-se e o sucumbir de toda uma bem determinada elaboração do mundo ao toque do sentido do ser.

É difícil captar com precisão o salto transcendental, gerador do mundo *como* decisão de abertura do sentido do ser. É que, sempre de novo, entendemos o salto, a eclosão, o originar-se, o ser, o toque como algo ou de algo ou em algo. E mesmo quando dizemos que a transcendência é dinâmica, um puro movimento, representamos o movimento como algo em movimento num espaço vago indefinido. No fundo de todas essas representações já opera uma determinada pré-compreensão do ser, na qual todas as coisas são "algo", isto é, "substância" ou variantes da "substância", entendida como uma entidade ocorrente, factual. Com outras palavras, a nossa compreensão usual do "salto de decisão" é também uma forma terminal de um bem-determinado salto de decisão que atua no fundo da ontologia "realista", "substancialista".

Esse modo de ser caracterizado como "substancialista" se chama ocorrência ou factualidade.

O foco de incandescência do salto de decisão e todo o fluir dessa dinâmica criativa de todas as estruturações desse movimento, e até mesmo as formas terminais desse movimento, jamais são ocorrências ou fatos, jamais algo, coisa, objeto, sujeito, mas... transcendência, decisão, liberdade... *ser*... Mas a partir de uma compreensão usual "substancialista" do ser deveríamos dizer em vez de ser... nada!?... Só que, enquanto permanecermos numa compreensão formal do ser e do nada, nada percebemos do ser do salto de decisão.

Para intuir o pivô da questão recorramos a um artifício da imaginação. Imaginemo-nos colocados no foco do salto de decisão. Ou melhor, sendo o foco do salto de decisão. O ente na sua totalidade, todas as coisas atuais e possíveis, todas as coisas que foram e não foram, são e não são, que serão e não serão, as que jamais puderam, podem ou poderão ser, todas as coisas que somos nós mesmos e as que não são nós mesmos, tudo enfim, estão pendentes desse foco que somos nós mesmos, como o jato de luz projetada na escuridão depende do foco da lâmpada. Mas cada vez que mudamos de humor, cada vez que, de alguma forma, vacilamos, nos firmamos, nos resignamos, nos alegramos, nos desanimamos, todas essas modulações repercutem até ao mais íntimo núcleo de todos os entes atuais e possíveis, inclusive nas próprias modulações do foco e no próprio foco. E isso de tal sorte que cada vez o ente na sua totalidade se transforma conforme a de-cisão do foco. Repetindo: todas as variações do humor que perfaz o próprio ser do foco oscilam e variam conforme... conforme *o quê*? Em vez de deixar que a pergunta corra e se fixe no "algo" do "o quê", sigamos a repentina vertigem do vazio que assalta a imaginação e deixemos que se abra a intuição imediata do puro salto de decisão nele mesmo: é a responsabilidade pelo sentido do ser, é a busca livre, a questão do sentido do ser, é a correspondência ao toque do ser... E a partir desse in-stante da intuição imediata do puro salto de decisão de ser continuemos discorrendo na tagarelice dos filosofemas acerca do que seja a transcendência. A essência do homem, a transcendência é a disposição da ausculta e correspondência operante ao toque da inspiração do ser, cuja percussão repercute como eclosão do mundo, em leques multifários de aparecimentos e ocultamentos, em diferentes níveis de coisas da entificação. Cada vez, o mundo, o ente na sua totalidade, em todos os seus detalhes, de entidades e de permeios, é como a toada de uma determinada decisão do sentido do ser que vem à fala como coisas e seus entremeios. Que venha à fala, que venha à fala desta ou daquela maneira, que cada ente, cada vez de novo em particular ou em totalidade tenha esta ou aquela realidade, tudo isso pende, como que por um fio, da disposição ao sentido do ser. O ser não é algo em si. Ele só é no movimento da concreção da constituição do mundo. As coisas do mundo, a concreção da constituição do mundo, isto é, o mundo, só é enquanto disposição da correspondência à convocação do ser. A pregnância dessa disposição correspondente dá à existência o peso, a ressonância de fundo da sua fala e do seu calar-se e de todos os seus comportamentos, dá às coisas e aos permeios do mundo a sua realidade.

Isto significa que, se quisermos de alguma forma compreender o que seja o *medium silentium* devemos buscar o lugar "natural" do silêncio no processo da constituição do mundo, naquele ponto do salto de decisão do sentido do ser, no qual o homem se dá na sua essência e no qual se dá a realidade do mundo.

Não é possível "descrever" a transcendência na sua estruturação, como se fosse um objeto fixo, passível de análises e determinações do olhar objetivo. Pois, o olhar objetivo sempre se coloca fora e em frente ao objeto e mira as coisas "panoramicamente", a partir e dentro de um enfoque, cujo foco jamais vem à fala. A transcendência, porém, é a condição da possibilidade de uma tal mira objetiva, de tal sorte que, como fundamento da visualização objetiva, jamais pode ser objeto do que ela mesma é fundamentação. A transcendência no seu ser é um movimento, salto de decisão da liberdade no seu originar-se, crescer e se consumar, cada vez de novo, concreto e historial. O ser da transcendência exige que nós, na descrição ou como descrição, sejamos transcendência, a experimentemos, e em a experimentando, a digamos.

No entanto, se a transcendência é essência do homem, aquilo que nos perfaz no que somos originariamente, a transcendência é a própria experiência existencial da essência do homem, o evidenciar-se de nós mesmos, de toda e qualquer experiência, de ontem, de hoje e de amanhã. A experiência existencial, porém, jamais é uma compreensão geral nem uma vivência factual particular, mas sim uma evidenciação estrutural. Evidência estrutural é o conhecimento, isto é, co-nascimento com a concreção do próprio movimento de iniciar-se, crescer e finalizar-se da própria transcendência. Esse con-crescer ou co-nascer não é um saber, um vivenciar, um experimentar *sobre* uma coisa, mas sim cada vez, sempre de novo a "coisa ela mesma" da transcendência. Enquanto tal, é cada vez processo concreto e singular. Mas nessa concreção e singularização, sempre de novo e sempre novo, se evidencia o toque da provocação do ser (nada) à responsabilidade de termos que ser cada vez, a cada instante, o salto de decisão do sentido do ser.

Nesse toque, cuja percussão repercute como a constituição do mundo, abre-se a cada instante, sempre de novo, cada vez na novidade do inesperado, o abismo da imensidão e profundidade da gratuidade do ser. Do ser, sempre o mesmo e uno, sempre novo e sempre antigo, insondável, inesgotável na sua cordialidade, familiar e próximo na verdade do seu ocultamento. Nesse modo de ser concreto e singular a transcendência se transcende cada vez de novo para dentro do abismo do desvelamento do sentido do ser, que, ao se revelar, se retrai como a profundidade insondável do "sempre o mesmo". Assim, surge uma possibilidade de caracterizar a propriedade da transcendência não como uma ideia geral, como definição, mas como o intuir, no vislumbre de cada diferenciação concreta, a referência ao "sempre o mesmo" e ao sempre originário dar-se do sentido do ser.

Para uma caracterização da transcendência tomemos como fio condutor um relato da Bíblia traduzido por Martin Buber. O nosso interesse nessa tentativa de caracterização está em melhor ajustar o estranhamento acerca do que seja o *medium silentium*.

O texto-tradução de Martin Buber diz:

> E falou: Para fora
> De pé, para montanha, diante da minha face!
> E passando, Ele:
> Um vendaval tempestuoso imenso e violento,
> Fendendo montanhas, esmigalhando rochas,
> De lá, da sua face:
> Ele, não, na tempestade –
> E após a tempestade, um terremoto:
> Ele, não, no terremoto –
> E após o terremoto, um fogo:
> Ele, não, no fogo –
> Mas, após o fogo,
> A voz do silêncio suspenso[28].

O texto fala do encontro de Elias com Deus.

Encontro é experiência, um conhecimento, isto é, co-nascimento em e com a estruturação da transcendência. No seu final, o texto fala da suspensão do silêncio. Onde se acha, o que é, como é o silêncio numa tal experiência transcendental? A que modo todo próprio da transcendência se reporta o silêncio como um momento estrutural da transcendência? O que é afinal o silêncio como fenômeno da transcendência?

Elias vem de uma longa viagem (1Rs 18,21–19,9). Impulsionado pelo zelo de Javé, Elias desencadeia uma luta de vida ou morte contra o culto de Baal. Desafiando os profetas de Baal, invoca sobre o animal de sacrifício o fogo dos céus. Desce o fogo sobre o animal imolado e o devora. Elias vence os profetas do Baal e, no Vale de Cison, passa-os todos ao fio da espada. A veemência impetuosa dessa atuação profética, porém, passa como vendaval, sem atingir o

---

28. In: NISING, H.; SUDBRACK, J. & EICHLER, C. *Zwischen Rosen und Schatten* – Ikebana-Meditationen zu Gedichten unseren Zeit. Munique: Groh, 1979, p. 88 [Tradução nossa].

âmago da resistência, tenaz, fria e indiferente do povo e a dureza inquebrantável do ódio de Jezabel. Elias é perseguido e foge de um lugar para outro. Desalentado, um dia no deserto pede a morte, e exausto adormece à sombra de um junípero. Ao acordar, reconfortado pelos céus com o pão cozido nas cinzas e com a água da fonte, se põe de pé, caminha quarenta dias e quarenta noites até Horeb, a montanha de Javé. Passa ali a noite numa caverna, e então lhe vem a palavra de Javé. E falou: "Para fora, de pé..."

Viagem não é apenas uma figura de linguagem, uma metáfora da existência, do historiar-se da transcendência. Antes é a própria transcendência. É o próprio proceder do vir a si da transcendência. Por isso, todo e qualquer conhecimento, isto é, conascimento da existência a que costumamos chamar de *experiência*, é uma *via*-gem, é o a-viar-se da *transcendência*. Assim, o título desse texto de Martin Buber diz *"Elija erfährt Gott"* e usa o verbo *erfahren* que significaria literalmente ir, viajar, aviar-se (*fahren*) a partir e para dentro do fundo originário (*er = ur*).

Transcendência como via-gem não tem começo. Ou melhor, o seu começo já é o corpo da própria transcendência. Quando começa já é. O início, o meio e o fim da transcendência saltam simultaneamente do nada, de tal sorte que o começo aqui jamais vem do anterior, do fundamento pré-jacente, do qual o começo tomaria o início. O começo da transcendência se inicia ab-soluto. "Antes" da transcendência é simplesmente nada. Assim, a transcendência é sem porquê. Isto significa que ela é causa e fundamento de si mesma, *causa sui*? Não exatamente, pois causa e fundamento sempre ainda indicam uma ocorrência anterior à qual o efeito ou o fundado está de alguma forma em referência.

O que se inicia absoluto, sem antecedente, nele mesmo, sem porquê se chama *princípio*. Princípio é salto originário, o ato criativo, a decisão absoluta. O pensamento medieval caracterizava o ato divino de efetivação do universo de *"creatio ex nihilo sui et subiecti"*. Esse ato não pode ser entendido no seu ser com precisão ontológica, se o entendermos como causação de ocorrência e ocorrência de causação. Pois, a definição *"ex nihilo sui et subiecti"* aponta com muita precisão o modo de ser do princípio, isto é, o ser da transcendência da liberdade. E para o medieval Deus *a se* é a máxima concreção da liberdade.

Mas... o nada, o nada anterior, é nada mesmo? Como "intuir" o nada mesmo, sem em nada se referir à ocorrência, a um certo algo nada?

*Sendo* salto de decisão absoluta.

Mas... decisão absoluta, donde vem? Não há "algo" anterior a ela, donde tira, recebe o vigor, o primeiro impulso?

Não há nada, nada de algo anterior. Não há nada, *nem sequer o nada*. No entanto, se bem o ouvirmos, podemos escutar nesse "nem sequer o nada" um aceno. O que sempre de novo insiste em ocorrer como nada, como o anterior que é um nada de anterior, esse *a priori* que é a negação de toda e qualquer ocorrência, não seria esse nada vislumbre de uma atuação da "realidade" a mais concreta, a mais próxima, a mais evidente de nós mesmos, do ser da transcendência?

Em que consiste essa "realidade" diferente? Que é, mas não é, antecede, mas não ocorre? Na perplexidade de não achar uma outra palavra, chamemos essa outra realidade de *encontro*.

O encontro não se dá como ligação ou relacionamento de dois indivíduos ocorrentes. Dá-se entre pessoas, entre eu e tu. Apenas, o ser desse "entre", do "eu" e do "tu" não pode mais ser percebido sob a pré-compreensão do ser como "substância", como "algo", pois *pessoa, eu, tu* não são ocorrências ou factualidades. *Pessoa, eu, tu, entre pessoas* são termos que evocam momentos estruturais da transcendência. Pessoa significa transcendência como o salto de decisão absoluta, a gratuidade do livre-principiar. Como transcendência, essa gratuidade não é um acontecer factual ocorrente, mas *salto de decisão ab-soluta*, isto é, um *puro ato da liberdade*. Enquanto tal, é disposição, a pron-tidão que não necessita de motivações, causa ou fundamentação anteriores, mas limpidamente apenas da gratuidade. Ela é uma responsabilidade e, ao mesmo tempo, já uma resposta decisiva e decidida de antemão na e à con-vo-cação que lhe vem à fala, lá da profundidade a mais íntima da sua identidade. Essa disposição é a abertura gratuita, responsável, a uma chamada anterior, à provocação, à evocação, ao imperativo "categórico" do absolutamente outro, absolutamente outro, porque esse outro é também no mesmo modo da trans-cendência, salto de decisão absoluta, um puro ato de liberdade, uma resposta e responsabilidade inalienável. O encontro entre pessoas, eu e tu, é a sintonia das transcendências, repercussões da sempre mesma percussão, do toque, do contato da liberdade de ser no ser da liberdade. Assim, antes e depois da trans-cendência não é senão transcendência, isto é, a responsabilidade de ser na disposição da liberdade; o eu mesmo, o dentro da transcendência, e o radical outro da transcendência, o outro, o fora, o não eu mesmo da transcendência também, não é senão transcendência, isto é, a responsabilidade de ser na dis-posição da liberdade. A copertença do eu mesmo ao radical outro como eu-tu é repercussão do mesmo e idêntico toque do ser da liberdade, ao passo que ao mesmo tempo, o diferir singularizante de cada transcendência na absoluta identidade dela mesma como o salto decisivo da disposição, livre e inalienável, é o abismo que chama o abismo num convívio universal de mútua evocação, convocação e provocação. Esse convívio é a essência da fala.

Por isso, a transcendência é fala. Não como meio de comunicação, não como a expressão do sujeito ou indicação de uma ocorrência, mas como ressonância do imperativo de uma evocação da liberdade, isto é, da responsabilidade de ser na exigência da gratuidade, uma resposta livre a uma convocação de ser livre, dis-posto.

Assim, a estruturação da transcendência que aparece como o encontro de Elias com Javé ou como a via-gem de Elias inicia: *E falou:...*

*E falou: Para fora, de pé, para a montanha, diante da minha face!*

O vir à fala do imperativo da gratuidade como transcendência, aqui nessa concreção se dá como sair, ir para fora, ficar de pé, se posicionar, se decidir a enfrentar a escalada, ir em frente, de cá para lá, em direção, e à frente de Javé. Portanto, a transcendência aqui se dá como vontade, como querer, empenho e desempenho de uma busca, engajamento de doação total, conquista de um fim, execução de um ideal. Aqui, o radical outro da convocação de ser disposição livre é um tu absoluto como positividade incondicional de uma chamada, vocação, uma missão que desencadeia a dinâmica de ação, atuação e execução, um ímpeto vigoroso, crescente, na escalação da autopotencialização: a vontade que é poder. Assim, aqui, a transcendência é o vigor do poder na responsabilidade de ser vontade, de se transcender, de se superar na atuação da escalação de querer cada vez mais o querer o seu querer. Um tal poder da vontade colocada como fim, como o consumar-se da transcendência e o móvel absoluto é o outro, a face do tu constituída de cá para lá, um outro em correspondência à transcendência-vontade: o Javé da vontade e a vontade do Javé, poderoso, imenso, um impetuoso vendaval, um terremoto, um fogo, uma transcendência que irrompe, liberta, convoca, exige, envia, o Senhor, o tu absoluto da existência profética: Ele.

A estruturação da transcendência na sua concreção como o poder da vontade, aqui na sua modulação profética, se caracteriza como desencadeamento: erupção, "pique" do ímpeto e esgotamento rápido e repentino. Aqui tudo surge de repente, impetuoso e forte, imenso, e logo passa como vendaval, terremoto e fogo. O entusiasmo do zelo rapidamente se esvai e se torna desalento. O heroico desprezo à morte na luta pela causa acaba num pedido da morte, num esgotamento da força de viver, desalento e cansaço de vida: *E passando Ele: um vendaval tempestuoso, imenso e violento.*

E, no entanto, bem no fundo desse modo deficiente da transcendência como o poder da vontade, se percebe, pulsando em surdina, uma outra estruturação da transcendência que aparece, insinuada na viagem de Elias, como adormecer à sombra do junípero, como pão cozido nas cinzas, como a água da fonte, como o deserto da caminhada.

Que outra estruturação da transcendência é essa, no fundo da transcendência como poder da vontade?

O desalento, o esgotamento da força de viver, o desejo de adormecer na morte, não é apenas a ausência do alento, apenas a privação da plenitude do vigor da vontade, apenas o esgotamento do zelo e da afirmação decidida da vida. Há ali "mais" e "diferença" do que toda essa ausência. Pois, nesse como que em suspensão, nesse vazio de força, discreta e ocultamente permanece um vigor, apagado como cinzas, cotidiano como o pão de todos os dias, banal, barato e comum como água, um "vigor" vazio de si, seco, tosco e sóbrio como o deserto de areia. Uma imensidão familiar e próxima na sua discreta pre-sença longínqua, uma "força" tenaz, oculta e humilde, num balanço lento, numa vibração sutil, num calor morno bom e imperceptível qual a humildade da mãe terra.

É a permanência cotidiana, a transcendência do esquecimento da transcendência, aquela quietude da finitude seca, sem glória, sem fascínio nem nobreza, a naturalidade opaca de ocorrências e factualidades que parece não se saber transcendência, a humildade e a simploriedade, a superficialidade do esquecimento de si mesma da transcendência enquanto vem à fala como ocorrência ou factualidade. Um estar ali onipresente e oculto, numa contínua permanência de permeio, sem início, sem "pique", sem consumação, uma "extensão" aberta, sempre igual, ali, agora, presente na quietude do vazio, sem nada.

Nessa quietude da "indiferença" do ser, na existência esquecida da sua transcendência, não "surgirá", ou melhor, não silenciará, nessa suspensão do ser, "algo" como *medium silentium* que, sem "profundidade", sem "novidade", sempre igual, nos vem de encontro, ou melhor, sempre já antes ali estava na raiz de nós mesmos como o silêncio do pudor do ser? Pudor do ser que no seu retraimento é tão retraído que nem sequer aparece como retraimento. Pudor do ser que silencia todas as coisas num recolhimento de nada saber, nada querer, nada poder, nada ser, senão apenas a gratuidade de uma voz silenciosa, suspensa no convite de uma espera. *De lá, da sua face... E falou (**Es sprach**) a voz do silêncio suspenso*: o convite, a face do radical-outro da transcendência, a face oculta como a humildade da ocorrência, oculta na mais íntima imanência da transcendência.

Mas talvez, a voz do silêncio suspenso, a face de Deus que nos advém d'Ele mesmo, após a tempestade do vendaval, após o abalo do terremoto e após o fogo devorador, seja ainda apenas um prenúncio de um outro silêncio. De outro silêncio para o qual ser transcendência, ser, eu, tu, Ele no ser da liberdade, e mesmo ser a discreta humildade da ocorrência, é falar demais, um *medium silentium* que emudece sempre e para sempre.

De tal sorte que essa impossível tagarelice acerca do silêncio se torne possível à sombra desse outro silêncio como a impossibilidade de algo dizer e nada dizer, como a impossibilidade de dizer e não dizer acerca do silêncio silenciado.

Resta assim a ocorrência factual dessas letras mortas, escritas, estranhamente a indagar por que, para que, o que e como é toda essa indagação acerca do meio-silêncio.

# II
# A experiência de Deus

Mesmo na espiritualidade, sempre de novo corremos o risco de, com grande desconsideração e insensibilidade, objetivar Deus, como se Ele fosse um ente entre outros entes, como se Ele fosse de alguma forma localizável como algo diante ou ao redor de nós. Tal risco corremos mesmo que admitamos, segundo a mundividência do cristianismo, que Deus é Espírito; Ser Supremo; Origem e Meta; Criador e Mantenedor de tudo quanto foi, é e será; Causa primeira de todos os nossos atos, algo como o toque primordial da possibilidade de todas as nossas ações, de todo o nosso ser e não ser. E assim seguimos, denominando Deus como mais íntimo que o nosso próprio íntimo; como o mais profundo, o mais extenso, o mais alto e poderoso; como o mais presente; como mais originário e anterior do que cada um de nós a si mesmo. Por fim, dizemos que Deus é a condição da possibilidade de ser, a partir e dentro da qual todos nós, juntos e cada qual em particular, a todo o tempo e a cada momento, nos movemos, vivemos e somos.

Mas, ao assim falarmos e supostamente assim vivenciarmos as nossas "experiências religiosas", estamos já atrelados a uma determinada pré-compreensão do ser. Na nossa primeira reflexão, intitulada *A pergunta O que é espiritualidade?*, dissemos que essa pré-compreensão nos impede a percepção imediata e concreta do sentido do ser, mais vasto, mais profundo e mais originário que, como um outro hálito, como uma nova e outra vitalidade, como uma inteiramente diversa visão, nos poderia talvez abrir toda uma paisagem, todo um mundo próprio da realidade, na qual a "coisa ela mesma" da experiência religiosa estaria em casa, na familiaridade da sua identidade.

O ser dessa dimensão do "novo céu e da nova terra" é tão transcendente à medida da nossa cotidianidade, do nosso ser humano mortal e finito, que a assim chamada experiência de *Deus*, o conhecimento de *Deus*, o relacionamento afetivo com *Deus* parece não passar de uma projeção antropomórfica de nossos critérios, de nossos desejos e de nossas representações sobre a realidade. Tal dimensão nos é, portanto, inteiramente desconhecida, inaveriguável, sim, quimérica, de modo a dizermos que nela é necessário só crer, e crer "cegamente", uma vez que se trata da dimensão da Fé, ou da dimensão que não se refere à área da compreensão, do intelecto, mas, sim, à área onde vivenciamos atos irracionais, como sentimentos, pressentimentos e sensações paranormais, ou, ainda, acena à área das ações práticas de atuação e transformação da "realidade" que antes apenas interpretávamos.

Não obstante tal redução, vislumbramos, embora vagamente, que há algo como experiência de Deus enquanto experiência transcendente a todas as nossas medidas de saber, conhecer, sentir e querer, acerca da qual temos de alguma forma notícia, através dos relatos, escritos, que nos foram apresentados e legados por pessoas de alta inteligência, de impecável conduta moral, de sutil sensibilidade e imensa competência de penetração místico-especulativa, chamadas de santos, de místicos e religiosos de toda sorte. Estes se referem, assim nos parece, com a maior naturalidade – para não dizer "sem-vergonhice" –, a essas realidades transcendentes, como quem fala da realidade vivida, presenciada, sentida e compreendida aqui e agora no próprio ser. E juntamente com isso encontramos pessoas, inclusive nós mesmos, estudadas ou incultas, que falam, falam, e tornam a falar com tanta facilidade e espontaneidade de Deus, e da experiência própria ou alheia de Deus, usando Deus como instrumento de argumentações, de autojustificações, de tal sorte que Deus acaba se transformando em "casa da sogra", em um *deus ex machina*. Assim, de um lado, a *experiência de Deus* se torna uma *realidade* tão inacessível à *nossa* "experiência", a ponto de a considerarmos, o seu "objeto" incluso, como *nada*; e, de outro lado, a *experiência de Deus* se banaliza de tal modo que a igualamos, o seu "objeto" incluso, com qualquer coisa, sobre a qual sabemos, da qual podemos falar, que podemos pensar e manipular ao nosso bel-prazer ou conforme a nossa necessidade. Refletir sobre a *experiência*, e agora sobre experiência de *Deus*, traz-nos sempre de novo esse impasse da perplexidade.

## 4 Importa não ser[29]

A importância de não ser é maior do que a de ser, no pensamento medieval.

Ser entendemos sempre como ser algo. Ser algo soa como ser importante, alguma coisa. Deixar de ser é não ser, ser nada. Mas o nada ser, do qual é feita

---

29. Publicado originalmente em SCHUBACK, M.S.C. (org.). *Ensaios de filosofia* – Homenagem a Emmanuel Carneiro Leão. Petrópolis: Vozes, 1999, p. 35-49.

a virtude da humildade ou da pobreza, talvez seja o maior apanágio e a mais preciosa riqueza da existência medieval, cuja compreensão é tão distorcida no nosso entendimento moderno. Pois nada ser é deixar de ser, no sentido todo próprio de deixar ser. Mas deixar ser o quê? Tudo. Assim, tudo e nada do pensamento medieval é o tema da seguinte reflexão. A reflexão segue o texto de Mestre Eckhart, intitulado *Utilidade de deixar*.

A palavra *deixar* parece ser importante para a compreensão do que seja tudo e nada no pensamento medieval.

Diz o texto:

> Tu deves saber que jamais um homem nessa vida foi tão longe e tão vasto no deixar que não se achasse dever ele deixar ainda mais. Dos homens, são poucos os que isto observam retamente e nele estão assentados. É uma troca de igual valor e um justo comércio: tão longe tu sais de todas as coisas, tanto assim, não menos e não mais, Deus entra com todo o seu até lá onde, em todas as coisas, tu te exproprias totalmente do teu. Começa com isso e deixa-te degustar tudo isso, que podes trazer à tona. Ali encontras paz verdadeira e em nenhum outro lugar mais[30].

Usualmente entendemos a utilidade de uma coisa como serventia, no modo de meio para um fim, lançado de antemão, como objetivo de um plano. Diz-se que é útil se instrumento do projeto de planejamento. Antes, porém, de todos os nossos projetos e planejamentos há o uso. Uso, na acepção de *usos e costumes*. Costumamos dizer a utilidade da totalidade dos usos e costumes na expressão "no uso e na vida". Queremos com isso indicar o nosso habitar a Terra dos Homens. Assim, "no uso e na vida" refere-se a uma presença prévia, cotidiana e média, imperceptível, anônima e indeterminada, por ser imensidão e profundidade de envolvimento pré-jacente, a partir e dentro da qual surgem, crescem, se consumam e sucumbem multifários planos e projetos que nos ocupam e nos preocupam. Todos nós, nos nossos afazeres, estamos em uso e em vida, como que de antemão sob o toque de um envio imenso, profun-

---

30. "Du musst wissen, dass sich noch nie ein Mensch in diesem Leben so weitgehend gelassen hat, dass er nicht gefunden hätte, er müsse sich noch mehr lassen. Der Menschen gibt es wenige, die das recht beachten und darin beständig sind. Es ist ein gleichwertiger Austausch und ein gerechter Handel: So weit du ausgehst aus allen Dingen, so weit, nicht weniger und nicht mehr, geht Gott ein mit all dem Seinen, dafern du in allen Dingen dich des Deinen völlig entäusserst. Damit heb an, und lass dich dies alles kosten, was du aufzubringen vermagst. Da findest du wahren Frieden und nirgends sonst" (*DPT*, p. 57). A tradução deste e de outros textos subsequentes de Mestre Eckhart é nossa.

do e oculto, no qual somos usados e nos usamos, tornando-nos todas as coisas. Talvez possamos chamar esse toque do uso de *utilidade* originária de todas as coisas. Todas as nossas ações, o *know-how* das nossas atividades, recebem por fim sua orientação e a possibilidade de sua criatividade renovada, a partir dessa utilidade original. É o a partir de onde que constitui o sentido do ser de nós mesmos e do nosso mundo. Essa orientação prévia que vem do toque e envio do uso originário se chama em Eckhart *saber*. Trata-se aqui do saber anterior, do *a priori*, que nos abre todo um mundo no seu surgir livre, como lance da possibilidade de ser. Todas as referências de um saber assim *a priori* tornam-se um dever, uma responsabilização da tarefa para o Homem. Por isso diz Mestre Eckhart: "Tu deves saber que". E o que devemos assim saber com responsabilidade de ser é que: o toque desvelante da possibilidade de ser da epocalidade medieval se chama *deixar*.

A palavra alemã usada por Mestre Eckhart para "deixar" é *lassen*. *Lassen* significa deixar, no sentido de abandonar, largar, afastar-se de. Mas, o que deixo ou largo fica, por assim dizer, entregue a si mesmo, desligado de mim. É deixado ser ele nele mesmo. Por isso, a forma participial passiva de *lassen*, *gelassen* significa solto, livre, à vontade, na identidade de si mesmo. E esse estado de se ser a própria identidade de si mesmo é ser *reto*, *justo* ou estar *bem*. E o que está bem consigo mesmo é sereno. Por isso *gelassen* quer dizer também sereno, e *Gelassenheit*, serenidade. É nessa acepção que *lassen* significa *deixar ser*. E como deixar ser evoca algo ou alguém livre de, *lassen* pode ser ouvido também como soltar o que está preso, desprender, desligar, desatar ou libertar. E enquanto ato em que a alma se liberta de seus apegos às coisas, às criaturas, a si mesma, ao que não é a sua própria essência, *lassen* foi traduzido como *desapegar-se*, *despojar-se*, *renunciar*, *abnegar-se*, *expropriar-se*. Traduzido assim, o verbo *lassen* recebeu uma forte conotação ascética de renúncia e abnegação, de expropriação ou esvaziamento de si. Por isso, na primeira leitura deste texto de Eckhart, acima citado, o *deixar* soa de imediato como desprender-se na renúncia e abnegação de tudo que é criatura, para tornar-se livre, vazio para Deus. Compreender Eckhart dentro dessa colocação ascética da espiritualidade cristã usual é correto. Só que, com isso, talvez se passe por cima de um momento essencial na compreensão da *Gelassenheit* do pensamento medieval.

Mestre Eckhart diz: "Tão longe tu sais de todas as coisas, tanto assim, não menos e não mais, Deus entra com todo o seu até lá onde, em todas as coisas, tu te exproprias do teu". A palavra usada por Eckhart, e aqui traduzida por *expropriar*, é em alemão *ent-äussern*. *Äussern* quer dizer externar, ser ou tornar-se exterior. *Ent-* é um prefixo que indica abertura de surgimento: o movimento de vir a ser. O que significa aqui *tornar-se ou ser exterior*, vir para fora, abrindo-se como surgimento? Seria permitido interpretar esse expropriar-se, que é *sich ent-äus-sern*, como voltar a ser aquilo que se era antes de o homem ser enrolado como algo, em-si-mesmado, isto é, im-plicado como em-si mesmo, internado, entocado? Aqui ex-propriar-se seria virar-se de avesso na reversão, na ex-plicação, se desdobrando, se externando e voltando a ser ele mesmo totalmente aberto para *fora*, isto é, *aberto* como a *pura abertura* que *nada é*? Qual uma mola que, como uma chapa reta de aço, "desnaturalizada" a se enrolar, uma vez deixada ser ela mesma, se estende, se desenrola, deixando de ser em si, para ali abrir-se simplesmente estendida? Que tal, se as coisas ao redor de mim *como* isto ou aquilo, inclusive eu mesmo, *como* coisa em si, surgem somente, quando eu estou enrolado em mim mesmo e a partir dessa implicação implico com isso e aquilo, me apegando a mim e a outras coisas *como* "algos", prolongamento e repetição de mim mesmo, enrolado também como algo? O que acontece, se eu me desfaço e me exteriorizo, voltando-me a estender como a abertura do nada, isto é, se eu saio de todas as coisas e de mim mesmo, me ex-propriando do que é meu, do meu eu, totalmente? Todas as coisas em si mesmas *como* algo não se libertariam da prisão da coisificação-algo, em se estendendo como momentos da fluência da imensidão do aberto do nada que sou eu mesmo? E Mestre Eckhart responde: "Deus entra com todo o seu até lá onde, em todas as coisas, tu te exproprias totalmente do teu". Mas como pode Deus entrar com o seu *em*, se não há mais nada dentro, nem eu, nem o meu, se tudo é *nada*?

De repente surge uma suspeita: Mestre Eckhart chama esse processo do enchimento de mim por Deus – na medida em que eu saio de mim mesmo – de *troca de igual valor*. O negócio de eu sair e, na medida em que eu saio Deus entrar em mim, é troca de *igual valor* no sentido de aqui se tratar de *igual coisa*, de igual *causa*, de igual *valência*... Portanto, não é que eu saia de mim e Deus entra. Mas sim, quando volto a me desenrolar e me torno o que era antes de ser algo, isto é, nada, *esse nada é igual a Deus*. Pois se nada é nada, e Deus "entra" em mim com todo o seu, isto significa que o nada, ou melhor, o nada de mim é igual a Tudo, não é outra coisa do que Deus com tudo que é seu. É daí que podemos compreender a Mestre Eckhart, quando diz: Se alguém é assim nada, é natural, é imperativo que ele comece ali mesmo, no e como nada, pois esse nada é originariamente, propriamente, o começo e elemento dele mesmo. E permanecendo sempre novo e de novo nesse começo, aja à vontade como pode, isto é, como *vermag*, a saber, como gosta, em ser natural e nascivo na plena liberdade de ser nada, e deixe-se degustar de tudo isso que assim nessa abertura livre lhe vem à tona. Em sendo assim, *somos*, por *não ser*, o próprio Deus: Deus sendo, agindo *como* nós mesmos... Essa niilidade é a essência da pobreza, a que Eckhart descreve, ao definir quem é o homem pobre como: quem nada *quer*, e nada *sabe, e nada tem*[31]. Entrementes, soam ambíguos os verbos grifados: nada *quer*, nada *sabe*, nada *tem*. Pois nada aqui pode significar não, *não* quer, *não* sabe, *não* tem. Mas pode também significar quer, sabe e tem o nada. Mas, se o nada é nada, o próprio modo de querer, saber e ter deve se nadificar a seu modo próprio do *nadaquerer, nadasaber* e *nadater*, na acepção do nada pressuposto por Eckhart.

Em que consiste esse querer, saber e ter o nada no modo do nada? Ou antes, em que consiste esse nada que nadifica o querer, saber e ter, a modo do nada todo próprio? A essa pergunta Mestre Eckhart nos convida a entrarmos mais profundamente no seu sermão 1, comentando o texto de Mt 21,12: "Intravit Jesus in templum et coepit eicere vendentes et ementes"[32]. Segundo Eckhart, o templo onde Jesus entrou é a alma humana. Deus formou este templo, a alma humana, tão igual a Ele e a criou como diz o Senhor nas Escrituras: "Façamos o homem à nossa imagem e semelhança" (Gn 1,26). Entre as criaturas, não há nenhuma que seja tão igual a ele, a não ser unicamente a alma humana. E Deus quer esse templo vazio. A tal ponto que ali não haja a não ser unicamente Ele mesmo. Pois lhe agrada tanto ali estar à vontade, ser Ele mesmo, só Ele absolutamente. Isto significa que Deus, na sua ab-soluta presença, na plenitude do estar à vontade na sua identidade, coincide com a facticidade de a alma humana ser ela mesma, sem mistura, sem acréscimo, isto é, vazia de si, vazia "em si". O que há, porém, de diferença entre Deus e a alma, se esse nada nem sequer pode ser chamado de vazio, pois vazio é sempre o dentro oco de um algo? Há ainda um sentido em falar de igualdade e diferença, se nada é tão nada que não constitui um término de relação para com Deus? Aqui o nada é tão nada que nem sequer pode surgir a suspeita de panteísmo, pois panteísmo só haveria caso atribuíssemos à alma – e também a Deus! – ser um algo mais do que nada. É que nada aqui deve ser nada mesmo, a tal ponto de só haver Deus, o próprio ser, o ser em si, a saber, o ser *a se*, ab-soluto, tudo.

O aprofundamento dessa questão se dá quando Mestre Eckhart tenta explicar quem é aquela gente que estava no templo, ocupando indevidamente a

---

31. *DPT*, p. 303.
32. *DPT*, p. 153-158.

casa do Senhor. Aqueles que foram expulsos como vendilhões são os cristãos que evitam cometer pecados grosseiros e são de boa vontade, digamos, gente de bem, cristãos que fazem suas boas obras – por exemplo, jejuns, vigílias, orações etc. – para a honra de Deus. Mas fazem-no para que o Senhor lhes dê ou faça em troca o que eles gostam. Estes são negociantes e são expulsos do templo, porque no templo de Deus não pode haver negócios. Pois tudo receberam de Deus; a tal ponto que, façam o que fizerem, o próprio fazer, a própria possibilidade de fazer, querer e buscar, eles receberam gratuitamente de Deus. Assim sendo, Deus não lhes deve nada. Aqui, o modo negociante não coaduna com a limpidez do templo, isto é, com a limpidez da alma humana no seu estado nascivo e original. Por isso, mesmo que busque, com toda essa boa vontade, em todas as suas boas obras, algo que quer e gostaria de dar a Deus, o homem, também aqui, neste modo de ser, não passa de negociante. Vai daí a exortação de Eckhart:

> Queres livrar-te totalmente do negócio, de tal modo que Deus te deixe nesse templo, então deves fazer tudo o que podes em todas as tuas obras, limpidamente, apenas para o louvor e permanecer tão desprendido como o nada é desprendido. Ele não está nem aqui nem ali. Tu não deves, em absoluto, cobiçar nada por isso. Se tu assim atuas, então as tuas obras são espirituais e divinas, e os negociantes são enxotados para sempre do templo, e Deus, somente Ele, ali estará, pois este Homem tem somente Deus em mente[33].

Eckhart fala também dos que não foram expulsos do templo, mas que receberam de Jesus a amável ordem de recolherem as suas mercadorias do templo. Estes são os vendedores de pombas. Segundo Eckhart, Jesus lhes fala bondosamente: "Retirai isto daqui!", como se quisesse dizer: "Isto quiçá não é mau; traz, no entanto, impedimentos para a pura verdade!" Quem é essa gente? É a *boa* gente; são os que fazem suas obras limpidamente, somente por causa de Deus, nada buscando como recompensa (o que é de Deus) e, no entanto, fazem-no ligados ao próprio eu, ao tempo, ao número, ao antes e depois. Na ligação a essas coisas eles são impedidos de alcançar a suprema

---

33. "Willst du der Kaufmannschaft gänzlich ledig sein, so dass dich Gott in diesem Tempel belasse, so sollst du alles, was du in allen deinen Werken vermagst, rein nur Gott zum Lobe tun und sollst davon so ungebunden bleiben, wie das Nichts ungebunden ist, das weder hier noch dort ist. Du sollst gar nichts dafür begehren. Wenn du so wirkst, dann sind deine Werke geistig und göttlich, und dann sind die Kaufleute allzumal aus dem Tempel vertrieben, und Gott ist allein darin; denn dieser Mensch hat nur Gott im Sinn" (*DPT*, p. 154-155).

verdade, a saber: que devem ser livres e vazios como livre e vazio foi Nosso Senhor Jesus Cristo. Ele que, a cada momento, sem cessar e sem tempo, se recebe novo do seu Pai celeste e no mesmo in-stante, sem interrupção, renasce, com louvor cheio de gratidão, para dentro da sublimidade do Pai, na igual dignidade. Inteiramente assim deveria ex-sistir o Homem que se torna receptivo à suprema verdade e gostaria de viver, sem antes e sem depois e sem impedimento, através de todas as obras e de todas as configurações, das quais tornou-se cada vez ciente e vazio, recebendo livremente o dom divino nesse in-stante como louvor pleno de gratidão, renascendo em Nosso Senhor Jesus Cristo[34].

Deixar ser o nada de nós significa, portanto, tornar-se inteira e radicalmente pura recepção. Esse ser pura recepção é chamado por Eckhart de "ser livre de todos os impedimentos", isto é, "ser livre da eu-ligação e nesciência". Temos assim a pura recepção obediente que sabe ao "sabor do nada".

Como é, porém, esse nada que somos nós mesmos na nossa propriedade a mais própria, a saber, sem eu-ligação, inteiramente cientes de nós mesmos? Como é, pois, o homem do nada? Responde Eckhart: ele "esplende tão belo e brilha tão puro e claro por sobre tudo e através de tudo que Deus criou, que ninguém lhe pode ir ao encontro com igual brilho, a não ser unicamente o Deus Incriado". E radicaliza:

> A esse templo, ninguém é igual a não ser somente o Deus Incriado. Tudo que é debaixo dos anjos, de modo algum se iguala a esse templo. Mesmo os supremos anjos se assemelham a esse templo da alma nobre só até certo grau, mas não completamente. Que eles se assemelhem numa certa medida à alma, isto vale para o conhecimento e o amor. A eles, porém, é colocada uma consumação: por sobre si para além não podem ir. A alma, no entanto, pode sim ir por sobre si para além. Se a alma – e quiçá a alma de um homem que vivesse ainda na temporalidade – estivesse à mesma altura do anjo supremo, esse homem poderia ainda sempre mais no seu poder livre alcançar por sobre o anjo para além, mais alto, incomensuravelmente em cada in-stante, novo e sem número, isto é, sem modo, e por sobre o modo dos anjos e de toda a razão criada. *Somente Deus é livre e incriado, e daí Ele somente é igual à alma, segundo a liberdade, não, porém, em vista da não criaturidade, pois ela é criada. Se a alma vem à luz sem mistura, então ela repercute para dentro do seu nada no nada tão longe do seu algo criado que ela pela própria força não*

---

34. Cf. *DPT*, p. 155.

*pode por nada voltar ao seu algo criado. E Deus se coloca com a sua incriabilidade debaixo do nada dela e mantém a alma no seu algo*[35].

Essa estranha referência do tudo e do nada como Deus e alma é uma variante do "relacionamento" entre Deus e a criatura, assinalado pelos medievais no binômio *ens a se* e *ens ab alio*. Assim, a descrição feita acima se refere certamente ao homem, mas enquanto *ens ab alio*, isto é, criatura, ente que não vem a si, não subsiste a partir de si e em si, mas do *outro*, a saber, de Deus. Pois para o pensamento medieval o ser é somente de Deus; ou melhor, o ser é o próprio Deus: *Deus est esse ipsum*. Assim, se digo Deus já disse ser; se digo ser, já disse Deus. Deus é todo o ser, tudo do ser, único ser e totalmente, unicamente ser, ser ab-soluto, a partir de si, *ens a se*. Fora de Deus não há ser. E se de alguma forma há entes "fora" de Deus, esses entes não têm ser a partir de si e em si, mas de Deus, pois são *ab alio*. Mas, o que quer dizer fora de Deus, se Deus é ser ab-soluto, tudo do ser? Com outras palavras, o que significa nada, se é Tudo, o ser? O formalismo dessas perguntas somente tem sentido na medida em que,

---

35. Grifamos as últimas frases desta citação devido à sua importância. Eis o texto original que foi versado do alemão medieval para o alemão atual: "[...] so glänzt er so schön und leuchtet so lauter und klar über alles (hinaus) und durch alles (hindurch), das Gott geschaffen hat, dass niemand ihm mit gleichem Glanz zu begegnen vermag als einzig der ungeschaffene Gott. [...] Diesem Tempel ist wirklich niemand gleich als der ungeschaffene Gott allein. Alles, was unterhalb der Engel ist, das gleicht diesem Tempel überhaupt nicht. Die höchsten Engel selbst gleichen diesem Tempel der edlen Seele bis zu gewissem Grade, aber doch nicht völlig. Dass sie der Seele in gewissem Masse gleichen, das trifft zu für die Erkenntnis und die Liebe. Jedoch ist ihnen ein Ziel gesetzt; darüber können sie nicht hinaus. Die Seele aber kann wohl darüber hinaus. Stünde eine Seele – und zwar die (Seele) eines Menschen, der noch in der Zeitlichkeit lebte – auf gleicher Höhe mit dem obersten Engel, so könnte dieser Mensch immer noch in seinem freien Vermögen unermesslich höher über den Engel hinausgelangen in jedem Nun neu, zahllos, das heisst ohne Weise, und über die Weise der Engel und aller geschaffenen Vernunft hinaus. *Gott allein ist frei und ungeschaffen, und daher ist er allein ihr gleich der Freiheit nach, nicht aber im Hinblick auf die Unerschaffenheit, denn sie ist geschaffen. Wenn die Seele in das ungemischte Licht kommt, so schlägt sie in ihr Nichts so weit weg von ihrem geschaffenen Etwas in dem Nichts, dass sie aus eigener Kraft mitnichten zurückzukommen vermag in ihr geschaffenes Etwas. Und Gott stellt sich mit seiner Ungeschaffenheit unter ihr Nichts und hält die Seele in seinem Etwas*" (DPT, p. 156) [Tradução nossa]. Os termos *Ungeschaffen, Ungeschaffenheit* foram traduzidos por incriado, incriabilidade. Incriabilidade diz referência ao ser de Deus, à Deidade na sua *Abgeschiedenheit*. O termo *Unerschaffenheit* – que se encontra somente na versão para o alemão atual, uma vez que o alemão original registra *Ungeschaffenheit* – foi traduzido por não criaturidade. Não criaturidade se refere a Deus, não enquanto Ele é em si, Ele mesmo, mas enquanto se "externando" como "condição da possibilidade" do ser das criaturas: o nada. Por isso, a palavra *sie* foi interpretada como indicando não a alma, mas sim a não criaturidade, embora seja mais normal e viável – correto? – do que a interpretemos como indicando a alma.

assim girando no vácuo de seu conteúdo, nos a-cordar para uma suspeita. Suspeita que nos faz indagar: se "fora" de Deus não há nada, nem sequer o nada, esse nada dos medievais não poderia ser um *nada criado*? E a palavra *criado* (criatura, criação e criador) não deveria ser entendida aqui numa acepção *toda própria*, bem diferente da causação e efetivação, cujas categorias de fundo estão determinadas pelo sentido do ser já pre-julgado como *ente* e *entidade*, a modo da ocorrência do simplesmente dado como algo, "substância" coisa? Essa suspeita de que o nada dos medievais se refere ao nada *criado* não está expressa na formulação *creatio ex nihilo sui et subiecti*? Não poderíamos escutar este *ex nihilo* como que indicando o nada enquanto aquilo de que são feitos os entes "fora" de Deus; portanto, o nada como o material do qual são feitos os entes *ab alio*? Mas aqui, quando dizemos *material* é necessário não entender o nada a partir do material, mas sim, pelo contrário, entender o material a partir do *nada*. E não é a esse nada todo especial que os medievais davam o estranho nome de *potentia oboedientialis*? Mas o que significa não entender o nada a partir do material e sim o material a partir do nada?[36] Talvez o texto acima mencionado, e em parte parafraseado, do sermão 1 de Mestre Eckhart possa nos orientar na compreensão do que seja esse nada criado enquanto referido à criatura humana.

Acabamos de dizer "na compreensão do que seja esse nada criado enquanto referido à criatura humana". Isso significa que há compreensão do que seja nada criado enquanto não referido às criaturas que não são homem? Talvez os medievais diriam *nada enquanto referido às criaturas racionais* (homem e espíritos) e *nada enquanto referido às criaturas não racionais*. Recordemos aqui o que, bem no início da reflexão, observamos como uma suspeita, ao perguntar: que tal, se as criaturas como esta coisa em si, como isto ou aquilo, só surgem e aparecem quando o homem está enrolado em si mesmo e, a partir dessa implicação, se apega às criaturas como a "algos", prolongamentos e repetições desse modo da sua enrolação como algo? Dito com outras palavras, essa variante da fala que se refere a Deus e à alma humana sob o binômio *ens a se* e *ens ab alio*, sob o binômio *tudo* e *nada*, principalmente a acepção usual do

---

36. Quando usamos, p. ex., a expressão "material humano", podemos entender a palavra *material* como reduzindo o *humano* à matéria, à simples coisa. Essa redução é uma degradação do homem à coisa, ao objeto. Mas se entendo "material" como o *humano* no que é o próprio do seu ser na sua força elementar, portanto como elemento humano, como quilate ou qualificação básica humana, então eu não degrado o homem, mas falo do homem como sendo ele o elemento, o modo de ser básico, fundamental, matriz de todas as coisas, de tal modo que até coisa e objeto e matéria física participam, de algum modo, do modo de ser do humano.

nada, já não está sob a compreensão *deficiente* do sentido do ser, e a partir dali também do nada, por se enrolar sempre de novo na compreensão do ser igual a algo, ente igual a coisa? Não é dessa pré-compreensão já estabelecida do que seja *ser* e *nada* que surgem aporias formalistas, como as mencionadas acima, sobre nada que é fora de Deus, nada que é criado, nada que é tão nada que nem sequer é nada? Não é também por estarmos enredados em tal enrolamento da compreensão do ser como ocorrência do simplesmente dado que tudo o que se refere à criação, ao Criador, à criatura e criatural seja sempre já de antemão entendido e orientado a partir de um fazer, produzir, emitir "algos", a modo de uma causação e efetivação de coisas, através da coisa chamada ação por uma coisa chamada Deus? E não é à base dessa posição do sentido do ser como de algo que surge a diferença entre o nada, o *ab alio* referido às criaturas racionais, e o nada, o *ab alio* referido às criaturas não racionais? Com outras palavras, as usuais compreensões de tudo, nada, ser, ente, Deus e homem, sim, de todas as palavras na sua significação, lá onde se constitui o seu sentido próprio, não estão já de antemão ocupadas por um determinado sentido do ser, como se *ser* significasse obviamente algo, coisa, o em si núcleo, isto ou aquilo? E a própria dissolução e liquidação desse algo núcleo para o nada não resulta num posicionamento do nada como algo vago, indeterminado, assim espalhado como espaço vazio, mas sempre ainda um algo?

A partir dessa indagação voltemos ao texto do sermão 1 de Mestre Eckhart para nos aproximarmos, agora com mais cuidado, da compreensão do nada que ali poderia estar sub-jacente. Ali, o deixar de ser da alma, o seu tornar a ser nada, longe de ter a conotação de aniquilação ou destruição ou redução à vacuidade coisificada, parece significar, pelo contrário, a libertação do autoen-rolamento da indevida solidificação de uma fluência num algo fixo coisificado como eu. Ou melhor, ao descrever o nada em seu sermão, Eckhart parece tratar da libertação de uma falsa compreensão do que seja a alma humana, que deixa de se compreender como ser ela mesma, no momento em que se compreende reduzida de alguma forma ao sentido do ser que não faz jus ao próprio do *seu ser* como *eu*. O vilão aqui não é propriamente o *eu*, mas sim a redução do *eu à* coisa, ao algo, ao núcleo em si, a tal ponto que o *eu* não mais aparece como ele é, não se tornando solto, à vontade na sua verdadeira identidade. Assim, a dissolução desse eu empacotado como núcleo em si, o desprendimento dessa *eu-ligação* equivale a deixar ser a alma, na sua mais íntima identidade, o nada. Esse nada seria a pura possibilidade, chamada *potentia oboedientialis*. Mas, se possibilidade, então possibilidade de ser? Não, possibilidade de deixar de ser. Mas como, nesse deixar de ser, ser nada significa deixar ser, isto é, possibilidade de obedecer, este deixar de ser torna-se, então, deixar ser no sentido de pura recepção. Na niilidade dessa pura recepção, na qual a própria possibilidade de receber é dada, tanto a própria receptividade como a sua possibilidade são recebidas. A alma é nada no sentido de pura abertura, pura dis-posição e ex-posição de si mesma, a *Ent-äusserung* e *Gelassenheit*. Nesse sentido, não há nenhum ente criado que no seu próprio seja tão-disposto, tão ex-posto, tão ex--propriado, tão impregnado de nada, tão absolutamente despojado no *seu ser* dos mínimos resquícios do ser e da possibilidade de ser do que a alma humana. Tudo isso quer nos dizer que, em Mestre Eckhart, no sermão 1, a "relação" entre Deus e alma e a exortação à alma de deixar de ser para se deixar ser e ser capaz de Deus – e juntamente todas as palavras como tudo e nada, ser e ente, Criador e criatura, dentro e fora – devem ser compreendidas nelas mesmas, sem reduzi-las à compreensão do ser e nada, a modo do ser como algo, coisa, núcleo do em si ocorrente. Tal era o intento de nossa observação quando acima dissemos que devemos compreender o nada não a partir do material, mas sim o material a partir do nada.

A niilidade acima descrita é o que chamamos de *finitude*[37]. Essa finitude é tão nada, que chamá-la de limitada é atribuir-lhe demasiadamente posição de ser. É decisivo, porém, estranhar e, no estranhamento, vislumbrar o que Mestre Eckhart quer nos dizer ao destacar tal niilidade no meio de todas as criaturas, sobretudo quando a contrasta com a grandeza do anjo supremo, a saber: Deus é o único ser que pode se igualar a essa niilidade; que pode, portanto, unir-se à alma que deixou de ser e voltou a ser nada. O que há de decisivo nesta colocação? O decisivo é perceber com precisão o matiz todo próprio da niilidade. É que um nada assim nadificado é *fraqueza*; isto é, não é um mundo insensível, não é um mundo ao modo de uma imensidão vazia, ocorrente, ali estendida

---

37. A significação de *finitude*, de *finito*, é, em geral, contraposta à de *infinitude*, *infinito*, dentro do sentido do ser cuja pré-compreensão básica é a de "algo", "coisa". Portanto, como categorias ônticas de uma ontologia tradicionalista, esquecida da questão do ser, oculta na raiz do seu surgir. Aqui, nas "coisas" da espiritualidade, a significação de *finitude*, de *finito* não está contraposta à de *infinitude*, *infinito*, mas, antes, com-preende tanto uma como a outra, dentro e a partir da significação do ser cujo hálito, cujo sopro vital deriva de um salto fontal do sentido do ser mais vasto, mais profundo e mais originário, e que, p. ex., vem assinalado em *Ser e tempo* (Martin Heidegger) de *ontológico-existencial*. "Existencial" aqui não coincide com *existencialista*, nem com *psicológico-moral*, nem com *vivencial*. "Existencial", aqui, diz a categoria fundamental de uma ontologia fundamental nova, em que se prepara a colocação da questão do sentido do ser, de modo mais vasto, mais profundo e mais originário, a partir de uma retomada da compreensão do ser do homem que, em sendo anterior e mais fundamental, revela-se ontologicamente diferente do sentido do ser enquanto "algo", enquanto "coisa"; ou seja, revela-se como ontologicamente diferente da tradicionalista ontologia do ser.

como espaço sideral ou matéria dissolvida, mas sim um "nada" como a finura da tênue vibração do tremor da sensibilidade, como sentimento, como recato, como pudor do mistério da vida. Mas vida diz pouco, por dizer demais, pois a pura recepção, a *potentia oboedientialis* se refere à vida na sua acepção a mais humana, a mais própria, a mais íntima, que os medievais denominavam *espiritual* ou *divina*[38]. De novo, aqui devemos compreender vida espiritual, vida divina nela mesma, sem colocá-la na perspectiva da pré-compreensão do sentido do ser como algo, coisa, ocorrente em si. Talvez, hoje, possamos apenas acenar para essa compreensão imediata, corpo a corpo do que Eckhart chama de espiritual e divino, recorrendo à vivência da experiência de encontro, a algo como a sensibilidade, delicadeza e intimidade da recepção e doação "entre" *pessoas*, numa referência toda própria, caracterizada como relacionamento *eu e tu*. Aliás, toda essa linguagem do encontro soa intimista, carola, para não dizer sem pudor e banal, pois todos esses termos *pessoais, intersubjetivos* têm o sabor excessivo de uma coisificação psicovitalizada de atos comunicativos e expressivos de um sujeito-agente "eu" e de um outro sujeito-agente "tu"[39]. Eckhart tenta acenar para a significação própria da vida espiritual e divina, chamando o "nada" da pura recepção de puro *louvor*, cheio de gratidão. E usa continuamente a qualificação *lauter* e *ledig* para insinuar o matiz todo próprio do nada da gratidão. *Lauter* significa puro, mero, claro, e se refere à clareza, à limpidez do som[40], à afinação, mas não somente no sentido de estar alinhado, correto, mas muito mais no sentido do frescor, da plenitude generosa, da cordialidade da liberdade da percussão; portanto, do vigor da gratuidade livre do toque. *Ledig* atualmente significa solteiro, mas propriamente diz livre, não preso, desimpedido, na plenitude solta da vitalidade. Eckhart usa também a palavra *virgem* para caracterizar essa liberdade como alegria límpida, contida de uma vitalidade ainda não desgastada ou ressentida.

Esse ser nada, a que Eckhart também chama de *liberdade*, por ser puro, ele mesmo e nada mais, só pode ser compreendido nele mesmo. Isto signi-

---

38. Quanto mais puro e límpido, mais intenso e denso no seu ser; quanto mais poderoso e originário, mais criativo e fontal; quanto mais recatado, modesto, retraído para a interioridade abissal de si mesmo, menos espalhafatoso e visível no seu aparecer *é* o ser dos seres.

39. Um "encontro" entre um sujeito-agente "eu" e um sujeito-agente "tu" é, na sua estruturação, uma espécie de "encosto" entre ele-algo e outro ele-algo, ou melhor, justaposição: isto e isto. Nessa coisificação não se dá nem eu, nem tu, nem encontro, nem contato; não se dá sequer um "encosto", pois "entre" isto e isto há sempre um espaço de permeio.

40. Confira a aproximação de sentido com *clarim/clarin* e também com palavras formadas a partir do antepositivo *clar-*, provindo do adjetivo latino *clarus, a, um*.

fica que o nada assim gratificante, agraciado e agradecido é limpidez ab-soluta da identidade consigo mesma: *lauter* e *ledig*. O *nada* é, assim, retraído em si mesmo, separado de tudo quanto não é ele mesmo, na disponibilidade da sua identidade. É o que em Eckhart se chama *abgeschieden, Abgeschiedenheit*, e que os medievais designavam, *mutatis mutandis*, também com a expressão *ens a se, aseitas*. Reina aqui a plenitude. Mas essa plenitude não é ser no sentido de atuação, presença, de vigor cheio, mas a ab-soluta continência da fidelidade da gratuidade a si mesma, na íntima e límpida obediência à sensibilidade e delicadeza do pudor da liberdade. Ser *abgeschieden* é retraimento do deixar ser o não ser, não como negação ou afirmação da negação do ser, mas sim como liberdade da pura disponibilidade de si na humilde e grata doação de si, e na humilde e grata recepção dessa doação, ambas ao sabor da gratuidade. Aqui, doar-se e receber dizem o mesmo como ao sabor da *liberdade do louvor e da gratidão*. O nada a partir do qual brota a liberdade do louvor e da gratidão se chama *Abgeschiedenheit*. *Abgeschiedenheit é a graça, a beleza da continência da liberdade de Deus, a Gelassenheit*. Com precisão diz Mestre Eckhart: "Somente Deus é livre e incriado; e daí, Ele somente é igual à alma, segundo a liberdade; não, porém, em vista da não criaturidade, pois ela é criada". Isto quer dizer: a alma é o nada da não criaturidade, nada agraciado como possibilidade de ser sustentado pela incriabilidade: finitude infinita no mistério do encontro e amor da filiação divina. Mas, se somos, como filhos, iguais a Deus na liberdade, então a diferença do Incriado e do criado não significa diferença de afastamento, mas sim a absoluta mesmidade da diferença, cuja identidade se retrai para dentro do mistério do encontro da filiação divina. Criação diz simplesmente e absolutamente filiação. Incriado e criado não diz causador e causado, pois criação não é causação, mas sim a intimidade abissal da geração do Pai e Filho(s) na liberdade da graça.

Vai daí que, talvez, toda a questão da compreensão do tudo e do nada no pensamento medieval resida em ver na especulação de um Mestre Eckhart – na qual é concentrada a totalidade do sentido do ser na sua intensidade absoluta num único ente chamado Deus – não apenas uma doutrina espiritual místico-teológica acerca de Deus e da alma, mas sim a tentativa de uma nova ontologia, onde o caráter metafísico da *aseidade* de Deus como do Ente Supremo absoluto se transforma na *aseidade* de um absoluto retraimento da divindade para dentro da *Abgeschiedenheit* e *Gelassenheit* de um Deus humanado, cuja *deidade* recebe mais tarde, em Nicolau de Cusa, o nome de *non-aliud*.

## 5  Reflexões de quem não sabe o que é a oração[41]

### (*De como um pobre, numa fossa do deserto, cismou com o vazio e sonhou com a fonte*)

### Introdução

*A oração no mundo secular.* É o título sob o qual foi inserido o seguinte ensaio.

Se você lê o título, pronuncia-o para si e ouve o que ele quer dizer surgem algumas indicações em forma de perguntas como estas: Que possibilidade tem a oração ainda no mundo secular? Como rezar e qual o sentido da oração hoje? Há no mundo moderno uma dimensão que seja oração? Etc.

Estas perguntas já pressupõem uma prévia compreensão do que seja a oração.

Se, porém, eu me surpreendo com a pergunta "O que é a oração?" não sei responder com precisão. A resposta é vaga. E sobre o fundo indeterminado da minha compreensão tenho à mão a resposta mais imediata e prática: a oração é isso ou aquilo.

Por que não conseguimos responder a não ser vagamente, a não ser indicando um *objeto* que consiste na prática da oração?

*Fazemos* oração todos os dias. A oração: nós vivemos, nós operamos nela.

Aquilo, em cujo seio operamos, perfaz o nosso hábito. É o costumeiro que articula, domina, orienta o nosso viver, fazendo-nos instalar no cotidiano.

O que nos mantém no hábito não cai na vista, pois é o próprio ocular, o horizonte, dentro e a partir do qual funcionamos. O horizonte faz visível os ob-jectos que co-respondem ao enfoque da sua projeção, mas não se torna visível objetivamente para quem está dentro da sua perspectiva. Não é pois possível re-presentar o próprio horizonte. Somente podemos indicar e denominar os objetos do enfoque e dizer: é isso ou aquilo. Por isso, talvez, apontamos para o que fazemos e respondemos: a oração? É isso ou aquilo.

Mas a pergunta "O que é a oração?" não mais se satisfaz com a simples indicação de fatos. Pois a pergunta surge precisamente porque não mais vivemos obviamente no horizonte habitual da oração. Não se pergunta tanto "O que é

---

41. Publicado originalmente em BOFF, L. (org.). *A oração no mundo secular*. Petrópolis: Vozes, 1971, p. 87-106.

isso, a oração?", mas antes: A partir de que horizonte, à mercê de que vigor se faz a oração? A pergunta pela dimensão da oração só pode ser respondida a partir dela mesma.

Um dos problemas da *oração no mundo* secular consiste justamente nisso: nós não mais vivemos o modo de ser de um orante que opera no óbvio habitual de uma oração ainda não questionada.

Para não haver equívoco, o termo *habitual* aqui não tem a conotação pejorativa de um costume formalizado sem vida. Antes, assinala o modo de ser do *habitat,* do homem que habita, na sua ingenuidade originária, a morada-oração.

Estamos, portanto fora do horizonte da oração. Como saber o que é a oração estando fora dela?

A presente exposição não pretende tratar diretamente *da oração no mundo secular*. Procura tão somente refletir sobre a impossibilidade de *saber o que é a oração*. Daí o título do ensaio: *Reflexões de quem não sabe o que é a oração.*

## De como...

Como ponto de partida de reflexão, eis um exemplo: a velhinha japonesa, convertida do budismo ao cristianismo, reza o terço. Pálpebras veladas, murmura Ave-Marias; ritmicamente as contas do rosário deslizam pelos dedos.

Eu lhe pergunto: "O que é que a senhora está fazendo?"

Com um olhar tranquilo, um tanto admirada: "Não estou fazendo nada. Estou apenas seguindo o fio da oração". Seguir o fio da oração... Em frases lacônicas me explica que não é ela quem faz a oração, mas é a oração que a conduz.

"Mas o que é isso que a conduz?"

"Não sei. Só sei *que* me carrega, como uma grande corrente de água".

Um *expert* na doutrina cristã poderia acusar a velhinha de ignorância. Talvez ela ainda não possua o verdadeiro conceito de um Deus pessoal. Uma grande corrente de água!? Certamente uma reminiscência do panteísmo cósmico budista.

Não sei o que o especialista cristão entende por um Deus pessoal e por um panteísmo cósmico budista. Por isso é prudente deixar de lado essas suspeitas que talvez provenham de uma metafísica – não sei bem se originariamente cristã.

O que nos interessa na resposta da anciã é a sobriedade da resposta e a estranheza que essa experiência nos provoca. A sobriedade consiste em ela nos relatar somente a sua experiência, sem usar o nome de Deus. A estranheza reside lá, onde a resposta por assim dizer inverte o sujeito da oração: não sou eu quem faço a oração; é a oração que me faz. Não sou eu que tenho a oração; é a oração que me tem.

Costumamos "definir" a oração como uma fala com Deus.

*Eu* falo com Deus.

Conforme a experiência da anciã, a nossa definição deveria soar: a oração é a fala de Deus comigo; é Deus quem fala comigo.

Essa formulação, no entanto, não é muito feliz e desvirtua a experiência da orante, pois já usamos o termo *Deus*. Objetivamos a Deus como algo, colocando-o à nossa frente como o sujeito da fala, à maneira de um sujeito humano que fala comigo. E a inversão do sujeito da oração coloca a ação em Deus, ao passo que a orante se torna receptiva, passiva. Essa inversão, além de *objetivar* a Deus e à orante como o agente e a paciente da oração, tenta enquadrar a experiência da oração num esquema já conhecido de atividade e passividade.

"Não estou fazendo *nada*. Apenas *seguindo o fio* da oração... *Não sei. Carrega-me* como uma grande corrente de água..."

Certamente a experiência pode ser qualificada como passiva, receptiva. Mas sabemos de fato o que é ser passivo, ser receptivo, ser agente? O que é a fala de Deus? Não será antes necessário auscultar a experiência da orante para vislumbrar o sentido da receptibilidade, na qual a fala de Deus se torna presente como o silêncio do recolhimento?

A fala de Deus comigo. A dificuldade dessa formulação é Deus. Quem é Ele? Como fala comigo? Onde se encontra? Não o tenho diante de mim como uma pessoa que dialoga comigo: não o vejo, não o ouço, não o toco.

Posso certamente imaginar-me um deus, com o qual eu entro em contato. Mas não estaria então monologando com a imagem projetada a partir do meu próprio eu? Não estaria falando comigo mesmo?

Como pode, pois, Deus tornar-se presente a mim, para falar comigo?

Tais perguntas não pre-ocupam a anciã *em oração*. Ela não fala de Deus. Por quê? Provavelmente porque Deus lhe é uma realidade evidente. Não necessita de justificações.

Mas como é essa realidade?

A dificuldade de compreendê-la está em nós mesmos.

O nosso modo de ser e conhecer é irremediavelmente objetivo. O que não se pode trazer à nossa frente como objeto não existe. Não é realidade. Conforme esse modo de ser e conhecer, a nossa fala é também objetiva. Eu só consigo falar com e ouvir falar a alguém que se coloca de alguma forma diante de mim como objeto da fala ou da audição. A fala é a expressão do meu interior para fora, como meio de comunicação ao outro diante de mim ou a expressão da interioridade do outro a mim, que estou diante dele.

Na experiência da anciã em oração, no entanto, não encontramos o outro *diante* dela como o objeto da fala ou da audição: a fala da oração não é intencional. Não é um meio-instrumento da expressão *para* alguém. É, antes, um *medium,* uma *ressonância.*

Como se deve entender esse modo de ser ressonante? Tentemos ilustrá-lo com um exemplo esquematizado. Um artista; digamos, um organista. Toca uma fuga de Bach. O livro com as notas musicais diante de si. Os dedos transmitem a leitura das notas ao órgão. Dali surge a fuga, e o organista ouve a fuga produzida.

Posso considerar a produção da música como uma sucessão linear de causa e efeito: o livro de notas musicais, o olho-leitura, o movimento dos dedos, o órgão, o som, o ouvido-ausculta.

Vamos suspender essa consideração que enfoca o aspecto produtivo causal da fuga. Examinemos o fenômeno ingênua e diretamente: um homem debruçado sobre o órgão. Todo o seu ser é concentração. Para onde se concentra o seu ser? Para a produção da fuga? Para pôr em obra as normas técnicas da execução musical? Digamos que o nosso organista domina a técnica de execução. Os dedos obedecem espontaneamente aos mínimos detalhes do seu comando. O movimento do dedilhado lhe flui do querer sem resistência, de tal sorte que o organista não precisa mais se concentrar na execução.

Mas, então, para onde se recolhe o vigor da sua concentração? *Para a ausculta.* Ele é todo ouvido na concentração.

Mas para a ausculta de quê? Para a ausculta da fuga de Bach que sai dos tubos sonoros do instrumento-órgão?

Certamente o organista ouve a fuga de Bach como música por ele produzida através do instrumento. Mas esse ouvir, assim explicado, não coincide com a ausculta aberta no recolhimento da concentração. Pois ele, ao ouvir a música produzida, percebe, por exemplo, a ausência do vigor, do colorido, do frescor; ele sente como a sua música não tem ressonância, não se sustenta, não se liberta para o júbilo da festa, não consegue dizer a profundidade da dor, não vibra, não tona, não saltita. Com outras palavras, o artista percebe que a sua fuga não "está no ponto".

Por conseguinte, o organista, ao ouvir a música produzida, mede-a simultaneamente a partir de... Mas a partir de quê?

Onde está, em que consiste essa medida, o "ponto" da plenitude?

A nossa representação objetivante a imagina no interior do artista. Mas onde está? O que é essa interioridade?

Onde está essa interioridade? A pergunta não tem resposta, pois essa interioridade não está no espaço-onde de representação. Antes, é ela a fonte, a nascividade do espaço; do espaço da ressonância, do espaço da música.

Em outras palavras, a pergunta-onde e a sua resposta, por operarem a partir e dentro do espaço objetivante da representação, estão "fora" da dimensão da interioridade aqui em questão.

Mas o que é essa interioridade?

Como no caso anterior, a pergunta "O que é isso?" também não tem resposta se esperarmos uma resposta do tipo: Isso é... Aquilo é...

Pois os termos *é, isso, aquilo* apontam para o objeto da representação. O objeto já está sempre no espaço-onde da representação. A interioridade acima insinuada, porém, não está no espaço objetivante e objetivado da representação. Não é possível, portanto, "realizar" a interioridade se entendermos o "O que é" ou "Isso é" como objeto. E o objeto é sempre objeto da representação. Isso significa, por sua vez: a interioridade, eu não a posso agarrar por meio de conceitos, pois o conceito é a representação do objeto.

A essa altura você dirá: "Mas se não é objeto, o que é? Não será essa estranha interioridade um puro nada?"

A objeção trai a radical impotência do nosso saber. Pois o que não se pode trazer à nossa frente como objeto não existe. É nada. O nosso saber é tão impotente que para falar do nada deve objetivá-lo como algo, dizendo: *É* nada.

### Um pobre, numa fossa do deserto...

Há um antigo conto chinês sobre a limitação do nosso saber objetivo.

> "És ou não és?", a Luz perguntou ao Nada.
> A Luz não recebeu resposta e fixou os olhos no Nada. O Nada era escuro e vazio. O dia todo a Luz experimentou ver. Mas não pôde ver o Nada. Auscultou. Mas não o pôde ouvir. Tentou tocá-lo. Mas não o pôde encontrar.

"Oh!", disse a Luz consigo mesma, "Isto é, pois, o máximo! Quem pode atingir uma tal altura?! Eu posso saber que não sei o que é o Nada. Não posso, porém, não saber que não sei o que é o Nada. Se sei que não sei o que é o Nada, resta sempre ainda o saber do meu não saber. Como pode alguém alcançar essa culminância?!"[42]

O que Chuang Tzu chama de culminância, isto é, o limite supremo do saber, parece-nos um absurdo.

Como deveria ser essa culminância? Chuang Tzu diz: O não saber o meu não saber!

Mas isso é nada, uma absoluta não consciência, uma total escuridão!

Exatamente.

Mas como pode uma tal escuridão ser o máximo saber?

Conta-nos a fábula que o sapo do poço perguntou: "A terra é tão grande como o meu poço?"

A terra não cabe no poço. Pois é o poço que está contido na terra.

Enquanto o sapo tenta compreender a terra a partir e dentro do poço, isto é, na perspectiva, na ótica, no *objetivo* do poço, a terra jamais se lhe revelará *como* terra. A partir e dentro do seu poço a linguagem do sapo só pode ser esta: A terra é maior, menor do que ou tão grande como o meu poço?!

*Maior, menor, tão grande* têm o seu ponto de referência no mundo do sapo; a medida do saber do batráquio é o seu poço. O que não cabe dentro dessa medida é invisível, inaudível, inconcebível.

Mas digamos que o nosso simpático batráquio é um pensador. Ele reflete. Surge-lhe aos poucos uma vaga suspeita de que a terra, o além-poço, é maior do que o seu mundo. A essa altura da sua reflexão ele dirá: "Suspeito que a terra seja muito maior do que a minha casa".

Logo, porém, se corrige: "Maior, menor, tão grande são termos comparativos. A comparação só tem sentido dentro de uma medida a partir da qual posso comparar. Essa medida, no entanto, só diz respeito ao meu mundo. Pois ela nasce, vive e opera a partir e dentro do meu mundo".

Perplexo e humilhado: "A única coisa que posso saber da terra é que ela é não poço. O poço é meu mundo. Tudo. Todos os entes reais e possíveis no

---

42. "A luz das estrelas e o não ser". In: MERTON, T. *A via de Chuang Tzu*. Op. cit., p. 161 [Paráfrase nossa].

meu mundo; ser. Portanto, o não poço significa não tudo, nenhum ente real ou possível no meu mundo, nada".

Mas de repente lhe estala uma intuição: "*Donde* vem a suspeita do além--poço? Como posso falar do nada, do não tudo, do não ser, se o 'outro' não está de alguma forma já presente 'em mim'? Se estou realmente preso irremediavelmente no meu poço, nem sequer poderia suspeitar do não poço!"

O sapo foi atingido, tocado por "algo" que não é ele mesmo. Esse evento, no entanto, em vez de lhe facilitar o seu saber, revela-lhe precisamente agora o seu próprio saber *como* a questão fundamental da sua vida, como o peso que lhe impede o salto para aquilo que vislumbrou no in-stante do toque. Pois, ao tentar ver, auscultar e tocar a presença do outro desvelado na suspeita momentânea percebe que já o definiu como *não ser*, como *não algo*, como nada, como *algo* sob a medida do seu poço. Assim, surge nitidamente a questão-culminância do seu saber: Como não saber o meu não saber?

Continuemos mais um pouco a fábula.

Na terra que cercava, como paredes do poço, o sapo, vivia uma minhoca. Sua morada é a terra. Todo o seu corpo, o seu ser é como que a continuação da terra. Está envolvida, situada, integrada nela. Como o peixe vive na água, a minhoca vive, in-siste no *humus*, no suco da terra. Por assim dizer, a minhoca é a carni-ficação da terra, o lugar onde a terra se abre e se re-colhe como sensibilidade, ressonância e concentração. A minhoca é a consciência, o tato, o órgão-sentido, a vida da terra.

Por isso, em todo o seu corpo de terra a minhoca registrava todas as vibrações, toda a escala de intensidade do ser-terra.

Certa vez a minhoca ouviu o monólogo do sapo que se perguntava: "A terra é maior do que o meu poço?" A minhoca falou com seus botões:

> Creio que não há resposta para essa pergunta. Pois como pode o envolvido perguntar pelo envolvente *dessa maneira* como o sapo pergunta? O sapo mora no buraco da terra. Quem sustenta, cerca o espaço vazio do buraco é a terra. Todas as vibrações da terra impregnam e pulsam também no espaço vazio da terra. Quem possibilita o espaço livre para o sapo é justamente o vácuo motivado pela ausência da terra, vácuo de ausência, mantido e conservado pela terra como fundo, como paredes, como limites do poço. O espaço da terra onde habita todo um mundo de espaços variegados e multiformes na sua pujança, intensidade, impregnância, liberdade, resistência e abertura só é possível ser apreendido se me torno permeável, ressonante à presença envolvente da vibração-terra. O sapo, no entanto, só tem antenas

para o espaço do vácuo mensurável em trechos objetivos de maior ou menor e tenta a partir dessa medida deficiente abranger a grandeza-terra. E nem sequer dá conta de que a própria abertura do poço tem o seu espaço de jogo a partir e dentro da terra que ele quer medir.

### Cismou com o vazio...

Depois dessa história esdrúxula voltemos ao nosso organista e à fuga de Bach. O organista mede a música produzida a partir da medida interior.

A nossa pergunta foi: O que é essa interioridade?

Essa pergunta não tem resposta se esperarmos uma resposta do tipo: Isso é... Aquilo é...

A reação usual contra essa ausência da resposta é dizer: "Mas então, não existe *mais* nada!..."

Segundo a moral da história acima mencionada podemos "concluir": a situação de uma tal reação é a situação do sapo no seu poço.

A maior dificuldade de a interioridade da fuga de Bach se nos tornar presente *enquanto* interioridade está na limitação do nosso cativeiro, na medida do poço que se chama o modo de ser e conhecer da representação ou objetividade.

A palavra *interioridade*, hoje, é suspeita. Evoca algo como subjetivismo romântico da alma. Conota também algo como subjetivismo relativista.

Mas como *dentro* e *fora* só têm sentido no espaço objetivante e objetivado da representação, assim também o *subjetivo* e o *objetivo* só têm sentido dentro do modo de ser; isto é, dentro da dimensão da representação objetivante.

Por isso, falar da interioridade no nosso sentido não é apontar para "dentro" de nós e dizer: Aqui está, daqui provém. Pois, ao operarmos assim, já *colocamos* o *dentro* como objeto diante de nós, como algo, dentro do qual está algo, sobre o qual predicamos: existe; é; é isso ou aquilo.

Mas é isso exatamente o que fazemos quando usamos palavras como vida, vital; vivência, vivencial; experiência, experiencial; existência, existencial; pessoa, pessoal etc.

Numa formulação um tanto provocante poderíamos dizer: o subjetivo do subjetivismo jamais alcança a dimensão da subjetividade justamente porque o subjetivismo opera a partir e dentro da representação objetivante.

Em outros termos, enquanto representarmos, conceitualizarmos a vida, a experiência, a existência, a pessoa como objetos do saber, colocamos essas realidades originárias sob o poder e domínio do "algo", de-finindo a realidade viva da subjetividade como *algo* vital, *algo* pessoal, *algo* subjetivo etc. O subjetivismo não liberta, não deixa a realidade ser na sua nasciva, isto é, na sua natural dimensão. Assim, o subjetivismo não é outra coisa senão o modo de ser chamado representação objetivante, aplicado à dimensão do ser que nem é objetivo nem subjetivo por transcender o espaço da objetividade.

A errância da representação objetivante consiste em ela identificar a objetividade com a realidade, sem se dar conta de que o próprio horizonte da objetividade é um modo de ser, um enfoque de-finido da realidade-vida.

A partir dessa identificação a representação só pode admitir como realidade o que cai na perspectiva do seu visual. Assim, o que é *mais* do que a objetividade recebe o cunho da negatividade como não realidade; ou, no melhor dos casos, como menos-realidade.

A conotação negativa do termo *subjetivo* indica a presença da ausência desse *mais* que se oculta na sombra projetada pela estreiteza do ângulo de luz do enfoque objetivante.

Por isso, quando de-finimos a vida, a experiência, a existência, a pessoa e, no nosso caso, a *interioridade* como *algo* subjetivo, velamos precisamente aquele *mais* que constitui a própria essência dessas realidades, fazendo-as aparecer na linha do ocular objetivante como nada, como menos-realidade ou como "subjetivo".

A objetividade é o nosso modo de ser e conhecer. Nós vivemos, nós operamos nela. É ela que determina a ótica do nosso saber. Ela é o horizonte que articula, cobra, orienta, cobre e domina todo o âmbito, o espaço do nosso saber.

Não é possível sair desse espaço como quem livremente sai de um recinto para entrar num outro.

A realidade da outra dimensão só se torna presente na negatividade. Mas não na negatividade afirmada como algo, e sim na negatividade da total e radical impossibilidade de dizer algo *sobre* ela.

Anterior ao *dizer algo sobre* é o *dizer* a *partir de*.

Não é possível dizer algo sobre a dimensão da interioridade da fuga de Bach porque o "dizer sobre" fala a partir da essência da objetividade.

Não haveria a possibilidade de falar a partir da própria interioridade musical? Mas no poço da objetividade essa interioridade está presente como ausência...

Portanto, para nós, falar a partir da própria interioridade significa falar a partir da ausência. Falar a partir da ausência; no entanto, quer dizer: suspender todo o "dizer sobre", isto é, não possuir, não ter nada que eu possa "dizer sobre" para deixar a ausência ela mesma falar, para deixar ser a ausência *como* ausência; abrir-se totalmente à ausência, para que tudo seja ausência. Falar a partir da ausência é, pois, deixar-se, entregar-se à fala da ausência.

A tendência objetivante logo pergunta: "Mas ausência de quê?" Para nós, a ausência é sempre *ausência de algo.*

Para entregar-se à fala da ausência devemos suspender a intenção de querer ir para além da ausência, perguntando: "Ausência de quê?"

Como essa formulação é inexata, tentemos explicitar melhor essa suspensão.

Quando digo *ausência,* na palavra *ausência* já está implícita uma intenção que se pode formular numa pergunta: Ausência *de quê?*

Nessa pergunta podemos divisar por assim dizer dois momentos.

Um momento é a tendência objetivante, na qual operamos. Essa tendência já coloca de antemão um *algo que deve ser* o sujeito da ausência: ausência de quê? Ausência – ao menos – de algo!

A tendência, portanto, já está pré-determinada, está sob o domínio do *eu que assegura* o seu saber, ob-jetando para além ao menos a plataforma, o fundamento do "algo", sobre o qual podemos construir sem pairar no nada.

Tentemos suspender essa im-posição assegurativa do eu. O que surge dessa suspensão é o segundo momento da tendência que é a pura tendência. Neutralizemos a tentação de perguntar: "Tendência para quê?" Tentemos *ver* em que consiste essa pura tendência...

Ela é a pura abertura de espera. Espera que não espera nada, mas que é a total disposição, a transparência límpida de entrega, a tensão silenciosa de alerta, o estar-ali recolhido para *o que der e vier:* a ausculta do e-vento.

Um homem debruçado sobre o órgão. Todo o seu ser é concentração. Ele é todo ouvido.

Na reflexão acima perguntamos: para onde se recolhe o vigor da sua concentração? Respondemos: para a ausculta.

A ausculta do nosso organista é, pois, essa entrega à fala da ausência, como acabamos de insinuar.

A ausculta é interioridade. Não por estar dentro do sujeito-organista. Mas sim, porque a existência do artista consiste rigorosamente em ser ele a concentração totalizante do recolhimento como a pura abertura da espera. O ser do organista é estar-ali inteiro e inteiriço como o espaço-plenitude de ressonância, como o campo, como o *medium* da sensibilidade, na suspensão vibrante para o salto, livre para o apelo do invisível, inaudível e inconcebível.

Esse modo de *ser* ressonante é interioridade. Interioridade que não é nem dentro nem fora, mas que é o envolvimento pleno para a abertura.

Longe de ser passivo, o modo de ser da interioridade é a máxima concentração. Atenção suprema da ausculta que elimina todas as interferências alheias à transparência da ausculta. É o vigor do alerta que se recolhe no silêncio absoluto da espera. Por isso *falar* a *partir* da *ausência é o silêncio da espera.*

Estar livre para o silêncio da espera é a suprema ação que o homem, cativo no poço da objetividade, pode realizar. Essa liberdade é a essência do homem.

Por isso, perguntar o que virá depois, o que está além é desconhecer, por conta desse afã "meta-físico", a verdade da possibilidade própria do privilégio do homem: a sagrada finitude da existência mortal.

Com isso se torna impossível, ou melhor, des-necessário responder à pergunta colocada na reflexão acima: A partir *de que* o organista mede a música que ele produz através do instrumento?

Pois essa medida, a essência de Bach, é um e-vento. Ela é um dom que cai no *medium* do silêncio da espera e toa, fazendo ressoar todo o "corpo" de música do organista. Não é mais o organista que toca. É Bach que en-toa o organista para o louvor. O organista não faz outra coisa do que *seguir o fio* da entoada, deixa-se e-vocar, *carregar* pela presença do apelo que o *conduz.* A e-vocação do apelo que se chama a fuga de Bach exige um estrito seguimento em cada passo desse caminhar; exige a total abertura na gratuidade, para o que der e vier. Mas em cada passo desse caminhar, sempre na surpresa e no frescor da nascividade, o artista recebe a graça da medida certa, que lhe vai constituindo a história da sua existência. A fuga é articulação, ordenação, retomada do recolhimento, do en-volvimento na história do e-vento, que é a graça da música.

Quem assim é evocado no evento da fuga sabe; isto é, degusta a medida do seu agir *sendo.* E sabe o seu saber como o dom da gratuidade. Esse saber não é mais o "saber sobre" do autoasseguramento, da dominação, mas sim deixar-se carregar por uma grande corrente que o liberta para a fala do hino de louvor.

Essas reflexões desajeitadas são de quem não sabe o que é a oração. Por isso, não podemos aplicar com segurança o que dissemos da interioridade à oração. No entanto, talvez possamos nos referir a leves insinuações.

Uma pessoa que reza no óbvio habitual de uma oração ainda não questionada, como no caso da anciã, não habita ela a casa de oração, no modo de ser que caracterizamos como a *ausculta da espera?*

"O que é que a senhora está fazendo?"

"Não estou fazendo nada. Apenas seguindo o fio da oração... Não sei. Carrega-me como uma grande corrente de água que me conduz."

Talvez a anciã esteja sendo entoada no evento do louvor. Talvez... se Deus fala com o homem, a fala de Deus só ressoe no *medium* da ausculta.

É possível que, antes de podermos falar de Deus, precisemos silenciar totalmente.

A objetividade como a dimensão que constitui o nosso *habitat* é a vigência do mundo secular.

Auscultar a essência do mundo secular é talvez auscultar a impotência do saber da objetividade diante da dimensão que não esteja na perspectiva do seu ocular objetivo.

Não saber o que é a oração, não poder rezar na ingenuidade da casa de oração é talvez a insinuação de uma referência que nos atinge, a partir da qual pode surgir o fio condutor que nos leve ao silêncio da fala de Deus.

Silêncio que é talvez mais oração do que toda a nossa fala com Deus e sobre Deus.


### E sonhou com a fonte

Naquele tempo – diz a legenda –, por um in-stante, São Francisco de Assis "caiu" na louca evidência da gaia ciência de Deus, tão clara e inocente como as águas das montanhas. Assim, tomou dois galhos secos e tocou violino. A melodia entoou o mundo dos mistérios. Tudo, então, pedras, flores e estrelas, animais e plantas, a pitoresca confusão das raças humanas, gerações e ofícios começaram a brincar e a dançar num quarto como irmãos e irmãs "em casa".

Quem sabe... A entoação da oração é uma festa. Algo como mistério divino do jogo humano e mistério humano do jogo divino. E sobre o mistério não se pode falar: "Do que não se pode falar, disso deve-se calar"[43].

A nossa oração diz demais. Fala demais das coisas que são óbvias. Fala demais das coisas que não são óbvias. Fala solenemente. Categoricamente. Ecle-

---

43. "Wovon man nicht sprechen kann, darüber muss man schweigen". In: WITTGENSTEIN, L. *Tractatus logico-philosophicus*. São Paulo: Edusp, 2001, p. 280.

siasticamente. Oficialmente: sobre o inefável, sobre o mistério da vida, sobre a mais íntima profundidade de nós mesmos. Ela fala do amor, da fidelidade, da liberdade, do pecado, de Deus e da sua face.

Mas talvez... ela não diga nada no seu falar.

Existe uma figura na Sagrada Escritura que a teologia apresenta como tipo de Cristo e protótipo da existência humana.

A palavra do Senhor:

> Javé criou-me como primícia de suas obras, desde o princípio, antes do começo da terra. Desde a eternidade fui constituída, antes de suas obras dos tempos antigos. Ainda não havia abismo quando fui concebida, e ainda as fontes das águas não tinham brotado.
> Antes que assentados fossem os montes, antes dos outeiros, fui dada à luz.
> Antes que fossem feitos a terra e os campos e os primeiros elementos da poeira do mundo.
> Quando Ele preparava os céus, ali estava eu, quando traçou um arco na superfície do abismo.
> Quando firmou as nuvens no alto, quando dominou as fontes do abismo, quando impôs regras ao mar, para que suas águas não transpusessem os limites.
> Quando assentou os fundamentos da terra, ali eu estava *qual criancinha ao seu lado, era dia após dia a delícia, brincando todo tempo diante dele* [...] (Pr 8,22-30).

Talvez essa figura não lhe fale nada. Mas, talvez...

Na nossa existência adulta ocorrem instantes em que de repente vêm à tona recordações. Quase sempre casualmente. O matiz róseo de uma flor em botão, o cheiro poeirento da sala do grupo escolar, o sabor agridoce da erva que mastiguei, o timbre de vozes familiares, uma palavra querida... De repente, como a surpresa da paisagem inesperada se descortina todo um mundo esquecido da infância, na nitidez, no frescor, na realidade de uma estranha temporalidade-outrora. Qual um oásis concluso no deserto, como uma clareira súbita na floresta. É o real da singularidade, do frescor-origem, onde uma tangerina, um pedaço de bolo, o vermelho de um boné é o mundo, a festa, a vida, tudo.

Despreocupadamente denominamos esse memorial originário de recordação da infância. Ele é, no entanto, muito mais. É uma irrupção. Irrupção de um mundo diferente, de um outro qualitativo.

*Brincando todo tempo diante dele* essa figura comemora um tal mundo diferente. Um mundo que chamamos de mundo inocente do jogo da criança, com todo o seu pano de fundo familiar como, por exemplo, *em-casa, entre-nós*, pais, irmãos, mundo em que todos os estranhos são tios e tias, onde animais e árvores falam, onde o lobo se veste de vovó para devorar "chapeuzinho vermelho", onde o anjo nos sorri e o demônio é capaz de nos assustar mortalmente.

Talvez fosse irreal, sim romântico, designar esse mundo do jogo infantil como algo inocente, sem realidade e eficiência para a nossa existência adulta objetiva. Pois esse mundo é, por assim dizer, a insinuação, a evocação de uma estrutura fundamental que constitui a origem autêntica de nós mesmos.

O mundo do jogo é a pátria da seriedade, onde cada coisa é ela mesma e nada mais. Onde cada ente e tudo se torna ele mesmo no frescor da novidade, na limpidez da singularidade, de súbito, diretamente, na singeleza. Onde não há horizontes, onde não há passado e futuro, onde tudo e cada coisa é o in-stante como a proximidade, como a autoidentidade da fé, da qual diz a antiga sabedoria japonesa: "A fé é não dois. Não dois é a tagarelice sobre aquilo que é inefável. Passado e futuro não são eles o eterno: in-stante?"

Essa imediatez da fé, essa unidade in-stantânea, a proximidade do jogo é a possibilidade-origem, a sensibilidade-ternura do ser: no dar e receber da ausculta...

No jogo somos capacitados a rir, a amar; choramos, morremos, esperamos na dureza e na ternura da terra dos homens.

Mas aqui a verdade é verdadeira demais; o temor, terrível demais; o amor, terno demais; a alegria, jubilosa demais.

Necessitamos de molduras para a profundidade, dureza e proximidade dessa realidade. Criamos, pois, limites, enquadramentos, para não sucumbirmos.

O palavrório da oração é talvez a moldura com a qual nos cercamos para a nossa própria defesa contra a nascividade e o vigor do mistério e ao mesmo tempo o conservamos, o guardamos como num vaso de essências preciosas.

É como no teatro de marionetes. Através da pequena janela dos conceitos e da banalidade tão imersa na representação objetivante vislumbramos a origem de nós mesmos, da vida e da morte, o inefável do numinoso, a face de Deus. Ao diminuirmos a medida dos eventos podemos nos ex-por à gratuidade e à ternura da evocação da história de Deus que na sua bondade, na sua profundidade e penetração seria fatal para a nossa fragilidade[44].

---

44. "The toy theatre". In: CHESTERTON, G.K. *Tremendous trifles*. 12. ed. Londres: Methuen, 1930, p. 127-133.

Ao nos fazermos pequenos somos agraciados com o direito e o poder de brincar diante de Deus, brincar todo tempo na familiaridade, "em-casa", leves e alegres na seriedade agradecida dos filhos de Deus: como crianças acolhidas nos seus braços.

## Conclusão

Tudo que a representação objetivante pode criar são ídolos. Ídolos que, desmascarados e aceitos como molduras da nossa finitude, podem transformar-se, quem sabe, em *laudes*, em hino-ressonâncias da entoação de Deus.

Talvez isto seja oração... quem sabe?!

Talvez isto seja o silêncio que é mais oração do que toda a nossa fala com Deus e sobre Deus. Silêncio que *não se subtrai* à fala da representação objetivante. Pois Ele sabe: a dominação do poder de autoasseguramento objetivante é a fraqueza. Fraqueza que se deve agarrar a um ídolo e pôr diante de si um anteparo, para poder ser acolhida por *e* colher o tremendo mistério da Deidade.

Nesse abrigo que encobre a essência de Deus, fazendo-o aparecer como o objeto-ídolo da nossa projeção, torna-se presente a revelação da inefável bondade que nos faz dizer: "Pai nosso que estais nos céus", na banalidade familiar do cotidiano. A revelação da ternura, que é o próprio sustento da objetividade e que se deixa fazer objeto para se abrir em nós como a referência essencial de um Deus desconhecido.

Assim, ao concluirmos as nossas reflexões ouçamos à guisa de uma oração "secular" a antiga anedota de Chuang Tzu na versão e interpretação de Thomas Merton:

> Havia três amigos discutindo sobre a vida.
> Disse um deles: "Poderão os homens viver juntos e nada saber sobre a vida? Trabalhar juntos e nada produzir? Podem voar pelo espaço e se esquecer de que existe o mundo sem fim?"
> Os três amigos entreolharam-se e começaram a rir. Não sabiam responder. Assim, ficaram mais amigos do que antes.
> Depois, um dos amigos morreu. Confúcio enviou um discípulo para ajudar os dois outros a cantar suas exéquias...
> O discípulo observou que um amigo compusera uma canção. Enquanto o outro tocava o alaúde, cantaram: "Ei, Sung Hu! Aonde vai você? Ei, Sung Mu! Aonde vai? Você foi aonde você já estava. E aqui estamos – Que diabo! Aqui estamos!"

Em seguida, o discípulo de Confúcio lançou-se contra eles e exclamou: "Posso saber onde vocês encontraram isto nas rubricas das exéquias. Esta algazarra frívola em presença do que partiu?"
Os dois amigos entreolharam-se e riram: "Pobre criatura!", disseram, "não conhece a nova liturgia!"[45]

Mas é bom não se esquecer! De rir de nós mesmos que rimos da pobre criatura ignorante da nova liturgia!...

---

45. "Os três amigos". In: MERTON, T. *A via de Chuang Tzu*. Op. cit., p. 73-74.

# III
# Blá-blá-blá acerca da experiência de Deus

Toda a nossa fala *sobre a experiência* e sobre a experiência *de Deus* somente tem a sua autenticidade e credibilidade se é *proferida a partir e dentro da experiência* de Deus e *do Deus* da experiência. A vivência e a "pró-ferência" de uma tal "realidade" realíssima, a mais íntima e a mais elevada a nós e de nós mesmos, mais do que somos nós a nós mesmos, se dá sempre na ambiguidade que oscila entre vislumbre do in-stante de clarividência adequada e opacidade pré-conceituosa de fixação nas posições não bem esclarecidas do nosso saber. Do nosso saber que ora se chama doutrina, cristianismo, psicologia, filosofia, teologia, ora presunções, vaidades, ignorâncias subjetivas, dogmatismos e moralizações etc. Logo que é "materializado" em representações, termos e letras, o momento *vislumbre do in-stante de clarividência* é como que entulhado sob as padronizações e classificações que cursam entre nós, já há muito tempo em público, como opiniões e saberes óbvios; de tal sorte que *a experiência de* Deus não vem à fala em concreção como esplendor e coesão de uma obra, mas, pelo contrário, é encaixotada dentro do enfoque de nossos saberes padrão, que transformam as reflexões *sobre experiência*, e *a fortiori sobre* a experiência *de Deus*, num discurso neutro, sem o mordente do risco de uma existência finita, sem dor e angústia, mas também sem o júbilo da libertação, sem as necessidades de uma caminhada aventureira, perigosa e venturosa na terra dos homens. Assim – como já se evidenciou nas reflexões anteriores –, no que segue são apresentadas mixórdias, produtos de uma tal ambiguidade que pode raiar à equivocidade de um blá-blá-blá um tanto moralizante.

## 6 Experiência de Deus: a identidade religiosa[46]

Aqui nesta exposição, ao refletirmos sobre a experiência de Deus não queremos propriamente saber o que sentimos, o que devemos sentir ou como deve ser o nosso viver cristão. Queremos, antes, examinar como é o modo de eu mesmo ser, para que da minha parte haja uma disposição elementar e prévia de acolhida de uma "realidade" como a da experiência e da experiência de Deus. Dito com outras palavras, queremos observar a nossa *identidade religiosa*.

Usualmente identificamos a experiência de Deus com o que "vivenciamos" nas práticas religiosas, no empenho cotidiano por viver os valores cristãos e no convívio comunitário. Vivemos momentos de "falta de fé"; isto é, momentos em que não mais "vivenciamos" Deus e sua causa. Tal "coisa" se dá principalmente nos fracassos cotidianos, na luta por viver o que o Senhor nos ensinou e nos momentos em que sentimos em nossa própria carne as deficiências do nosso convívio humano, pessoal e comunitário. Dizemos: nossa vida cristã vai mal, nossa comunidade não presta, não consigo viver o que o Evangelho exige... não tenho mais a percepção da experiência de Deus.

Perguntemos: Quem diz isso? Eu. A respeito de que digo tudo isso? A respeito da vida cristã que está ali diante de mim como realidade da vida. Temos assim o "eu"; a saber, o sujeito da ação de dizer, de sentir, de pensar, de querer ou não querer esse "objeto" chamado experiência de Deus. Seja qual for o tipo de ação que eu exerça sobre esse objeto, trata-se de um relacionamento entre eu e essa realidade diante, ao redor e dentro de mim, chamada experiência de Deus. Fixemos bem este ponto: seja como for o modo de ser do objeto chamado experiência de Deus, trata-se de um relacionamento entre eu e essa realidade, e não somente isso; trata-se sempre de um modo de ser do meu relacionamento em referência a mim mesmo, à minha identidade, usualmente chamada *religiosa*.

Assim, em nossa reflexão, quando buscamos saber o que é experiência de Deus não pensamos na experiência de Deus entendida como o viver cristão já estabelecido enquanto objeto do meu sentir, agir, pensar, querer habituais, mas sim *no modo de ser* da minha identidade, que determina o meu relaciona-

---

46. Para compor esta reflexão o autor condensou, efetuando algumas pequenas mudanças e acréscimos, dois artigos, intitulados "Experiência de Deus: a identidade religiosa" e "Características da experiência de Deus", publicados respectiva e originalmente em *O Mensageiro de Santo Antônio*, vol. 35, n. 5, jun./1992, p. 6-7; n. 6, jul.-ago./1992, p. 6-7. Santo André.

mento para com a realidade já existente, acima caracterizada como viver cristão já estabelecido. Talvez o que chamamos de *experiência*, e experiência de *Deus*, tenha, antes de tudo, antes de falar do viver cristão já estabelecido, algo a dizer acerca de mim mesmo e do modo de ser bem próximo de mim mesmo.

Para ilustrar este ponto tomemos um exemplo. Vou indo por uma estrada. De repente, atrás de uma curva, um obstáculo: uma árvore caída a impedir-me a passagem. A árvore caída é uma realidade, um objeto-obstáculo diante de mim. O objeto-obstáculo não é a minha identidade. Eu não sou a árvore caída; não tenho culpa, nem mérito, em a árvore estar ali deitada. No entanto, pensando bem, o objeto-obstáculo diante de mim faz parte de mim mesmo, sou responsável por ele como algo que se refere à minha identidade. Em que sentido?

É que a *situação* em que me encontro é um relacionamento meu com a árvore caída; isto é, com o objeto-obstáculo. O modo de ser desse relacionamento diz respeito à minha identidade. Pois, posso ficar ali deitado diante do obstáculo e começar a me lamentar de tudo, posso ficar revoltado com a prefeitura, posso procurar uma passagem por cima do tronco ou um atalho através do mato. Ao fazer isso posso fazê-lo resignado, revoltado ou com calma e inteligência etc.

A *situação* da vida humana jamais tem o modo de ser da *factualidade* de uma coisa e jamais pode estar ali, simplesmente, como, por exemplo, árvore caída ou uma pedra. Não podemos compreender a realidade humana com a categoria da *factualidade*, pois ela é *facticidade*. Facticidade é o modo de ser próprio da existência humana de achar-se sempre já situada; isto é, aberta e constituída dentro e a partir de um "lance" da possibilidade de uma pré-compreensão do ser, que se estrutura como um todo, denominado *mundo*[47]. Essa compreensão de ser não é algo teorético nem algo prático, mas sim *sou* eu próprio. Nós somos sempre já uma determinada compreensão do ser. Essa compreensão do ser é nossa história; é fruto do exercício de nossa responsabilidade. Isto significa: devemos assumir o que somos, *ser* o que somos.

O que diferencia o existir humano do ocorrer das coisas, dos vegetais e dos bichos é esse assumir. Isto quer dizer: nós somos sempre mais do que a nossa factualidade. Por exemplo, de manhã, no inverno, eu fico deitado na cama,

---

47. *Mundo* é o oposto do *imundo*. O terreno baldio, selvagem e caótico, é *não mundo*, a saber, *imundo*. Quando o homem habita a selva abre ali clareira e cria ambiente viável para moradia e cultivo da terra. Ele tranformou o terreno baldio, imundo em *mundo*, em terreno cultivado.

com preguiça de me levantar. Eu, porém, não posso ficar simplesmente deitado como o faria uma pedra ou um bicho. Pois sou colocado diante de uma decisão: de levantar-me, de continuar deitado, de não me decidir, de simplesmente deixar-me levar pela preguiça. Seja o que for, mesmo que nada sejamos, seja o que for que façamos, mesmo que nada se efetue, não somos simplesmente, não ocorremos apenas, pois temos que nos assumir a nós mesmos, também, e sobretudo, o próprio não assumir, respondendo a nós mesmos. Somos, pois, responsáveis pelo nosso ser e fazer, pelo nosso não ser e não fazer...

Aqui, ser responsável não precisa significar um assumir em atos cientes e conscientes. Pois, "fazemos" o nosso assumir ou não assumir sempre *a partir do modo de ser que constitui a estruturação própria* do ser que somos. Essa estrutura de responsabilidade pelo nosso ser aparece em nossa vida como busca do sentido de uma coisa, como as perguntas: Por quê? Para quê? O que é?

Isso tudo traz uma consequência embaraçosa: nós somos aquilo que damos a nós mesmos, mas o que damos a nós mesmos é o que somos! Isto significa: as perguntas "O que é? Como é a experiência de Deus" não têm respostas, a não ser na forma de contra-perguntas provocativas que questionam: "Quanto é que você dá a ela?" "O que você faz dela?" Dê você mesmo a medida do que seja a experiência de Deus, pois o que ela é depende da medida do seu coração (cf. Lc 19,22; Mt 6,21; 7,1). Nesse sentido, portanto, a experiência de Deus não se refere primeiramente ao que sinto na prática religiosa, ao sucesso ou fracasso na minha luta pelos valores cristãos, ao bom ou mau convívio comunitário. Antes, diz respeito ao modo fundamental de ser de todo e qualquer relacionamento meu com Deus, pessoas, comunidades, ideias, acontecimentos, coisas; sim, comigo mesmo. Em outras palavras, a experiência de Deus se refere ao modo fundamental do meu relacionamento universal com a vida e com tudo o que ela me apresenta.

Buscar a experiência de Deus é dar-se como identidade a fé: acreditar, isto é, ser atingido por e abrir-se a uma possibilidade anterior, a uma realidade fundamental e mais profunda. A essa realidade nós cristãos chamamos "Deus, revelado por e em Jesus Cristo". Acreditar significa entregar-se, dar voto de confiança, ter a urgência de fluir na "vontade" deste Deus; é ser atingido de antemão por um chamado, por uma predileção anterior a toda e qualquer iniciativa nossa, para além e para aquém de nossa competência e possibilidade. Trata-se, pois, da escolha livre que Deus fez de nós, escolha dele que nos amou primeiro e nos chamou à decisão de o buscarmos.

Deus não nos aparece como uma entidade, como aquele que ensina diretamente, informa ou dita normas, ordens e ensinamentos, visivelmente.

Jamais aparece Ele mesmo, a não ser no humilde retraimento do mistério da encarnação; isto é, no ser e no agir de Jesus Cristo, que foi obediente ao Pai até a morte na cruz; aparece-nos, também, em todo o ser e agir dos que viveram, vivem e viverão o seguimento de Jesus Cristo. Trata-se, pois, de uma imensa corrente de fluxo e refluxo universal da responsabilidade existencial dos seguidores de Cristo, dos cristãos. E não apenas um "relacionamento" de um algo chamado *eu* e outro algo chamado *Deus*. Trata-se de uma presença, imensa, profunda, onipresente em tudo, como aquele que nos chama, evoca, ensina, nos provoca, orienta, consola; sim, nos prova, em um imenso convite de encontro com Ele.

Essa onipresença se oculta impregnando com o seu ser todos os entes do universo, no tempo e no espaço. A pregnância, a prenhez dos entes no ser dessa presença cheia de cuidado, que deixa ser o encontro com ela, não pode ser compreendida pelo sentido do ser que caracteriza a factualidade. Se a compreendermos como fatos e ocorrências, segundo o sentido do ser como do ser simplesmente dado como "coisas", caímos numa crendice sem clarividência acerca do sentido do ser e da sua questão; ou seja, caímos numa mundividência denominada "panteísmo". Se, porém, compreendermos essa onipresença como *inter-esse* do cuidado diligente a fazer "acontecer" o encontro com ela, como incessante, sempre nova ocasião de provocação, convocação de *Quem* nos amou primeiro e nos gerou seus filhos, então os entes, sejam eles quais forem, de que setores, níveis e dimensões – pedras, plantas, animais, imensidão do firmamento, oscilações do tempo e das estações; seres humanos, povos e nações, em diferentes raças e cores, suas culturas e civilizações; os acontecimentos e os eventos históricos; enfim, todos os fenômenos do universo cósmico e humano; portanto, todos os entes atuais e possíveis no tempo e no espaço – não são outra coisa senão apelos, chamamentos, convocações para conhecer e amar, experienciar a Deus. Portanto, todas as coisas, a cada momento, de dia e de noite, sem exceção ou exclusão de nada, na graça e na desgraça, no bem e no mal, no belo e no hediondo, podem estar evocando a tarefa de crescer na experiência de Deus.

Costumamos dizer e repetir que o cerne da identidade religiosa, que quer fazer a experiência de Deus, é fazer a *vontade de Deus*. E o fazer a vontade do Pai é por nós representado como executar o que a vontade de um ente supremo, o que o nosso "chefe" divino quer que nós façamos. Mas fazer a vontade do Pai é muito mais do que isso, é mais exigente e mais do que execução da ordem ou desejo de alguém.

Fazer a vontade de Deus significa fazer como Ele, na vontade, isto é, ter "ganas", ter a dinâmica criadora do seu amor e da sua bondade difusiva de si. É trabalhar com zelo e cordialidade em fazer a obra dessa dinâmica divina criadora. Da dinâmica divina criadora que enche o universo, que cria um novo céu e uma nova terra, que envia o sol e a chuva aos justos e aos injustos, que varre o vale da morte e da sombra com o sopro vivificador da ressurreição, que desce até os abismos dos infernos e sobe à culminância dos céus, que cuida dos pardais e das flores do campo, que derruba os poderosos dos tronos e exalta os humildes. Ser uno com essa dinâmica do bem difusivo de si, fluir no vigor restaurador dessa misericórdia, pulsar no mesmo ritmo desse tempo de salvação, penetrar até os confins de todos os seres, impregnar o âmago de todas as coisas com essa força criadora e fazer crescer a participação e comunicação de todos os seres nessa dinâmica; ou seja, estudar, captar, defender, ser essa dinâmica. Tudo isso é, pois, fazer a vontade do Pai.

De tudo isso resulta um enorme saber, uma profunda experiência e sabedoria e uma engenhosa habilidade e práxis, a ponto de todo esse saber poder contribuir, provocar, purificar, incentivar culturas e civilizações. É nesse sentido que o homem de fé não despreza e nem rejeita nenhuma das culturas ou civilizações, mas busca em tudo, na sabedoria de todos os povos e de todas as nações, nas experiências de outras religiões e mundividências, as atuações da dinâmica divina da vontade do Pai. Essa abertura a todas as épocas e a seus anseios, vitórias e frustrações participa vivamente de todo o destinar-se da humanidade.

Se é assim, então a identidade religiosa cristã, isto é, o *seguir a Jesus* Cristo não é propriamente uma coisa da religião, nem coisa das vivências e dos comportamentos espiritualista-místicos, nem uma coisa, ou melhor, causa da "sacristia" e das igrejas, nem tampouco causa de uma perfeição privativa, seja individual ou coletiva, mas sim, antes de tudo e essencialmente, um modo de ser universal, isto é, aberto ao universo que a Sagrada Escritura chama de "novo céu e nova terra"; portanto, um modo de ser aberto a uma "nova humanidade".

Essa "humanização" é a nossa identidade "religiosa", o perfazer-se, isto é, a per-feição[48] dessa identidade. A um tal "processo", a uma tal via-gem no

---

48. Na espiritualidade, perfeição não é propriamente a excelência absoluta de quem alcança o primeiro posto no *ranking* do poder de competição, mas o perfazer-se de uma caminhada começada, perseverada, conservada até o fim. Nesse sentido, *perfeito* é o que é feito *per*, isto é, do início até o fim, atravessando todas as vicissitudes da ventura e aventura da caminhada arriscada. Em tal compreensão, *perfeição* e *experiência* dizem o mesmo.

perfazer-se da identidade damos o nome de *história*. Assim, a experiência de Deus tem estrutura histórica; ou melhor, historial[49]. História aqui não deve ser entendida como, por exemplo, história do Brasil, mas como "história de uma alma", isto é, como uma caminhada, na qual cresce em nós uma compreensão viva, bem experimentada que nos transforma e se torna como que o corpo do meu próprio ser, a minha identidade ou minha "pessoa".

Uma tal transformação pode aparecer mesmo num fenômeno banal, experimentado no cotidiano. Por exemplo, você lê no Evangelho que *Deus é Amor*. Você entende a sentença; você tem uma vivência do que é amor, por exemplo, no amor de seus pais. E daí, então, você imagina Deus como amor de pai. Tendo essa imagem você reza a Ele, recorre a Ele e tira dali a coragem de viver. Um dia acontece algo muito dolorido em sua vida. Você reza e pede que Ele o sustente e o livre do sofrimento. Mas você não recebe nenhuma resposta desse Deus de sua compreensão. Nessa situação você lê de novo e medita o Evangelho. De repente descobre que a sua compreensão anterior era muito infantil; não era propriamente errada, mas limitada. Agora, nessa nova leitura, você percebe novas dimensões do que é o amor de Deus, antes não compreendidas, e começa a viver com novo vigor, a partir dessa nova e mais profunda compreensão do amor de Deus. Assim, de retomada em retomada, cada vez se lhe revela nova profundidade e vastidão do amor de Deus. Essa profundidade é uma experiência concreta, feita no próprio desenrolar da "história de sua alma".

Essa caminhada de crescimento se dá nas vicissitudes de encontros, encontrões, sofrimentos, dores e alegrias, fracassos e vitórias, decisões, na morte e nas despedidas da vida. São momentos de crise, horas de decisão, de vocação, de conversão. É na medida em que vamos crescendo na identidade, através dessa caminhada, que vamos compreendendo nós mesmos, os outros, o universo e principalmente o mistério de Deus e os seus caminhos.

Nessa via-gem de crescimento na identidade religiosa começamos então a perceber que essa caminhada possui exigência de aquisição bem concreta de certas atitudes nos comportamentos da nossa identidade.

---

49. Nesta reflexão, para o nosso uso, *histórico* indica o modo de ser da história já elaborada a partir do enfoque da ciência moderna, hoje denominado *historiografia*. Trata-se de uma *interpretação* científica, para não dizer cientificista, da imensidão, profundidade e complexidade viva e abissal do ser do homem no seu perfazer-se no tempo. Daí que, aqui, por sua vez, *historial* indica justamente a participação concreta e imediata nas vicissitudes desse perfazer-se em diferentes níveis de extensão, profundidade e originariedade. Num nível bem "caseiro" e até um tanto "piegas", *historial* é o que costumamos chamar de "história de uma alma".

Assim, a experiência de Deus é sempre "obediência". Obediência[50] significa aqui a capacidade de ouvir, acolher e assumir o fio condutor, vestígio-manifestação de Deus, que aos poucos vem surgindo na minha situação. Exige-se, para isso, muita paciência, muita capacidade de esperar, mas com ouvidos e olhos colados à realidade. Exige-se também a coragem de não fugir com facilidade das fossas, substituindo a situação de dificuldade com outras situações que não levam ao crescimento e que só servem para adiar o problema.

A experiência de Deus é sempre um "não saber" todo próprio. Temos um grande medo e repugnância do "não saber". Pois o saber para nós deve ser certo ou errado, deve ser instância da segurança. Segurança das normas e padrões que nos poupam e por fim impedem de sermos atingidos e afetados pela realidade diferente de nós, maior ou menor do que nós. Na experiência de Deus é, pois, necessário se dispor a tornar-se uma "alma", não sombria, não endurecida na ignorância que "não sabe que não sabe", mas que gosta do recolhimento sob a sombra do abscôndito, que sabe à serenidade e ao silêncio do mistério.

Tornar-se "sombreado" na profundidade do conhecimento abscôndito é como entrar no recinto escuro da meditação num mosteiro. Você que vem da luz solar do meio-dia, em cuja claridade cada coisa é o revérbero da ofuscação na claridade branca, isto é, das *ideias claras e* distintas, ao ser conduzido ao lugar semiescuro da meditação e do recolhimento, nada distingue, nada enxerga à primeira vista. É que você não experimenta a semiescuridão do mosteiro aqui na sua interioridade; mas, antes, a partir da luz lá de fora. E o irmão porteiro que o conduz, uma vez que é preciso na experiência do recolhimento do mosteiro, não vai acender a luz de néon para você ver melhor, pois esse ver não é "ver" a modo de semiescuridão. Para entrar no mosteiro o que importa é você adquirir um novo ver, diferente do ver à luz solar. Assim, o irmão porteiro nada diz, fica quieto ao seu lado, para, até que você se acalme e acolha a semiescuridão. Aos poucos sua visão se transforma, começa a divisar nitidamente as coisas, e o que antes, ofuscado pela luz solar, era escuridão, aparece-lhe como uma paisagem cheia de nuanças e distinções, no entendimento silencioso de uma visão que é mais forte do que a visão da claridade do dia. É a experiência de uma nova dimensão.

A experiência de Deus sempre começa, dá-se e cresce a partir do pouco. Esse "pouco" é a minha situação aqui e agora. Na caminhada da experiência

---

50. *Oboedientia,* em latim, vem do verbo *oboedire: ob* (aberto a modo de ausculta) + *oe* (= *ae* = *au*) *dire* = *audire*; portanto, *obaudire* = ouvir atento, aberto a modo de ausculta.

nada é acidental. Ela começa sempre como uma espécie de erro. Mas esse começo e sua caminhada exigem todo o empenho do meu ser, naquilo que posso no momento. Nesse empenho, a minha situação deve ser experimentada em concreto. Não deve ser, portanto, uma informação, mas sim *intuição*[51], uma vida de empenho contínuo, passo a passo na viagem para o interior. Esse empenho não é, pois, uma vivência passageira.

A experiência de Deus é "trabalho" tenaz, sofrido e fiel, calmo e não angustiado, pois não há aumento da experiência sem o assumir a situação até que estejam consumidas e consumadas as suas possibilidades. Não há também aumento da experiência sem a decisão firme de ir até o fim no caminho começado. As atitudes que dizem: Vamos experimentar, se não der certo há outra possibilidade; Agora é só provisório, mais tarde a gente toma a sério; Tanto faz essa situação ou aquela... são maneiras de ser que jamais se tornam capazes de se perfazerem e crescerem na experiência.

A experiência de Deus é sempre um caminho "pessoal", em que cada qual põe a si mesmo em risco, pois se trata de um caminho estreito, onde não há espaço de sobra para outra coisa que não seja o engajamento cordial, inteiriço e total em perfazer o caminho. Assim, a experiência de Deus não é uma coisa particular, individualista, mas singular, à qual costumamos dar o nome de pessoal. *Pessoal*, pois, não deve ser confundido com *individual*, *particular* ou *privativo*. O oposto do *individual* ou *privativo* é *geral*. Ao passo que o *pessoal* é quando uma pessoa ou mais pessoas doam-se toda e inteiramente a uma causa, numa luta corpo a corpo, onde tentam não desperdiçar nenhuma energia em vão, tornando-se inteiramente *dis-postas* e *ex-postas* ao que é anterior, maior, mais vasto e mais profundo do que elas mesmas, e sendo principalmente *entregues*, *doadas* ao apelo e à convocação de um tu, de um radical-outro, que, no nosso caso de cristãos, é o Deus revelado por Jesus Cristo e o seu reino; isto é, a nova ordem, a nova humanidade do Evangelho. *Pessoal* é, pois, a condição de possibilidade do universal, da comunidade e comunicação universal.

Nesse sentido podemos dizer que o modo de ser da experiência de Deus é o mesmo em todos os homens; é, portanto, universal. Mas, sendo o mesmo, dá-se cada vez como caminhada do crescimento de cada pessoa, singular, no sentido do engajamento total e generoso; sim, necessário ao perfazer-se corpo a corpo da possibilidade única, dada a cada pessoa. A existência hu-

---

51. Intuição, intuir significa *intus ire*; isto é, ir para dentro, para o profundo.

mana só alcança o universal através da história consumada da experiência pessoal, cada vez singular, cada vez "concrescida", numa situação bem determinada. Assim, da experiência como concreção singular surge o universal concreto. Por exemplo, é do *encontro histórico* com nossos pais, concretos e únicos, que podemos compreender o amor de todos os pais. Esse "tipo" de conhecimento "histórico" não é nem informação nem um saber teorético ou prático no sentido usual, não é nem indução nem dedução, mas sim "consenso", sintonia que vem da mútua repercussão no mesmo; no mesmo, do qual todos, isto é, cada qual, participam, porque esse *o mesmo* lhes foi dado já antes como herança, como dom. Interessante é observar que essa herança e esse dom só se tornam herança e dom se eu, assumindo-os como possibilidade única e chance inalienável, trabalhar bastante em e a mim mesmo. É esta a estruturação da experiência que permite a verdadeira "comunicação" e unidade entre pessoas e grupos.

Mas, ao caminharmos assim na experiência, o que vem ao nosso encontro como "experiência de Deus"? Esta pergunta não pode ser respondida fora do próprio caminhar da experiência. Isto significa que na experiência de Deus toda e qualquer resposta sobre o seu conteúdo é uma "sinalização" que convida, acena, indica; ou melhor, urge um caminhar da experiência. Assim, é somente na medida em que nós mesmos crescemos na experiência que certas respostas começam a nos desvelar o verdadeiro sentido e a verdadeira riqueza nelas oculta. Assim *é*, torna-se o "Deus feito experiência" em nós, em nossa história; isto é, em nossa vida.

## 7 O Deus feito experiência[52]

> Assim como muitos ficaram embaraçados à vista dele – tão desfigurado Ele estava que já não parecia homem, e seu aspecto já não era o de seres mortais. [...] Não tinha beleza nem formosura que atraísse os nossos olhares, e seu aspecto não podia cativar-nos. Era desprezado, era a escória da humanidade, homem das dores e experimentado nos sofrimentos; era como pessoa de quem se desvia o rosto, tão desprezível que não fizemos caso dele (Is 52,14; 53,2-3).

---

52. Publicado originalmente em *O Mensageiro de Santo Antônio*, vol. 35, n. 7, set./1992, p. 4-5. Santo André.

Quem é este? Segundo São Francisco de Assis, é o Servo de Javé, o Cristo do Natal, da Eucaristia, da cruz: o Cristo da encarnação; isto é, a presença da humanidade, da benignidade, da misericórdia de Deus entre nós.

Para nós que vivemos a inflação das palavras as imagens usadas pela Escritura não mais comunicam a energia vital de intuições originárias. Os símbolos, as alegorias, os mitos – que nós chamamos ingênuos – ocultam atrás de si as experiências originárias chamadas arquétipos e ocorrem lá onde a experiência atinge o âmago da dimensão chamada "pessoa". Atrás do Natal, da Eucaristia, da cruz está o mistério da encarnação: *Deus e Homem feito experiência*.

O Cristo do Natal, da Eucaristia, da cruz é para nós lugar-comum.

A única maneira de sair dos lugares-comuns é descobrir uma fenda na prisão do óbvio-já-conhecido, uma fenda por onde talvez se abra uma dimensão que desperte para o frescor de uma nova visão. Por isso é de grande importância se perguntar: O que imagino, qual o impacto que recebo quando diariamente ouço as palavras Natal, Eucaristia, cruz, encarnação?

Em geral, a imagem que está como que flutuando vagamente no limiar de nossa subconsciência é de um Deus que veio a esta terra para salvar-nos da perdição. Deus-Cristo que faz milagres, triunfa, sofre sim, mas como Deus, na certeza de sua divindade. É um Cristo impregnado de divindade, o Cristo visto já da sua glorificação.

Certamente o Cristo do Evangelho é o Cristo ressuscitado. Mas o Cristo do Evangelho é também visto sob um outro enfoque, mais terra a terra.

Talvez um exemplo nos possa ser útil em nossa reflexão, embora um tanto "sentimental". Imaginemos um amor de doação plena, total e radical no qual o relacionamento anela cada vez mais intensamente a felicidade e a libertação do outro. Nesse sentido, quanto mais profundo se torna o encontro com o outro, tanto mais mutuamente sensível se torna para o sofrimento do outro. Quem ama assim não teme o mal e a desgraça que lhe possam ocorrer; é, porém, abalado no âmago de seu ser diante do perigo e do sofrimento que se abatem sobre a pessoa amada. É o caso de pais de crianças sequestradas, que nada podem fazer diante da dura realidade do sofrimento dos filhos. Onde você nada mais pode fazer para a pessoa amada, onde o outro é desligado de todo e qualquer apoio, consolo e ajuda, onde o outro desaparece atrás da misteriosa escuridão de sua própria sorte, a sua primeira reação é estar lá junto, para sofrer junto. Essa última disponibilidade, que está na raiz, a mais profunda do fenômeno amor, chama-se compaixão, misericórdia.

Esse fenômeno indica a situação-limite da nossa existência. Ela é dura, escura como a morte. Aqui nenhuma racionalização nos pode ajudar, nenhuma "teologia", nenhuma concepção da vida, seja otimista, seja pessimista. Essa situação talvez seja o momento mais decisivo e último do encontro, onde você, como cristão, de uma forma penetrante e brutal, é colocado diante da opção entre o ateísmo ou uma nova visão de Deus.

Você crê na bondade de Deus. Ele é Pai. Como é possível tanta dor, tanto sofrimento, tanta brutalidade sem sentido nessa terra dos homens?

A busca da compreensão da bondade de Deus, do seu amor, numa situação-limite como a nossa é uma situação de decisão de encontro com um novo sentido do amor de Deus. Em vez de partir de certa imagem que já temos de Deus, da imagem que certa teologia e filosofia da vida, certas vivências nos dão, vamos partir simplesmente de uma frase da Bíblia.

Naquele tempo, na tristeza e insegurança da iminente despedida, *disse Tomé:*

> "Senhor, não sabemos para onde vais, como podemos conhecer o caminho?" Jesus lhe respondeu: "Eu sou o Caminho, a Verdade e a Vida. Ninguém chega ao Pai senão por mim. Se me conhecêsseis, conheceríeis também o Pai. Desde agora o conheceis e o tendes visto". "Senhor, disse-lhe Filipe, mostra-nos o Pai e isto nos basta". Respondeu Jesus: "Há tanto tempo que estou convosco e não me conheces, Filipe? Aquele que me vê, vê também o Pai. Como então dizes: Mostra-nos o Pai?" (Jo 14,5-10).

No nosso tempo, quando atingido pelo sofrimento, pelo esmagamento do outro, quando você, diante da muda contestação da morte e do absurdo, murmura sem muita sinceridade as palavras de consolo celestial, da bondade e da misericórdia do Pai, surgem em você as perguntas: "Quem é esse Deus?" "O que é esse amor que tolera tantas injustiças e sofrimentos?" "Mostra-nos o Pai!"

A resposta do Senhor não é um conceito, não é uma explicação. "Eu sou o Caminho, a Verdade e a Vida!" (Jo 14,6). Quem? Este Jesus em carne e osso: "Bem-aventurado é aquele para quem não sou motivo de escândalo!" (Lc 7,23). "Eu sou": a resposta é a pessoa, a humanidade de Jesus. A sua luta, a sua fé, sua busca, a sua tentação, o seu fracasso, o seu abandono; um homem que com todas as fibras do seu ser ama ao Pai, crê no amor, anuncia a Boa-nova do amor e da fraternidade universal, labuta, sua, ri, chora com os homens, dá-se totalmente aos seus, busca a Deus nas noites de solidão nas montanhas, apela para o Pai, espera ardentemente a vinda do seu reino de paz e amor nesta terra, sente-se aos poucos abandonado pelo Pai; mas luta, não vacila, crê, crê, crê, crê na bondade do Pai, e por fim na sua fidelidade e confiança total ao Pai, segue passo por passo o caminho do abandono e da desilusão até alcançar o abismo do total abandono: "Meu Deus, meu Deus, por que me abandonaste?" (Mt 27,46).

O escândalo da cruz é que não há resposta para essa pergunta, pois a resposta é justamente essa busca, essa entrega total de disponibilidade na fé que, assumindo nas consequências abissais a última condição do encontro – que é a confiança, doação, gratuidade –, se abandona, rompendo assim os limites da condição humana: "Pai, em tuas mãos entrego o meu espírito" (Lc 23,46).

Quem é o Pai, a bondade de Deus?

Eis o homem que respondeu a essa pergunta: Jesus Cristo! Jesus Cristo, a verdade do Pai, a única revelação do Pai, é a maior realização do amor e confiança, a mais impressionante e intensa tentativa de crer no amor e, ao mesmo tempo, a aceitação a mais radical do maior abandono de Deus. Deus é amor; mas não conceito-amor; é amor vivido, realizado na sua profundeza, largura e altitude na pessoa de Jesus Cristo.

O que é, pois, humanidade de Deus? Jesus Cristo. Quem é Jesus Cristo? A máxima experiência do amor, da fé na bondade de Deus, realizada nesta terra. Nesta terra, a partir da absoluta aceitação da contingência humana, a partir do abismo do nada que é o abandono total dessa mesma bondade, doando-se e acolhendo essa mesma bondade que, sendo abandonada, abandona-se incondicional e gratuitamente.

Compreender que isso é o amor, compreender que a sorte e a essência do homem não é o desenvolvimento, não é a felicidade, mas sim o amar desta forma o Pai e os homens, como Cristo amou; ser radicalmente abandonado e, na doação total de confiança e dedicação, ainda gritar, do abismo de seu nada, um sim ao encontro com o Tu absoluto, que confia no nosso amor a ponto de colocar-nos diante de uma tal decisão; isso é a humanidade, a realização humana do Deus humanado.

Para nos revelar esse profundo sentido do encontro e do amor é que Deus se fez homem, assumiu em tudo a nossa sorte, a nossa condição, para continuar vivendo em nós, através da história, para anunciar, para realizar a Boa-nova de que o Pai é o amor-humanidade de Jesus Cristo.

## 8 O pivô da experiência do Deus cristão e o seguimento de Jesus Cristo: amarás...[53]

Qual é a experiência originária do Evangelho de Jesus Cristo que faz mudar radical e profundamente todo o modo de ser, toda a visão, todo o registro de uma pessoa? É o amor...?!

O amor cristão possui tal transformação, e a partir dela todas as coisas, todos os acontecimentos são vistos numa nova luz de profundidade. É, portanto uma evidência experimental, uma compreensão vivida que muda o sentido e o destino de toda uma vida.

Em que consiste essa experiência originária? Consiste em compreender nitidamente o que quer dizer "o amor de Deus em Jesus Cristo". Mas o que quer dizer isso: "o amor de Deus que se chama Jesus Cristo?"

O termo *amor de Deus*, embora nos soe aos ouvidos como muito concreto, é, na realidade, vago e abstrato em sua compreensão. Estamos acostumados a dizer que Deus é Amor. Como acentuamos esta frase? Geralmente acentuamos o amor. A Deus ninguém viu, mas Deus é Amor; por isso, quem compreende o amor compreende como é Deus.

Mas, pelo contrário, nesta frase acentuemos Deus. Temos então: o Amor é Deus. Para compreender o que é o amor verdadeiramente, radicalmente devo compreender a Deus! Com outras palavras, para compreender o que é amor de Deus devo saber como Deus ama.

É possível saber como Deus ama? Sim! Em Jesus Cristo, por Ele, com Ele, através e a partir dele. Como é o modo de ser do amor de Deus em Jesus Cristo? É o estábulo, a última ceia (lava-pés e Eucaristia) e a morte na cruz, segundo São Francisco de Assis. São estas as expressões concretas do que chamamos "encarnação". Portanto, a encarnação é o modo como Deus ama; é a maneira específica de amar, como só o Deus de Jesus Cristo pode e sabe amar.

Em que consiste o específico desse modo de amar? Consiste em servir, em ser servo: ser servo de toda humana criatura, por amor de Deus.

Essa definição é difícil de compreender. Difícil de explicar. Difícil, porque temos conceitos preestabelecidos de serviço, de amor e de Deus; iludimo-nos pensando já ter compreendido essa frase. Ela diz: servir não a um ser superior, a um senhor que tem por sua natureza o direito de ser servido, mas servir a

---

53. Publicado originalmente em *O Mensageiro de Santo Antônio*, vol. 35, n. 8, out./1992, p. 4-5. Santo André.

"toda humana criatura": bons e maus, fortes e fracos, simpáticos e antipáticos, ricos e pobres, amigos e inimigos, a todos sem qualquer julgamento de sua qualidade; servir sem ter o sentimento de ser melhor e superior pelo fato de servir, pelo fato de testemunhar o nosso amor.

Servir, por amor de Deus. A expressão "por amor de Deus" nós geralmente não mais a entendemos em sua ressonância originária, porque estamos acostumados a ouvi-la como finalidade. No entanto, originariamente se entendia "a partir do amor que Deus possui", amor que atinge o âmago de mim mesmo despertando-me para a minha identidade. Amar, por amor de Deus não significa o amor que eu tenho para com Deus. Mas, sim, pelo amor de Deus que está em mim. Significa, portanto, amar ao modo de Deus, junto, colado a Ele, movido e impulsionado por Ele.

E Deus ama sendo servo de toda humana criatura; de "toda" humana criatura, sem distinção, sem condição; sem aplicar a medida do bem e do mal; serve sem se elevar, na radical humildade do amor que não se torna superior pelo fato de amar. Serve e assume toda humana criatura até nos seus últimos abismos terra a terra.

Nosso Deus, servo de toda humana criatura... Na realidade essa definição é escandalosa. Pois everte todo o nosso conceito usual de Deus: Deus como Ser Supremo, como Senhor, como Criador, como Juiz. Deus como alguém que desceu das alturas do seu trono para nos redimir da baixeza do "humano" e nos elevar à divindade.

Deus como servo diz justamente: Deus é literalmente o servo de toda humana criatura, não de um homem superior, não de um homem ideal do humanismo, de um super-homem, mas sim do humano como ele é; com todos os seus defeitos, lutas, angústias, abismos, materialidade, limitação; do humano na sua radical finitude. Assume o humano não para nos elevar como fazem os deuses não cristãos, mas para manifestar que ser "divino" é ser radicalmente humano como servo de toda humana criatura.

A definição é escandalosa porque everte toda a concepção humana do ideal humano. Não se fala mais do ideal moral, ideal religioso, ideal superior, mas simplesmente, radicalmente do amor como servir.

O maior impedimento para a compreensão desse amor vem do fato de estarmos acostumados a pensar no amor com categorias morais do bem e do mal. Mas o Deus de Jesus Cristo, o Deus do Evangelho, da Boa-nova é um Deus que "faz nascer o sol para bons e maus e chover sobre justos e injustos" (Mt 5,45), que nos manda amar os inimigos e orar pelos que nos perseguem

(Mt 5,44). A medida desse Deus da Boa-nova não é o bem e o mal, não é a justiça, não é o ideal de perfeição, mas sim o amor, que é bom, é carinhoso e aberto, não porque o outro é bom, justo e simpático, mas porque Ele, Deus, é bom. Por isso diz Jesus: "Por que me chamas de bom? Ninguém é bom senão Deus!" (Lc 18,19), e "se a vossa justiça não superar a dos escribas e fariseus, não entrareis no Reino dos Céus" (Mt 5,20).

Esse amor que se torna servo de toda humana criatura não pode ser compreendido a não ser numa experiência. Toda a tentativa de falar sobre Ele será uma espécie de aceno, e-vocação da experiência.

Mas por que o termo *servir*, *servo*?

*Servir* é um termo que elimina toda e qualquer suspeita de superioridade, de ser maior, melhor. O amor que serve pode ser generoso, superabundante, vivo, forte e apaixonado, mas não tem a conotação de domínio, opressão, superioridade, poder.

Quem serve dá tudo, mas o faz não por favor, não à mercê da grandeza de sua generosidade, mas como quem recebe um favor. Mas no amor, essa doação de quem recebe o favor não é humildade no sentido de submissão à autoridade, ao direito, ao medo do outro, ao poder; mas sim, a total abertura de simpatia, diria meiguice, ternura, uma liberdade gratuita da bondade. É o pudor do mistério que ao se dar se retrai na humildade do seu recolhimento. É nessa gratuidade que a mãe serve o seu recém-nascido. É a doação agradecida do encontro, é aquela abertura que se expressa numa única palavra, num único olhar tão grato: Tu (Jo 20,16).

Essa gratidão, essa benignidade, essa ternura são o núcleo do amor que serve. O específico do amor do Deus do Evangelho é essa benignidade.

Isso traz consequências para a nossa concepção do amor de Deus: o Deus que é amor, ao se manifestar, não se revela como poder, riqueza, majestade, força, beleza, doador supremo, como ser supremo, mas sim como benignidade, gratidão, gratuidade, graça no servir. Enquanto servo, Ele é frágil, vulnerável, não tem outro poder a não ser essa benignidade, a não ser a limpidez e o pudor da bondade, a gratuidade ela mesma e nada mais.

A fragilidade dessa gratuidade, no entanto, é mais radicalmente vigor do que poder, pois é a jovialidade de ser. É a nascividade livre da fluência de ser, da vida que não necessita do poder para poder ser em superabundância. Essa nascividade é tão jovial que consegue, de graça, assumir e sustentar tudo o que o poder de dominação não consegue assumir: a negatividade. Na sua jovialidade colhe o mais baixo, o mínimo com tanta graça e gratidão, que nada há que não seja de graça e graça do mistério.

A Boa-nova de Jesus Cristo consiste em proclamar que ser homem, ser cristão é amar; isto é, servir assim, desta maneira tão límpida, tão humilde, tão gratuita, na jovialidade e no pudor de ser; amar como só Deus pode e consegue ser, ou seja, amar. Amar assim é tornar-se verdadeiramente o ser criatura, e ser desta maneira criatura é ser filho de Deus. Nesse amor, nesse servir a toda humana criatura podemos dizer, exclamar do fundo do coração, a partir do núcleo da nossa identidade: "*Abba*, Pai!", pois amamos com o mesmo amor com que Deus ama; somos os herdeiros do seu amor, servindo na gratuidade da jovialidade do mistério de Deus e do Deus do mistério.

## 9  O modo de ser do trabalho da experiência[54]

A raposa calou-se e considerou por muito tempo o príncipe:
"Por favor... cativa-me!", disse ela.
"Bem quisera", disse o principezinho, "mas eu não tenho muito tempo. Tenho amigos a descobrir e muitas coisas a conhecer."
"A gente só conhece bem as coisas que cativou", disse a raposa. "Os homens não têm mais tempo de conhecer coisa alguma. Compram tudo prontinho nas lojas. Mas como não existem lojas de amigos, os homens não têm mais amigos. Se tu queres um amigo, cativa-me!"
"Que é preciso fazer?", perguntou o principezinho.
"É preciso ser paciente", respondeu a raposa. "Tu te sentarás primeiro um pouco longe de mim; assim, na relva. Eu te olharei com o canto do olho e tu não dirás nada. A linguagem é uma fonte de mal-entendidos. Mas, cada dia, te sentarás mais perto..."
No dia seguinte o principezinho voltou.
"Teria sido melhor voltares à mesma hora", disse a raposa. "Se tu vens, por exemplo, às quatro da tarde, desde as três eu começarei a ser feliz. Quanto mais a hora for chegando, mais eu me sentirei feliz. Às quatro horas, então, estarei inquieta e agitada: descobrirei o preço da felicidade! Mas se tu vens a qualquer momento, nunca saberei a hora de preparar o coração... É preciso ritos."
"Que é um rito?", perguntou o principezinho.
"É uma coisa muito esquecida também", disse a raposa. "É o que faz com que um dia seja diferente dos outros dias; uma hora, das ou-

---

54. Publicado originalmente em *O Mensageiro de Santo Antônio*, vol. 37, n. 5, jun./1994, p. 4-5 (1ª parte); n. 6, jul.-ago./1994, p. 4-5 (2ª parte). Santo André.

tras. Os meus caçadores, por exemplo, possuem um rito. Dançam na quinta-feira com as moças da aldeia. A quinta-feira então é o dia maravilhoso! Vou passear até a vinha. Se os caçadores dançassem qualquer dia, os dias seriam todos iguais [...]"[55].

Cativar significa prender, mas aqui quer dizer mais exatamente prender na afeição, afeiçoar. Afeiçoar é tocar o coração. Se toco o coração de alguém, faço-o vibrar. A afeição percute através de todo o seu ser.

Afeição, dizemos, é sentimento. Sentimento é irracional. Não dá para explicar... E, no entanto, a raposa declara: "A gente só conhece bem as coisas que cativou". Com isso, ela quer dizer que a afeição, o sentimento é um conhecimento – ou melhor, o conhecimento.

O conhecimento propriamente dito, aquele que se preza, deve sempre ser afeição: só conhecemos bem as coisas que cativamos. Portanto, afeição, sentimento é conhecimento por excelência. Isso tudo parece ser tão fácil de compreender... Uma tal tese existencial vem ao encontro do nosso gosto. Não dizemos, pois, que é preciso ser vivencial, que está na hora de valorizar o coração e deixar de ser racionalista, de pensar menos e viver, ou melhor, amar mais?

Contudo, aqui se coloca uma questão bem séria, já que dela depende a sorte da nossa vida espiritual: Nós realmente conhecemos o que é afeição? Já fomos atingidos por ela? Na linguagem da raposa: Você realmente já cativou e foi cativado? Realmente conhece bem o que é a afeição? Essa indagação é essencial, pois de sua resposta depende o peso da existência na qual ela é colocada. Por exemplo, ao perguntar quem é Jesus Cristo, como é o meu modo de ser, a minha existência, nesse momento? Qual é o peso da minha existência que coloca esta pergunta? Se o interesse do meu existir é ter uma cultura geral sobre Jesus Cristo, então a resposta será também uma informação de cultura geral. Minha pergunta não está disposta a evocar e acolher uma outra resposta mais radical, pois não se tornou corpo de ressonância para repercutir a resposta. Se, porém, depois de uma longa caminhada em crises, dúvidas e sofrimentos na busca sincera do sentido da vida, na hora de um grande conflito interior, grito a partir da minha identidade: "Quem és, Tu, Jesus Cristo?!", a própria pergunta já está tinindo na disposição de acolher a resposta; ela está cativada, afeiçoada à resposta. Pois Jesus Cristo não é uma coisa; é, antes, um apelo a uma tal atitude de afeição.

---

55. SAINT-EXUPÉRY, A. *O pequeno príncipe*. 47. ed. Rio de Janeiro: Agir, 1999, p. 68-69.

Deus, o Evangelho, Jesus Cristo, o irmão, a vida, a morte, o sofrimento, a alegria, a pobreza, a realização, a oração, o encontro, o diálogo, a decisão... Conhecemos bem essas coisas na afeição? A gente só conhece bem as coisas que cativou.

O que fazemos para cativar as coisas que queremos compreender? Será que andamos dizendo, como o principezinho: "Bem quisera, mas eu não tenho muito tempo. Tenho amigos a descobrir e muitas coisas a conhecer"?!... Mas a gente só conhece bem as coisas que cativou.

Trata-se, pois, de um modo de conhecer todo especial, que tem as suas próprias exigências e métodos[56]. E as realidades que dizem respeito ao divino e ao humano profundo só podem ser conhecidas se as abordamos nesse modo próprio e especial de conhecer.

Analisemos, pois, se não compramos os nossos conhecimentos prontinhos na loja. Examinemos se eles são, de fato, frutos sazonados de um longo trabalho de doação e recepção na afeição. Talvez descubramos que jamais cativamos ou fomos cativados: não conhecemos o que é a afeição, o que é o sentimento! Então, surge a pergunta: O que é preciso fazer?

Agora esta não é mais uma pergunta igual a qualquer outra; é diferente, cativa, afeiçoada, atingida pelo cuidado, pelo interesse acerca da própria caminhada na experiência. Um tal questionamento afeiçoado exige tempo, que será dispensado em maior ou menor quantidade, conforme o interesse dessa afeição. E é na medida em que temos e gastamos tempo que uma coisa torna-se importante para nós. Mas é também na proporção em que uma realidade se torna importante que temos tempo para essa realidade.

Tempo, aqui, é mais do que o tempo do relógio. É, antes, a presença de interesse, é o estar ali inserido, recolhido na concentração do trabalho vigoroso e cordial. Tempo é o vigor da unidade interior no gosto do trabalho, sem distrações e divisas.

Mas eu, que jamais conheci uma tal afeição da vida, pergunto, com grande interesse: O que é preciso fazer? A resposta é surpreendente pelo fato de dizer pouco, quase nada. Diz apenas que devemos ser pacientes... Pacientes com o quê? Pacientes de que jeito? Apenas pacientes, nada mais.

---

56. Aqui, *método* não quer significar um *meio-instrumento* para facilitar, encurtar ou até mesmo eliminar as agruras do caminhar, mas literalmente *met' hodos* (grego), a saber: *seguindo o caminho, aviando-se.*

O que quer dizer paciente? Paciente refere-se ao particípio ativo do verbo latino *patior, pateris*, a saber, *pati*, que significa padecer, deixar que aconteça. Do mesmo verbo vêm as palavras *passivo* e *paixão*. *Pati*, porém, não é forma passiva no sentido usual do termo, mas numa acepção toda original, impossível de ser compreendida pelo nosso modo costumeiro de conceber a realidade. Nós dividimos a realidade em ativa e passiva. Se é ativa, não pode ser passiva. Se é passiva, não pode ser ativa.

A palavra *paciente*, no entanto, nos diz: atuando com o vigor do passivo, do padecer. Isso significa que existe um vigor, uma força, uma ação que desconhecemos? Sim. Esse vigor se chama paciência. Talvez sejamos demasiadamente resignados, anêmicos, passivos para poder conhecer o vigor da paciência. Talvez o que vemos e sentimos na paciência, na passividade, no padecimento como algo passivo não passe de manifestações de nós mesmos. Talvez, porque não temos o vigor da paciência achamos que a paciência, a passividade, o padecimento são passivos.

Porque não temos o vigor da paciência, porque não somos pacientes, interpretamos mal também a ação. Interpretamos a ação como agitar, correr, fazer muito, como se essa fosse o oposto de ficar parado, resignado, inativo.

Assim, a nossa ação torna-se um afazer inflacionário, que corre muito, agita-se, fazendo muito barulho, um fazer que traz pouco fruto e se esvai no vazio tedioso das frustrações. Um fazer muito que não cresce na dinâmica, mas que se esgota no corre-corre de atividades sem consistência e acaba na passividade resignada, na qual nada mais tem sentido real e vivo.

O que é preciso fazer? Ser paciente.

O que é ser paciente? É padecer, deixar que a vida aconteça. O que é preciso fazer para que a vida aconteça? Sentar-se: "Tu te sentarás primeiro..."

O que é sentar-se? Sentar-se é colocar o corpo tranquilo, firme e parado. É assentar-se. É o começo. Sentar-se, assim, está um pouco longe do vigor da afeição na paciência, mas é o começo indispensável.

Sente-se assim e fique quieto, que a afeição do vigor paciente olhará para você de leve, irá lhe tocar de manso, de lado. E não se precipite em dizer coisa alguma, perguntando o que deve fazer, para que serve tudo isso... Não diga nada, não se distraia, não desperdice a energia com outra coisa a não ser o recolher-se, acolher, auscultar o crescimento do vigor que lhe toca nesse estar sentado. Faça como o "paciente" no leito: parado: ele deixa ser o trabalho da vida; vida esta que se acumula e se ergue aos poucos, com força de convalescença. Assim, a cada dia você se assentará e se aproximará do vigor que brota lentamente do interior desse estar sentado.

Mas, concretamente, como é isso? Exemplifiquemos: você é estudante e vai fazer uma prova daqui a quatro horas. Não está muito bem preparado. Está nervoso, agitado, disparado. Mal consegue concentrar-se no livro e estudar. Você diz: "Agora não adianta mais, só me restam quatro horas..."

O que é preciso fazer? Primeiramente, sentar-se nesta cadeira, a esta mesa, diante deste livro. Apenas isso? Apenas. Mas no sentar-se humano esse *apenas* implica um sentar-se total e a sério: um sentar-se mesmo! Isto é, sentar-se com todo o corpo e toda a alma, sentar-se na totalidade do seu ser. Você deve, pois, sentar-se em toda a linha do seu estar ali. Tem medo e tem medo de ter medo? Não está bem assentado. Desanima e diz que já não adianta fazer nada? Não está bem assentado. Na sua imaginação já está na sala de exames? Você está lá e não aqui. Não está bem assentado. Acha o livro muito grosso, difícil e não consegue ler com calma frase por frase? Não está bem assentado...

De repente você percebe: ser bem assentado no próprio ser, deixar que a vida aconteça em todo o seu vigor de presença, de tempo, sem se disparar em representações, desejos, medos, preocupações; ser, portanto, paciente, padecer o vigor da vida, ser apenas todo inteiro nada tem a ver com a "passividade fatalista", mas sim com a força serena, dinâmica, bem ressonante, que pode viver em cheio a possibilidade plena que a vida agora e aqui lhe oferece, na finitude. Se você pode, em tudo, trabalhar e agir nessa cordial finitude, em quatro horas realizará mais do que em vinte horas de um agitar-se sem fundo, infinito, sem a dinâmica interior bem assentada.

Esse modo de ser paciente, esse estar assentado em si mesmo na fluência do vigor da vida é o "apenas", é a essência do trabalho.

Para a aprendizagem e o crescimento no vigor de um tal trabalho é condição indispensável começar naquilo que é simplesmente agora e aqui a minha situação, no pouco e no definido da minha finitude: sentar-se. E demorar-se, permanecer ali, à espera atenta do crescimento do vigor, sem se dispersar em outras coisas. Esse pouco bem determinado da minha situação, agora e aqui, é sempre bem definido: mesma hora, mesmo gesto, mesmo lugar, mesmo texto. Pois o crescimento do vigor interior e real não se dá de improviso, de qualquer jeito, a partir da escâncara dispersa, sem concentração nem recolhimento. Nenhum salto real se dá de qualquer jeito. Se antes você não toma embalo num contínuo crescendo de energia você não consegue saltar.

A determinação, o definido da hora, do gesto, do lugar, do movimento, é o "rito". O rito é o sentar-se aqui e agora bem determinado, para que a impaciência se assente, a distração se dissipe e surja um crescer diferente do vigor, lento, coerente, constante, num aumento duradouro e cordial. O rito é, pois, da essência da dinâmica do trabalho; é da essência da festa do trabalho.

Por isso, querer crescer no vigor do espírito, no espírito de oração, na experiência de Deus, no diálogo da fraternidade sem guardar as exigências do rito, sem se incomodar com a preparação, assim de qualquer jeito, significa, grosso modo, a incapacidade de trabalhar realmente. Não é nos agitando em novidades que seremos afeiçoados, cativados pela boa-nova da vida, mas sim, voltando à mesma hora, observando o rito e crescendo aos poucos no vigor interior que seremos atingidos por um encontro, um diálogo, uma leitura, uma reunião; enfim, pela maravilha real e vigorosa da festa da vida.

É só na nossa paciência que salvaremos as nossas almas. De que adianta uma letra morta, mesmo que ela seja nova, legal e adaptada a nossos tempos, se não temos a novidade, a legalidade, a presença; isto é, a contemporaneidade da alma, do vigor do espírito?

## 10 O lugar do querer na experiência de Deus[57]

Vivemos na época do engajamento. Engajamento pelos valores humanos fundamentais e seus direitos, engajamento pelos ideais, pelo irmão; engajamento por tudo o que é bom, belo, nobre, humano. Gostamos das pessoas que de corpo e alma se importam com a causa que escolheram. Achamos alienadas e irresponsáveis as pessoas que se preocupam com ninharias ou a nada dão importância.

No primeiro caso as pessoas se deixam conduzir, carregar; isto é, portar-se pela causa para dentro, para lá onde ela se torna a identidade, o coração do vigor da doação. Mas ser conduzido pela causa para dentro do engajamento livre não é fácil, pois a tendência geral é a de carregar-se sempre mais de consideração por si mesmo, de ensimesmar-se, em vez de doar-se simples e cordialmente à causa.

Deixar-se importar para ser atingido por dentro, na liberdade e doar-se simples e cordialmente à causa chama-se espontaneidade. Só que a acepção hodierna da palavra *espontaneidade* tem por modelo a naturalidade do modo

---

57. Publicado originalmente em *O Mensageiro de Santo Antônio*, vol. 37, n. 8, out./1994, p. 4-5 (1ª parte); n. 9, nov./1994, p. 4-5 (2ª parte). Santo André.

de ser do tipo biológico-vegetativo de um animal ou de uma planta. Assim, da mesma maneira que um animal ou uma planta não podem se desenvolver naturalmente quando há obstáculos, o homem também não pode espontaneamente ser ele mesmo caso encontre obstáculos no seu caminho.

### Boa vontade como dinâmica da ação

As palavras *espontâneo* e *espontaneidade*, no sentido originário latino – *spons* –, significam de boa vontade, de livre vontade, vontade livre. No entanto, uma vez que também as palavras *livre* e *liberdade* são ambíguas em nossa cultura, usemos a expressão "boa vontade".

A espontaneidade como boa vontade tem pouco a ver com a espontaneidade natural biológico-vegetativa. Antes, refere-se ao modo de ser próprio do homem, chamado empenho e desempenho do querer. Hoje, talvez, denominaríamos esse modo de ser próprio do homem de autonomia, responsabilidade de ser, engajamento.

O adjetivo "boa", por sua vez, presta-se a equívocos, pois estamos acostumados a entendê-lo como bonachão. Assim, boa vontade seria uma espécie de vontade menos forte, que fica no desejo, na disposição interior e que propriamente não é vigor, não é dinâmica da ação. Por isso dizemos: a boa vontade não basta, é necessário fazer.

O adjetivo "boa", no sentido original do termo, significa perfeito. Perfeito é o que se fez "per", isto é, através de um longo processo de árduo trabalho de conquista e está no ponto, no auge da sua identidade. Para que alguém chegue a ser bom, nesse sentido, faz-se necessário percorrer toda uma dura caminhada de trabalho, no qual se deve enfrentar lutas, obstáculos, dificuldades, no qual o eu é purificado de uma porção de ensimesmamentos, no qual se exige uma contínua desinstalação do saber.

"Boa vontade" é, portanto, uma vontade que, depois de longo e sério trabalho, depois de contínua luta, chegou à disposição livre para a ação; ou melhor, é a própria dinâmica da ação. Na vida, as coisas são importantes na medida em que se referem à boa vontade. E o que importa na vida é a boa vontade.

### Querer buscar: via da autorrealização

Na vida cotidiana, em vez do substantivo "vontade" usamos a forma verbal "eu quero". Na lida e na labuta de todos os dias o "eu quero" aparece no fazer. No dia a dia a vontade é uma ação. É, pois, um fazer que diz: eu quero.

É costume imaginar o "eu quero" como um dizer que tem atrás de si um desejo e atrás deste desejo um sujeito-eu. O sujeito-eu, nessa concepção, é tido como uma coisa; o desejo, chamado querer, é tido como ato, algo interior, mais espiritual e menos real, uma espécie de emanação energética do sujeito-eu; e o dizer é tido apenas como uma expressão desse ato interior. Por isso estranhamos o fato de que o "eu quero" seja um fazer.

No entanto, toda essa abstrata representação – sujeito-ato-expressão – desaparece quando deixo de falar ou pensar sobre o meu querer e coloco-me na urgência de uma busca, pois querer significa buscar. No querer, isto é, no buscar, o que aparece em primeiro lugar com o peso da realidade não é o sujeito, não é o ato e tampouco a expressão do ato, mas a coisa que se busca, o objeto.

O objeto, porém, não é outra coisa senão a objetivação coisificada da realização do eu; o "eu quero", como busca, é sempre e fundamentalmente um "eu quero ser". Por isso, quando queremos e buscamos começamos a nos importar com isto ou aquilo. Em outras palavras, é através do isto ou do aquilo, buscados como objeto do nosso querer, que somos importados para dentro de nós mesmos, para dentro da realização do nosso ser.

Ao querer isto ou aquilo estamos crescendo na querença da nossa própria realização; fazemos a obra do crescimento do nosso ser. No fundo, sempre buscamos a nós mesmos, mesmo quando – ou melhor, principalmente quando – nos doamos generosa e cordialmente ao objeto, à causa da nossa busca.

Portanto, boa vontade é o fazer consumado do desempenho do querer, no empenho de nos tornarmos nós mesmos. Boa vontade é, pois, o empenho do querer.

O "eu quero" é sempre um "eu quero ser". Mas, em concreto, o "eu quero ser" apresenta-se no objeto que é a coisificação projetada do ser que buscamos nos tornar. O objeto, porém, assim entendido, jamais aparece como uma coisa em si e por si, indiferente e neutra, diante de mim. Ele está sempre prenhe de valor, atrai-me, afeiçoa-me, é algo bem concreto que busco ter. Assim, o "eu quero ser" realiza-se em concreto através do "eu quero ter". Por sua vez, o "eu quero ter" apresenta-se numa imagem carregada de atração, numa imagem simpática do eu realizado, do eu que já tem o objeto da sua cobiça, do eu plenamente satisfeito por ter alcançado o que busca.

A afeição que tenho por essa imagem, a atração que dela vem e me atinge já é a mobilização do "eu quero". Mas tal mobilização não é apenas uma veleidade, uma vivência do desejo, um "gostaria que", mas antes uma autodeterminação.

A autodeterminação tem algo de salto mortal. É um lançar-me para valer, um colocar-me em jogo numa decisão que aceita de antemão, para sempre, num único sim, toda a extensão da caminhada que me levará a alcançar o que busco. É um propósito. É um devotamento, um voto que decide fazer tudo quanto é necessário e útil para atingir o fim. É, pois, uma determinação de me doar todo, inteiro, indiviso e sem indecisão à ação do trabalho que me faz ser o que busco.

"Eu quero" é, portanto, o voto, o propósito; a ação de se pôr todo e inteiro, de uma vez para sempre, no afazer de ser o que se busca.

O "eu quero", como já vimos, é o voto, o propósito: a ação de se pôr todo e inteiro, de uma vez para sempre, no afazer de ser o que se busca. Esse propósito apresenta dois momentos. Um deles é expresso na preposição latina "pro" do propósito. "Pro" significa antes, de antemão, para frente. Indica o lance do salto, que pode ser pequeno ou grande, ter êxito ou fracassar. O seu lance, porém, nunca é mais ou menos, jamais é parcial. Não pode ser desejado em parte, para experimentar, para ver se dá certo. Não pode ser corrigido aos poucos, no meio do deslanchar. Deve ser dado numa jogada total. De antemão, no momento do salto, este deve ser desejado para frente, na sua totalidade, inteiro, para valer, de uma vez para sempre. Em outras palavras, é uma posição, um se pôr *a priori*, no qual se assume, sob o comando do "eu quero", tudo o que vem.

Esse sim, dado de antemão a tudo o que virá, no entanto, não é um vago desejo, não é um abstrato plano para ser realizado no futuro, não é uma possibilidade aberta. É, antes, uma posição totalizante que se repete a cada momento, continuadamente, cada vez toda e inteira, numa ação bem definida, encarnada na concreção presente de um fazer material, agora e aqui. É, a cada vez, um *positum*, um "pósito", algo posto, constituído na materialidade do fazer isto ou aquilo. Tal materialidade do fazer finito e definido corresponde ao segundo momento do propósito, expresso no particípio latino *positum*, do verbo latino *ponere* (pôr), sobre o qual formou-se o pospositivo -pósito da palavra propósito.

### Assumir o caminho na sua totalidade

Portanto, o lance *a priori*, que assume de uma vez para sempre a totalidade das vicissitudes de uma busca, é, ao mesmo tempo, um fazer concreto, bem determinado na materialidade cotidiana, agora e aqui. Trata-se de um fazer concreto, bem definido em exercícios intensos. Exercitar-se, trabalhar em si duramente, continuadamente, com muita garra e ânimo, com uma vontade firme de conseguir, custe o que custar, o que se busca: eis o pivô desse método, isto é, desse modo de caminhar chamado "eu quero" ou "boa vontade". Aliás, é muito difícil, todos os dias, a cada momento, manter-se no vigor daquele lance total que assume o caminho na sua totalidade, fazendo um exercício finito, apoucado, agora e aqui.

Interessante é observar que o "eu quero" sabe nitidamente que quer, mas não tem evidência sobre o que quer. Certamente, o que quero, o objeto, é o ser que busco tornar-me, e está projetado concretamente na imagem ideal que surge diante de mim e me atrai.

A atração é nítida e intensa; mas a compreensão do que seja, na sua essência, o ser que busco jamais se tem na evidência desde o início.

No princípio, o conteúdo de uma tal imagem ideal é imperfeito, parcial, confuso e, muitas vezes, trata-se de ninharias. Mas, à medida que trabalho contínua e intensamente na materialidade do exercício cotidiano vai ficando aos poucos mais claro acerca do que afinal eu quero. E à medida que aumenta a evidência do que quero aumenta a atração, exercito-me de maneira mais adequada e eficiente. De superação em superação, sempre de novo me desinstalando da compreensão parcial e superficial, cresço para a compreensão mais profunda e radical daquilo que busco. Essa crescente clareza, porém, transforma-se, mais cedo ou mais tarde, na escuridão de um impasse, de um não saber e de um não poder radical.

## A ação generosa e gratuita do doar-se

Quanto mais queremos o que buscamos, quanto mais nos afeiçoamos ao ser que buscamos nos tornar tanto mais é límpida e generosa a doação. No entanto, é muito difícil manter-se limpidamente na liberdade da boa vontade, na dinâmica gratuita, alegre e cordial da vontade boa. É que o eu da pura doação à coisa da minha busca pode esquecer-se da limpidez do seu fazer e, em vez de se deixar importar simplesmente na ação gratuita, livre, espontânea da doação, começa a se importar para dentro de si, aumentando o volume da sua egoidade.

Em vez de dar-se, começa então a dar para si, começa a se importar para dentro, transportando tudo o que faz e alcança, como enchimento, como compensação daquilo que lhe falta na sua finitude, interpretada como privação. A liberdade da doação alegre e simples desaparece e no seu lugar começa a se alastrar o *frenesi* de uma luta desesperada contra a privação-carência, na ânsia de superar a finitude e possuir a grandeza, a nobreza, a superioridade do deus infinito.

Porém, um deus assim, supostamente infinito, é apenas uma espécie de super-homem: imponente, grandioso e solene, um tipo de ente supremo gigantesco, sisudo e importante, sem a graça e a leveza de uma liberdade gostosa e divina. O Deus da liberdade, o Deus da boa vontade nada tem a ver com o gigantismo desse super-homem. Por isso, importa não se dar tamanha importância. O que importa é dar-se, largar-se livremente à graça de dar-se, à generosidade humilde da doação.

Mas é preciso não se importar na generosidade como se ela fosse uma qualidade superior da nossa grandeza. Generosidade não é outra coisa senão a graça de dar-se, simplesmente, cordialmente, sem se importar com a simplicidade nem com a cordialidade. A graça de dar-se simplesmente é a humildade, o vigor, o ânimo, a boa vontade do *humus* da terra (humildade = *humus* + dade), que se dá sempre de novo, inteira, cada vez a todos, oculta, esquecida, pisada e chã, sem nada saber da sua generosidade, sem se importar com nada, a não ser com a graça da doação.

Se é assim, o que nos importa a autenticidade? O que nos importa, se nada conseguimos? O que nos importa, se todos os dias devemos recomeçar a luta, se em nada avançamos, se estamos sempre a marcar passo? O que nos importa, se devemos trabalhar mais do que os outros? O que nos importa tudo isso e muito mais, se a cada momento, a cada instante, em tudo que fazemos, buscamos e queremos, a única coisa que realmente importa é darmo-nos simplesmente, sempre de novo, sem cessar, de graça; isto é, de boa vontade?

Sem dúvida, importa não se importar. Mas só podemos realmente não nos importar e ser livres na graça da espontânea boa vontade se antes tivermos nos importado de corpo e alma com o exercício árduo, constante e decidido do nosso querer, na labuta cotidiana de uma busca sincera e radical. Pois fluir na graça da boa vontade e dar-se simplesmente, na cordialidade de ser; só podemos se nos deixarmos trabalhar no nosso querer para além da sua exaustão.

Não é assim que diz o Evangelho: "Se o grão de trigo, caindo na terra, não morrer, ficará só; mas se morrer, produzirá muito fruto"? (Jo 12,24).

# IV
# Liberdade dos filhos de Deus[58]

## 11 Espírito e liberdade[59]

### Introdução

A tarefa deste artigo era falar sobre o Espírito Santo como espírito de liberdade e liberdade de espírito. A presente reflexão não consegue cumprir essa tarefa. A tarefa é essencial demais para a tagarelice deste discurso. Mas talvez o discurso, na sua tagarelice, mostre a sua fraqueza como a impossibilidade de falar sobre o mistério que se chama Espírito Santo. No entanto, quem sabe não é nessa impossibilidade do discurso que esteja talvez a possibilidade desvelante do espírito que, como liberdade só é como o pudor da acolhida na referência ao mistério da gratuidade. A fraqueza do presente discurso está precisamente no fato de ele não se ter tornado suficientemente impossível na sua fraqueza, para poder ser acolhido como o silêncio da fala do mistério. Sendo assim, o único essencial é você ler, isto é, colher a obra de Chuang Tzu. Mas então por que não basta para espírito e liberdade unicamente a fala silenciosa do jejum do coração? Essa é a questão essencial da tagarelice que ora se inicia.

O nome da reflexão proposta é espírito e liberdade. Não sei bem o que é espírito e liberdade.

---

58. Na grande tradição do Ocidente, espírito e liberdade coincidem. E na vida cristã, porque o espírito – o espiritual, a espiritualidade – outra coisa não é do que a realização do *sopro vital e originário* de Jesus Cristo, Filho de Deus, *vida espiritual* coincide com *experiência radical da liberdade dos filhos de Deus*. As seguintes reflexões avulsas são modulações que, de alguma forma, direta ou indiretamente giram ao redor do tema *vida espiritual e liberdade dos filhos de Deus*.

59. Publicado originalmente em GUIMARÃES, A.R. (org.). *O Espírito Santo*: pessoa, presença, atuação. Petrópolis: Vozes, 1973. p. 45-58. Inserido em tal livro, este artigo tinha como tarefa falar do Espírito Santo como espírito de liberdade. Na incapacidade de realizar essa tarefa, a reflexão acabou tagarelando de modo meio neutro e geral sobre *espírito* – e não sobre Espírito Santo – e *liberdade* –, e não sobre a liberdade dos filhos de Deus.

Sei que uso muitas vezes essas palavras: espírito e liberdade.

Sei que elas pertencem à classe de palavras como deus, amor, encontro, vocação, vida, evangelho, homem, mundo, ser, tempo etc. Palavras que assinalam alguma coisa muito profunda, alguma coisa que está bem perto do nosso ser, como que no fundo de nós mesmos, mas tão perto que a gente não consiga tomar dela distância, dobrar-se, refletir e falar sobre ela, pois vivemos e operamos nela, a partir dela.

Como, pois, escrever sobre algo que não sei?

Ao dizer isso, no entanto, a gente sente que sabe algo de espírito e liberdade, mas num modo de saber todo especial. É como o sorriso. Dizer o que é o sorriso é impossível. Só mesmo você sorrindo ou vendo alguém sorrir para você.

Como sorriso, espírito e liberdade só falam a partir deles mesmos: *sendo*.

Se eu vivesse no vigor e na fluência de espírito e liberdade, essa própria reflexão haveria de se mostrar, digamos, sorrir como espírito e liberdade. Mas desconfio que, se ela tentasse sorrir, acabaria fazendo uma careta.

Por isso, fui buscar alguém que é a face cordial de espírito e liberdade. Vamos olhar para ele, que se chama Chuang Tzu. Mas a pessoa não importa. O que importa é o seu sorriso. O seu sorriso é a sua obra. E a obra se chama *O jejum do coração*.

### A cordialidade do sorriso: espírito e liberdade

Diz Chuang Tzu:

> Yen Hui, o discípulo favorito de Confúcio, veio despedir-se de seu mestre.
> "Aonde você vai?", perguntou Confúcio.
> "Vou para Wei."
> "Para quê?"
> "Ouvi falar que o príncipe de Wei é uma pessoa luxuriosa, com sangue quente nas veias e muito autoritário. Não dá a menor importância a seu povo e recusa-se a ver qualquer falha em si mesmo. Não dá a menor atenção ao fato de que os seus súditos estão morrendo, a torto e a direito. Cadáveres jazem por todo o país como feno no campo. O povo está desesperado. Mas ouvi o senhor dizer, mestre, que devemos abandonar o estado que está bem governado e ir para o que está em anarquia. No consultório do médico há muitos doentes. Quero aproveitar esta oportunidade para pôr em prática o que aprendi com o senhor e ver se posso melhorar as condições de lá."

"Quem dera que pudesse", disse-lhe Confúcio. "Você não imagina o que está fazendo. Você trará a ruína à sua própria pessoa. O Tao não necessita de anseios, e você apenas desperdiçará as suas energias em seus esforços malbaratados. Desperdiçando energias, você ficará confuso e ansioso. Com isso, você não será mais capaz de ajudar a si mesmo. Os sábios antigos procuravam o Tao, primeiro dentro de si mesmos, depois olhavam para ver se existia algo nos outros que correspondesse ao Tao que eles concebiam. Mas se você não possuir o Tao dentro de si, de que valerá gastar o seu tempo em vãos esforços a fim de proporcionar aos políticos corruptos uma plataforma correta?... Contudo, acredito que você deva ter uma certa base para esperar obter sucesso. Como acha que poderá levar avante o seu plano?"

Yen Hui respondeu: "Tenciono apresentar-me como um homem humilde, desinteressado, que procura apenas fazer coisas certas, e nada mais: uma maneira inteiramente simples e honesta. Será que com isso ganharei a confiança do senhor?"

"Certamente que não", respondeu-lhe Confúcio. "Este homem está convencido de que só ele é que tem razão. Pode pretender, exteriormente, interessar-se por um plano objetivo de justiça, mas não se engane com sua aparência exterior. Ele não está habituado a ter nenhum adversário. O seu ponto de vista é o de assegurar-se de que está certo, esmagando as outras pessoas. Se ele faz isso com os medíocres certamente fará com um homem que se lhe apresenta como uma ameaça de ser alguém de altas qualidades. Ele se apegará teimosamente ao seu modo de pensar. Pode pretender estar interessado em sua conversa a respeito do que seja objetivamente certo, mas, por dentro, não lhe estará dando ouvidos, e nenhuma alteração haverá. E, com isso, você não estará realizando nada."

Aí, disse-lhe Yen Hui: "Muito bem. Em vez, então, de ir-me diretamente em oposição a ele, manterei os meus próprios modos de pensar; mas, exteriormente, farei como se fosse ceder. Apelarei para a autoridade da tradição e para os exemplos do passado. Todo aquele que não for comprometido interiormente é um filho do céu, tanto quanto qualquer governante. Não confiarei em nenhum ensinamento meu, e, por conseguinte, não me preocuparei se tenho ou não razão. Serei também reconhecido como muito desinteressado e sincero. Todos irão apreciar a minha candura, e assim, serei um instrumento do céu no seu meio. Dessa maneira, submetendo-me à obediência ao príncipe, como fazem os outros homens, curvando-me, ajoelhando-me, prostrando-me como faria um criado, serei aceito, sem nenhuma queixa. Depois disso, outros confiarão em mim e, pouco a pouco, me utilizarão, vendo que meu desejo é apenas o de me tornar útil e trabalhar para o bem-estar de todos. Assim, servirei como um instrumento dos homens. Enquanto isso, tudo o que tiver de dizer será expresso de acordo com a antiga tradição. Estarei trabalhando com a tradição sagrada dos antigos sábios. Embora o que eu tenha a dizer seja objetivamente uma condenação da conduta do príncipe, não serei eu, e sim a própria tradição que estará falando por mim. Dessa maneira serei extremamente honesto e não ofenderei a ninguém. Desse modo, também, serei um instrumento da tradição. O senhor não acha que este meu modo de encarar a questão é que está certo?"

"Evidentemente que não", disse-lhe Confúcio. "Você tem vários planos diferentes de ação, quando você ainda nem conhece o príncipe nem observou o seu caráter! Na melhor das hipóteses você poderá fugir e salvar a sua pele, mas ainda assim não estará mudando nada do que encontrou. Ele poderá, superficialmente, conformar-se com as suas palavras, mas não haverá nenhuma mudança radical em seu coração."

Disse-lhe então Yen Hui: "Bem, isto é a minha melhor colaboração à questão. Gostaria que me dissesse, mestre, o que o senhor me aconselharia."

"Você tem de *jejuar!*", disse-lhe Confúcio. "Sabe o que quero dizer com esta palavra, jejuar? Não é fácil. Mas os caminhos fáceis não vêm de Deus."

"Ah", disse Yen Hui, "eu já me acostumei a jejuar! Em casa, éramos pobres. Passávamos meses sem vinho nem carne. Isso é que é jejum, não?"

"Bem, você poderá chamar a isso de observar o jejum se quiser", disse-lhe Confúcio, "mas não é o jejum do coração."

"Diga-me", retrucou-lhe Yen Hui, "o que se entende por jejum do coração?"

Respondeu-lhe Confúcio: "O objetivo do jejum é a unidade interior. Isto significa ouvir, mas não com os ouvidos; ouvir, mas não com o entendimento; ouvir com o espírito, com todo o seu ser. Ouvir apenas com os seus ouvidos é uma coisa; ouvir com o entendimento é outra. Mas ouvir com o espírito não se limita a qualquer faculdade, aos ouvidos ou à mente. Daí exigir o esvaziamento de todas as faculdades. E quando as faculdades ficam vazias então todo o ser escuta. Há então uma posse direta do que está ali, diante de você, que nunca poderá ser ouvido com os ouvidos nem compreendido com a mente. O jejum do coração esvazia as faculdades, liberta-as dos liames e das preocupações. O jejum do coração é a origem da unidade e da liberdade."

"Já percebi", disse-lhe Yen Hui. "O que me impedia de perceber era a minha autopreocupação. Se eu começar esse jejum do coração, a autopreocupação desaparecerá. Então, ficarei livre das limitações e das preocupações! Não é isso que o senhor quer dizer?"

"Sim", disse-lhe Confúcio, "é isso mesmo! Se conseguir tal objetivo você será capaz de ir ao mundo dos homens sem os perturbar. Não entrará em conflito com a imagem que eles fazem de si mesmos. Se eles o estiverem escutando, cante-lhes uma canção. Se não, fique em silêncio. Não tente arrombar-lhes a porta. Não tente novos medicamentos neles. Apenas coloque-se entre eles, porque nada há a fazer senão ser um dentre eles. Aí, então, você poderá obter sucesso! É fácil permanecer quieto sem deixar vestígios; o difícil é caminhar sem tocar no chão. Se seguir os métodos humanos você poderá enfrentar a decepção. No caminho do Tao nenhuma decepção é possível. Você sabe que podemos voar com asas, mas ainda não aprendeu a voar sem elas. Já se familiarizou com a sabedoria dos que sabem, mas ainda não se familiarizou com a sabedoria dos que não sabem. Olhe esta janela: nada mais é do que uma abertura na parede; mas, por causa dela, todo o quarto se encheu de luz. Assim, quando as faculdades se esvaziam, o coração está cheio de luz. Cheio de luz, ele torna-se uma influência por intermédio da qual os outros são secretamente transformados"[60].

## A tagarelice inútil sobre o sorriso

Um amigo meu costuma classificar certos filmes de "o óbvio ululante". Essa combinação redundante, pleonástica, calha bem para tais filmes, pois estes têm a característica engraçada de explicar as cenas, as mais óbvias. Você está vendo o policial prestes a dar um tiro. Lá vem alguém dizer ao espectador que o policial vai dar um tiro. Só faltava ainda alguém apontar para a criança que sorri no filme e dizer: "Atenção, a criança está sorrindo!"

Este comentário da obra *O jejum do coração* se sente um tanto "óbvio ululante". O texto que acabamos de ler é a cordialidade do sorriso: espírito e liberdade. O que é que a gente pode acrescentar a esse sorriso sem diminuir-lhe a jovialidade? Por outro lado, no entanto, não se exclui a possibilidade de você achar que o sorriso de Chuang Tzu é um sorriso amarelo. Pessoalmente, acho a cor amarela muito vigorosa, pois ela é a cor do ouro e do mel. Mas pode ser que você a confunda com a cor do amarelão, a cor da anemia espiritual.

---

60. "O jejum do coração". In: MERTON, T. *A via de Chuang Tzu*. Op. cit., p. 67-72.

O comentário que segue só tem a finalidade de evitar que alguém confunda o jejum do coração com o fazer passivo da negação do fazer.

"Aonde você vai?", perguntou o mestre. "Para Wei." O mestre: "Para quê?"

Você encontra um amigo na estrada. Você lhe pergunta: "Aonde você vai?" O amigo aponta para o sul e responde: "Para o norte". Você, assustado: "Para o norte!?"

"Para quê?" A pergunta não é apenas uma interrogação. Ela modula uma exclamação. Algo semelhante ao estranhar atônito, sim assustado da sua pergunta: "Para o norte!?"

A via de Yen Hui tem o seu objetivo. Já tem a sua direção, o seu fim. Sabe, pois, para onde caminhar. Somente não sabe que caminha às avessas. A partir de onde a via de Yen Hui tem o seu objetivo? *Por que* o para quê do caminho? O *porquê* do seu caminho está no fim, no objetivo, no *para quê* da caminhada.

A caminhada que vê o *porquê* do em-via exclusivamente no *para quê* do seu objetivo se chama: *fazer*.

A primeira possibilidade do fazer é a *re-ação*: melhorar as condições do povo tiranizado. A segunda possibilidade do fazer é a *ação*: apresentar-se apenas como um homem humilde, desinteressado, na vivência e no vigor do seu testemunho.

A terceira possibilidade do fazer é a *não ação*: ceder exteriormente à realidade na obediência ao príncipe tirano, na aceitação radical da situação com a afirmação da *kénosis*: a autenticidade radical dos que sacrificam a própria glória da autenticidade.

Portanto, a via de Yen Hui caminha no modo de ser do caminho chamado *fazer*. O caminho do fazer é determinar o objetivo e tender a esse objetivo como a seu fim.

Mas a via de Yen Hui no seu tríplice fazer – reação, ação e não ação – é só para quê. O porquê da sua via é exclusivamente o seu para quê. Yen Hui, ao ter fixo o seu objetivo, pensa saber o móvel do seu en-vio. No entanto, ele nem sequer percebe que o seu porquê é mero sinônimo de para quê. Nem sequer suspeita que o objetivo se funda num projeto, a partir do qual recebe a sua determinação. E o mestre pergunta: "E seu projeto, a partir de onde recebe a sua determinação?" Assim, exclama surpreso: "Para quê!?" "Como pode você estar a caminho se nem percebe que a essência do caminho é o em-via, a acolhida do vigor de um envio: o porquê?"

Com outras palavras, Yen Hui se esquece do essencial. Vê diante de si o objetivo. Esse objetivo é o fim para o qual in-tende o seu fazer. Ele pensa que o fim está fora dele, determinando objetivamente o seu fazer. Não percebe que o *ob-jetivo* está nele mesmo, que é apenas a ponta articulada do *pro-jeto* do seu *querer*. Do querer que aciona o seu fazer. Você amarra uma vara no lombo do jumento e pendura na ponta uma cenoura, bem em frente do seu focinho. O jumento começa a correr atrás do seu próprio lombo... Assim, virado para fora, correndo em direção do ob-jetivo, Yen Hui na realidade não caminha o caminho. Ele já está determinado por seu projeto objetivo. Tem e é tido por vários planos do seu fazer, quando ainda nem conhece a realidade: o seu próprio lombo e o caminhar.

O que acontece se a situação não corresponder a nenhum dos seus pro-jetos?

Você dirá: "Pois bem, nesse caso, examinaria melhor a situação. Observaria o caso sob todos os pontos de vista. Destarte, preparar-me-ia para todas as possíveis eventualidades".

Mas quantas possibilidades você deve examinar para eliminar a surpresa desagradável do imprevisto? E como você faz a abordagem desse exame da situação? Você não o faz a partir do enfoque do seu saber? O que acontece, se o projeto do seu enfoque inicial não corresponder à realidade? Você conta com a autorregulação corretiva que funciona ao se defrontar com a realidade? Mas como você sabe que é a realidade que corrige o seu enfoque? A autorregulação não se aciona a partir e no seio do próprio enfoque? E se a realidade for de tal natureza que se retraia no silêncio do seu mistério, por pertencer a uma dimensão totalmente estranha ao horizonte do seu projeto?

Por isso diz Confúcio ao discípulo: "Quem dera que pudesse". Yen Hui, portanto, não pode. O fazer, na sua reação, ação e não ação, é fraco demais, é ingênuo demais para corresponder à realidade.

O fatal no modo de caminhar de Yen Hui é de ele nem sequer perceber essa fraqueza e ingenuidade. E não percebe a sua fraqueza porque não conhece a essência da via. E por desconhecer a essência da via desconhece a essência do seu fazer, a essência da não via.

Assim, o mestre adverte o discípulo: "Mude de direção. E-verta o seu olhar. Em vez de ir para *onde*, concentre toda a sua atenção no *donde* do seu fazer".

O *donde* do fazer é querer, o olho do querer é saber, e o fazer é o agir do querer. *Saber, querer* e *fazer*, no fundo são o mesmo *modo de ser*, a mesma estrutura: o *para quê*. Vivem e se acionam a partir do ob-jeto, só podem re-agir a ele, pois estão fixos no pro-duto, na articulação do próprio pro-jeto, incapazes de voltar-se ao fundo do seu próprio vigor. Movem-se sempre em perspectivas, em enfoques, sem jamais poder questionar o donde da perspectiva e do enfoque. O próprio do para quê é a vista, o ponto de vista, o ver: a ideologia. À vista só pode aparecer o que já está na sua perspectiva. E a vista não pode a-vistar o seu próprio olhar.

Mas como e-verter a vista no seu olhar? Como caminhar para donde, como efetuar a conversão da via?

O mestre responde: "Ouvindo!"

Mas ouvir com ouvidos não é ouvir, é ver. Ouvir com entendimento não é ouvir, é saber; isto é, ver. Pois o ouvir que está limitado a isto ou àquilo é sempre uma perspectiva. O ouvir é só ouvir quando se é todo ouvido na ausculta: o *espírito*.

Espírito? Sim, espírito. Mas então o espírito não é um ente. Não é uma coisa, oposta ao corpo. É antes um *modo de ser*. Modo de ser que se chama *todo ouvido na ausculta!* Modo de ser radicalmente diferente do saber, querer e fazer; modo de ser que está no fundo, na raiz, aquém da estrutura do para quê; estrutura essa que per-faz o saber, querer e fazer da nossa existência. Com outras palavras, o espírito é o coração da nossa existência.

O caminhar para o espírito, o caminhar do espírito, o caminhar a partir do espírito se chama *jejum do coração*.

A via do *jejum do coração*, porém, é ambígua. Pois coração se entende usualmente como impulsos, como projetos do querer. Portanto, impulsos projetivos da estrutura para quê: para quê do saber, querer e fazer da existência. Assim, o coração no sentido de espírito seria antes coração do coração.

Nessa ambiguidade, o que é *jejum do coração*? O *jejum do coração* é o coração do jejum.

O que quer dizer isso?

O *jejum do coração* pode ser entendido como jejum que a gente faz do querer do coração; isto é, abstenção de todos os impulsos do coração. Aqui, o abster-se tem como objeto o querer do coração. Os impulsos do querer do coração são objetos, negados pelo fazer, chamados jejuar.

Por que e para que o jejum se abstém dos impulsos do querer do coração como algo que deve ser eliminado? A partir e em função de algo mais radical, algo uno e total, algo que está no manancial dos impulsos do coração: do coração do coração. O jejum liberta o coração do seu querer, para que o coração do coração seja pleno na sua cordialidade.

Quando o coração do coração se tornar presente em todo o fazer, em todo o saber, em todo o querer, até mesmo no fazer do não fazer, no saber do não saber, no querer do não querer, então o jejum, o abster-se, o não fazer, o não saber, o não querer pertence ao coração. O coração se torna sujeito do jejum: o coração do jejum.

O coração do coração, o coração do jejum é o *Tao*; isto é, o vigor essencial do fazer e não fazer, do saber e não saber, do querer e não querer. Portanto: da reação, ação e não ação.

Confúcio diz a Yen Hui: "Se o vigor essencial da reação, ação e não ação é o coração (*Tao*), então a única coisa necessária a 'fazer' é caminhar para o coração".

Esse caminhar é o *jejum do coração* que é o coração do jejum. O *jejum do coração* é o coração do jejum porque é *jejum*. Mas por que jejum? O que é jejum?

Jejuar é abster-se do alimento, do manancial da vitalidade.

Mas, nesse caso, jejuar do coração não significaria antes afastar-se do coração e não caminhar para o coração? Uma abstenção da cordialidade do vigor que leva à inanição, à inércia? A essência do jejum é abstenção. O que é abster-se?

Abster-se diz: ab-ter-se. Ab-ter-se é ter-se no retraimento; isto é, manter-se, conter-se no vigor do retraimento.

Retraimento de quem (sujeito)? de que (objeto)? Do sujeito homem, do objeto coração?

Não, do próprio retraimento. Portanto: abster-se é manter-se no vigor do retraimento *do*; isto é, *a partir* do próprio retraimento.

As forças, os impulsos do coração são vigências do fazer, saber e querer que vêm do âmago do homem. O não fazer, não saber e não querer são modalidades do para quê.

Ab-ter-se do coração significa manter-se como a abertura originária e originante desses impulsos, para e pela cordialidade de ser, que ao se enviar como vigor do fazer e não fazer, do saber e não saber, do querer e não querer, se retrai na gratuidade inesgotável do vigor do envio. É, pois, deixar constituir-se *passagem* da gratuidade de ser para a con-creção do fazer e não fazer, do saber e não saber, do querer e não querer, de concreção do fazer e não fazer, do saber e não saber, do querer e não querer para a graça, para o aceno da gratuidade.

Ser assim passagem é a essência do homem: a *liberdade*, que o texto denomina *espírito*.

Essa passagem é o caminho do *Tao*[61]. Caminho que *é* o próprio Tao, pois o *Tao é* somente em-via como o retraimento no envio.

Essa passagem que é o puro movimento, expresso no prefixo *ab* do *abs*ter-se, é a unidade interior, o coração, o ouvir com o espírito, o esvaziamento de todas as faculdades, é o *entre* os homens, o não saber, é o caminho sem caminho, o voo sem asas, o nada, a in-fluência: o coração do coração, o coração do jejum, o ab-ter-se da; isto é, a partir de e para a cordialidade-vida.

Esse ser como ex-sistência na ab-*tensão* por e para a cordialidade da gratuidade, isto é, ser todo ouvido como a ausculta e a acolhida da jovialidade de ser, é o espírito. E a dinâmica desse vigor radical é a liberdade. Por isso, espírito e liberdade são unos. Liberdade de espírito e espírito de liberdade que tudo liberta, tudo reconduz à sua essência nasciva, tudo renova na sua novidade originária; não re-age, não age, nada faz, pois não necessita desses projetos do saber, querer e fazer; é silencioso na sua grandeza e no recato de ser, tudo penetra sem aparecer, rege como a suavidade da vida, vida que renova continuamente, tenazmente na generosidade insondável da sua graça, a face da terra.

### Como conclusão

Espírito e liberdade.

O sorriso amarelo deste comentário acabou de lhe dizer: "Olhe bem, espírito e liberdade estão sorrindo".

Não se deixe perturbar pela poluição acústica desta tagarelice. Mas, se o palavrório tiver ferido a sua audição, talvez tenha despertado em você o desejo de ler, isto é, de acolher melhor o sorriso de Chuang Tzu, o seu texto. Experimente voltar-se a ele. Ele é muito importante.

E, então, talvez perceba um leve aceno de uma pergunta: Espírito e liberdade, não é ele um modo de ser ressonante, no qual o Deus oculto, sem nome, a quem o fazer do nosso saber chamou de Espírito Santo, se en-via como o vigor e o pudor da sua vitalidade, para renovar a face da Terra no en-canto jovial da sua in-spiração?

---

61. A letra *Tao* em ideograma chinês é *caminho*.

## 12 A rosa é sem porquê

### Para uma espiritualidade da gratuidade[62]

Talvez a seguinte reflexão não corresponda à intenção do sugestivo título ("A rosa é sem porquê – Para uma espiritualidade da gratuidade", pois aqui tenta-se apenas colocar uma questão. Questão acerca de uma dificuldade que poderia surgir ao se ouvir falar da rosa sem porquê ou da gratuidade.

A rosa "sem porquê" é de Angelus Silesius.

> A rosa é sem porquê,
> floresce por florescer.
> Não se vê a ela mesma,
> nem pergunta se a veem[63].

Angelus Silesius é pseudônimo de Johannes Scheffler. Nasceu em Breslau, numa família protestante da nobreza silesiana, aos 25 de dezembro de 1624. Estudou em Estrasburgo, Leyden e Pádua, onde se formou em Medicina. Foi médico da corte do Duque Silvius Nimrod de Oels. Dedicou-se ao estudo da mística e da teologia. Foi amigo de Jakob Böhme e Abraham von Frankenburg. Em 1653 tornou-se católico e foi ordenado sacerdote em 1661. Faleceu em Breslau aos 9 de julho de 1677.

Dos seus escritos, talvez o mais conhecido seja um volume de aforismos, em 5 livros, chamado *O peregrino querubínico* (*Cherubinischer Wandersmann*). "A rosa sem porquê" é o aforismo n. 289 do livro I desse volume. Todos os aforismos de *O peregrino querubínico* dizem de alguma forma da existência cristã na busca da sua identidade. Assim, a rosa sem porquê evoca a consumação da existência cristã, quando o homem é todo ser ao sabor da fluência divina, na gratuidade de um *fiat* absoluto.

Qual é a dificuldade que nos surge ao ouvirmos falar dessa gratuidade, sem porquê, sem para quê, do florir por florir, do não se ver, mas apenas ser, simplesmente?

---

62. Publicado originalmente em *Grande Sinal*, vol. 31, n. 6, jul.-ago./1977, p. 487-495. Petrópolis.

63. "Die Ros ist ohn Warum: / sie blühet, weil sie blühet, / Sie acht nicht ihrer selbst, / fragt nicht, ob man sie siehet". In: ANGELUS SILESIUS [JOHANNES SCHEFFLER]. *Cherubinischer Wandersmann, oder Geist-Reiche Sinn- und Schluss-Reime zur Göttlichen beschauligkeit anleitende.* [...] herausgegeben von Louise Gnädinger nach dem Text von Glatz 1675. Zurique: Manesse, 1986, livro 1, p. 156 [Ed. bras.: ANGELUS SILESIUS. *O peregrino querubínico*. São Paulo: Paulus, 1996, p. 67] [Tradução nossa].

É que essa gratuidade parece não necessitar do querer, do empenho de uma busca. Parece bastar ser simplesmente, na maravilhosa espontaneidade. Como é esse ser? Não é um viço vegetal, uma vigência sem autoidentidade, sem vontade própria, um viver no berço esplêndido da naturalidade? Onde fica a responsabilidade de ser? Como é possível colocar um tal deixar-se fazer como o *ethos* da existência cristã, onde cada momento é responsabilidade, conscientização, engajamento, ação? A rosa de Angelus Silesius não sabe à "mística oriental", cuja serenidade ama como o supremo caminho da perfeição o não fazer, o não saber, o não querer, o não poder, o "nirvana"?

Com efeito, há tantos textos "orientais" que parecem confirmar a nossa suspeita! O seguinte texto, por exemplo, atribuído a Seng-Tson (século VII), terceiro patriarca do zen-budismo chinês, na obra *Hsin-Hsin-Ming* (*O signo da fé cordial*):

O grande caminho é simples,
Apenas não tem preferência.
Onde não há preferência,
Abre-se por si, naturalmente.
Onde, porém, há preferência,
Por menor que seja a preferência,
Do tamanho do pelo, o mais fino,
Surge a cobiça de dois.

E cobre os olhos do céu e da terra,
E o espelho cordial do espírito
Nada reflete do seu nada.
Não busque o ser. Não fixe moradia no Nada.
A semente do uno na serenidade,
Apaga por si a cobiça de dois[64].

Que há de positivo numa rosa sem porquê? Por que é ela colocada como exemplo do vigor cristão; isto é, como espiritualidade da liberdade dos filhos de Deus?

Para nós, hoje, filhos da autonomia, para quem falar de flores é idílio campestre de um ensimesmamento privativo, alheio às transformações planetárias que abalam o universo, a rosa sem porquê soa no mínimo alienada, fora da realidade da terra dos homens.

---

64. BUZZI, A.R. *Itinerário* – A clínica do humano. Petrópolis: Vozes, 1977, p. 24-25.

Com outras palavras, ela é gratuita, é grátis, sem a fundamentação na realidade atuante, sem o sangue e o suor da ação de uma conquista sofrida e responsável: é gratuita a modo de sombra e água fresca. Que há de bom em tudo isso?

Sem a pretensão de responder a essa séria questão ou de aprofundá-la, tentemos apenas ler com vagar o aforismo. É que a rosa de Angelus Silesius pode pertencer à raça um tanto diferente da sombra e água fresca, à raça cujo frescor da graça nada tem a ver com a frescura da graça barata.

*A rosa é sem porquê, floresce por florescer* – Em que consiste o "*é*" da rosa? Em ser "sem porquê". Em que consiste, porém, o sem porquê? Em florescer por florescer. Ouçamos, pois, o verso com precisão.

A rosa *é*: sem porquê, floresce por florescer – "Florescer por florescer" diz o mesmo que ser "sem porquê"; o "sem porquê" diz o mesmo que a rosa. O mesmo, proferido pelo "sem porquê", floresce por florescer e por a rosa; é o *é*, a essência, o vigor do ser que perfaz a rosa de Angelus Silesius.

Entrementes, para nós, florescer por florescer, fazer por fazer, agir por agir, ser por ser, significa à toa, mecanicamente, sem interesse nem participação, inconsciente e automaticamente. Sem porquê significa sem razão, sem motivo e motivação, sem de onde e para onde, sem causa, fim, utilidade, sentido, sem fundamento. Sem razão é o irracional. Quereria o verso dizer que o ser da rosa é irracional, à toa, um estar ali mecânico, sem interesse nem participação, apenas uma ocorrência?

Mas... a entoação do verso tem um outro ânimo. Diz vigor, diz total presença do ser na plenitude da ação. E, no entanto, embora ouçamos nitidamente a repercussão desse outro ânimo, continuamos sem saber o que fazer com o vigor dessa presença que está ali; certamente na dinâmica, na plenitude da ação, mas como que surgido do nada, na imediatez vazia do sem porquê. Com outras palavras, a rosa sem porquê não repercute na audiência da nossa compreensão a não ser como uma presença abstrata, vaga e indeterminada de uma força impessoal, algo como ação quantitativa da energia sem alma.

Donde vem essa impressão? Impressão que talvez nos revele a incapacidade de sermos impressionados concretamente pelo vigor simples de uma rosa? Talvez o alento do nosso ânimo não consiga mais compreender nem suportar a respiração tempestiva da vida, que serenamente se recolhe na constância insignificante de um trabalho cordial, qual nuvem silenciosa a se acumular, dispondo-se ao tempo oportuno da fulguração. A rosa sem porquê e a nuvem da tempestade dizem o mesmo? Se o dizem, que alento é esse, o espírito da rosa?

Na incapacidade de responder bem e diretamente à pergunta, tentemos dizer, como podemos, acerca do alento da rosa por meio de uma antiga história asiática, que diz:

Era uma vez, na Província de Saga, no interior do Japão, um velho casal que vivia com um filho, ainda menino. Teciam à mão sandálias de palha para vender. O que ganhavam era pouco, dava apenas para viver.

O menino era obediente. A tudo dizia sim, sim, sim, sem murmurar. Todos os dias a mãe dizia ao marido: "Ah, se ao menos nosso filho pudesse levar uma vida melhor. Mas ele é um idiota. A tudo obedece, sem objeção. Não tem nenhuma iniciativa".

O pai nada dizia. Continuava trabalhando.

Um dia a mãe disse ao marido: "Vamos tentar nosso filho, para que sinta a necessidade da iniciativa. Vamos dar-lhe uma tarefa impossível para ver se reage e diz não à nossa ordem".

O pai nada respondeu.

A mãe chamou o filho, entregou-lhe três palhas e ordenou: "Vai trocar essas palhas com três peças da seda preciosa de Kioto".

O filho disse sim e saiu de casa.

A caminho, à beira de um riacho, uma mulher lavava cebolas.

Disse a mulher: "Que tens na mão?"

"Três palhas", respondeu o menino.

"Queres me dar as palhas para amarrar as cebolas em feixe?"

"É que as palhas são preciosas", disse o menino. "Elas valem três peças de seda."

Depois de muito negociar, o menino trocou as palhas com três cebolas e saiu cantarolando pela estrada afora.

A caminho, à entrada de um albergue, uma mulher lhe perguntou: "Não queres me dar essas cebolas? Preciso delas para dar gosto à salada de peixe".

O menino lhe respondeu: "É que as cebolas são preciosas. Valem três peças de seda".

Depois de muito negociar, o menino recebeu três garrafas de molho de soja em troca das cebolas.

Um pouco adiante, ao passar diante de uma rica moradia, correu-lhe ao encontro o senhor da casa e pediu ao menino que lhe vendesse o molho. Dizia: "Preciso com urgência do molho. Recebi visita inesperada e não tenho mais molho em casa".

Disse o menino: "É que o molho é muito precioso. Vendê-lo não posso. Só se me deres algo equivalente".

O homem era fabricante de espadas. Em troca do molho deu-lhe uma espada.

O menino pendurou a espada ao cinto e continuou a viagem.

Na cercania de Kioto, porém, a estrada se encheu de cavaleiros. Era o séquito do príncipe de Kioto que por ali passava numa suntuosa carruagem. Os pedestres se postavam à beira da estrada, dando passagem ao cortejo. De repente, o olhar do príncipe caiu sobre o menino camponês, o único que trazia espada ao cinto.

Mandou chamá-lo e perguntou: "Como carregas uma espada, tu que és apenas camponês?"

O menino respondeu: "É que a espada vale três palhas que são garantia de três peças de seda de Kioto".

Disse o príncipe: "O que significa isso?"

E o menino contou-lhe toda a história de sua viagem! O príncipe, admirado, disse ao menino camponês: "Não é bom que uses a espada. Mas é bom receber a espada que vale três palhas do camponês". E pediu-lhe a espada. Em troca deu-lhe três peças de seda preciosa de sua tecelagem real.

O menino retornou à casa paterna.

Em casa, o pai nada disse. Apenas continuou a tecer as sandálias de palha[65].

A viagem da existência na busca da identidade recebe a sua determinação em três momentos de uma e mesma concreção: na sanha da mãe, na obediência cordial do filho e no silêncio do pai.

O rancor da mãe é a dinâmica do afã na iniciativa e na luta da autonomia contra a facticidade do ser que, quais anéis de imposições fatais, nos cercam, nos comprimem, prendendo-nos nos limites de uma situação. Ao acionar todo o nosso saber, querer e poder, buscamos a liberdade de ser para além dos limites da nossa situação, no desejo de uma expansão infinita. Na perspectiva dessa mira a realização para além e do além é a meta, o para quê e o porquê do nosso viver, em cuja vista a situação limitada da nossa insistência é um ser imperfeito, privado do sumo bem, carente da realização plena. É esse rancor que nos excita à transcendência do porquê e do para quê, lança-nos de superação em superação, de busca em busca, projeta horizontes prévios de possibilidades e nos faz ver na demora e na imobilidade o sufoco e a inércia da transcendência.

Bem no seio dessa transcendência nasce e cresce o elã do filho, a obediência cordial da afirmação. Sem porquê, sem para quê, sem se ver no cálculo de

---

65. Ibid., p. 52-53.

comparação com outras possibilidades que não sejam ele mesmo, o sim da obediência cordial agarra com ambas as mãos o pouco da possibilidade da situação, para nele trabalhar tenaz e pacientemente. E cresce como o corpo prenhe da transcendência, onde não é mais projetar um horizonte prévio de possibilidades como uma meta, em cuja perspectiva deixamos uma possibilidade atrás da outra como algo a ser eliminado, mas sim a concreção do vigor bem determinado e limitado, a partir do qual, na integração de todas as possibilidades anteriores, cresce a seguinte possibilidade real de ser.

O afã da mãe sem a obediência cordial do filho decai facilmente num assanhamento estéril, vazio de concreção, onde a carência, a privação do infinito se exacerba sempre mais na exigência abstrata de satisfação imediata dos anseios, sem o trabalho paciente e recolhido da mediação. Uma tal exacerbação, em vez de dor, tira a vida, pois todo e qualquer vigor de concreção é sugado pelo crescente vazio de carência, criado pela busca da satisfação imediata do infinito. A sanha criativa do afã se torna vindicação devoradora da vida e depressa se extingue sem gerar frutos.

A positividade cordial da obediência do filho sem o afã da mãe jamais vem a si, jamais nasce, cresce e se firma como identidade, permanece amorfa na inércia de um deixar-ser sem perfil e caráter.

O que, porém, fecunda o momento mãe e o momento filho para a simbiose da concreção, de onde e para onde a sanha da mãe nasce e cresce como a cordialidade do filho e a cordialidade do filho vem a si como a transcendência criativa da mãe, é o silêncio do pai, o retraimento sereno do nada do mistério. A sanha da mãe, a obediência do filho e o silêncio do pai são momentos "abstratos" da estruturação da existência, no destinar-se da sua história como nascer, crescer e consumar-se da identidade humana: da seda de Kioto.

Na rosa sem porquê, a mãe é a terra, o pai é o céu, o filho, a rosa:

Nós somos plantas,
– queiramos ou não
de boa mente o admitir –
devemos da terra
nos erguer pelas raízes,
para poder florir nos céus
e trazer frutos[66].

---

66. "Wir sind Pflanzen, die / – wir mögen's uns gerne / gestehen oder nicht / mit den Wurzeln aus der Erde / steigen müssen, / um im Äther blühen / und Früchte tragen zu können". In: HEBEL, J.P. *Werke* –

A rosa sem porquê de Angelus Silesius, portanto, diz da consumação da identidade humana, como do fruto sazonado de todo um processo de crescimento, cujas vicissitudes constituem a essência de todos os perigos e sofrimentos, de todas as dores e lutas, de vitórias e frustrações, de esperanças e utopias, de buscas e fugas da terra dos homens.

Mas e o silêncio do pai, sob cuja serenidade a rosa floresce por florescer? O que é esse nada, que perfaz o encanto e o vigor recolhido da rosa no seu sem porquê, no seu florescer por florescer, no seu não se ver a ela mesma?

Vejamos o relato da morte do teólogo alemão protestante Dietrich Bonhoeffer, prisioneiro dos nazistas num campo de concentração:

> *Dominica in albis*, 8 de abril de 1945. Os prisioneiros protestantes pedem a Bonhoeffer uma liturgia dominical. Ele recusa o pedido. Não quer ser indelicado para a maioria dos prisioneiros, que são católicos. Mas a pedido de todos, protestantes e católicos, Bonhoeffer celebra a Palavra de Deus. O tema da meditação é: "Mas Ele foi castigado por causa de nossos crimes, esmagado por causa das nossas iniquidades; pesou sobre Ele o castigo que nos salva, e seus padecimentos nos curaram" (Is 53,5), e "Bendito seja o Deus e Pai de Nosso Senhor Jesus Cristo, que, em sua grande misericórdia, nos fez renascer para uma viva esperança, pela ressurreição de Jesus Cristo dos mortos" (1Pd 1,3). Mal terminada a oração comunitária, abre-se a porta da sala e um grito: "Prisioneiro Bonhoeffer! Apronte-se e nos siga!..."
> Foi a despedida. Segunda-feira, 9 de abril de 1945, realizou-se ocultamente a execução do prisioneiro "político" Dietrich Bonhoeffer, no crepúsculo antes da aurora. Poucos testemunharam a sua morte. O médico do campo de concentração, porém, viu Bonhoeffer, instantes antes da morte, na cela de preparação, de joelhos, concentrado na oração.

"O vulto silencioso, de joelhos, curvado em oração..."

O que é isto, o estar-ali, sem porquê, sem para quê, sem se ver a ele mesmo, sem ver se os outros o veem? O in-stante da consumação, onde todas as vicissitudes da aventura da existência são colhidas e acolhidas numa identidade muda, serena, de espera, onde todo o querer e não querer, todo o saber e não saber, todo o poder e não poder de uma busca recebe o derradeiro selo

---

Herausgegeben von Wilhelm Altwegg. Band III. Zurique/Berlim: Atlantis, 1940, p. 314. Band III [Tradução nossa].

da autenticidade? O que é, quem é esse silêncio que tudo recolhe no pudor do Mistério e faz florescer a finitude da existência, não como imperfeição redimida, não como privação satisfeita, mas sim como obra perfeita da liberdade?

> A rosa é sem porquê,
> floresce por florescer.
> Não se vê a ela mesma,
> nem pergunta se a veem.

## 13 Contemplação franciscana, hoje?[67]

Uma vez um frade estava na cela em oração e o guardião ordenou-lhe pela obediência que fosse esmolar. Pelo que ele imediatamente procurou Frei Egídio e disse: "Pai meu, estava em oração e o guardião me ordenou que fosse pedir pão; e a mim me parece preferível ficar em oração". Respondeu Frei Egídio: "Filho meu, ainda não conheceste nem compreendeste que coisa seja a oração? Verdadeira oração, sim, é fazer a vontade do seu prelado; e é sinal de grande soberba daquele que pôs o pescoço sob o jugo da santa obediência quando, por qualquer razão, a evita para fazer a própria vontade; mesmo que assim lhe pareça operar mais perfeitamente. O religioso perfeito obediente é semelhante ao cavaleiro montado num poderoso cavalo por cujo vigor passa intrépido pelo meio do caminho; e, pelo contrário, o religioso desobediente, que se lastima e é voluntarioso, é semelhante ao que monta um cavalo magro, doente e vicioso, porque com pouco trabalho fica morto ou prisioneiro dos inimigos. Digo-te que se um homem existisse de tanta devoção e elevação de espírito que falasse com os anjos e que nesse falar fosse chamado pelo seu superior, subitamente devia abandonar o colóquio com os anjos e obedecer ao seu prelado"[68].

O que tem essa história a ver com a contemplação franciscana, hoje? O texto fala da oração e da obediência. Não fala da contemplação.

Mas o que significa falar da oração e da obediência, não, porém, da contemplação? Se tenho diante de mim uma laranja e um limão, com isso ainda não tenho um abacaxi. Posso dizer, portanto, se tenho a oração e a obediência,

---

67. Publicado originalmente em *Revista de Cultura Vozes*, vol. 70, n. 5, jun.-jul./1976, p. 349-356. Petrópolis.

68. TEIXEIRA, C.M. (org.). *Fontes franciscanas e clarianas*. Petrópolis: Vozes, 2004, p. 1.629.

com isso ainda não tenho a contemplação? A oração, a obediência, a contemplação, são elas três entidades? Três: um mais um, mais um? Se tenho um mais um, ainda me falta mais um...

Eu rezo, dou um berro de raiva, sorrio, devoro bifes, dou pontapé no gato do vizinho, estudo, eu vivo! Quantas coisas fiz? Sete? Mas eu não vivi em todas essas sete coisas? Tudo isso que fiz não é vida? Portanto, as sete coisas não são, no fundo, uma única coisa, a vida? Essa uma única coisa no fundo é, por sua vez, mais uma coisa? Temos então oito coisas? Ou são seis mais um; esse um, acima mencionado com a expressão "eu vivo"? O que quer dizer: vivi em todas essas sete coisas? A vida, onde está em todas essas coisas acima enunciadas?

Você dirá: A vida não é uma coisa. Em tudo isso que fazemos não está ali como uma coisa. Ela é, antes, o vigor que anima todas essas articulações. Estas são concreções da vida. Não é isso o que o texto da vida de Frei Egídio nos quer dizer: "O religioso perfeito obediente é semelhante ao cavaleiro montado num poderoso cavalo por cujo vigor passa intrépido pelo meio do caminho"?

O frade em oração. O guardião ordenou-lhe, pela obediência, que fosse esmolar. Orar e esmolar. Qual deles é maior? Preferível?

O frade respondeu: Orar. Frei Egídio respondeu: Esmolar.

A partir de que o frade afirma que orar é preferível? A partir da própria vontade.

A partir de que Frei Egídio responde que esmolar é preferível? Mas Frei Egídio não afirma que esmolar é preferível. Ele diz: "Filho meu, ainda não conheceste nem compreendeste que coisa seja oração. Verdadeiramente, oração é fazer a vontade do seu prelado".

O que quer dizer: verdadeiramente, oração é fazer a vontade do seu prelado? Por que diz Frei Egídio "fazer a vontade do seu prelado" e não, "fazer a vontade de Deus"?

Digamos que o meu prelado seja neurótico. Tem a mania de me perseguir. Como sabe que detesto esmolar, manda-me esmolar. Eu faço a "vontade" do meu prelado. Ao fazer isso, posso tomar várias atitudes; por exemplo, de obedecer por conveniência, para evitar maiores "abacaxis"; de obedecer por medo de repressão, por comodismo; de obedecer por resignação: não adianta opor-me a ele, pois eu, afinal, não sirvo mesmo para outra coisa; de obedecer por compaixão: deixa estar; afinal ele é meu confrade, é doente etc.

Obedecer assim é orar, segundo Frei Egídio?

Você dirá: Não! Isso não é orar, pois não é obedecer.

143

Mas como você sabe que tudo isso não é obedecer? Que tudo isso não é oração?

Não é oração, não é obedecer, pois isso é fazer a vontade própria... Mas, então, como é não fazer a vontade própria? Fazer a "vontade" do confrade neurótico que por acaso tem o título de superior?

Não, não é isso. É fazer a "vontade" do prelado para fazer a vontade de Deus. Que coisa é essa, a vontade de Deus? Como sei que na "vontade" desse neurótico está a vontade de Deus? A neurose é a vontade de Deus? O defeito do superior prepotente é a vontade de Deus? A conveniência, a resignação e a compaixão são a vontade de Deus?

Claro que não! Mas como "claro que não"? Como você sabe tudo isso com tanta clareza? O superior não está no lugar de Deus? Em que sentido está no lugar de Deus? Está enquanto promove a comunidade, a pessoa, o amor, enquanto serve ao bem? Mas qual o critério que você usa para dizer: promove ou não promove o bem? A partir de onde você julga que algo é bom ou mau? Em tudo que é, acontece, faço está a vontade de Deus? Ou nem sempre? Como sei se algo é ou não é a vontade de Deus? O critério para que algo seja a vontade de Deus é o bem! Mas, a partir de onde você diz: O bem e o mal? Você mede pois a Deus a partir do seu juízo de valor? O juízo de valor não é o projeto da subjetividade do homem? Não julgamos, pois, a Deus? (Mt 5,45; 7,2; 20,15). Temos ou não temos um critério para saber o que é a vontade de Deus?

Quando rezamos: "Seja feita a tua vontade" (Mt 6,10) confessamos que não temos critério para saber o que é a vontade de Deus. Não somos nós que podemos propor a Deus o que é o bem e o mal. Não somos nós que falamos a Ele; é Ele que fala a nós.

O recolhimento na ausculta da fala de Deus se chama obediência.

*Obediência* vem do latim *oboedientia*. A forma verbal desse substantivo é *oboedire*. *Oboedire* originariamente se escrevia *obaudire*. *Obaudire* se compõe de *ob* e *audire*. *Audire* significa ouvir, auscultar, inclinar o ouvido a, ser todo ouvido na acolhida. *Ob* é uma partícula que também assinala a abertura para, o ir ao encontro de. A palavra *obediência* significa, portanto, ser todo ouvido na ausculta de acolhida que vai ao encontro de.

A verdadeira oração é quando você pode ser todo ouvido na ausculta de acolhida que vai ao encontro da vontade de Deus. Ou melhor, a *obaudiência*, isto é, o vigor que me constitui todo ouvido de ausculta na acolhida, no ir ao encontro da vontade de Deus, é oração. Oração é obediência e obediência é oração; são vividas a partir da *obaudiência*. Rezar e esmolar é oração, se elas são concreções da *obaudiência*. Cada articulação do meu ser é oração, se é *obaudiência*. A identidade das diferenças do meu fazer é, pois, a *obaudiência*.

Essa identidade é vigor. Vigor que não é nenhuma das estruturas determinadas como coisas, mas que é a estruturação das estruturas, o envio das concreções, o coração do sentido das coisas. Por isso a *obaudiência* está presente no sentido de todas as coisas, sempre concreta como a cordialidade de ser. Esmolar cordial é *obaudiência*. Rezar cordial é *obaudiência*. Obedecer cordial é *obaudiência*. Esmolar, rezar, obedecer é uno como cordialidade de ser: como vigor. O religioso perfeito, segundo Frei Egídio, é *obaudiente*; mantém-se do vigor, isto é, ex-siste por e para o vigor, flui a partir de e para a cordialidade de ser.

Por isso, o religioso perfeito, isto é, consumado, conserva-se no único necessário (Lc 10,42): no uno, a saber, em tudo. Seu fazer é a efluência da identidade na diferença e a afluência da diferença na identidade: cada fazer *é* a partir da cordialidade de ser que *é* a concreção de cada fazer. A identidade na diferença e a diferença na identidade é como a cadência musical. A cordialidade da música, a musicalidade, envia o fluxo da cadência como a diferenciação de notas, como articulações, e ao se estruturar nesse desencadeamento conasce, concresce, conserva-se e se consuma como a musicalidade. A cordialidade da música se envia a si mesma, vem a si na cadência.

Assim também a cordialidade de ser, o vigor da identidade. É o em-via que, ao se enviar como diferença, vem a si como a identidade do envio: a via, "o vigor que passa intrépido pelo meio do caminho"; isto é, a essência, o meio, o coração do caminho.

Tão somente quando o coração do caminho, a vigência da identidade, esvai-se no seu vigor; a fluência da diferença, a cadência, esgota-se como decadência. A decadência se consuma na hipostatização coisificante. A diferença cai no esquecimento da identidade e se atomiza em coisas, uma ao lado da outra como "diferença" numérica, quantitativa *e* uniforme: um mais um mais um etc. Rezar é algo diferente do esmolar; oração e obediência são duas coisas diferentes enquanto um mais um. Se faço uma coisa não posso fazer a outra coisa. Não suporto a passagem de uma articulação à outra, pois perco a identidade. Ao perder a identidade eu me perco na multiplicidade das coisas; prendo-me às coisas, à sua determinação particular. Mas num derradeiro esforço de conservar a identidade comparo-as dentro de um critério geral uniforme quantitativo e valorizo-as; esta é melhor, maior, é preferível àquela. A identidade se torna igualdade; e a diferença, a soma quantitativa da medida proveniente do horizonte uniforme da igualdade.

O vigor, a partir do qual se dá uma tal valorização, sofre, portanto, de anemia essencial: "um cavalo magro, doente e vicioso".

A esse esgotamento do vigor Frei Egídio chama de "própria vontade".

O vigor do religioso consumado, segundo Frei Egídio, é a *obaudiência*. Dissemos acima: a *obaudiência* é o vigor que me constitui todo ouvido de ausculta na acolhida de encontro com a vontade de Deus. Uma frase abstrata que nada diz! O que é, pois, o vigor? O que é todo ouvido, a ausculta, a acolhida, o encontro? O que é Deus e sua vontade? O que é o "vigor que me constitui"? O eu? O que é a própria pergunta "O que é"?

A pergunta "O que é" nos persegue em tudo que dizemos e pensamos, até mesmo ao perguntarmos a própria pergunta. A pergunta, no entanto, é possível, porque já supomos a compreensão de "O que é".

O que é. A proposição determina o âmbito da compreensão do que é; portanto, do ser. O "que" assinala o que para nós pode ser como ente, como realidade. O "que" delimita o sentido do ser. Ele diz: ser é algo, um quê. Para nós, tudo que é e não é encontra-se dentro do horizonte determinado por esse "algo", por esse "quê": é a identidade da igualdade. No horizonte da igualdade não há diferença. A diferença é reduzida à proliferação dicotômica de pontos vazios de sentido: um mais um mais um mais um etc.

O sentido do *é* assinalado no termo *algo*, no termo *quê* perfaz o fundamento a partir do qual constituímos o nosso mundo. Esse mundo é a re-presentação.

De tudo, pensamos e dizemos: é. Deus é... A vontade de Deus é... O encontro, a acolhida, o vigor é... Essa afirmação é... O eu, que digo é, é... A oração é... A obediência é... A contemplação é... Etc.

O que dizemos quando usamos o termo *é*? Não dizemos: algo, um quê? O termo *coisa*, hoje, é no fundo, sinônimo desse algo, desse quê. Em vez de coisa dizemos também objeto. Para nós, a realidade é *a priori* um algo, uma coisa, um objeto. Sem esse *a priori* tudo se esvai no nada; o mundo perde a sua consistência. O sentido desse *é* torna-se presente como hipostatização disso ou daquilo: algo, coisa, objeto. E não percebemos que ob-jeto é projeto, a representação do *a priori* desse é.

A partir de onde pro-vem o projeto? Qual o sentido desse *é*? Dizemos: vem do homem. Mas em que consiste o ser-homem? Em ser o sujeito e agente desse projeto.

Portanto, o homem é o sujeito e o agente de todas as coisas? A medida do sentido da totalidade dos entes, do mundo?

Mas isso não é subjetivismo? Ser projeto do sujeito é constituir-se ente na representação do enfoque. Enfoque é ponto de vista. O ponto de vista depende da posição. Ser-posição é ser *subjectum* do ponto de vista, a partir do qual os entes se apresentam como objetos do saber.

Se você entende a posição, o *subjectum*, como uma coisa, então temos o subjetivismo. Mas uma tal posição, um tal sujeito é uma coisa entre outras coisas. Como tal, não é *subjectum*, mas sim objeto, o representado. A essência do *subjectum*, a subjetividade; não se desvela nela mesma. Ela se oculta, se retrai na objetivação. Assim, se objetiva, se propõe como sujeito-homem. Como tal, o homem como sujeito e agente, o homem como a medida do sentido do mundo já é pro-ducto, representação da subjetividade. E é a pro-posição desse produto que se dá como mundo, isto é, como a totalidade determinada das coisas, em cujo centro está o sujeito-homem como uma coisa.

Em que consiste, pois, o *sub-jectum*? *Subjectum* diz: arremessado, jogado debaixo de todas as coisas, isto é, fundamentalmente. É a jogada, a posição fundamental de todas as coisas.

O que é a jogada fundamental de todas as coisas? A decisão epocal que funda a condição da possibilidade de ser. É essa decisão que determina o que pode e não pode ser. *Subjectum*, portanto, é a abertura fundamental, a partir da qual e em cujo âmbito o ser recebe o sentido de algo, coisa, objeto, a objetividade. Assim, o *subjectum* é o limite da possibilidade de todas as coisas. E o limite da possibilidade de todas as coisas se chama mundo. *Subjectum* e mundo dizem a mesma realidade.

A falha da subjetividade consiste em ela não ser radical na sua reflexão. O "sujeito" do subjetivismo é ainda uma coisa dentro do mundo; este, por sua vez, também concebido como uma coisa. O subjetivismo no fundo não difere do objetivismo.

Ambos operam no esquecimento da essência do *subjectum* e, por conseguinte, do mundo.

O que é a essência do *subjectum*, a subjetividade?

A pergunta não tem resposta, pois é a subjetividade que possibilita a pergunta "O que é?" A posição fundamental só pode perguntar e responder a partir de e em termos da sua estância. Não pode colocar a questão essencial de si mesma. Por isso, não sabemos o que significa o ser como algo, como o quê, como coisa ou objeto. No entanto, esses termos são índices de uma insinuação que hoje emerge aos poucos do fundo da nossa própria prisão da subjetividade. Indicam a dominação de uma tendência que comanda e articula o nosso saber, o nosso querer, o nosso fazer. Saber, querer, fazer dizem, no fundo, a mesma realidade: a dominação do ser da subjetividade.

A dominação do ser da subjetividade se insinua em todas as articulações da vida, hoje. É ela que institui o estilo da nossa vida, estabelece o critério do saber como certeza objetiva, do querer como posse e domínio, do fazer como eficiência e produtividade. A interpretação da realidade é *a priori* comandada pelo inter-esse da certeza, da posse e da eficiência. E é o interesse da certeza, da posse e da eficiência que posiciona e pro-põe o sentido do ser como algo, coisa objeto, na fixidez da igualdade uniforme e pontual, eliminando toda e qualquer diferença. A fixidez da igualdade uniforme, no entanto, é fossiliza-ção, produto do esvanecimento do vigor no sentido do ser. Como reação a essa tendência de esgotamento a subjetividade se aciona, desencadeando fre-neticamente a repetição sempre crescente de objetivação, cujas articulações representadas são coisas. A repetição, no entanto, só pode produzir a partir e dentro da identidade da subjetividade, que é igualdade. A diferenciação das coisas não é outra coisa do que a articulação da igualdade em fixações pon-tuais entificantes, para se assegurar da certeza de posse e controle sob o do-mínio da igualdade. Assim, jamais sai do horizonte da subjetividade. Antes, pelo contrário, se funda cada vez mais na exacerbação da subjetividade. Nesse aprofundamento, porém, se dá a consumação da produção da subjetividade.

Como entender a consumação da produção da subjetividade?

Consumação é o esgotamento da possibilidade e ao mesmo tempo o seu apogeu, lá onde a possibilidade toca as raias do seu vigor. No *frenesi* de obje-tivação na certeza do saber, no poder do querer e na eficiência do fazer a sub-jetividade se consuma, isto é, chega à afirmação suprema do seu vigor e, com isso, esgota-se, acha-se no limite da sua possibilidade. A possibilidade da sub-jetividade é conduzida a si mesma, por assim dizer, diante de si mesma; isto é, pro-duzida como a presença do vigor ausente do acionamento. Essa emer-gência produtiva da essência da subjetividade se dá como silêncio do vazio, da radical suspensão do saber, do querer e do fazer, como nada. A subjetividade cai em si, se surpreende como a radical impossibilidade de se fundamentar a si mesma; isto é, de ser diferente de si mesma. Tudo o que ela toca é produto dela mesma, articulação da sua possibilidade. A partir de onde se dá o envio dessa sua possibilidade? Ao colocar a pergunta, no entanto, ela se dá conta de que a pergunta só tem sentido a partir e dentro da sua possibilidade.

Com outras palavras, a dominação do ser da subjetividade é tão radical que ele mesmo, o ser da subjetividade, não pode se apresentar na sua essência como tal, fazendo que nos percamos na frenética operação do seu domínio, na impossibilidade de auscultar a referência radical do seu ser.

Mas não é nessa impossibilidade que habita a total suspensão do domínio da subjetividade? Não é nela que o poder objetivante do ser da subjetividade silencia e está ali como a abertura? Abertura que não é nenhuma coisa; portanto, é nada, como a impossibilidade de ser, como a possibilidade, isto é, como o gosto de acolhida de um deixar ser e um deixar-se fazer, como a disponibilidade para o frescor, para a novidade, para a diferença, para a mais tênue vibração da nascividade, para a re-ferência do ser, para o primordial que é a origem, a anterioridade de todas as coisas?

De repente, a totalidade do ente que somos nós, o mundo, tudo que nos era óbvio e peculiar, tudo que nos era seguro e certo está em salto como que suspenso, ex-posto no silêncio dessa pergunta: no nada.

A ex-posição no silêncio do nada é a estância do ser que constitui a essência do homem como a decisão epocal, como a sua história: hoje.

O título desta reflexão é: "A contemplação franciscana, hoje". Não nos desviamos completamente do tema? Até agora nada dissemos da contemplação! No entanto, da reflexão surge uma suspeita: a impossibilidade da subjetividade como a exposição no silêncio do nada e a *obaudiência* de Frei Egídio não se referem à contemplação?

O termo *contemplação* vem do latim *contemplatio*. Contemplar em latim é *contemplari*. Na palavra *contemplatio* está a palavra *templum*. *Templum* em grego é *témenos*, que vem do verbo *témnein*. *Témnein* significa: cortar, dividir, delimitar. *Templum* era o lugar delimitado dentro da totalidade da paisagem céu e terra; a porção, por assim dizer, decepada do todo cósmico, a porção destacada e reservada na paisagem, um lugar que podia ser visto de todas as partes da região circunstante e donde se podia observar todas as partes da paisagem ao redor. Era, pois, o ponto de convergência e divergência de uma totalidade: o uni-verso. Colocado no templo, o áugure, o intérprete do tempo, observava o pássaro da tempestade. O pássaro da tempestade que é o mensageiro, o aceno do destino, o sinal do envio da tempestade.

Para nós, hoje, a tempestade não passa de distúrbios atmosféricos. Tempestade em latim, no entanto, diz *tempestas*. *Tempestas* é o tempo oportuno. É nesse sentido que dizemos, hoje, intempestivo para o inoportuno; isto é, fora do tempo próprio. Quando é o tempo oportuno? É o in-stante onde se dá o destinar-se do tempo: a decisão epocal. Por exemplo, no salto de um atleta, o tempo oportuno é o tempo do salto que é o salto do tempo. O atleta começa

149

a correr. Não corre desabridamente. Corre, contendo-se na ausculta da concreção do próprio correr. Conforma a aceleração ao ritmo dessa concreção. E quando o vigor do embalo se aproxima da sua plenitude, no instante infinitesimal em que se dá a consumação do embalo, larga-se numa jogada para o salto. O tempo oportuno, o tempo do salto é esse instante da decisão, a viragem da consumação em salto. O in-stante da viragem da consumação em salto é o silêncio da suspensão, onde o passado, o presente e o futuro do atleta, portanto, o tempo da corrida atlética, recolhe-se na acolhida do destino da sua possibilidade.

O in-stante do salto não é um momento dentro do tempo, pois é dali que salta o tempo do atleta: o seu passado, presente e futuro. Esse tempo do atleta não é mais o tempo cronológico; é, antes, o *ser* do atleta. No in-stante do salto o atleta *é*, a saber, temporaliza-se, é destinado como atleta; de modo que, aqui, tempo e ser dizem o mesmo: a história. Nesse sentido, tempestade é o envio do ser como história.

Contemplar é ex-sistir no in-stante do envio do ser como história, é ser todo ouvido; isto é, *obaudiência* ao sentido do ser.

O ser da subjetividade, constituído como a totalidade de entes como algo, é o mundo e sua possibilidade. No afã de autoasseguramento do seu ser, a subjetividade se aciona e se posiciona no seu saber, no seu querer e seu agir, constituindo-se a medida, o fim e o princípio de todas as coisas. No zênite crucial desse mundo da subjetividade, qual o acento agudo sobre o é do sentido do ser, paira em suspensão o pássaro da tempestade no aceno silencioso de ausculta: "Por que há simplesmente o ente e não, antes, o nada?"

Por que, a partir de que envio é o ser da subjetividade?

A pergunta não é uma entre outras perguntas. É, antes, o próprio ser da subjetividade na tentação radical da fundamentação do seu próprio ser. Ao se co-locar assim em estado de questão fundamental a pergunta repercute a sua própria impossibilidade na pergunta: por que o por quê? O instante dessa repercussão se dá como a exposição do ser da subjetividade no silêncio do nada, como a disposição de acolhida do mistério do ser. Essa dis-posição *obaudiente* ex-posta ao nada, a espera, é a contemplação.

*O que é a contemplação franciscana, hoje?*

Se hoje significa a nossa concreção historial, a pergunta não tem resposta em termos do é. E isso vale, sem dúvida, de tudo quanto até aqui dissemos e não dissemos sobre a contemplação. O único acesso à questão é acolher a suspensão da pergunta no silêncio da sua impossibilidade. É estremecer ao toque do insólito, silenciado nas perguntas impossíveis do saber da subjetividade.

Por que obedecer ao prelado neurótico é *obaudiência* da vontade de Deus?

Por que a vontade de Deus *pode* silenciar na vontade prepotente do prelado?

Por que dizemos todos os dias: "seja feita a tua vontade, assim na terra como nos céus"?

Por que dizemos *vontade* de Deus? A vontade de Deus, não é ela a dominação do *Deus* da vontade?

A cruz de Nosso Senhor Jesus Cristo não é a morte do Deus da vontade que se consuma na *obaudiência* mortal da vontade de Deus?

A colheita da florzinha de São Francisco:

> Ó irmão Leão, ovelhinha de Deus, escreve. "Que nisso está a jovialidade do religioso consumado: não quero me gloriar senão na cruz de Nosso Senhor Jesus Cristo. Ao qual sejam dadas honra e glória in *secula seculorum*. Amém[69].

Pois diz Angelus Silesius: "A rosa é sem porquê. Floresce por florescer".

---

69. Ibid., p. 1.503.

# V
# Vida religiosa consagrada e liberdade interior

As seguintes reflexões falam, primeiramente dos votos da vida religiosa consagrada (pobreza, obediência e castidade) e, em seguida, de algumas instâncias da mesma vida religiosa, tais como vida fraterna, realização pessoal, meditação, aqui consideradas como caminho para a liberdade interior.

## 14  Da pobreza[70]

Na compreensão usual do cotidiano já sabemos o que seja pobreza, obediência, castidade, vida fraterna, realização pessoal, oração ou meditação. Concebemos todas essas coisas em determinadas representações. A partir dessas representações fazemos ou deixamos de fazer isso ou aquilo. Elas são normas e ideais da nossa vida de todos os dias.

A reflexão parte dessas representações que comandam o fazer e o não fazer do nosso cotidiano. Para isso ela examina e questiona alguns traços da representação que constituem o lugar-comum da compreensão usual que nós, religiosos ou religiosas consagrados, temos, seja dos votos (pobreza, obediência e castidade) como também da vida fraterna, da realização pessoal, da oração, da meditação. Esses exame e questionamento, no entanto, não têm a pretensão de determinar, criticamente e de modo detalhado, a representação das respectivas realidades acima mencionadas; só servem para iniciar uma reflexão.

Reflexão é uma provocação. Provocação que coloca questões acerca daquilo que já sabemos para nos levar a suspeitar que, na realidade, não sabemos o que nos parecia ser óbvio e familiar. O questionamento não quer destruir a compreensão usual, mas só tenta desvelar o estranho que se oculta naquilo que usualmente representamos como realidades do nosso mundo familiar.

---

70. "A pobreza e a liberdade interior". In: *Grande Sinal*, vol. 29, n. 6, jul.-ago./1975, p. 429-450. Petrópolis.

Do estranhamento nasce a admiração. A admiração nos abre o coração para acolher o movimento de busca de um sentido mais profundo e radical daquilo que nos move no familiar cotidiano. Com outras palavras, ela nos revela a raiz extraordinária do ordinário.

O sentido mais profundo e radical daquilo que nos move no familiar – o extraordinário do ordinário – denominamos "Caminho da liberdade interior".

A liberdade interior é, pois, o tema da reflexão. Tema é algo como uma tomada de posição a partir de uma orientação prévia, provisória. Tema ainda não diz o que seja a própria coisa, ela mesma. Ele nos dá uma orientação inicial da caminhada. Na medida em que caminhamos nos é desvelada, aos poucos, a compreensão da liberdade interior. Mas, na medida em que a liberdade abre-se a nós em sua paisagem interior começamos a descobrir o sentido extraordinário do nosso viver ordinário na representação usual da pobreza, obediência, celibato, vida fraterna, realização pessoal e oração, como multiformes vias da nossa viagem existencial a partir de, para e no país maravilhoso da liberdade dos filhos de Deus.

### Para refletir

Examine a sua maneira de pensar quando você pergunta: Qual o sentido da pobreza? Qual o sentido da obediência, do celibato etc.? Você não representa, isto é, fixa a pobreza como "algo", por exemplo: ter ou não ter isso ou aquilo? E desse "algo" você não pergunta: Que finalidade, que utilidade tem isso? Você não entende a palavra *sentido* na acepção de utilidade ou finalidade?

A nossa reflexão não pergunta assim. Ela começa quiçá com a representação. Ela entende de partida a pobreza como, por exemplo, ter ou não ter isto ou aquilo. *Mas*, quando pergunta que sentido tem isso, ela não pergunta: Que finalidade, que serventia, que utilidade tem isso? Ela não entende o sentido na acepção de utilidade ou finalidade. Antes, a reflexão entende o sentido como *importância* (o que nos conduz para dentro = im-portar), como peso existencial. Importância, o peso existencial, aqui significa: o inter-esse. Interesse se escreve *inter-esse*; isto é, estar por dentro, morar, estar na "sua", o móvel, o vigor de vida que dá o peso, a importância, a significação ao que você faz ou deixa de fazer a partir daquilo que você é. O interesse projetado como coisa, abstratamente, é o que chamamos de utilidade ou finalidade. Esta é a coisificação do vigor do interesse.

Um exemplo do sentido como inter-esse: você tem um martelo na mão. Você pergunta: Que utilidade tem o martelo, para que o martelo? Para pregar o prego na tábua. Para que pregar o prego na tábua? Para fazer mesa e cadeiras. Para que fazer mesa e cadeiras? Para se sentar à mesa. Para que se sentar à mesa? Para a ceia. Para que a ceia? Para o convívio familiar. Para que o convívio familiar?... Aqui você começa a ficar atrapalhado. O convívio familiar tem uma utilidade? Um fim? É uma coisa que serve para alguma coisa? Talvez você diga: Claro que sim! O convívio familiar é para viver fraternal e humanamente! Mas para que serve viver fraternal e humanamente? Para me realizar. Mas para que serve o realizar-me? Para que me realizar?! Ora, realizar-me para me realizar!...

Você percebe uma coisa? Na série de perguntas que percorremos, de início não havia a dificuldade em perguntar "para quê". Mas aos poucos a pergunta do "para que serve" começou a tornar-se inadequada. A realidade viva como convívio, viver, realizar-me se rebelou contra uma tal maneira de perguntar pelo uso, pela utilidade, pela finalidade. E por fim acabamos numa resposta que por assim dizer marca os passos numa repetição: realizar-me para me realizar! Isso significa que o realizar-me tem a utilidade, a finalidade em si mesmo? Mas o que quer dizer ter a utilidade, a finalidade em si mesmo? Significa ser o fundamento, a razão, o móvel, o vigor, o inter-esse a partir do qual efluem e para o qual afluem todas as utilidades, todas as finalidades em que se entrelaçam o fazer e o não fazer da minha existência. Com outras palavras, as perguntas "para que serve" são passos individualizados e não reflexos da manifestação do sentido da vida; isto é, do interesse. No nosso exemplo, portanto, o convívio familiar, a ceia, sentar-se à mesa, mesa e cadeiras, construção de mesa e cadeiras, martelo, prego e tábua são manifestações, são expressões do sentido; isto é, do inter-esse: realização humana.

Muito bem. Da realização humana não posso perguntar: Para quê. Mas eu me pergunto: *O que é* realizar-me?

Certamente... Mas você ao perguntar "O que é?" não está pensando quase sem o perceber: Para que serve?

A pergunta "O que é?" não pergunta pela finalidade. Pergunta pela essência das coisas. Essência, no entanto, não é uma coisa, um objeto, algo abstrato existente como uma coisa atrás das aparências. Essência é o inter-esse, o sentido. Por isso, perguntar "O que é" é sondar o fundo a partir de onde vivemos, agimos, representamos, falamos. É perguntar pelo móvel, pelo vigor fundamental da nossa interioridade; ou melhor, da nossa identidade.

Como se manifesta o sentido, o inter-esse? Ele não aparece diretamente como uma coisa. Ele aparece na concreção. O que é concreção? Concreção vem do con-crescer. Concreção é a maneira de ser na qual uma compreensão cresce junto de e junto com os passos que damos na viagem da nossa vida.

Perguntamos hoje: Que finalidade tem a pobreza, a obediência etc.? A nossa reflexão não pergunta pela finalidade, pela utilidade. Pois uma tal pergunta é abstrata e não se percebe da coisificação a que submete o sentido da vida. A nossa reflexão pergunta o que é a pobreza, a obediência etc. Isto é, ela pergunta qual é o vigor, qual é o inter-esse que move e aciona a pobreza, a obediência etc.; pergunta, isto é, busca uma compreensão mais concreta do fundamento radical do nosso viver que denominamos liberdade interior.

A pobreza, a obediência etc., no entanto, não são coisas. Por isso, a pergunta "O que é...?" não pode ser respondida com a resposta que dá determinações objetivas e fixas como informações de uma coisa existente, fisicamente, em si, diante de mim. A pergunta só pode ser respondida através de insinuações e convites para uma experiência.

Ex-*peri*ência é *per*-curso. É o caminho que, ao caminhar, vai abrindo a possibilidade e o sentido dos seus passos, na acolhida crescente do mistério do seu envio.

### Algumas questões acerca da nossa representação da pobreza

Comecemos com a representação muito banal e ingênua: a diferença que fazemos entre a pobreza material e a pobreza em espírito. Dizemos: Não basta a pobreza em espírito. É necessária também a pobreza material.

Por que hoje insistimos na necessidade de sermos pobres materialmente?

Quando eu falo da necessidade de ser materialmente pobre, o que entendo por "materialmente pobre"?

Exemplos:

• Ser como um cidadão que ganha o salário-mínimo e deve trabalhar para se sustentar, mal e mal, e não sobra muito para coisas supérfluas?

• Ser como uma pessoa que nem sequer ganha o salário-mínimo, pois não tem um emprego fixo, arranja-se com trabalhos ocasionais, nem sempre come o suficiente, mas não morre de fome...?

• Ser como um mendigo que está doente e não pode trabalhar, mas consegue não morrer de fome, por causa da esmola, ou, se pode trabalhar, não arranjou nenhum emprego por não ter nenhuma qualificação e, desse modo, deve pedir esmolas ou roubar para não morrer de fome?

• Ser um miserável que sem força está deitado na estrada, semimorto de fome, à mercê da compaixão esporádica dos transeuntes?

Pergunta: Quando digo que, como religioso(a) consagrado(a), devo ser pobre materialmente, que tipo de pobre eu acho que devo ser? E por quê? A partir de quê?

Você dirá: É uma casuística abstrata querer determinar a *quantidade* da pobreza que devemos ter quando falamos da necessidade da pobreza material. Mas, que sentido tem falar da pobreza material se eu não sei até certo ponto qual é o mais ou menos da quantidade da pobreza material? Na pobreza material, como *ter ou não ter*, está implícita a maneira de ser da medida que avalia o grau da pobreza material. Essa maneira de ser da medida é a quantidade: posso, devo ter ou não ter: mais ou menos... Com outras palavras: ao falar da pobreza material você já está falando na representação da quantidade: mais ou menos. Se você não quiser cair na casuística do cálculo de mais ou menos deverá explicar a partir de onde você fala do mais ou menos da pobreza material.

Você dirá: Sim, mas o mais ou menos da pobreza material depende cada vez da situação. Não é possível determinar, pois, de antemão, pela norma, pela lei, o *quantum* da pobreza material.

Certamente. Mas depende de que situação? Da situação individual? Da situação comunitária doméstica? Provincial? Da ordem em geral? Da sociedade civil, onde atua a comunidade ou o indivíduo? O que determina a situação?

Se você vive numa sociedade na qual ninguém tem dois pães inteiros, ter dois pães inteiros é ser rico. Se você vive numa sociedade onde todo mundo tem cinco pães, ter dois pães inteiros é ser pobre...

Quando você diz: O *quantum* da pobreza material depende da situação, parece que você não está falando tanto da pobreza material, mas sim da necessidade de ser como "todo mundo". Se todo o mundo tem automóvel, você pode ter automóvel? Deve ter automóvel? De onde vem, pois, a necessidade de nos igualarmos a todo mundo? O que é "todo mundo"? O "todo mundo" da sociedade de consumo? O que a publicidade acha que deve ser para "ser gente"?

Você dirá: Nada disso tudo! Ser igual a todo mundo significa ser semelhante aos menos privilegiados pela sociedade de consumo. Mas então voltam as perguntas já feitas acima: Quem são os menos privilegiados pela sociedade de consumo? De que tipo de menos privilegiados você quer ser semelhante? E a partir de onde, por que você deseja ser semelhante aos menos privilegiados pela sociedade de consumo?

Mas, para que toda esta reflexão? Para perceber que a fala sobre a necessidade da pobreza material flutua no ar, na abstração; se antes não refletirmos mais, de onde a pobreza material, o ter ou não ter, o usar ou não usar os bens materiais recebem o sentido do seu ser.

Dizemos hoje: não basta a pobreza em espírito. É necessária também a pobreza material. Essa afirmação pode estar dizendo:

• Não adianta ter atitude interior se ela não tiver eficiência numa obra concreta, externa.

• Fala-se da pobreza em espírito para racionalizar a falta de engajamento numa obra real e concreta. A pobreza em espírito seria nesse caso um álibi para continuarmos, burguesmente, instalados no comodismo.

• Falar da pobreza em espírito é não perceber a dimensão social da pobreza. É refugiar-se na interioridade alienada de uma piedade subjetiva, privatizante, cuidar de si, egoisticamente, para adquirir a virtude interior da pobreza, não se incomodando com a miséria que campeia ao seu redor.

Assim, os termos "espírito" e "interioridade" receberam a conotação negativa de ineficiência, privatização, individualismo, indiferença social, egoísmo, alienação, racionalização.

Nessa perspectiva não soa bem falar hoje da pobreza em espírito. Soa bem falar da pobreza material, concreta. Falar da pobreza material nesse caso seria falar da desalienação, da dimensão social, comunitária, da eficiência da obra como do testemunho do Evangelho, do engajamento pela construção de um mundo melhor, da doação aos outros etc.

No entanto, já percebemos acima: a fala sobre a necessidade da pobreza material flutua no ar, na abstração, é alienada, enquanto não refletirmos mais a fundo, a partir de onde a pobreza material, o ter ou não ter, o usar ou não usar os bens materiais recebe o sentido do seu ser.

Considerar o espírito, a interioridade como ineficiência, privatização, individualismo, indiferença social, egoísmo, alienação, racionalização é uma representação alienada da realidade chamada espírito ou interioridade. Essa alienação é o produto da "pobreza de espírito"; isto é, da falta, da anemia de espírito. É falta de eficiência, é privação (dali a privatização?!) do espírito. É bitolamento individualista, subjetivo do espírito. É racionalização do espírito. Pois o espírito que se esvai no dis-curso se chama razão (razão = *ratio* = *reor* = correr; daí a dia-rreia do espírito).

Isso significa que mesmo para falar de e urgir a necessidade da pobreza material precisamos, antes, do vigor do espírito.

Que tal, se o que chamamos de pobreza em espírito for justamente a existência humana, onde o espírito, a interioridade pode desabrochar em todo o seu vigor, na dinâmica de sua cordialidade?

Se for assim, a pobreza em espírito não é a causa da alienação, de indiferentismo social, de privatização piedosa e egoísta. Antes, pelo contrário, é a falta da pobreza em espírito, a falta de uma reflexão mais profunda acerca da pobreza em espírito que causa tais fenômenos de alienação. E, por outro lado, não é pelo fato de acentuarmos a necessidade da pobreza material que chegaremos ao vigor da pobreza em espírito. Pois a própria colocação da pobreza material em oposição à pobreza em espírito é um sintoma de anemia; isto é, de "pobreza espiritual".

A reflexão acerca da pobreza deve, portanto, conduzir-nos a uma dimensão mais fundamental, para além da discussão alienada de oposição entre a pobreza material e a espiritual. Essa dimensão fundamental é o que chamamos de espírito ou interioridade.

Quando falamos da necessidade de sermos pobres, também materialmente, a partir de onde falamos? Qual é o nosso interesse? Quais as representações que nos dominam e nos impulsionam? Falamos muito de dar testemunho da pobreza, da solidariedade com os pobres. Donde vem tudo isso?

Somos ricos. Estamos de má consciência. Pensamos na necessidade de ficar pobres materialmente. Podemos fazer isso, sem revolucionarmos toda uma estrutura que não depende só do meu desejo e idealismo individual? Posso fazer isso sem que eu, individualmente, consiga aguentar física e psicologicamente essa mudança? Se não podemos, por que então falamos tanto dessa necessidade? E se queremos ser pobres, materialmente, para acalmar a nossa má consciência, não é isso uma espécie de egoísmo e comodismo moral? É isso ser testemunho e ser solidário com os pobres?

E se falo tanto na necessidade de ser pobre materialmente, por que é que me queixo de tantas coisas, já agora que sou bastante rico? Por que acho insuportável um superior rabugento e impositivo, os horários cheios, a comida ruim, a sobrecarga de trabalho, a amolação de um confrade neurótico, o frio, a dor de dente, a falta de televisão, a falta de diploma, a falta de reconhecimento dos meus méritos etc.? Se nem sequer aguento as vicissitudes da vida rica, como é que posso aguentar a vida do pobre, que não se pode dar ao luxo de se queixar dessas coisas?

Se posso e sinto a necessidade de ser solidário com e dar testemunho aos pobres, por que não o faço sozinho? Por que exijo ou espero que a comunida-

158

de o faça? Por que critico e acuso a comunidade de ser burguesa? Não é porque tenho medo de caminhar sozinho? Se eu fosse pai de família e tivesse mulher e filhos e sentisse o apelo de ser solidário com os pobres, e dar testemunho da pobreza, eu não poderia, por causa da minha responsabilidade, exigir que a minha família ficasse pobre por causa do meu idealismo excepcional. Mas se eu exijo da comunidade que ela fique pobre, responsabilizo-me por tudo que ela pode sofrer por causa desse peso? Estou disposto a pedir esmolas, se for necessário, para comprar remédios para o meu confrade idoso que fica enfermo?

Nenhum operário pobre, se herdou uma boa casa, vai desmontá-la para dar testemunho de pobreza. Ele não pode se dar a tal luxo cristão. Nós que herdamos tantos prédios e casas, por que falamos justamente agora de vendê-los e trocá-los por outros, e assim sermos pobres, sem antes seriamente pensarmos em tirar o máximo de bem dessas propriedades para o bem do próximo? Se estamos chateados e achamos insuportável a administração e a manutenção do que possuímos, porque dá muito trabalho, se sentimos que tudo isso dá azo a muita faladeira e escândalo aos que nos olham só por fora, e é por isso que falamos em ficar mais pobres, será que nesse caso tudo isso tem algo a ver com o testemunho e com a solidariedade para com os pobres? Aliás, não é assim que, hoje, quem deve administrar um enorme colégio pode passar pior do que o pai de uma família operária? Quem é "pobre", aqui, sob o ponto de vista do trabalho, estafa pela responsabilidade e chateação? Que a gente se desfaça de prédios e instalações-peso, isso pode ser necessário para não sobrecarregar os religiosos. Mas então que o façamos simplesmente porque viver de outra forma é mais simples, fácil e mais funcional, e não por causa de testemunho ou solidariedade para com os pobres.

Mas tudo isso é maldoso. Está-se interpretando, maldosa e injustamente, o sincero esforço da Ordem em voltar ao espírito da pobreza evangélica e dar o testemunho da pobreza através da pobreza material!

Mas o que é dar o testemunho da pobreza? Mostrar a pobreza? Viver a pobreza? Para viver e mostrar a pobreza exige-se o reconhecimento do outro? Ou pode-se fazer tudo isso só para si? Digamos, se ninguém percebesse a minha pobreza, isso seria testemunhar a pobreza? Se ninguém me visse e não se escandalizasse comigo, poderia viver como quiser, em luxo? Mas, se ninguém me visse, tem sentido viver pobre materialmente? Não? Por que não? – "A rosa floresce por florescer. Não olha para si. Não cuida se alguém a vê" (Angelus Silesius). Parece que para o testemunho é necessário um relacionamento com o outro!? Que tipo de relacionamento? No fundo, testemunhar não é mostrar?

Mas mostrar o quê? Para quê? Para chamar atenção? Chamar atenção para quê? Para um sentimento mais profundo da pobreza material? Qual é esse sentido mais profundo da pobreza? Esse sentido mais profundo da pobreza é igual à pobreza material? A pobreza material não é ela um meio, um sinal para? Mas meio e sinal para quê? O que é isso para o qual eu aponto através da minha pobreza material? O que é afinal que eu testemunho quando vivo a pobreza material?

Testemunhar é ser sinal para. Mas nesse caso o importante é *eu* ser sinal; isto é, chamar atenção? O que está em jogo é o fato de que todos percebam que *eu* estou vivendo autenticamente? Mas como? Posso ser um bom sinal, sem *eu* viver autenticamente? Ser testemunho não significa ser autêntico? Mas o que entendo por autêntico? Se por autêntico entendo *eu* viver etc., então talvez ser testemunho não signifique ser autêntico. Pois a função do sinal não é tanto chamar a atenção *sobre si*, não é tanto *se mostrar*, mas apontar para, chamar atenção para algo que está fora dele. Enquanto tal, Deus pode fazer de algo escandaloso um sinal de sua presença. Pois pelo contraste e pela diferença, através do negativo, o sinal escandaloso pode apontar para o que não é ele, para o positivo.

Será que dar testemunho é igual a dar bom exemplo? Dar testemunho como dar bom exemplo enquanto "*eu*-ser autêntico" pode ser um péssimo sinal se os que veem o testemunho, o bom exemplo, ficam edificados *comigo* de tal sorte que em vez de atribuir todo o bem ao mistério de Deus atribuem a mim, como minha propriedade, como a virtude do sujeito-herói, autêntico. O testemunho se transforma em culto de personalidade (ideologia). O sinal não mostra mais, ele se mostra. Não é isso, no fundo, ignorar o mistério da gratuidade e recair da forma mais sutil no farisaísmo? O grande perigo que nos ameaça hoje, que tanto falamos de dar testemunho, é o de entendermos a autenticidade como a virtude do sujeito eu, do herói da "santidade"; ou de nós querermos ter vez aos olhos da sociedade como autênticos, isto é, de buscar o reconhecimento social como homens de bem da e na publicidade... O farisaísmo não é o que nós geralmente entendemos por esse nome. O fariseu no fundo é o que nós hoje entendemos por homem autêntico no *sentido moral*. O problema do fariseu consiste em que ele não compreendeu que a raiz da autenticidade humana é o mistério da gratuidade de um Deus livre; isto é, seu problema reside em ter colocado o homem sujeito como o portador e agente da autenticidade, sem perceber que tudo é dom da gratuidade de Deus.

Talvez a essência, isto é, o vigor da pobreza em espírito, consista nisto: em ser todo coração de acolhida desse mistério da gratuidade. Isto é, de também compreender que a pobreza do Deus pobre pode se manifestar tanto na pobreza material como no maior luxo de riqueza escandalosa.

Se usarmos, de alguma forma, a pobreza para satisfazermos o desejo de afirmar o nosso eu, seja espiritual, sociológica ou psicologicamente, não somos sinais da pobreza. Não sou eu que "faço" o dar testemunho, mas sim a gratuidade de Deus. A única coisa que podemos e devemos fazer é dar lugar a essa gratuidade; isto é, ficarmos vazios de nosso eu. Para isso é necessário um empenho maior do que todo o fazer ou não fazer; ou melhor, é necessário algo além do nosso fazer.

Quando falamos tanto em ser sinal, em dar o testemunho da pobreza etc., não soa nesse patético apelo da renovação um tom fundamental, cheio de eu, do eu que pode e se sabe como autêntico?

Ora, com outras palavras, esse ego-ismo é o mesmo egoísmo privativo e alienado que atribuímos aos que buscavam a pobreza em espírito na representação negativa da crítica contra o "espírito e interioridade".

Falamos também da pobreza material como a solidariedade com os pobres. O que significa isso?

Poderia significar: tomar partido dos pobres, participar da sua sorte, para animá-los, para promovê-los, trabalhar e lutar junto com eles na reivindicação da justiça elementar a que têm direito, a fim de poderem existir como homens dignos. Ser pobre materialmente pode então ter a função de facilitar o meu relacionamento com os pobres, de compreendê-los melhor etc. Essa solidariedade poderíamos chamar de compaixão; isto é, compadecimento: padecer juntos a sorte dos pobres.

Para que e a partir de que eu faço isso? Dizemos: a partir do amor cristão ao próximo. Que relação existe entre esse amor ao próximo e a pobreza?

Pobreza material é algo como doença, desgraça, mal, o *medium* onde eu exerço o amor ao próximo? A função do amor solidário com os pobres seria a de eliminar esse mal? Ou, se não for possível eliminá-lo, de aliviá-lo desse mal? E se nem isso é possível, de sofrer com eles esse mal? É essa a sua função?

Portanto, o que move essa compaixão é o desejo de tirar o pobre do seu estado negativo para que ele possa se pro-mover para o positivo. A privação desse positivo, a partir de um certo grau, começa a determinar um estado humano que se chama infra-humano.

Mas a partir de onde esse positivo tem a verdade da sua positividade? O princípio que dá positividade ao positivo para o qual queremos libertar os pobres não é ele o princípio que constitui a causa da opressão, injustiça, marginalização, pobreza: o poder? Queremos pois pro-mover os pobres para e com o mesmo princípio do poder – portanto, da riqueza –, princípio esse que os fez pobres e marginalizados? O que significa promover, solidarizar-se, participar, se ricos e pobres estamos operando sob um mesmo domínio do princípio do poder e da posse?

De repente, o problema da solidariedade com os pobres descortina no seu próprio seio um outro problema, muito mais fundamental: o problema do ser da nossa modernidade produtiva e da dominação do seu poder. Esse problema essencial, embora não nos cause impactos emocionais como no caso da miséria social, é o problema mais agudo e trágico do que todas as outras questões, pois é a raiz ontológica da miséria social. O que ofende mais a dignidade humana: morrer de fome esfarrapado, mas sem perder a compreensão e o pudor da dignidade humana da morte e da vida, da dor e da redenção, do desespero e da confiança, do pecado e da salvação, ou viver uma vida que apregoa como a dignidade humana e realização do homem, o poder, a posse, o saber, a projeção, o não sofrer, o não morrer? É bem possível que a paixão dos pobres seja a última ilha onde ainda se esconde o tesouro e a fonte da salvação para a nossa civilização do poder. Compaixão, solidariedade, nesse caso, não significa mais ter piedade de cima para baixo, mas participar da paixão; isto é, do vigor de uma dimensão mais fundamental e originária da pobreza. Promover não significa tanto pro-mover o necessitado "pobre" para um mundo "melhor" de poder e riqueza, mas sim: nós como necessitados do sentido mais profundo do humano vamos mendigar da pobreza dos pobres a riqueza da vida para nos convertermos a um princípio mais digno do homem. O que chamamos de poder, riqueza, bem-estar, progresso, desenvolvimento sofre, em sua raiz, de uma carência fatal acerca da verdade do homem, acerca da riqueza humana essencial, de tal sorte que é impotente diante da necessidade de um novo engajamento, muito mais radical para dar um sentido do ser vital-humano à morte, à dor, ao sofrimento, às negatividades da vida e morte severina aqui na terra dos homens.

O problema da pobreza material em mim como franciscano não está no fato de ser rico ou pobre materialmente, mas em sofrer de tal modo de anemia espiritual, que nem sequer percebo a provocação da questão social como a provocação para a busca do sentido originário do homem e do ser. A volta às fontes de São Francisco, à compreensão mais profunda da pobreza como se desvelou em São Francisco tem a tarefa de nos colocar a questão da pobreza social nesse nível essencial, onde se dá a referência epocal do sentido do ser.

A pobreza em São Francisco é uma concepção essencial do que é o homem. Portanto, está no nível radical do ser e não, em primeiro lugar, apenas no nível sociológico, psicológico ou político. Por isso, o amor de São Francisco à pobreza material deve ser entendido a partir e dentro dessa discussão radical, e não a partir do nosso interesse atual pela sociologia política e pela política social; sendo este, aliás, movido por uma interpretação alienada e espiritualista que nós, religiosos, muitas vezes temos.

Interessar-se por essa dimensão da raiz da existência humana não é alienação, mesmo que a situação atual seja premente no nível social, pois todas as questões, sejam elas psicológicas, sociológicas ou políticas etc. acabam, no fundo, colocando a questão do ser: o que é e como é o modo de ser que liberta o homem para aquilo que o faz humano? O que é essencial ao homem?

Dizemos: a essência do homem é a liberdade. Por trás da questão da pobreza está, pois, a questão acerca da liberdade como o vigor essencial do homem.

### Refletir acerca da pobreza é refletir acerca da riqueza essencial

Dissemos acima: ser solidário com os pobres, promover significa que nós, "ricos", como indigentes do sentido mais profundo do homem, mendigamos da pobreza do pobre a riqueza da vida, para nos convertermos a um princípio mais radical e essencial do homem. Isso significa: a reflexão da pobreza material é e, ao mesmo tempo, pressupõe a reflexão acerca do que entendemos por riqueza.

"Vendei vossos bens e dai de esmola; fazei-vos bolsas que não se desgastem, um tesouro inesgotável nos céus, onde ladrão não chega nem a traça rói; porque onde estiver o vosso tesouro aí também estará o vosso coração" (Lc 12,33-34).

Você poderia objetar: um tal texto da Bíblia não poderia se transformar em ópio do povo, uma vez que nos leva a pensar só no além-túmulo, esquecendo-se da realidade terrestre? Não pode favorecer a resignação, a alienação, a nada fazer para melhorar a nossa condição humana, esperando tudo do que virá depois da morte?

Talvez fosse possível ler o texto numa tal representação... Coloquemos, no entanto, o texto no nível da nossa reflexão essencial.

Para a nossa reflexão é importante ver nesse texto uma estrutura que está insinuada também em Mt 7,1-2: "Não julgueis e não sereis julgados. Pois com o juízo com que julgardes sereis também julgados; e com a medida com que tiverdes medido também vós sereis medidos". Isto significa: ao julgarmos os outros, ao medirmos os outros, traímos o que somos, o que valemos; julgamo-nos a nós mesmos. Em outras palavras, a medida que projetamos sobre os outros é a medida que temos, é a medida que somos. Assim, ao medir os outros, na realidade estamos medindo a nós mesmos. O julgamento sobre os outros, a medição dos outros não é outra coisa do que a expressão do que somos.

Assim, em relação a Lc 12,33-34 podemos dizer: lá onde está a medida de vossa riqueza ali está a medida do vosso coração. A medida com que medis algo como rico ou pobre é a medida do vosso coração. Algo é rico ou pobre conforme a medida que o vosso coração acolhe. Que algo seja rico ou pobre trai a riqueza ou pobreza do vosso coração.

Coração é o âmago, a essência, a cordialidade de ser. Ao dizermos isto é rico, aquilo é pobre; isto é bom, aquilo é ruim; isto tem valor, aquilo não tem valor; isto é aceitável, aquilo inaceitável... operamos a partir de um juízo que julga e dá a medida da cordialidade de ser na emissão de tais sentenças.

Se chamarmos de riqueza essencial a cordialidade de ser, podemos então afirmar: a discussão sobre a pobreza material, seu valor, seu desvalor, a discussão sobre o móvel que nos leva ao engajamento social, à solidariedade com os pobres, ao testemunho da pobreza, trai onde estamos; isto é, qual o nosso inter-esse em referência à riqueza essencial.

Riqueza essencial, no entanto, é o que denominamos pobreza em espírito, pobreza essencial ou vigor da pobreza interior.

Do que dissemos podemos concluir: somente pode ser rico essencialmente quem pode, livremente, ter ou não ter riquezas. Somente pode, livremente, ter ou não ter riquezas quem está no inter-esse da cordialidade de ser; isto é, conhece a essência da riqueza, a riqueza essencial. Isto, porém, só pode quem pode ser pobre no sentido da pobreza, que não é nenhuma privação.

A privação é a insatisfação do não possuir que busca constante e imediatamente encher o vácuo de si mesmo, querendo possuir sempre mais. No desejo de possuir sempre mais, a privação se trai como *não se possuir* na cordialidade de ser. Como tal, a privação não brota do vigor da pobreza essencial. Ela é apenas a indigência que se apega sempre mais à riqueza, sem poder conhecer a verdadeira essência da riqueza, que é a pobreza essencial. Assim, é na medida em que desconhece a riqueza da pobreza essencial que a privação se enreda na problemática do ter ou não ter, definindo a pobreza essencial no nível do possuir, ao passo que a pobreza essencial está lá onde o nosso ser e pensar se recolhe na acolhida da cordialidade de ser, da liberdade, do tesouro, da riqueza inesgotável do país essencial, isto é, dos céus, ou melhor, do Reino dos Céus, a saber, da nova humanidade inaugurada em e por Jesus Cristo nessa terra dos "filhos do homem", aqui e agora; onde o ladrão não chega nem a traça rói, porque o nosso engajamento, o nosso coração age, luta e constrói, cuida e vigia, assumindo, em tudo, esse reino, pois ali está o tesouro de nossa existência cristã.

Somente na medida em que buscarmos a cordialidade da riqueza essencial, da pobreza em espírito, do vigor da pobreza essencial poderemos nos relacionar criticamente à riqueza e à pobreza material. Somente na medida em que nos relacionarmos criticamente, a partir da riqueza essencial, à riqueza e à pobreza material, poderemos promover a sociedade de consumo a descobrir o verdadeiro sentido da sua riqueza e da sua pobreza, do seu poder e da sua impotência. Pois criticar é purificar, ou melhor, reconduzir a representação ao seu sentido originário. Somente na medida em que promovermos assim a sociedade poderemos ser as testemunhas da pobreza.

### O que é a pobreza em espírito: o vigor da pobreza essencial ou a riqueza essencial?

A pobreza em espírito não é coisa. Assim, repetindo o que já dissemos várias vezes, a pergunta não pode ser respondida com a resposta que dá determinações objetivas e fixas como informações de uma coisa existente em si diante de mim. Só podemos insinuar um convite para acolher o fenômeno em si mesmo.

A pobreza em espírito é, antes, uma atitude interior. *Atitude* vem do latim *aptitudo e* significa aptidão. A forma adjetiva de *aptitudo* é *aptus*, em português apto. *Aptus* vem do hindi antigo (*aptá-h*) e significa apropriado. O *ap* do *aptá-h* significa alcançar, apropriar. O verbo latino derivado de *aptá-h, apio* (*apere*) significa ligar, coligar, prender, ajuntar firmemente com vínculo.

As significações dessas palavras nos indicam o que devemos entender por atitude.

Atitude é a firmeza e a coesão, a consequência interna da concreção que ajunta e coliga os afazeres da existência ao alcance do uno e simples, no recolhimento e na acolhida do limite; isto é, da plenitude de si mesma. É o que chamamos de unidade interior ou interioridade. Por isso, dizer atitude interior é uma tautologia.

Com outras palavras: atitude é o vigor do próprio, a propriedade. A propriedade é a riqueza de ser. A cordialidade que nasce do recolhimento da existência. O recolhimento da existência, a interioridade, é a permanência no envio do uno como na fluência da identidade. A identidade dá sua vida às diferenças e vive das diferenças, constituindo-se como o vigor inesgotável da interioridade de todos os entes.

A riqueza da propriedade de ser, entendida como o recolhimento no profundo do ser da existência, é *essencialmente fonte*, em cuja fluência superabundante saltam e se alegram bens e posses, livres de suas clausuras, soltos na baila da cordialidade da doação e da vida, como origem inesgotável de possibilidades da unidade simples de cada ente no seu próprio; isto é, na soltura, na espontânea concretude da sua diferença.

Portanto, repetindo: a pobreza em espírito como atitude é propriedade. O termo *propriedade*, no seu uso comum, significa posse, domínio, bens que possuímos.

Porém, aqui na reflexão, propriedade significa o vigor do próprio.

O que é o próprio? O que está plenamente na "sua", o satisfeito, o que tem a medida de si mesmo em plenitude: nem mais nem menos, no ponto. O que assim está "no ponto" os antigos chamavam de bem, de bondade.

A nossa representação, no entanto, imagina a satisfação do próprio, a sua bondade, estaticamente. Assim, pensa que o satisfeito é algo como um copo cheio, saturado e parado, onde não há mais nenhuma possibilidade de abertura para o outro. É nesse sentido que dizemos: aquele é um homem, um sujeito cheio de si. O sujeito cheio de si é uma forma decadente do próprio.

A satisfação do próprio, no entanto, é dinâmica. É algo como a satisfação do vigor da fonte que inesgotavelmente envia a fluência do riacho, a cada instante novo e originário. No envio da fluência, no entanto, a fonte não deixa de ser ela mesma. A satisfação do próprio é a efluência da identidade na diferença, e a afluência da diferença na identidade. Nesse movimento de efluxo e afluxo, de dar-se e vir a si, podemos distinguir dois movimentos:

a) Um movimento para fora, para a decadência, que tende ao fechamento, à delimitação de uma articulação bem concreta e determinada.

b) Simultaneamente, um outro movimento para dentro, que procura manter-se sempre aberto à cordialidade do envio, à liberdade, à vivacidade, à novidade, à inesgotabilidade da doação.

O movimento a) cria diferenças e concreções. O movimento b) recolhe as diferenças na simplicidade do uno e dá a cada coisa a nitidez, o frescor, a bondade, a consistência, o próprio da sua diferença, o vigor da sua interioridade, conduzindo-a à satis-fação de si mesma. Por isso, é na medida da abertura do b) à doação do envio que está a diferença, a concreção do a).

Imaginemos a vida como a cordialidade inesgotável da magnífica inspiração artística que se difunde livre, gratuita e jovialmente em mil e mil concreções de diferenças. Em cada uma dessas concreções a vida está toda presente com a plenitude da sua graça, com o carinho e bondade, cuidando dela nos mínimos detalhes para que a obra seja, na sua diferença, ela mesma. Digamos que exista um artista que se coloca justamente naquele ponto onde se dá o envio da difusão que se orienta para a consumação das diferenças em obras. Esse artista seria como que o tímpano de ressonância que acolhe a inesgotável inspiração e deixa ser a concreção dessa inspiração em mil e mil possibilidades de suas diferenças, em melodias.

Isso é criar. Criar nesse sentido é deixar ser a propriedade de cada diferença no seu vigor, e nesse deixar ser, tornar-se cada vez mais in-spirado; isto é, acolher o modo de ser da cordialidade da vida. Acolher o modo de ser da cordialidade da vida é abrir-se para a inesgotável profundidade da gratuidade, da liberdade da doação, é tornar-se cada vez mais como Deus, que é o mistério da profundidade do amor-doação.

A obra que nasce de um tal envio é a entoação, o louvor do mistério de Deus. O louvor é a festa da cordialidade do envio na confissão cada vez mais nítida, na transparência do inefável, do inaudível, do intocável como do recato da abscôndita liberdade do grande, altíssimo e bom Senhor[71].

Isto significa: todos os entes são na medida em que são reportados a e temporalizam a nitidez e a transparência da noite clara do mistério da liberdade de Deus. Portanto, o que constitui a interioridade dos entes é a liberdade abscôndita do mistério de Deus.

O termo *pobreza*, segundo São Francisco, parece indicar essa atitude de acolhida acima insinuada.

O que na nossa reflexão denominamos pobreza em espírito é o movimento b): a abertura radical ao uno, ao inesgotável mistério do envio jovial da liberdade de Deus.

O que na nossa reflexão denominamos pobreza material é o movimento a): a diligência, o serviço na cura da concreção do próprio de todas as coisas, a partir da jovialidade de Deus, difusivo na gratuidade.

---

71. Cf. "Cântico do irmão sol". In: TEIXEIRA, C.M. (org.). *Fontes franciscanas e clarianas.* Op. cit., p. 104-105.

Quando essa acolhida constitui o único e o radical necessário da existência (Lc 10,42), quando as múltiplas articulações da minha existência se recolhem no simples dessa acolhida, sou essencialmente pobre. Sou a propriedade da riqueza essencial, livre de todas as diferenças das articulações. Sou o pastor, e não o dominador dos entes; sou mãe e pai, isto é, o servo de toda humana criatura, rico em virtude, isto é, rico em vigor da cordialidade de ser, o testemunho, isto é, a fala da linguagem do mistério da liberdade; sou radical, sou solidário com tudo a partir da raiz do ser[72].

Dissemos anteriormente: Todos os entes são na medida em que são reportados a e temporalizam a nitidez e a transparência da noite clara do mistério da liberdade de Deus. O que constitui a interioridade dos entes é a liberdade abscôndita do mistério de Deus. Isto significa: em todos os entes está presente o mistério da gratuidade de Deus. Mas como aparece o mistério de Deus? Ele não aparece... Ele se esquiva, se retrai no seu silêncio. Esse retrair-se envia a si próprio como o encanto e estranhamento do *proprium* de todas as coisas. Ao se retrair, o mistério nos alicia, nos evoca, nos apela no fascínio da sua estranheza, desencadeando a vontade; isto é, a cobiça de posse, de domínio, do asseguramento do estranho-outro. O modo de ser que chamamos cobiça dos olhos, cobiça dos sentidos é a nossa existência na provocação do alienamento do mistério do Deus abscôndito. Essa provocação se manifesta como a avidez de posse e domínio, na insatisfação sempre crescente da privação, mas também na satisfação saturada da posse; aparece também na repulsa da náusea do que nos desagrada, no tédio, na monotonia vazia. Pois no fundo da repulsa somos atingidos pela atração do estranho ameaçador, pelo abismo fascinante do desconhecido; no tédio, na monotonia, no vazio de sentido, pela angústia difusa do esquecimento total do estranho, pela asfixia da impossibilidade de ser diferente no estranho de nós mesmos.

O que buscamos, pois, na cobiça, na vontade da posse e do poder, na cura e ânsia do domínio é a apropriação da graça do radical-outro. Pois, sentimos que esse radical-outro é o próprio do desejo do nosso coração, aquilo que satis-faz a interioridade mais íntima de nós mesmos.

É na tendência dessa busca que se constitui o eu. No entanto, essa busca do eu se precipita e se atropela na própria tendência de si mesma. Encantada pela graça do estranho-outro, a busca corre atrás dele, procurando segurar o radical-outro como o *proprium* de si mesma, o seu próprio eu, como a sua

---

72. Cf. "O homem do tao". In: MERTON, T. *A via de Chuang Tzu*. Op. cit., p. 120.

própria identidade. O encanto do mistério, no entanto, está na jovialidade. A jovialidade emana do retrair-se do mistério na sua liberdade. O próprio da liberdade de Deus é a gratuidade.

A apropriação do mistério da gratuidade de Deus, isto é, da graça de Deus, não é, pois, assegurar-se, apoderar-se, apossar-se do mistério, mas sim deixar ser o mistério de Deus na sua cordialidade, deixar-se guiar por Ele, abrir-se a Ele no *fiat* incondicional. É nesse abrir-se que se dá a identidade do eu com a identidade do mistério da liberdade de Deus: ao deixar ser a liberdade de Deus somos no mesmo *fiat* da nascividade cordial da sua graça, somos gratuitos como o próprio Deus, somos em verdade filhos de Deus.

É neste sentido que diz Chuang Tzu: "A alegria é leve como pena, mas quem pode carregá-la?"[73] A busca do eu não pode carregar a graça da liberdade da jovialidade de Deus. O único caminho para possuir, dominar e assegurar a jovialidade de Deus é deixar-se carregar por ela, tornar-se propriedade da sua riqueza.

Essa impossibilidade de carregar a leveza, isto é, a graça da liberdade de Deus, São Francisco a chamou de eu, a vontade própria, carne ou corpo.

Essa apropriação errônea da identidade de Deus e, por conseguinte, do meu próprio eu, é a causa do desejo de possuir, de dominar. A esse tipo errôneo e inadequado de apropriação, de autoidentificação, São Francisco chamou, em sua Regra, de *próprio*[74]. Ali, a pobreza evangélica se define como nada de próprio, *sine proprio*, sem o próprio.

A palavra *sem*, em latim *sine*, relaciona-se com o hindi antigo *sanutar*, que significa fora de, bem longe de.

A pobreza como *sine proprio* significa, pois, o modo de buscar o próprio fora, bem longe do caminho inadequado da falsa apropriação como do querer possuir, dominar, assegurar a riqueza essencial, que só pode ser apropriada deixando-se apropriar pela graça da alegria da liberdade do Deus de Jesus Cristo.

A vida de Jesus Cristo é o caminho dessa libertação. A cruz de Jesus Cristo é a alegre-nova dessa libertação. Mas por que a cruz? Por que a abnegação, o sofrimento, a privação? Por que tanta negatividade, se a boa-nova é a nova da alegria da liberdade divina?

---

73. Cf. "Confúcio e o louco". In: Ibid., p. 77.

74. Cf. TEIXEIRA, C.M. (org.). *Fontes franciscanas e clarianas*. Op. cit., p. 158.

Dissemos acima que a impossibilidade de carregar a leveza, isto é, a graça da liberdade de Deus, é que constitui o eu. Ao se apossar das coisas, ao adquirir o poder, ao constituir segurança do meu eu, eu me iludo, pensando ter alcançado a satis-fação da verdadeira apropriação. O sofrimento, a negatividade surgem quando descobrimos que a nossa pretensa apropriação não nos pode satisfazer, porque uma tal apropriação é, em sua raiz, insegura, falsa e passageira, por não ser a identidade radical do meu próprio eu. O sofrimento, a negatividade, no entanto, me revela a estrutura fundamental do meu modo ilusório de existir. Ele nos mostra que a verdadeira apropriação é abandonar o caminho desse pequeno e bitolado eu para largar-se à cordialidade da gratuidade. Isto significa renúncia a todo o poder, a toda segurança na acolhida da cordialidade de ser. Todo o empenho da abnegação tende, portanto, a desintegrar o bloqueamento do eu, para que liberte o seu vigor na abertura da acolhida do radical próprio de nós mesmos, da cordialidade do Deus de Jesus Cristo, cuja essência é a gratuidade.

### O *sine proprio* e o cotidiano

A seguir, à guisa de conclusão, deixemo-nos afetar pelos acenos que caracterizam o modo de ser chamado pobreza essencial ou pobreza em espírito ao se manifestar em suas concreções:

- Vivo: é no frescor do originário, flexível e leve, vivaz.

  - Decadência: irrequieto, instável, ávido de novidades, espalhafatoso.

- Vigoroso: é na firmeza e na fortaleza do simples e do uno, no envio de infindas concreções, cada vez diferente; é na consistência da plenitude da diferença, concreto; lento no crescimento, sempre no seu tempo, cada passo a seu tempo; apto à espera; in-sistente no pouco, na cordialidade da acolhida; sempre todo em cada coisa; é na paciência da afirmação, tenaz na coragem de ser; jamais inflacionário; sempre só o próprio; autêntico; constância suave e forte.

  - Decadência: agressivo, violento, explosivo, totalitário no igual, disperso nas diferenças da igualdade, pesado, intempestivo, precipitado, impaciente, inflacionário, fogo de palha; rápido em se inflamar; rápido em desanimar; temerário e esbanjador de energias, falso, vazio, abstrato.

- Pleno: é todo aberto à simplicidade do envio que se difunde na jovialidade concreta das diferenças; nada é, por ser tudo da vitalidade do deixar-ser o próprio de todas as coisas; não se fixa, por estar presente todo e inteiro

em cada coisa; não quer nada possuir, por ser a propriedade da riqueza essencial.

- Decadência: escancarado do vazio da igualdade; apega-se ao abstrato
normativo; facilidade em encher-se com o imediato; ávido de novidades, presente em toda parte sem estar em nenhuma situação concretamente; tudo quer possuir por estar privado da riqueza essencial e, por
isso, de nada pode se apropriar.

Experimente descobrir mais acenos, características nesse estilo. Experimente examinar, no fazer ou não fazer, no ter ou não ter do nosso cotidiano,
como se dá o caminhar dessa desintegração do eu falso para a liberdade do
*sine proprio*.

## 15 Da pobreza da obediência[75]

A presente reflexão quer propriamente falar *da pobreza*. No entanto, da
pobreza nada diz. Antes, ao interpretar uma legenda medieval, discorre acerca
da obediência.

A legenda se intitula *Como Frei Junípero dava aos pobres o que podia pelo
amor de Deus* e narra:

> Tal piedade tinha Frei Junípero e compaixão que, quando via algum
> malvestido ou nu, imediatamente cortava sua túnica e o capuz do
> hábito e dava àquele pobre; e por isso o guardião lhe ordenou por
> obediência que a nenhum pobre desse toda a sua túnica ou parte de
> seu hábito. Adveio encontrar dali por poucos dias um pobre quase
> nu, pedindo a Frei Junípero esmola pelo amor de Deus; ao qual com
> muita compaixão disse: "Nada tenho que te possa dar, senão a túni-
> ca, e o meu prelado, pela santa obediência, ordenou que não desse
> a ninguém, nem mesmo parte do hábito; mas se mo tirares das cos-
> tas, não te impedirei". Não falou com um surdo; porque logo aquele
> pobre lhe tirou a túnica pelo avesso, e foi-se com ela, deixando Frei
> Junípero nu. E voltando ao convento foi-lhe perguntado onde estava
> a túnica. Respondeu: "Uma boa pessoa ma tirou das costas e foi-se
> com ela". E crescendo nele a virtude da piedade, não ficava contente
> em dar a sua túnica, mas dava os livros, os paramentos e mantos, e

---

75. Tendo como título "Da pobreza", este artigo foi publicado originalmente em *Revista de Cultura
Vozes*, vol. 71, n. 4, mai./1977, p. 311-322. Petrópolis.

tudo que lhe vinha às mãos dava aos pobres. E por essa razão os frades não deixavam as coisas à vista, porque Frei Junípero dava todas as coisas pelo amor de Deus aos pobres[76].

Segundo a tradição, Frei Junípero foi um dos primeiros companheiros de São Francisco de Assis.

O que há com a obediência de Frei Junípero em referência à pobreza vem ou não vem à fala, na medida em que a interpretação recorda ou não o retraimento do ser que alegra o coração da legenda ao narrar: *como Frei Junípero dava aos pobres o que podia pelo amor de Deus.*

Perguntemos: o que é isto que Frei Junípero dá? O que Frei Junípero dá é o que pode. E o que pode? Dar aos pobres o que pode pelo amor de Deus; isto é, dar pelo amor de Deus aos pobres o que pode dentro dos limites do seu poder. E os limites do poder de Junípero são definidos pela proibição, imposta pelo superior em nome da obediência: "[...] o guardião lhe ordenou por obediência que a nenhum pobre desse toda a sua túnica ou parte de seu hábito".

A graça da narração parece estar na habilidade de Frei Junípero em se subtrair à proibição, sem contudo deixar de seguir com exatidão a letra da lei: "o meu prelado, pela santa obediência, ordenou que não desse a ninguém, nem mesmo parte do hábito; mas se mo tirares das costas, não te impedirei".

Talvez fosse mais correto deixar o texto nessa óbvia compreensão. Talvez seja querer demais buscar no óbvio do texto um oculto algo mais. No entanto, a narração parece não caber em si de contente. Sobre toda a extensão da narrativa paira, como que à flor da pele, um discreto sorriso de gozação, cujo recolhimento parece reter com pudor a gostosa gargalhada de uma imensa alegria. A alegria, porém, mora próximo à origem. Talvez seja no envio da origem que a legenda nos diz como Frei Junípero dava aos pobres o que podia pelo amor de Deus... Se assim o for, então, o que Frei Junípero pode, "ao dar aos pobres o que podia pelo amor de Deus", não recebe a sua determinação do comando de um prelado, mas sim de uma instância, em cuja insistência, seja o prelado, proibindo, como Frei Junípero, deixando tirar, bem como o pobre, tirando, obedecem à livre-fluência da origem.

Que ser é esse, a origem, em cuja fluência se diz como Frei Junípero dava aos pobres o que podia pelo amor de Deus?

---

76. TEIXEIRA, C.M. (org.). *Fontes franciscanas e clarianas.* Op. cit., p. 1.691.

Tentemos reinterpretar o texto na mira dessa questão que se nos afeiçoa na leitura da história de Frei Junípero.

> Nada tenho que te possa dar, senão a túnica, e o meu prelado, pela santa obediência, ordenou que não desse a ninguém, nem mesmo parte do hábito; mas se mo tirares das costas, não te impedirei.

O que Junípero tem é seu. Logo, pode dar. Pensava assim poder dar a túnica. Embora nada tenha a não ser o que lhe é de estrita necessidade, ou seja, a roupa do corpo, pensava poder dispô-la, pois ele a possuía, era sua. O prelado, proibindo-o de dar a túnica, parecia impedi-lo de dar o que era seu. Mas o prelado precisamente ensinou-lhe a corrigir à risca a imprecisão do seu pensar. Ensinou-o a aclarar que ele não pode dar a túnica, porque nem sequer a roupa do corpo é sua. Mas, se nada é seu, o que é que o homem tem? A possibilidade de ter?

Tudo que o homem tem e pode ter, a própria possibilidade de ter, ele a recebe. Receber, pois, é a própria possibilidade de ter. O prelado, por conseguinte, com a sua proibição ensinou a Junípero que o ser do homem é apenas receber. Se o homem é todo ele um puro receber, nada é, nada pode a não ser receber. Como pode Junípero dar o que quer que seja?

É que o ter se fundamenta no receber. E o receber, por sua vez, se fundamenta no dar de Deus. Dar é o vigor de Deus, o poder da difusão gratuita, livre, incansável, superabundante e sem medidas. Todos os seres são à mercê dessa doação. O dar-se do ser é pelo amor de Deus. Ter significa, portanto, receber; isto é, ater-se inteira e incondicionalmente a esse vigor da doação gratuita de Deus.

Se é assim, a proibição de dar, imposta pelo prelado a Frei Junípero, não é outra coisa do que uma decidida afirmação oficial de que o ser, no fundo, é a concreção do vigor difusivo da doação de Deus. A proibição de dar, é, na realidade, a proclamação do direito humano de receber, é a declaração acerca da essência do homem, a ordenação que restitui ao ser do homem a sua liberdade originária, a liberdade de ser inteira e radicalmente o puro acolher do vigor donativo, superabundante de Deus.

Por isso, seguindo à letra a ordem do prelado, Frei Junípero diz, na obediência, ao mendigo: Tira cordialmente o que quer que seja, pois é teu direito, tua obrigação, tua alegria receber; isto é, ater-te inteiramente à doação gratuita de Deus. Assim, Frei Junípero dava aos pobres o que podia pelo amor de Deus.

Perguntemos de novo: Que é isto que Frei Junípero dá? O que Frei Junípero dá é o que pode. E o que pode? O que pode Frei Junípero, em correspondência ao vigor difusivo do dar de Deus, é receber, sempre novo e de novo, a nascividade inesgotável da gratuidade.

E o que, ao receber, Frei Junípero dava aos pobres é essa disposição de receber, disposição que perfaz a essência; isto é, o vigor do pobre. É essa força, a disposição de receber, que tanto o afeiçoava, em piedade e em com-paixão, aos pobres que pediam pelo vigor de Deus. E a imediatez dessa disposição, o receber, fazia-o amar a nudez como a límpida exposição à pureza da gratuidade. O toque jovial desse receber reduzia todo o ter à origem do seu ser, dissolvendo a consistência da posse na fluência livre da doação gratuita, de tal sorte que, por onde passava o sopro da sua cordialidade, nada em si estava seguro, nada permanecia:

> E crescendo nele a virtude da piedade, não ficava contente em dar a sua túnica, mas dava os livros, os paramentos e mantos, e tudo que lhe vinha às mãos dava aos pobres. E por essa razão os frades não deixavam as coisas à vista, porque Frei Junípero dava todas as coisas pelo amor de Deus aos pobres.

Entrementes todo esse arrazoado, não deveria cair em si e acordar sóbrio da sua avoada fantasia acerca de um pretenso sentido mais profundo do texto, conquanto se lê preto sobre o branco: "o meu prelado pela santa obediência ordenou... mas se mo tirares das costas, não te impedirei?" Não diz o "mas" do texto claramente que Frei Junípero está plenamente ciente que age apesar da ordem contrária do superior; que não está ouvindo a proibição como uma proclamação jovial do direito de receber?

No entanto, na coisa da obediência, atribuir a um mestre de obediência do quilate de um Frei Junípero um truque diletante de casuística seria ignorar por completo a sua habilidade na arte de bem-obedecer, em cuja maestria costumava se aperfeiçoar no magnífico mas dificílimo estilo arcaico de luta que denominamos "obediência de cadáver".

Em que consiste o estilo de obediência chamado obediência de cadáver?

O termo obediência de cadáver deve-se à comparação estabelecida por São Francisco de Assis para exemplificar o que seja a obediência consumada. Assim se narra em Celano:

> Noutra ocasião, sentado com seus companheiros, São Francisco suspirou: "É difícil encontrar no mundo inteiro um religioso que obedeça com perfeição a seu prelado". Atingidos, os companheiros disseram: "Diz-nos, pai, qual é a maior e mais perfeita obediência?" E ele, fazendo uma comparação com um cadáver, descreveu assim o

verdadeiro obediente: "Pegai um cadáver. Ponde-o onde quiserdes. Vereis que não se incomodará de ser movimentado, não se queixará do lugar nem reclamará por haver sido largado. Se for colocado numa cátedra, vai olhar para baixo, não para cima. Se for vestido de púrpura, vai ficar duas vezes mais pálido. Esse é o verdadeiro obediente: não fica pensando por que foi mudado, não se importa com o lugar onde o puseram, nem fica pedindo para ser transferido. Se lhe dão um cargo, mantém a humildade costumeira. Quanto mais honrado, mais se acha indigno"[77].

Essa absoluta passividade, descrita acima, caracteriza o modo de ser de um dos companheiros mais fiéis de Frei Junípero, chamado Amazialbene. Dele diz a legenda que

> possuía virtude de suma paciência e obediência; porque se fosse por todo o dia batido, não se lamentaria nem reclamaria com uma única palavra... Ele, por ordem de Frei Junípero, chorava ou ria.

Tamanha era a estima de Frei Junípero por esse confrade que, ao saber da sua morte, exclamou: "Ah! Infeliz, não me resta mais bem nenhum, e todo o mundo foi destruído com a morte do meu doce e amantíssimo Frei Amazialbene!"[78]

O que prendia tão intensa e intimamente Frei Junípero a Frei Amazialbene era certamente a afeição deste pela obediência de cadáver, que tão bem personificava. E segundo a exclamação de Frei Junípero, por ocasião da morte do seu amigo, a obediência de cadáver era todo o bem, todo o ser, o mundo, tudo de Frei Junípero.

E surge uma suspeita: Quando Frei Junípero se dirige ao mendigo e diz: "Se mo tirares das costas, não te impedirei" não está em jogo a causa da obediência de cadáver?

"Não falou com um surdo" – continua a narração – "porque logo aquele pobre lhe tirou a túnica pelo avesso e foi-se com ela, deixando Frei Junípero nu". Não impedir, deixar de fazer e deixar-se fazer, o Junípero nu, não é ele a pura exposição da facticidade, o cadáver?

Se o for, que obediência de cadáver é essa que diz "mas"!?: "o meu prelado pela santa obediência ordenou..., mas... se..."

---

77. Ibid., p. 396.

78. Ibid., p. 1.697-1.698.

Perguntemos, antes, de modo diferente: ...que "mas" é esse que um cadáver da têmpera de um Frei Junípero pode ou deve dizer?... Que evoca, pois, "cadáver"?

Cadáver aqui ocorre numa comparação. O obediente é comparado com o cadáver. O cadáver é o ponto de referência do obediente; é a norma pela qual se mede o mais ou o menos o tamanho da sua obediência; diz como ele deve ser.

No entanto, em que consiste o ponto de referência do cadáver? Qual é a norma que mede o mais ou o menos da sua mortalidade? Quem diz como ele deve ser?

Tais perguntas soam estranhas, enquanto não estranharmos o nosso saber óbvio acerca do cadáver. O estranho do nosso saber, porém, não está lá, onde ainda temos muito que aprender sobre o cadáver, mas sim nisto, a saber, que não mais nos medimos com ele, esquecidos que estamos de nós mesmos, no afã de medi-lo segundo o óbvio do nosso saber.

A comparação proposta por São Francisco de Assis não significa estabelecer um paralelo, um cotejamento, pelo qual se mede o obediente com o cadáver, mas antes uma tarefa que nos desafia a medir-nos com o cadáver.

Usualmente, por "medir-se com" entendemos competir, bater-se, lutar. Nessa acepção, medir-se com o cadáver significaria competir, bater-se, lutar com o cadáver. Mas como é possível competir com um cadáver, se ele está, é inteiramente morto? Lutar, bater-se em que sentido? Certamente, no sentido de competir, bater-se, lutar para ser mais e melhor morto do que o próprio cadáver. Mas é possível ser mais e melhor morto do que o próprio cadáver?

Perguntar por uma tal possibilidade parece uma contradição. Pois querer ser mais e melhor é transcendência, o vigor constituinte da existência. Ao passo que o cadáver é a ausência da transcendência, a pura factualidade do estar ali como uma coisa, sem nenhuma possibilidade da existência. Como é isto, a transcendência da não transcendência; existir a não existência; querer o não querer; possibilitar a não possibilidade; viver a morte? A pura factualidade do estar ali como uma coisa, o cadáver, não é uma coisa radicalmente outra da existência, cuja transcendência a torna diferente da coisa, mesmo ou precisamente quando quer ser apenas uma coisa? O que significa essa busca impossível do radical outro, essa tentativa e tentação contraditória de querer identificar-se com o absolutamente impossível? O que importa, pois, querer ser mais e melhor morto do que o próprio cadáver? O que busca a existência na coisa?

Dizemos com facilidade "a coisa ali, o cadáver". A facilidade do nosso dizer trai a indiferença de nossas diferenças. A indiferença se oculta lá onde a coisa é colocada como radicalmente diferente da existência. Pois nessa óbvia colocação, a contraposição silencia a questão do sentido do ser. Ao silenciar a questão do sentido do ser, não pensa o ser da existência e, por conseguinte, não pensa também o ser da coisa na sua diferença essencial. Mas o silêncio da questão do sentido do ser não é propriamente um silêncio. É, antes, algo como uma completa surdez acerca da questão do sentido do ser, provocada pela dominação de uma determinada pré-compreensão do ser que se instala como a única, óbvia e inquestionável realidade, colocando-se como o fundamento último, como o primeiro princípio de todo o ser e de toda a compreensão do ser, para além da qual questionar seria uma imbecilidade.

Em que consiste, porém, a indiferença? A indiferença está nisto que a diferença da existência e da coisa não aparece na precisão da diferença enquanto dia-ferência do ser, mas apenas enquanto distinção entre um ente e um outro ente; ou melhor, entre uma região e uma outra região dos entes. Assim, por exemplo, o fenômeno da existência acima mencionado como "medir-se com o cadáver" não aparece no ser da sua existência, mas apenas como um relacionamento entre dois entes diferentes; isto é, entre o ente-existência, a saber, o medir-se com, e o ente-coisa, a saber, o cadáver.

Dissemos acima que a "obediência de cadáver" não é uma comparação pela qual se mede o obediente com o cadáver, mas sim uma tarefa que nos desafia a medir-nos com o cadáver. Na acepção usual, medir o obediente com o cadáver é um ato do saber objetivo, ao passo que medir-nos ou medir-me com o cadáver é um ato do saber existencial. No saber objetivo o sujeito da intenção do ato é um observador imparcial, indiferente a tudo quanto não pertence ao ente-objeto diante de si. O seu único interesse é o de fazer aparecer o ente-objeto como ele é. Todo o ser do sujeito está assim tendido, virado para o objeto. No saber existencial o sujeito da intenção do ato tende ao objeto, mas apenas enquanto concreção do interesse vital da sua existência humana. O seu interesse não é o de fazer aparecer o ente-objeto como ele é, mas sim de usá-lo para o aparecimento da vida. Todo o ser do sujeito está assim tendido, virado para o sujeito.

Mas nesta empostação torna-se estranha a expressão "medir o obediente com o cadáver", se a entendermos como um saber objetivo. Pois, que medida é essa, a objetiva do cadáver? Tamanho? Peso? Inércia? Resistência? Composição química? Temperatura? E se o for, que diferença há entre essa medida do cadáver e a medida de um qualquer outro ente físico material que não seja cadáver? Onde está, pois, a medida específica do cadáver enquanto cadáver na significação diferencial do ser cadáver? Com outras palavras, o que faz com que o cadáver seja cadáver e não um outro ente qualquer? O que mede, o que norma o cadáver enquanto cadáver? A que se refere o cadáver enquanto cadáver? E o obediente enquanto obediente, a quem medimos com o cadáver... Que realidade objetiva é essa, a do obediente; isto é, a obediência? A obediência, quantos metros tem? Quantos quilos pesa? Com que velocidade corre? De que se compõe? Qual a sua dureza, qual o grau de sua temperatura?

Tais perguntas não fazem sentido. Pois nem cadáver enquanto cadáver nem o obediente enquanto obediente são mensuráveis ou servem de medidas no sentido de quantidade. Com outras palavras, medir o obediente com o cadáver não é ao modo do saber objetivo. Pois a sua medida, a sua mensurabilidade é do saber existencial. Tanto o que é o obediente enquanto referido à obediência, como também o que é cadáver enquanto referido ao ser cadáver são da existência. Por isso, embora na comparação pareça ser um ato do saber objetivo, medir o obediente com o cadáver é, na realidade, um ato do saber existencial "dando uma de objetivo".

Saber existencial e saber objetivo. Este refere-se à coisa, aquele à existência. Existência e coisa são duas regiões diferentes dos entes, uma ao lado da outra.

Esses dados parecem tão óbvios. No entanto, o que há que não seja da existência? A coisa ela mesma e suas propriedades, como, por exemplo, tamanho, peso, inércia, resistência, composição química, temperatura etc.? A coisa ela mesma não está ali diante de mim, independente do meu existir?

Mas, perguntando assim já dissemos, com sentido, tamanho, peso, inércia, resistência, composição química, temperatura etc., ou seja, dissemos a coisa ela mesma, diante de mim, independente do meu ser, estar ali, em si etc. Dizendo assim dissemos esse próprio dizer que diz o dizer do seu dizer; dizemos também o não dizer, dizemos também tudo quanto não dizemos enquanto não dizemos como não dito.

De repente, a factualidade das coisas que são diante de mim, a factualidade da existência que sou eu mesmo, a factualidade de tudo quanto pode ser mas não é, de tudo quanto não é e não pode ser, enfim, os entes na sua totalidade, inclusive a mim mesmo que penso e digo essa totalidade, acham-se ali presentes numa presença que não é oposta à ausência, mas sim numa presença que é "algo" como um abrir-se, como um clarear-se do sentido do ser. Essa abertura, essa clareira chama-se *facticidade* e perfaz propriamente o ser da existência. Enquanto ser da existência chama-se também existencialidade[79].

---

79. Quando usualmente entendida dentro da "factualidade" objetiva objetivante, como que oposta à subjetividade subjetivante do "eu" sujeito e agente, a *obediência de cadáver franciscana* é tida como

A facticidade como ser da existência não é nenhum ente. Certamente, diz-se com frequência que é um nada como ausência ou vazio de ente; que é um horizonte aberto, algo como espaço. Tudo isso, porém, já são entes possibilitados pela facticidade. E, no entanto, a facticidade só é na dissimulação, dando-se como factualidade do ente, mesmo na negação do ente.

Assim, ao se apresentar como abertura, como clareira, como nada, ausência, vazio, horizonte, dá-se como a dominação do sentido do ser implícito nessas manifestações, isto é, como a presença "material", como o estar ali da coisa, como o fato bruto, como a existência de algo, como a materialidade do real, como a objetividade da realidade existente em si. A facticidade se faz de factualidade. O ser objetivo, a coisa em si, o estar ali dos entes, o algo, a realidade, o próprio ente são diferentes denominações da factualidade, em que se dissimula a facticidade. Por isso, o ser significa factualidade dos entes e o ente significa a coisa existente como factualidade. Assim se dissimulando, a facticidade é sempre entendida de alguma forma como coisa ou como horizonte, como espaço onde se dão as coisas. E mesmo lá onde se nega que a factualidade seja uma coisa, nega-se a partir da pré-compreensão do é que já se posicionou como factualidade.

A dissimulação da facticidade em factualidade, porém, é dissimulação da dissimulação; isto é, a dissimulação não aparece como dissimulação, mas sim como a posição óbvia da realidade. Como tal, estabelece-se a dominação da factualidade como o único sentido fundamental do ser, sobre o qual se põem todos os outros sentidos do ser como diferenças regionais dos entes, cujo sentido comum e geral é a factualidade.

O aparecer da factualidade dá-se de modo ambíguo. Por um lado, ela aparece como coisa, isto é, como a diferença regional dos entes que não são existência. Como tal, refere-se a esta ou àquela coisa, às coisas em sua totalidade e à coisidade. Por outro lado, ela aparece como o único sentido dominante do ser, como factualidade dos entes na sua totalidade, como a presença "material",

---

a obediência de cadáver enquanto a exacerbação suprema da *"autonomia* (leia-se *ego-nomia) nazista"*. Porém, quando compreendida como *factualidade existencial*, isto é, quando subsumida para dentro da redução – a saber, para dentro da recondução da própria, pura e opaca factualidade à *existencialidade* – a obediência de cadáver franciscana não se confunde de modo algum com a obediência de cadáver nazista. Muito pelo contrário, trata-se de não deixar nada de fora, excluído, omitido da cordialidade da Liberdade de Deus, revelada em Jesus Cristo crucificado. Assim, a *obediência de cadáver franciscana*, entendida dentro do modo de ser e pensar de São Francisco, outra coisa não é do que participação na *obediência de Cristo crucificado, obediente ao Pai até a morte na cruz*. Há, pois, uma total diferença entre um Hitler-cadáver e Jesus Cristo morto, nos braços da *Pietá*.

o "existir", o estar ali, a realidade, a *quidditas* dos entes. E isso de tal modo, que só é ente o que de fato existe ou pode existir a modo da factualidade ou como seu análogo ou derivado.

Assim se posicionando, a factualidade oculta o seu ser e o ser da coisa no completo esquecimento da sua existencialidade.

E, no entanto, esse único sentido dominante do ser como a factualidade dos entes na sua totalidade e a coisa como a diferença regional dos entes que não são existência são, por assim dizer, produtos da existência, uma vez que esta opera no completo esquecimento da sua existencialidade.

Esse esquecimento da existencialidade se confirma ainda mais quando se posiciona a própria existência em oposição à coisa. Pois esse posicionamento coloca a existência, certamente como diferente da coisa, mas sempre já em referência a ela, de tal sorte que a existência se torna uma "coisa" que não é apenas coisa, mas sim uma coisa informada de vida, dotada de consciência, animada pelo espírito etc. A existência se dissimula como uma qualidade diferencial da coisa e não aparece na sua diferença. É essa dissimulação que posiciona a existência como um sujeito eu, virado objetiva ou subjetivamente para a coisa ou para si mesmo. Assim, nem a coisa nem a existência aparecem na diferença essencial do seu ser. Estranhamente, porém, a diferença essencial do ser da coisa e da existência não está em ser uma diferença distintiva entre o ente-existência e o ente-coisa, mas sim em ser o movimento de redução do usual sentido do ser – implícito na existência e na coisa – à dia-ferência da sua origem, isto é, ao envio do vigor portador da nascividade do sentido do ser.

Essa redução se chama a questão do ser.

O ser da existência, a facticidade ou a existencialidade é questão do ser. Mas questão do ser enquanto ser da existência é a facticidade do querer. É que questão vem do querer. O querer enquanto ser da existência não é uma faculdade da existência, posta como sujeito, mas sim a estruturação da própria existência. Enquanto estruturação, o querer traz à fala a essência da existência. E, como estruturação da existência, o querer é o movimento de transcendência enquanto o querer deve querer o querer do seu querer. Querer, porém, diz buscar.

A transcendência enquanto deve querer o querer do seu querer é, pois, busca, na qual nada há que não seja a busca, de tal sorte que a própria busca deve ser buscada, a ponto de a busca, sempre nova e de novo, repercutir na busca que busca a busca do seu buscar.

Com outras palavras, a transcendência do querer é a busca do que foi e não foi, do que é e não é, do que será e não será, do que pode e não pode, por e para ser. É a responsabilidade de ser. Essa necessidade de aprofundar cada vez de novo, cada vez melhor e cada vez mais a busca do sentido do ser, radical e totalmente por e para ser, essa responsabilidade de ser é o que a formulação *medir-se com* quer dizer. Medir-se com o ser, a questão do ser, o querer enquanto o ser da existência, a responsabilidade de ser, a facticidade, a existencialidade, a existência dizem o mesmo. E perfaz a essência do homem. Por isso não é o homem que se mede com o ser. Antes, é o medir-se com o ser que constitui o que é o homem e todas as suas possibilidades, o que ele é e não é. Isso significa que todo o ser do homem, em seus mínimos detalhes, em suas mínimas concreções, é a responsabilidade de ser. Não é ele a causa, o agente, o sujeito do ser. Nem o ser é a causa, o agente, o sujeito do homem. Não é o homem a medida do ser. Nem é o ser a medida do homem. Pois nem o homem nem o ser são simplesmente de antemão. Homem é, porém, na medida em que se mede com a responsabilidade de dever ser a busca e a acolhida do sentido do ser. E o sentido do ser se dá como o ser dos entes na sua totalidade, ao se doar como penhor do empenho e como doação da busca e da acolhida. Podemos, pois, dizer que o homem é a abertura de decisão, através da qual se dá a determinação do sentido do ser dos entes na sua totalidade, inclusive do próprio homem.

Por isso, nada há que seja simplesmente. Tudo que foi e não foi, tudo que é e não é, tudo que será e não será – portanto, até mesmo a coisa material ali diante de mim, até mesmo algo morto como, por exemplo, um cadáver está referido essencialmente à responsabilidade do medir-se com o ser da existência como uma de suas concreções –, é um momento da própria questão do ser. Isso significa que o cadáver não é simplesmente. É na medida do medir-se com o ser, em cuja medida o homem mede, se mede e é medido por e para o ser do próprio ser. O que é e não é um cadáver é da responsabilidade do ser do homem.

Se é assim, surge uma suspeita: a obediência de cadáver de São Francisco de Assis não é uma colocação bem radical da questão do ser? E se o for, recoloquemos a pergunta: O que diz cadáver enquanto colocação da questão do ser? Que interesse é esse, fundamental, quando se busca ser obediente como cadáver? Que evoca cadáver enquanto existência? Que existência é essa que se mede com e mede o cadáver?

Recordemos o que foi dito acima. Medir-se com o cadáver significa, na acepção usual, competir, bater-se, lutar com o cadáver. Como o cadáver está, é inteiramente morto, medir-se com o cadáver significaria competir, bater-se, lutar para ser mais e melhor morto do que o próprio cadáver. Diante de uma tal afirmação surgiu a estranheza: mas é possível ser mais e melhor morto do que o próprio cadáver?

Formulando essa estranheza em termos do ser, teríamos: é possível ser, em sendo, mais e melhor não ser do que o próprio não ser?

Nesta formulação o ser está no lugar do medir-se com e o não ser no lugar do cadáver. Na nossa exposição, no entanto, por medir-se com vale existência, por cadáver vale coisa, por existência vale vida e por coisa vale morte. Temos assim de um lado: ser, medir-se com, existência, vida; e do outro lado: não ser, cadáver, coisa, morte. Nessa oposição, porém, não se dá a contradição entre o ser e o não ser. Pois, tanto um como o outro termo da oposição são "seres"; isto é, entes. É precisamente porque tanto o "medir-se com" quanto o cadáver são entes no igual sentido do ser, que se torna possível haver a oposição diferencial entre existência e a coisa. Portanto, o fundamento da oposição está num igual sentido do ser, está no ente. E ente aqui significa factualidade.

Entrementes, como já dissemos, o aparecer da factualidade se dá de modo ambíguo. Por um lado, ela aparece como coisa; isto é, como a diferença regional dos entes que não são existência. Como tal se refere a esta ou àquela coisa, às coisas em sua totalidade e à coisidade. Por outro lado, ela aparece como o único sentido dominante do ser como factualidade dos entes na sua totalidade, como a presença "material", o "existir", o estar ali, a realidade, a quididade dos entes. E isso de tal modo que só é ente o que de fato existe ou pode existir a modo da factualidade.

Essa ambiguidade no aparecimento da factualidade não é por acaso. Ela indica que o sentido dominante e usual do ser dos entes na sua totalidade, isto é, a factualidade e a coisa estão intimamente unidas. Ambas são aspectos de um determinado sentido do ser hoje dominante, usual e comum dos entes na sua totalidade.

Por isso, no fundo, a coisa nos remete sempre à factualidade como à questão do sentido dominante do ser dos entes na sua totalidade.

Assim, a busca que quer se tornar mais e melhor morto do que cadáver, isto é, coisa, é no fundo o movimento de estruturação da busca do sentido do ser da factualidade. Enquanto tal, essa busca é questão do ser. E, enquanto questão do ser, o cadáver evoca um momento crucial dessa questão, onde a questão deve morrer como questão, na impossibilidade de buscar o ser do próprio buscar.

Como dissemos, a questão do ser é busca, na qual nada há que não seja a busca, de tal sorte que a própria busca deve ser buscada, a ponto de a busca, sempre nova e de novo, repercutir na busca que busca a busca do seu buscar.

Essa responsabilidade de ser, esse medir-se com o ser, só é na busca. Jamais é simplesmente. Jamais é um estar ali como coisa. Ou melhor, ser simplesmente, estar ali como coisa é na realidade um modo deficiente da busca; isto é, da busca no esquecimento do ser da busca.

O ponto crucial de uma tal busca consiste nisso: que a facticidade da busca jamais é da competência da própria busca, pois ao buscar já lhe foi dada de antemão como a sua possibilidade, mas de tal sorte que jamais lhe é dada como algo pré-jacente, mas sim como o que deve ser buscado.

Esse "ser dado de antemão" como a sua possibilidade é evocado na factualidade, no estar ali, na presença "material"; portanto, também na coisa, no cadáver, embora na fixação de um algo pré-jacente.

Medir-se com o cadáver significa, portanto, deixar-se tocar e importar pela provocação da questão do ser que, no seu ponto crucial, deve buscar ser o que jamais alcança ser, por já ter sido sempre, ao buscar. É, pois, a busca da facticidade do próprio ser da facticidade.

Como se dá essa busca como obediência de cadáver?

Na obediência de cadáver deve-se querer não querer o próprio querer para ser inteiramente acolhida do querer de Deus. Seria, pois, querer ser pura e simplesmente apenas a disposição de acolhida. Mas um tal querer, para poder ser a pura acolhida, não pode saber nem poder de antemão o que é a acolhida, nem o que é o querer de Deus. Nada deve poder saber, querer, fazer e poder a não ser apenas querer ser acolher. Uma tal disposição é o cadáver. Mas o cadáver, enquanto evoca a factualidade pura e simples, nem sequer é uma acolhida. É a ausência total da vida, do querer ser, da disposição. O seu "ser" é um simples estar ali "material" de um algo. Radicalizando mais o "ser" do cadáver, dissemos acima que uma tal presença "material", a factualidade, já é uma referência da existência e que essa referência, por sua vez, evoca um momento crucial da existencialidade da existência.

Existencialidade, pelo que viemos refletindo até agora, significa o movimento de transcendência da responsabilidade de ser, o medir-se com o ser. O cadáver, a coisa, a factualidade significam, por sua vez, também existencialidade e indicam o "estar ali", o "fato" do movimento de transcendência da responsabilidade de ser, a facticidade do medir-se com o ser. Existencialidade e facticidade assinalam o mesmo: o movimento de transcendência da responsabilidade de ser. Enquanto se tematiza o momento-movimento da transcendência usamos de preferência o termo *existencialidade*. E enquanto se tematiza o momento-fato da transcendência usamos de preferência o termo *facticidade*.

Facticidade, porém, mais do que existencialidade, tematiza na questão do ser o seu ponto crucial. Busca o instante da origem, o nada da sua possibilidade, o ser da existencialidade. Entrementes, essa busca não é mais a busca de uma causa última, de um princípio originário, pois tanto causa como princípio já dizem demais e não permanecem no ponto do abismo da questão do ser.

Em que consiste o ponto do abismo? Na simplicidade da facticidade.

Em que consiste a simplicidade da facticidade? Em a busca, em a acolhida ser simplesmente a facticidade. Quando falamos da acolhida, da busca pensamos logo no objeto do acolhimento, no objeto da busca. Mas nem Deus, nem o querer de Deus, nem o querer do homem, nem o cadáver, nem a facticidade, enfim, nenhuma realidade é objeto no nível da facticidade. É que ser objeto é também facticidade, no seu modo deficiente. Por isso, as determinações como antes, além, depois, inicial, final, origem, causa, princípio não devem ser representadas como algo do objeto. Todas essas determinações, juntamente com *realidades* como Deus, querer de Deus, o instante da origem, o nada da possibilidade, o ser da existencialidade, a facticidade etc. devem ser pensadas na imanência do corpo da facticidade.

Pensar aqui não é mais representar, é, antes... Antes o quê? Na perplexidade da impossibilidade de dizer o quê, digamos: é a pregnância do silêncio que vibra de leve à flor da pele do corpo da existência como o puro recolhimento de ser simplesmente, sem porquê, sem para quê, sem de onde, sem para onde, um absoluto simples nada ser, tão nada; tão absolutamente nada que nem sequer é esse tanto do nada. É, pois, o nada do nada, o silêncio do silêncio, o não poder do não poder, o não saber do não saber, a morte da morte: o cadáver.

O ser, a origem, não passa de um tal cadáver; ou melhor, é muito menor, no seu retraimento.

Ao finalizar esta reflexão desengonçada voltemos a Frei Junípero. Se Frei Junípero é o corpo do discipulado de um tal cadáver, necessariamente será sempre de novo nu e em tudo o que diz e não diz, em tudo o que faz e não faz, em tudo o que é e não é dirá: "...mas se mo tirares das costas, não te impedirei". E isso de tal modo que esse seu dizer atinge o dito do seu próprio dizer. Pois não poder impedir e deixar-se fazer, em deixando de fazer, por ser tão pouco que nem sequer pode ser o pouco do nada, é *a alegria da origem de Frei Junípero, que dava o que podia pelo amor de Deus-cadáver.*

E diz Angelus Silesius (1624-1677):
O homem é todas as coisas:
Se algo lhe falta,
Ele, na verdade,
Ignora sua própria riqueza[80].

Se o diabo pudesse abandonar a busca de si mesmo,
Tu o verias, de imediato, assentar-se no trono de Deus[81].

# 16 Da obediência[82]

Obediência, na acepção usual, é um relacionamento do poder. Poder é o pressuposto a partir do qual se estabelece a medida de superior e inferior. Quem tem mais poder é superior; quem tem menos poder é inferior. O inferior, pela sua posição na escala do poder, é submisso ao superior. A superioridade no poder dá ao superior o direito de mando e ao inferior o dever de submeter-se à vontade do superior, executando, cumprindo as suas ordens, estando-lhe sujeito. Manda quem tem poder; obedece quem não tem poder. Essa submissão, decorrente da estruturação do poder, e tudo quanto ela implica referência ao fazer e não fazer do nosso cotidiano, chama-se obediência. Nessa perspectiva o fundamento da obediência é o poder. Mas o que fundamenta o poder? Dizemos: a autoridade. Mas de onde vem a autoridade? Em que consiste a autoridade? Se a autoridade é o fundamento do poder, então onde há autoridade também há o poder? Onde há o poder também há a autoridade?

Você dirá: esse esquema não é adequado para esclarecer a obediência religiosa, hoje. Na comunidade, cujo pressuposto é o fraternismo, somos todos iguais. Não há superior nem inferior. O que existe é a co-responsabilidade de todos para com a comunidade. Essa co-responsabilidade estabelece funções de cada um na sua co-responsabilidade pela comunidade. Caso se escolha um

---

80. "Der Mensch ist alle Ding: ists, dass ihm eins gebricht, / So kennet er fürwahr sein Reichtum selber nicht." In: ANGELUS SILESIUS, J. [JOHANNES SCHEFFLER]. *Cherubinischer Wandersmann, oder Geist-Reiche Sinn- und Schluss-Reime zur Göttlichen beschauligkeit anleitende*. [...] herausgegeben von Louise Gnädinger nach dem Text von Glatz 1675. Zurique: Manesse, 1986, aforismo 140, livro 1, p. 131 [Ed. bras.: ANGELUS SILESIUS. *O peregrino querubínico*. São Paulo: Paulus, 1996, p. 45] [Tradução nossa].

81. "Dafern der Teufel könnt aus seiner Seinheit gehn, / So sähest du ihn stracks in Gottes Throne stehn." Ibid., aforismo 143, livro 1, p. 132 [Ed. bras., p. 46] [Tradução nossa].

82. Tendo como título "A obediência", este artigo foi publicado originalmente em *Grande Sinal*, vol. 29, n. 7, set./1975, p. 483-490. Petrópolis.

membro da comunidade como o coordenador, isso não significa que ele tenha mais poder, seja superior no poder. Ele é apenas o representante, o dinamizador daquilo que fundamenta e move a comunidade: da co-responsabilidade fraternal. Mas o que é isso: a co-responsabilidade fraternal? A que responde, a que corresponde, a que e com que se mede a co-responsabilidade? Ao bem da comunidade? Mas o que e quem estabelece o que é bom para a comunidade? O coordenador? O mais inteligente? O mais santo? O diálogo? Mas a partir de onde, seja o coordenador ou o mais inteligente, seja o mais santo ou o diálogo, estabelece o que é bom para a comunidade? A partir de onde vem a determinação daquilo que funda, fundamenta e move a comunidade? Na comunidade onde cada qual é igual na co-responsabilidade fraternal, cada qual tem suas funções. Essas funções têm respectivos direitos e deveres, determinações de suas competências, do que pode e do que não pode. Embora não gostemos de falar do poder, do superior e inferior, aqui, na estrutura funcional, volta de novo, de uma forma bem camuflada, o problema do poder e da autoridade, insinuado acima: o que fundamenta o poder e o não poder das funções na comunidade? A co-responsabilidade? Mas a que corresponde a co-responsabilidade? Em que consiste a essência, o vigor da co-responsabilidade? Se a co-responsabilidade é o fundamento das funções, então onde há co-responsabilidade também há funções? Onde há funções também há co-responsabilidade?

Na renovação, ao trocarmos o esquema do poder e da autoridade pelo esquema da co-responsabilidade, pensamos ter superado a concepção antiga da obediência. No entanto, a troca de esquema apenas camuflou a questão, pois deixou de colocar e esqueceu a questão essencial da obediência: o que é a essência da autoridade cristã, para nós franciscanos?

Autoridade vem do latim *auctoritas*. *Auctoritas* é o beneplácito adequado que autentica o autor, o certificado, o testemunho da autoria do autor.

Autor, *auctor* em latim, vem do verbo *augere* e significa fazer crescer, aumentar, encher, enriquecer. Intransitivo: tornar-se maior, crescer, aumentar. Autoridade é o que certifica, faz aparecer a verdade do aumento, do crescimento. O que faz aparecer a verdade do crescimento é a plenitude do vigor de crescimento, a concreção. A autoridade é a plenitude do vigor do crescimento. Com outras palavras, autoridade é o ser do crescimento.

Em *A via de Chuang Tzu* uma anedota nos diz como é a autoridade enquanto o ser do crescimento. Ei-la:

> Chi Hsing Tzu era treinador de galos de briga para o Rei Hsuan. Estava treinando uma bela ave. Sempre perguntava o rei se a ave estava

pronta para a briga. "Ainda não", dizia o treinador. "Ele é fogoso. É pronto para atiçar briga com qualquer ave. É vaidoso e confiante na sua própria força". Depois de dez dias, respondeu novamente: "Ainda não. Eriça-se todo quando ouve outra ave grasnar". Depois de mais dez dias: "Ainda não. Ainda está com aquele ar irado e eriça as penas". Depois de dez dias, disse o treinador: "Agora ele está quase pronto. Quando outra ave grasna, seu olho nem mesmo pisca. Fica imóvel como um galo de madeira. É um brigador amadurecido. Outras aves olharão para ele de relance e fugirão"[83].

A imobilidade do galo é como a plenitude-contenção do crescimento do vigor da luta que, por assim dizer, é toda presença na sua serena grandeza. Aqui o ser é a própria presença do vigor como o desenvolvimento pleno do concrescimento; isto é, da concreção. Esse desvelamento da plenitude é a autoridade. Por isso, a autoridade é a plenitude do poder. A plenitude do poder como autoridade é, porém, serena em si mesma por ser puro poder. De um tal poder da autoridade diz Lao-Tse:

> Quem pode conduzir bem não é guerreiro.
> Quem pode lutar bem não é raivoso.
> Quem pode superar bem os inimigos não luta com eles.
> Quem pode usar bem os homens mantém-se submisso a eles.
> Isto é a vida que não luta.
> Isto é a força que envia os homens.
> Isto é o polo que alcança até os céus[84].

Mas em que consiste a serenidade do poder da autoridade? O que é o puro poder? O puro poder é poder puro. A inocência do poder na sua propriedade; isto é, na sua vitalidade. A vitalidade da inocência do poder como o poder da inocência é a autoridade. É dessa autoridade que vive a obediência. Como entender isso?

O substantivo *poder* vem do verbo poder. Em latim se diz *possum, potui, posse* (posso, pude, poder). *Posso, possum*, vem do *potis sum*. No proto-indo-europeu *poti-s* significa senhor, regente, o pai de família, esposo; *poti* significa mesmo, próprio; em alemão, *selbst*; em inglês, *self*. No hindi antigo,

---

83. "O galo de briga". In: MERTON, T. *A via de Chuang Tzu*. Op. cit., p. 142-143.

84. In: BUZZI, A.R. *Itinerário – A clínica do humano*. Petrópolis: Vozes, 1977, p. 117-118. Cf. tb. LAO-TZU. *Tao-Te-King*. São Paulo: Pensamento, 1995, p. 107 [Texto e comentário de Richard Wilhelm].

em vez de *poti* se dizia *paiti*: senhor, dono, esposo; *pátyate*: ele domina, rege, participa.

O que insinua, pois, o poder enquanto ser senhor, pai, regente, esposo, próprio, mesmo, participante?

Hoje, sob o domínio do poder da subjetividade entendemos todas essas palavras como indicativos do sujeito. Primordialmente há o sujeito que, por sua vez, possui a função, o atributo de ser senhor, regente, pai, ele mesmo etc. Essa colocação nos impede de vermos o verdadeiro sentido do poder. Para compreendermos radicalmente o que é o poder faz-se necessário pensar, por assim dizer, às avessas: primordialmente há senhorio, dominância, paternidade, esponsabilidade, identidade, propriedade. O "sujeito" não é outra coisa do que participante, a concretização dessa realidade primordial. Senhor, regente, *dominus*, esposo, pai são a presença do vigor; isto é, autoridade do senhorio, regência, dominância, *esponsabilidade*, paternidade. Somente enquanto tais, o senhor é senhor, o rei é regente, o dono é *dominus*, o pai é pai de família. O senhor é, enquanto autoridade, servo, à mercê do senhorio; o pai é, enquanto autoridade, servo, à mercê da paternidade; o esposo é, enquanto autoridade, servo, à mercê da *esponsabilidade* (de esposo). Os termos *senhor, rei, pai, esposo* não são, nessa perspectiva, substantivos, mas sim adjetivos! Poder, portanto, é o modo de ser do servo; isto é, servir, acolher. É nesse modo, nesse acolher que o senhor, o *dominus*, o rei, o esposo se apropria, vem a si naquilo que per-faz a propriedade dele mesmo: a *autoridade*. Por isso, não é pelo fato de o rei possuir a regência como sua posse que ele tem o poder. Antes, pelo contrário, é na medida em que é possuído pelo senhorio, é na medida em que o rei é possuído pela regência que ele tem o poder. É nesse sentido que eles participam do poder.

Poder significa, portanto, a atitude; isto é, a aptidão de acolhida. Mas acolhida de quê? O que é isso que constitui o vigor do poder, que vem à fala nas palavras como senhorio, dominância, regência, paternidade, *esponsabilidade*? Não há, na acepção destes termos, para a nossa compreensão usual, algo como a dominação do poder? A dominação do poder que parece contradizer o modo de ser da acolhida?

Vamos chamar de *regência* o vigor que dá autoridade, isto é, a plenitude do crescimento ao senhor, ao rei, ao pai, ao esposo, e que na nossa compreensão usual se entende como dominação do poder e poder da dominação. Em que consiste originariamente a regência a que se refere o senhor, o rei, o pai, o esposo no seu poder como a acolhida?

*Regência, rei* vem do verbo *reinar, reger. Reger* (latim: *rego, regere*) tem o radical proto-indo-europeu *reg*: ereto, colocar ereto, erigir, dirigir. Nós entendemos a expressão colocar ereto, erigir, abstratamente como movimento geométrico. Algo deitado, horizontal, move-se para a posição vertical. No entanto, Ez 37,10 insinua-nos como sentir o colocar ereto do reger: corpos deitados, inanimados, como que no profundo sono da morte; para esse monte de corpos inertes, que não dão sinal de vida, mortos, dirige-se a palavra do Senhor, qual zéfiro sobre as copas da floresta obscura e emudecida no torpor da noite. De repente, a massa inerte se agita na festa da alegria de viver e se levanta ereta, ressurge como a coorte ordenada na plenitude do seu vigor. O ereto, portanto, significa mais do que uma posição geométrica. Indica antes o ressurgir da vida no vigor da sua presença. Por isso, por exemplo, a eclosão de verdor depois de uma chuva na terra árida do deserto é erigir-se, colocar-se ereto, o viço: a vigência, isto é, a regência. Reger é, portanto, o movimento do aparecimento da vida, a vigência da cordialidade de ser. Assim, podemos dizer: o poder como regência é a vigência da cordialidade de vida.

Como é, porém, a vigência desse poder: a regência? Diz Lao-Tse:

> O Tao é transbordante: pode estar à direita e à esquerda. Todas as coisas lhe devem o seu ser, e não o nega a ninguém. Consumada a obra, não a destina como sua posse. Veste e alimenta todas as coisas e não se faz seu senhor. Enquanto jamais é possessivo, pode-se chamá-lo de menor. Enquanto todas as coisas dele dependem, sem o conhecerem como senhor, pode-se chamá-lo de grande. Por isso, também o enviado nunca se faz grande; assim perfaz a sua grande obra[85].

A dominação da cordialidade de vida, a regência, é algo como a presença da tarde de outono. Na suavidade clara da transparência, a tarde, a véspera acolhe a paisagem, fazendo-a aparecer, em tal acolhida, nítida em todos os seus detalhes. Essa maneira de dominação do poder é a plenitude do poder, a autoridade, e se chama: a paz. Há nesse poder algo como carinho do esposo, algo como o rigor sereno da bondade do pai, algo como ternura e cuidado da mãe e, ao mesmo tempo, algo como a dignidade humilde da grandeza do rei: a benignidade.

Essa maneira de ser da vigência da plenitude do poder São Francisco chamou de servir ou ser menor. Servir ou ser menor é o modo de ser do puro

---

85. In: BUZZI, A.R. *Itinerário...* Op. cit., p. 119. Cf. tb. LAO-TZU. *Tao-Te-King.* Op. cit., p. 70.

poder. Poder como servir é a inocência; isto é, a nascividade, a originalidade do poder. A verdadeira garantia, a autoridade do poder é a sua inocência.

Mas por que o termo *servir, servo*? Servir é um termo que elimina toda e qualquer suspeita de superioridade, de ser mais, melhor. O poder que serve pode ser generoso, superabundante, vivo, forte e apaixonado, mas não tem a conotação de domínio, opressão, superioridade, "poder". Quem serve dá tudo, mas fá-lo não por favor, não à mercê da grandeza da sua generosidade, mas como quem recebe o favor. Mas, no poder, essa doação de quem recebe o favor não é "humildade" no sentido de submissão ao "poder", ao direito, ao medo do outro, mas sim: a total abertura de simpatia; diria meiguice, ternura, uma liberdade gratuita da bondade. É o pudor do mistério que ao se dar se retrai no seu recolhimento, sem se posicionar. É nessa gratuidade que a mãe serve ao seu recém-nascido. É a doação agradecida e graciosa do encontro, é aquela abertura que se expressa numa única palavra, num único olhar: Tu (cf. Jo 20,16). Essa gratidão, essa benignidade, essa ternura é o núcleo da inocência do poder, do servir, da regência. Isso traz consequências para a nossa concepção do poder do Deus do Evangelho. Deus, ao se manifestar, não se revela como majestade, força, doador supremo, como ser supremo, mas sim como benignidade, gratuidade, gratidão, graça no servir. Ele é o servo de toda humana criatura. Enquanto servo, Ele é frágil, vulnerável, não tem outro poder a não ser essa regência da benignidade, a não ser o rigor, a limpidez e o pudor da bondade, a gratuidade ela mesma, e nada mais: "A rosa é sem porquê. Floresce por florescer" (Angelus Silesius). A fragilidade dessa gratuidade, no entanto, é mais radicalmente vigor do que o poder de dominação, pois é a jovialidade de ser. É a nascividade, a inocência, a liberdade da fluência de ser, da vida que não necessita do poder de dominação para poder ser em superabundância. Essa nascividade é tão jovial que consegue, de graça e com graça, assumir e sustentar tudo que o poder de dominação não consegue assumir: a negatividade. Na sua cordialidade colhe e recolhe o mais baixo, o mínimo, com tanta graça e gratidão, de tal sorte que nada há que não seja de graça e graça do mistério. Por isso podemos também definir o poder do Deus de Jesus Cristo como a minoridade de Deus e Deus de minoridade.

Encarnação, Jesus Cristo como envio da história que veio para servir, é a concretização desse poder da regência de Deus. A boa-nova de Jesus Cristo consiste em proclamar que ser homem, ser criatura, ser livre, realizar-se humanamente é poder servir assim, dessa maneira tão límpida, tão humilde, tão gratuita, na jovialidade e no pudor de ser como só Deus pode e consegue ser. Ser assim é ser menor. Mas ser menor assim é ser verdadeiramente poderoso como filho de Deus. Nesse servir a toda humana criatura podemos dizer, exclamar do fundo do coração, a partir do núcleo da nossa identidade: "*Abba, Pai!*", pois somos apropriados do mesmo poder de Deus, somos os herdeiros do seu poder, servindo na gratuidade da cordialidade da autoridade de Deus. É desse poder que vive a obediência.

O termo *obediência* vem do latim *oboedientia*. *Oboedientia* é a contração de duas palavras: *ob + audientia*. Obediência é *ob-audiência*. *Ob* é uma preposição indicativa da abertura de acolhida. *Audiência*, que vem do verbo *audire*, isto é, ouvir, indica o vigor da escuta. *Ob-audiência* é, pois, a atitude de ser todo ouvido na escuta e acolhida. A partir do que até aqui refletimos, a obediência é a radical acolhida do mistério do poder da autoridade e da autoridade do poder do Deus de Jesus Cristo; isto é, a atitude que se chama servir. Auscultar em tudo, também no impositivo da prepotência, no "poder" imperialista de uma época, de uma estrutura, a presença da inocência do poder de Deus, e empenhar-se de corpo e alma para se libertar, na acolhida dessa inocência, para o poder puro da liberdade, isto é, da cordialidade, e só contar com a garantia do poder da inocência do mistério da gratuidade de Deus, é obediência.

Se é assim, invertendo a formulação usual – "manda quem tem autoridade, manda quem tem poder" –, devemos dizer: só pode obedecer quem tem autoridade, poder, isto é, quem se apropriou, tornou-se propriedade do aumento da cordialidade de Deus. Não é nessa obediência que se constitui a liberdade enquanto liberdade dos filhos de Deus?

Para reflexão: Como aparecem no nosso cotidiano o poder e a autoridade? Favor re-cordar: as considerações acima não precisam ser aceitas ou seguidas. Só servem para provocar a reflexão. Provocar tem também o sentido de irritar. Mas não foram escritas para irritar de propósito. Não se trata de uma técnica de provocação. Provocar significa chamar para frente, chamar à patência. O pensamento provoca no sentido de não me poupar no empenho de trazer para frente de mim mesmo o que me move no cotidiano. O pensamento, em vez de facilitar, agrava o trabalho. Isso pode irritar a gente. No entanto, a verdadeira dificuldade do trabalho não reside em sentir a dificuldade do problema, mas sim em não sentir a gravidade, o peso do problema. Sem a ponderação devida do problema caímos facilmente na repetição dos lugares-comuns da nossa representação. Por isso, encarecidamente se pede que as considerações aqui desdobradas sejam usadas como pro-vocação no sentido acima insinuado. Essas não podem nem querem poupar você do empenho de pensar por si mesmo o problema na sua gravidade. O vigor do empenho de pensar é como a morte.

Ninguém pode morrer em seu lugar. Ninguém pode lhe dar esse vigor a não ser você mesmo.

## 17 Da virgindade consagrada: um problema do celibato?[86]

O título "Da virgindade consagrada: um problema do celibato?" indica tão somente a perplexidade da presente reflexão. Pois a reflexão não sabe por que e o que interrogar, ao se colocar o problema do celibato em referência à virgindade consagrada.

No que segue, as considerações malformuladas não passam de articulações imprecisas e fragmentárias dessa perplexidade: em que consiste afinal a coisa; isto é, a causa da virgindade consagrada que se coloca como o problema do celibato?[87]

### Primeira reflexão

Perguntamos, hoje: o celibato tem ainda sentido ou não?

Há razões pró e contra. Mas o que se entende por celibato?

O celibato do sacerdote secular, o celibato do sacerdote religioso, do religioso leigo, da religiosa. O celibato sob o aspecto jurídico, sob o aspecto sociológico, psicológico, biológico, fisiológico, religioso, antropológico, teológico, pedagógico, humano, místico etc. Em todas estas colocações a palavra *celibato* diz sempre a mesma coisa?

---

86. Tendo como título "A virgindade consagrada: o problema do celibato?", este artigo foi publicado originalmente em *Grande Sinal*, vol. 28, n. 5, jun./1974, p. 323-339. Petrópolis.

87. A perplexidade aqui não é propriamente a do questionamento, hoje colocado à virgindade consagrada e ao celibato, a partir de diferentes ângulos de interpretações e observações críticas provenientes das pesquisas, como, p. ex., historiográficas, psicológicas, sociológicas etc. Os questionamentos de tais pesquisas são necessários e de grande utilidade para que a *coisa* da assim chamada *vida religiosa consagrada* não se cerque de muros de compreensões – sejam as tradicionalistas como as progressistas; as dogmatizadas quanto as ideologizadas; e, por que não dizer, até as supersticiosas usadas para assegurar-se de suas posições não "bem-evidenciadas". No tocante aos itens da *vida religiosa consagrada* e também da *vida cristã* em geral, as seguintes reflexões operam numa certa ingenuidade; a saber, que todas as coisas da vida espiritual possuem, *no seu ser, isto é, na sua essência*, plena valência, ou melhor, nem sequer conseguiram alcançar até agora, na Modernidade, uma concreção e compreensão adequadas. A respeito de tal perplexidade convém retomar as considerações feitas tanto na introdução quanto na primeira reflexão deste nosso livro.

O sujeito do celibato são sacerdotes seculares e sacerdotes religiosos, religiosos leigos e religiosas. Um grupo de indivíduos juridicamente bem determinado. O indivíduo que pertence a esse grupo tem uma coisa que os outros não têm: o celibato. O que é essa coisa especial que o indivíduo celibatário tem? Concernente ao masculino, tem a peculiaridade de não ter uma mulher como esposa. Concernente ao feminino, tem a peculiaridade de não ter um homem como marido. Tem, portanto, o característico de não contrair matrimônio.

O que significa, porém, mais estritamente, não contrair matrimônio? Significa não ter relação sexual corporal com o indivíduo do sexo oposto, juridicamente sancionada sob o nome de matrimônio. O núcleo dessa coisa chamada celibato pode ser, pois, reduzido ao não ter relação sexual corporal com o outro sexo. O celibato é, portanto, a abstenção da relação sexual corporal com o outro sexo. Mas só isso não basta para receber o nome de celibato. A abstenção deve ser sancionada, assegurada juridicamente por uma sociedade; no nosso caso, pela Igreja.

Celibato é a abstenção do sexo, sancionada pela Igreja. Uma definição unilateral, simplória, material. O celibato não é só isso. É muito mais. É um todo complexo de aspectos e implicações.

Mas o que é essa coisa chamada "um todo complexo de aspectos e implicações"? O aspecto psicológico, sociológico, fisiológico, jurídico, religioso do celibato; a implicação psicológica, sociológica, fisiológica, jurídica, religiosa do celibato. O celibato, essa coisa que tem todos esses aspectos e todas essas implicações, o que é? O que é o *subiectum*; isto é, aquilo que está debaixo de todos os aspectos, de todas as implicações, como o núcleo comum a todos eles? Não é a abstenção da relação sexual corporal com o outro sexo? A sanção jurídica, acima mencionada, já é um aspecto.

Portanto, o que constitui o núcleo material objetivo do celibato é o estado físico, proveniente da abstenção da relação sexual corporal com o outro sexo: a virgindade física. Os diversos aspectos são pontos de vista, diferentes enfoques, interpretações, a partir e dentro dos quais consideramos esse fato material. As implicações são as possibilidades implícitas nesses pontos de vista.

Mas por que dizer o estado físico proveniente da abstenção da relação sexual corporal com o outro sexo? O acréscimo "com o outro sexo" não indica que o fato material chamado virgindade física já é o produto de um ponto de vista, de uma interpretação? Sob o aspecto meramente físico material, que diferença há entre a abstenção da relação homossexual ou da heterossexual ou mesmo das diversas formas corporais de autossatisfação e das sensações corporais? Nessa linha de consideração, o que resta por fim como o puro fato material objetivo do celibato é apenas... O quê? O corpo físico casto? Mas "o corpo físico casto" já não é a expressão de um ponto de vista? Sob o aspecto meramente físico-material, o corpo não é um organismo vivo composto de moléculas, átomos ou coisa semelhante? Podemos dizer, por acaso, que a molécula é casta? Mas também as moléculas e os átomos não são objetos do ponto de vista da física?

Dissemos acima "sob o aspecto meramente físico-material". Isto significa que o assim chamado fato meramente físico-material já é um aspecto de um ponto de vista, uma interpretação. O que é, pois, "meramente físico-material"?

Perguntamos, hoje: o celibato tem ainda sentido ou não? Respondemos: sim ou não. Mas antes de responder à pergunta, na própria colocação da pergunta já posicionamos a afirmação: o celibato é uma coisa. Mas não dizemos que o celibato é mais do que uma coisa, um todo complexo de aspectos e implicações? A que se referem os aspectos e as implicações? A que sobrevém esse "mais" acrescentado? Ao perguntar, ao responder, ao afirmar, ao negar, quando usamos o substantivo *celibato* como o sujeito da sentença, não supomos já de antemão um núcleo de atribuições, a que chamamos de coisa? Essa coisa é o corpo físico ao qual atribuímos a abstenção sexual? Não, é anterior, pois lhe atribuímos a corporeidade física. O que é então a coisa, o algo, o *quid*, o objeto, o ponto básico de todas as atribuições dos aspectos e dos pontos de vista?

Quando dizemos o celibato sob o aspecto sociológico, fisiológico, psicológico, religioso, teológico etc. pressupomos como a base e o ponto de convergência de todos os aspectos, esse enigmático algo, a coisa. Mas o próprio algo, a coisa é também aspecto: o aspecto dos aspectos. Estamos assim na mesma situação do macaco que começou a descascar a cebola em busca do caroço e descobriu, perplexo, que o caroço não passava de última casca...

O que é, pois, o celibato? O celibato diz seus aspectos. O algo, o quê substantivo que representa a objetividade do celibato é também um aspecto. De onde provêm os aspectos? Do ponto de vista. O ponto de vista depende da posição. Ser-posição é ser sujeito do ponto de vista, a partir do qual os entes se apresentam como objetos do enfoque.

O que é celibato depende da posição do sujeito. O celibato recebe o seu sentido determinado conforme o enfoque da posição do sujeito. Por isso, perguntar o que é o celibato equivale a perguntar pela posição do sujeito, a partir da qual o celibato recebe a determinação do seu ser.

Portanto, o problema do celibato é subjetivo?

*Pro-blema* vem do verbo grego *probâllein*. A partícula *pro* do *probâllein* significa diante de, para frente de; mas significa também a *patência*, a abertura da possibilidade de manifestação. *Bâllein* significa lançar, jogar; mas também acertar, ferir.

*Probâllein* é, pois, o movimento que no próprio lance do movimento se atinge a si mesmo como jogada perfeita e, ao se atingir, patenteia-se na possibilidade do seu vigor. Não se atingir, isto é, errar de e a si mesmo, é um modo deficiente do *probâllein*.

Usualmente imaginamos a posição do sujeito como um ponto fixo que constitui a substância do sujeito. Este sujeito lança o projeto. É usual representar o projeto como uma coisa em si e denominá-lo objeto. No entanto, esse esquema estático é fixação abstrata do movimento do *probâllein*. Ele só é a partir da dinâmica do *probâllein*. Assim, ter ou lançar algo como objeto diante de si e ter-se como o sujeito e o agente do projeto já são produtos da estruturação do *probâllein*, que patenteia a possibilidade do vigor dessa mesma estruturação.

O vigor que constitui a identidade do movimento de estruturação se chama possibilidade. A patência por e para o envio desse vigor se chama existência. O problema do celibato é possibilidade da existência. O celibato é existencial.

O termo *existencial* é geralmente malcompreendido. Existencial não significa subjetivo, apenas individual, privativo, vivencial; mas sim, essencial. Essencial é o que perfaz o vigor de identidade que recolhe e instaura os multiformes pro-blemas do viver numa unidade interior. Essa unidade interior é a abertura, o *ex* que fundamenta as diferentes posições da vida, inclusive o próprio ser da posição como subjetividade e objetividade. O que dá o sentido às posições, às coisas do nosso fazer, do nosso representar, do nosso sentir é essa abertura. Se entendo essa abertura como *subiectum* – isto é, como a doação fundante e fundamental da possibilidade do sentido dos entes em seu todo –, então o termo *subjetivo* perde a sua conotação do individual, do privativo para indicar uma questão da identidade essencial que está para além – ou melhor, para aquém – do individual e social, do subjetivo e objetivo, do vivencial e teorético. Assim, o existencial se dá no *probâllein* constitutivo da posição do sujeito, a partir da qual se articulam os enfoques, os aspectos e as perspectivas.

Por isso, dizer que o celibato é isto ou aquilo nada diz. O que importa é acolher a referência da abertura existencial, a partir da qual o celibato é colhido na sua identidade originária. O problema do celibato é o questionamento acerca da identidade essencial do nosso viver.

Perguntar pelo sentido do celibato é perguntar pela identidade essencial do nosso viver. Perguntar pela identidade essencial do nosso viver é deixar nos questionar pelo sentido do ser que, ao se enviar no nosso viver, concresce e se consuma como obra da vida, constituindo a nossa identidade essencial como história. Na consumação da nossa identidade como obra o sentido do ser se retrai como silêncio do mistério da liberdade.

Portanto, perguntar pelo sentido do celibato é perguntar pelo sentido do ser que per-faz e envia o sentido do *subiectum* da pergunta pelo sentido do celibato.

O celibato não é de antemão como isto ou aquilo. Ele é na medida da concreção do sentido do ser que se historia como obra na consumação do viver celibatário. Por isso, o problema do celibato não pode ser colocado como um problema sobre uma coisa existente em si, como um problema comum, objetivo. No entanto, dizer que o celibato não se deixa colocar como um problema objetivo e comum não equivale a dizer que o problema do celibato é uma questão individual, subjetiva, privativa. Do fato de uma realidade não ser objetiva e comum não se conclui necessariamente que ela seja individual, subjetiva e privativa. O comum e o individual, o objetivo e o subjetivo são correlativos. Por isso podem ser opostos. O que, porém, instaura a identidade do binômio da correlação, o que possibilita a oposição, transcende os termos da correlação. A recusa do celibato em se deixar colocar como um problema objetivo e comum indica a transcendência da sua colocação. Essa transcendência é a propriedade do fenômeno humano, a existencialidade. Como possibilidade existencial o celibato é cada vez na sua concreção como totalidade, anterior à fixação, seja ela objetiva ou subjetiva, comum ou individual. A totalidade existencial não é soma, organização ou ajuntamento de partes. Não é jogo correlativo de funções dentro de um sistema. Não é também um todo concreto individualizado. É, antes, o lance originário do movimento da história no envio do mistério do ser que, ao se constituir como obra, abre-se e conserva-se como a possibilidade das totalidades. Esse movimento de abertura das totalidades é propriamente o universal.

Celibato se refere ao latim *caelebs*. *Caelebs* se compõe de *cae* e *lebs*. O termo *cae* deriva do proto-indo-europeu *qaivelo*, que no hindi antigo é *kévalah*. Significa só, próprio, completo, íntegro, todo e inteiriço, per-feito. O termo *lebs* vem do proto-indo-europeu *libh* e significa vivendo, vivente. A tendência originária da palavra *caelebs* parece, pois, dizer: *caelebs* é a existência como obra per-feita da vida, o *perfectum* do viver: o satisfazer-se, o regozijar-se da vida como a propriedade do envio a partir de e para a pura nascividade do ser como viver consumado. *Caelebs* significa a solidão perfeita da vida.

No século VIII o pintor chinês Wu Tao-Tseu terminou a sua derradeira obra: um afresco pintado no muro do palácio imperial. Trabalhou sem pressa, com amor e dedicação, na solidão, ocultando a sua obra. Ao terminar, Wu Tao-Tseu chamou o imperador e tirou o véu que cobria o afresco. Diante do imperador se descortinou uma paisagem maravilhosa: montanhas, florestas, imenso céu aberto semeado de nuvens e pássaros, e o vale dos mortais.

Wu Tao-Tseu disse ao monarca: "Numa caverna ali nas montanhas mora o deus da paisagem. Vinde comigo, eu vos conduzirei. Vamos ao seu encontro, ao encontro da paisagem das paisagens". E bateu as palmas. Uma gruta se abriu e o artesão entrou nela. Voltou-se para o imperador e lhe acenou. Este quis dizer uma palavra e segui-lo. Mas, de repente, a paisagem e o artista desapareceram. E diante do monarca estava a parede fria, uniforme e vazia, do muro imperial.

O deus da paisagem é o envio da identidade da obra. Abrir-se como montanhas, florestas, céu, nuvens, pássaros e vale, diferenciar-se a partir de e para o envio da identidade como a paisagem per-feita é existência: o viver consumado na solidão perfeita do envio da identidade. A via da identidade perfeita é história. Ela só é na concreção. De fora, a partir da determinação objetiva, a partir das coisas, montanhas, florestas, céu, nuvens, pássaros e vale não há o acesso ao deus da paisagem nem à paisagem das montanhas, das florestas, do céu, das nuvens, dos pássaros e do vale dos mortais. Pois, sem a viagem existencial, como concreção da obra na identidade da diferença e na diferença da identidade, só há o muro frio, uniforme e vazio do saber imperialista da objetividade.

O esquecimento do envio da identidade, a partir da qual o celibato recebe o seu sentido e para a qual ele se destina como a obra da solidão perfeita, não nos tolhe o olhar para acolher a diferença da identidade do celibato?

### Segunda reflexão

No cristianismo, a perfeição da vida se chama o amor de Deus do Evangelho. O país do amor de Deus do Evangelho é o Reino dos Céus. O celibato cristão é o não matrimônio por causa do Reino dos Céus. O amor de Deus do Evangelho, o vigor instaurante do Reino dos Céus é, no entanto, a jovialidade da cruz. A identidade do celibato cristão está, pois, na jovialidade da cruz.

Existe uma velha legenda medieval que fala da jovialidade da cruz. A leitura do texto e o seu comentário são apenas sugestões para nos deixarmos questionar pela causa do celibato, acerca do problema do celibato.

Eis o texto:

*Do aceno de São Francisco de Assis a Frei Leão, que somente na cruz se encontra a perfeita alegria* – Vindo uma vez São Francisco de Perusa para Santa Maria dos Anjos com Frei Leão em tempo de inverno, e como o grandíssimo frio fortemente o atormentasse, chamou Frei Leão, o qual ia mais à frente, e disse assim: "Irmão Leão, ainda que o frade menor desse na terra inteira grande exemplo de santidade e de boa edificação, escreve, todavia, e nota diligentemente que nisso não está a perfeita alegria". E andando um pouco mais, chamou pela segunda vez: "Ó Irmão Leão, ainda que o frade menor desse vista aos cegos, curasse os paralíticos, expulsasse os demônios, fizesse surdos ouvirem e andarem coxos, falarem mudos e, mais ainda, ressuscitasse mortos de quatro dias, escreve que nisso não está a perfeita alegria". E andando um pouco, São Francisco gritou com força: "Ó Irmão Leão, se o frade menor soubesse todas as línguas e todas as ciências e todas as escrituras e se soubesse profetizar e revelar não só as coisas futuras, mas até mesmo os segredos das consciências e dos espíritos, escreve que não está nisso a perfeita alegria". Andando um pouco além, São Francisco chamou ainda com força: "Ó Irmão Leão, ovelhinha de Deus, ainda que o frade menor falasse com língua de anjo e soubesse o curso das estrelas e as virtudes das ervas, e lhe fossem revelados todos os tesouros da terra e conhecesse as virtudes dos pássaros e dos peixes e de todos os animais e dos homens e das árvores e das pedras e das raízes e das águas, escreve que não está nisso a perfeita alegria". E caminhando um pouco, São Francisco chamou em alta voz: "Ó Irmão Leão, ainda que o frade menor soubesse pregar tão bem que convertesse todos os infiéis à fé cristã, escreve que não está nisso a perfeita alegria". E durante este modo de falar pelo espaço de duas milhas, Frei Leão, com grande admiração, perguntou-lhe e disse: "Pai, peço-te, da parte de Deus, que me digas onde está a perfeita alegria". E São Francisco assim lhe respondeu: "Quando chegarmos a Santa Maria dos Anjos, inteiramente molhados pela chuva e transidos de frio, cheios de lama e aflitos de fome, e batermos à porta do convento, e o porteiro chegar irritado e disser: 'Quem são vocês?'; e nós dissermos: 'Somos dois dos vossos irmãos', e ele disser: 'Não dizem a verdade; são dois vagabundos que andam enganando o mundo e roubando as esmolas dos pobres; fora daqui', e não nos abrir e deixar-nos estar ao tempo, à neve e à chuva com frio e fome até à noite; então, se suportarmos tal injúria e tal crueldade, tantos maus-tratos, prazenteiramente, sem nos perturbarmos e sem murmurarmos contra ele e pensarmos humildemente e caritativamente que o porteiro verdadeiramente nos tinha reconhecido e que Deus o fez falar contra nós, ó Irmão Leão, escreve que nisso está a perfeita alegria. E se perseverarmos a bater e ele sair furioso e como a importunos malandros nos expulsar com vilanias e bofetadas dizendo: 'Fora daqui, ladrõezinhos vis, vão para o hospital, porque aqui ninguém lhes dará comida nem cama'; se suportarmos isso pacientemente e com alegria e de bom coração, ó Irmão Leão, escreve que nisso está a perfeita alegria. E se ainda, constrangidos pela fome e pelo frio e pela noite, batermos mais e chamarmos e pedirmos pelo amor de Deus com muitas lágrimas que nos abra a porta e nos deixe entrar, e se ele mais escandalizado disser: 'Vagabundos importunos, pagar-lhes-ei como merecem': e sair com um bastão nodoso e nos agarrar pelo capuz e nos atirar ao chão e nos arrastar pela neve e nos bater com o pau de nó em nó; se nós suportarmos todas estas coisas pacientemente e com alegria, pensando nos sofrimentos de Cristo bendito, as quais devemos suportar por seu amor; ó Irmão Leão, escreve que aí e nisso está a perfeita alegria, e ouve, pois, a conclusão, Irmão Leão. Acima de todas as graças e de todos os dons do Espírito Santo, os quais Cristo concede aos amigos, está o de vencer-se a si mesmo, e voluntariamente pelo amor suportar trabalhos, injúrias, opróbrios e desprezos, porque de todos os outros dons de Deus não nos podemos gloriar por não serem nossos, mas de Deus, do que diz o Apóstolo: 'Que tens tu que não hajas recebido de Deus? E se dele o recebeste, por que te gloriares como se o tivesses de ti?' Mas na cruz da tribulação de cada aflição nós nos podemos gloriar, porque isso é nosso e assim diz o Apóstolo: 'Não me quero gloriar, senão na cruz de Nosso Senhor Jesus Cristo'". Ao qual sejam dadas honra e glória in *secula seculorum*. Amém[88].

Eis o *comentário*[89]:

São Francisco, o fundador da Ordem, e Frei Leão, um dos seus seguidores mais próximos, vão a Santa Maria dos Anjos. Santa Maria dos Anjos é o berço

---

88. TEIXEIRA, C.M. (org.). *Fontes franciscanas e clarianas.* Op. cit., p. 1.501-1.503.

89. Depois de ser, em parte, modificado, de receber acréscimos e notas reflexivo-elucidativas, este comentário foi publicado com o título "O carisma da jovialidade" em HARADA, H. *Em comentando I Fioretti:* reflexões franciscanas intempestivas. Bragança Paulista: Edusf, 2003, p. 168-176. Também para a presente publicação foram efetuados no texto alguns acréscimos e mudanças.

da Ordem, o lar, onde reside o memorial mais íntimo, o aconchego originário do mistério da Ordem. São Francisco e Frei Leão voltam ao seu próprio lar. Mas os habitantes desse lar não conhecem seus próprios familiares, o seu progenitor e seu irmão, porque estes aparecem tão pobres, diferentes dos seus familiares. Francisco, a origem, volta à sua própria origem e lá se apresenta, na sua mais pura originalidade, como o mais íntimo da família que sabe à pobreza inicial. Mas não é reconhecido como pertinente à origem, ao lar. Assim, o pai e um dos filhos primordiais são expulsos do seu próprio lar e enviados para o hospital dos leprosos, o lugar onde principiou a história de São Francisco, onde Francisco foi colhido pelo mistério do servo leproso de Javé (Is 53,1-15), cujo toque everteu o seu saber, a ponto de o que antes lhe era amargor ser a doçura do seu vigor[90].

Francisco e Leão voltam para casa. Famintos, sujos, congelados pelo frio da caminhada hibernal. Em casa não os recebem por não os reconhecerem. Expulsam-nos como marginais e dão-lhes uma violenta surra, no frio da noite, sobre a neve lamacenta da estrada. E a legenda nos diz:

> "[...] o porteiro verdadeiramente nos tinha reconhecido... mas Deus o fez falar contra nós".
>
> Que o irmão porteiro não reconheça a Francisco e a Leão por engano é possível. Que o irmão porteiro não reconheça a Francisco e a Leão por maldade é possível. Mas que Deus não reconheça a Francisco e a Leão... O que significa essa rejeição de Deus?
>
> Francisco e Leão vivem austeramente a pobreza. Tão austeramente, que eles são em carne e osso o corpo da abnegação. Por causa da radicalidade da abnegação tornam-se irreconhecíveis aos seus irmãos. O mordente da sua austeridade é corrosivo e ameaça a vida da fraternidade. São excluídos do convívio familiar. Francisco e Leão, no entanto, podem se apoiar em Deus e dizer: os irmãos são instrumentos na mão de Deus. Deus está nos provando, purificando-nos para que alcancemos maior perfeição na autenticidade da abnegação. Ele nos permite uma tal situação para que possamos copiar literalmente seu Filho crucificado. Ao sermos colocados na situação do Crucificado somos autênticos, verdadeiramente abnegados, e assim podemos nos gloriar na cruz de Nosso Senhor Jesus Cristo.

Mas o que é essa abnegação que os dispõe a gloriar-se da cruz de Jesus Cristo? A própria abnegação da cruz de Jesus Cristo. Mas o que per-faz a

---

90. Cf. TEIXEIRA, C.M. (org.). *Fontes franciscanas e clarianas*. Op. cit., p. 188.

abnegação da cruz? A rejeição da cruz por Deus: "Meu Deus, meu Deus, por que me abandonaste?" (Mt 27,46). A cruz é o abandono da própria cruz por Deus, a condenação, a fala de Deus contra nós.

Como pode uma tal aniquilação da aniquilação ser perfeita alegria?

Aniquilação, exinanição, sacrifício, humilhação, castigo, condenação, abandono: a abnegação. A inclinação do nosso ouvido não consegue senão colher na palavra *cruz* essas ressonâncias da negatividade. Na própria tentativa de superar a negatividade, por meio do apelo a uma instância positiva superior, "Deus", confessamos a impossibilidade de acolher a cruz como perfeita alegria: a cruz como abnegação não tem sentido em si. E ela está em função de um algo diferente dela: da positividade que elimina a negatividade; o amargor da cruz continua amargo: na superação ele é simplesmente excluído da doçura.

Mas aceitar o amargor da cruz como doçura não é o mais requintado "masoquismo"? A perfeita alegria é perder-se no deleite da total aniquilação passiva, niilista?

O masoquismo, no entanto, é a derradeira tentativa de fechar-se à perfeita alegria da cruz. Ao declarar o negativo como positivo, o masoquismo exacerba a dominação da medida valorativa que comanda a oposição, impossibilitando a colocação da questão essencial acerca do envio radical dessa própria medida constitutiva do valor. Assim, a consumação nadificante da cruz como nada se retrai, se vela na sua essência como loucura. Mas não qualquer loucura; mas, sim, segundo São Paulo: a loucura da cruz (1Cor 1,18-25; 2,1-9).

Aqui é necessário manter limpidamente a precisão na compreensão da loucura da cruz, evitando usar a loucura como predicado da cruz. Portanto, jamais afirmar que *a cruz é loucura*. Antes, é necessário identificar a loucura; isto é, destacar a diferença toda própria da loucura que aqui é denominada de *loucura da* cruz, dizendo: *loucura é a cruz*, isto é, *a vida e a morte severina de Jesus*. Dito com outras palavras, a loucura da cruz é a revelação daquilo para e por que Jesus viveu e morreu. Aqui, a expressão *viveu e morreu* significa: *viveu plenamente* do início até o fim; portanto, a *perfeição* da existência de Jesus. Mas então, o que per-faz a loucura da cruz? A própria impossibilidade de a existência de Jesus se colocar a questão essencial acerca do envio radical de si mesma; isto é, da vida e morte severina de Jesus.

Essa impossibilidade não é, porém, uma impossibilidade oposta ou ao lado da possibilidade, para além dela mesma; é, antes, a impossibilidade da impossibilidade. Enquanto o Crucificado pode justificar a sua abnegação como a realização da vontade de Deus, pode se valorizar a partir de uma instância positiva e última, dando à sua abnegação um porquê e um para quê, uma possibilidade. Mas, no abandono do abandono, lhe é tirado o derradeiro fundamento justificativo do porquê e do para quê; portanto, do sentido da abnegação. Abandonada em si mesma, a abnegação do Crucificado é o puro querer do seu querer. Na ausência absoluta de uma motivação fora de si mesmo, o querer do Crucificado pode dizer: Meu Deus, eu te quero, não porque Tu és bom, mas porque eu quero o querer do meu querer de querer a ti.

A abnegação da cruz é, pois, a autonomia do querer; a suprema exacerbação da autojustificação; a vontade do poder e o poder da vontade; a vontade de deus e o deus da vontade.

No *in-stante crucial* dessa afirmação radical da vontade, no entanto, dá-se o abandono: a vontade se desvela como a radical impossibilidade de se abandonar como a bondade da gratuidade na gratuidade da bondade. Na abnegação da cruz a vontade própria se consuma no seu poder de autojustificação como a autonomia suprema do eu da subjetividade. Ao se consumar, o poder da vontade vem a si mesmo como o limite e a plenitude do asseguramento do seu próprio; isto é, da sua essência. O desvelamento da vontade própria como a consumação do eu da subjetividade se dá como a vontade de Deus. Vontade de Deus é a consumação da vontade própria. A consumação é plenitude como limite. Mas o limite da vontade própria é o silêncio do retraimento da gratuidade na bondade do seu mistério. Na suprema potencialização da vontade própria, na cruz, o eu da subjetividade se dis-põe a ser ferido pelo toque da bondade da gratuidade. Essa disposição como o limite é o ponto crucial da cruz de Jesus Cristo. Ali se dá o abandono da autossegurança e da autojustificação, o abandono da vontade própria à fluência nasciva do retraimento do mistério, como o recolhimento e a acolhida da gratuidade. A perfeita alegria é ao sabor da nascividade desse retraimento.

O retraimento do mistério como gratuidade vem à fala como a pureza da vitalidade na nascividade de ser: a perfeita alegria. A perfeita alegria é jovialidade.

Não é possível dizer o que é a jovialidade. Pois *jovialidade é a graça e beleza do Deus de Jesus* Cristo, revelada no *in-stante* crucial da *morte do* deus da vontade e, por conseguinte, da vontade de Deus. *Renasce*, no seu desvelamento originário e primordial, a *ternura e o vigor* de *um* Deus inteiramente próprio, *Jesus Cristo*, o Filho Unigênito do Pai, humanado no mistério da encarnação: a *humanidade do Deus do belo amor e do amor de Deus.*

Não é possível falar do esplendor da *beleza e graça* da *benignidade dessa humanidade demasiadamente humana* de *um Deus cristão* como *nosso*. Por isso, com o risco de nada dizer, ao dizer demais, deixemo-nos referir ao aceno de Angelus Silesius (Johann Scheffler, 1624-1677), que fala a partir da jovialidade: "A rosa é sem porquê. Floresce ao florescer".

A rosa sem porquê no orvalho matinal: a alegria acolhe o coração do mortal, no frescor, na claridade natal da inocência original. O mortal descansa, respira livre, regozija-se e renasce, na cercania da rosa, porque se recolhe e é acolhido no recato da natureza. A natureza da rosa de Angelus Silesius não é uma região do ente em oposição ao homem. É a nascividade, a liberdade do mistério que evoca o homem para a sua essência. É a própria vigência da presença que se abre como o frescor, a limpidez, a transparência e a graça de todas as coisas. É à mercê da liberdade do mistério que é o amor, a ternura, a benignidade, a paz, o bem, o rigor, a coragem, a sinceridade, a simplicidade. A liberdade do mistério, a nascividade é a jovialidade da *liberdade*, chamada *Jesus Cristo da Encarnação*: Cristo crucificado, a loucura da cruz, a *Senhora Pobreza,* na linguagem de um São Francisco de Assis.

A jovialidade é paciente, é benigna, não é invejosa; a jovialidade não é jactanciosa, não se ensoberbece. Não é descortês, não é interesseira, não se irrita, não guarda rancor: tudo desculpa, tudo crê, tudo espera, tudo tolera (1Cor 13,4-7).

A jovialidade é o aceno da gratuidade, a referência do mistério que perfaz a presença de Deus. Presença de Deus que o cristianismo chamou de vontade do Pai; ocultando, na ambiguidade da sua fala subjetiva, a própria essência da presença, que é o retraimento da gratuidade. Se é assim, a vontade do Pai, a que Jesus Cristo foi *ob-audiente* até a morte de cruz, a vigência de Deus é a rosa sem porquê. O seu poder não é o poder de dominação, a vontade do poder, mas a presença acolhedora da gratuidade que tudo liberta, tudo vivifica, na ternura, no vigor, no recato da sua jovialidade. Por isso, ao dar-se na liberdade, não humilha, não se gloria, não se posiciona, não domina o agraciado, não é doador superior; mas ao dar-se, retrai-se na simplicidade do pudor, qual um servo para com o seu senhor[91].

A regência da sua dominação é a autofidelidade da nascividade na inocência da liberdade, que se expõe, sem nenhuma defesa, no abandono à fluência da gratuidade. Esse autoabandono da liberdade é o poder do mistério, a sua

---

91. Cf. ibid., p. 163-164.

identidade; ao expor-se, retrai-se sempre novo, oculta-se no recato da identidade do mistério; no silêncio desse retraimento o mistério é ele mesmo e nada mais, a solidão perfeita da vida. Essa solidão, porém, é o poder; isto é, a possibilidade da vida. Ao retrair-se na autofidelidade a si mesmo, o mistério doa-se inesgotavelmente como exposição do ser, em cujo envio tudo *é* como vida.

A liberdade do envio da vida no retrair-se sempre nascivo do mistério é a solidão perfeita da identidade do mistério. Essa solidão é o satis-fazer-se do mistério na obra perfeita da vida: o envio do ser em cadências de suas diferenciações. O retrair-se do mistério na sua identidade e o envio do ser na obra perfeita da vida como cadências de diferenças é a jovialidade de ser, a perfeita alegria.

A cruz de Jesus Cristo é a acolhida e a colheita dessa jovialidade. E a essência da existência do celibato cristão está na acolhida e na colheita da perfeita alegria da cruz de Jesus Cristo.

O celibato cristão é o não matrimônio por causa do Reino dos Céus. O vigor instaurante do Reino dos Céus é o amor do Deus do Evangelho. O amor do Deus do Evangelho é a jovialidade da cruz. A causa do celibato cristão é, portanto, o envio do mistério na acolhida e na colheita da jovialidade da cruz.

### Terceira reflexão

Mas por que o não matrimônio? A essência do matrimônio cristão não é também a jovialidade da cruz? Como, pois, justificar a diferença, o não matrimônio contra o matrimônio?

> Naquele tempo, um monge bateu às portas de um mosteiro budista.
> O mestre lhe perguntou: "Já estiveste aqui?"
> "Não", respondeu o forasteiro.
> O mestre lhe disse: "Bebe uma xícara de chá".
> Um leigo se apresentou ao mestre.
> Este lhe perguntou: "Já estiveste aqui?"
> "Sim", respondeu o leigo, que era um assíduo frequentador do mosteiro.
> O mestre lhe disse: "Bebe uma xícara de chá".
> O discípulo perguntou ao mestre: "Como é possível responder a mesma coisa ao estrangeiro e ao familiar; ao monge e ao leigo?"
> O mestre lhe disse: "Bebe uma xícara de chá"[92].

---

92. BUZZI, A.R. *Itinerário...* Op. cit., p. 29.

Como é possível que o *não matrimônio* e o *sim matrimônio* tenham um igual fundamento na jovialidade da cruz? Onde está a diferença entre a existência celibatária e a existência matrimonial? Por que então não trilhar a via do matrimônio, uma vez que esta me conduz ao mesmo fim?

A pergunta já vem tarde. Vem de uma posição na qual se torna impossível colocar a questão essencial da identidade na diferença e da diferença na identidade. Pois a pergunta já posicionou a identidade como igualdade e a diferença como determinação específica dessa igualdade. Essa posição pressupõe uma determinada compreensão do sentido do ser.

O envio do sentido do ser que instaura a dominação da igualdade dá-se como a abnegação do mistério. Essa abnegação aciona o desencadear-se do problema do celibato como o projeto do autoasseguramento de um modo de ser chamado subjetividade. Pertence ao modo de ser da subjetividade a objetividade. Objetividade é o horizonte da possibilidade dentro do qual os entes aparecem e são conservados sob o poder da subjetividade. A subjetividade exerce o seu poder unificando tudo sob o índice da igualdade. Este índice comum é o algo, a coisa, o objeto. O resultado da tentativa de diferenciação sob o domínio do índice da igualdade diz os enfoques, os aspectos, as perspectivas, as implicações da coisa. Essa tentativa de diferenciação, no entanto, somente consegue fixar divisões e subdivisões dentro do horizonte já preestabelecido pelo ser da subjetividade. O modo de ser da subjetividade não pode deixar ser as diferenças, a não ser dentro do limite do sentido do ser a ele destinado.

Em que consiste o sentido do ser destinado à subjetividade? Consiste na posse e no domínio da subjetividade, de si mesma, como a certeza de autodeterminação: na autonomia.

Na autonomia a subjetividade tenta fundamentar-se a si mesma a partir de si. A consumação dessa autofundamentação é o querer do seu querer: a vontade do poder. A vontade do poder elimina tudo quanto transcende o âmbito do seu poder, reduzindo-o ao objeto do seu controle e do seu saber. Assim, não deixa o outro ser outro. Não somente isso: não deixa a diferença ser diferença, pois a transforma numa determinação da igualdade do seu horizonte. Com isso, o sentido da identidade se oculta sob o índice do comum, do geral, do igual. Identidade significa, então, base comum, generalidade, igualdade. Surge assim a pergunta: como podem duas coisas iguais serem diferentes? A identidade da igualdade é, porém, a certeza de fixação. As determinações dessa igualdade são, por sua vez, fixações da fixação.

A fixação denuncia a impossibilidade de acolher e conservar a vida no movimento da sua nascividade.

A identidade e diferença só é na identidade da diferença e na diferença da identidade como o movimento consumado da concreção. A resposta do mestre budista ("Bebe uma xícara de chá") diz o uno e o mesmo: o envio da consumação do mistério na concreção que per-faz a diferença da identidade e a identidade da diferença como a história do forasteiro, do familiar e do discípulo. O uno e o mesmo é sempre idêntico em ser cada vez a identidade da diferença na concreção. O uno e o mesmo como identidade se desvela como a jovialidade da obra consumada na concreção: a jovialidade da diferença. Mas, ao se revelar como a jovialidade da obra, como o *perfectum* da diferença, retrai-se como a gratuidade inesgotável da identidade do mistério.

Assim, tanto a pergunta pela essência do *celibato cristão* como também a do *matrimônio cristão* não podem ser colocadas a partir e dentro do horizonte da subjetividade.

Enquanto for compreendido como objeto do problema da subjetividade o problema do celibato não estará no elemento do seu problema. Pois tal compreensão outra coisa não é que o projeto do ser da subjetividade, e só pode re-presentar a impossibilidade da subjetividade colocar-se na questão essencial acerca da identidade da *cristidade* em suas diferentes concreções.

Essa impossibilidade só é, porém, na consumação da dominação da subjetividade. Consumação é a suprema potencialização. A suprema potencialização da subjetividade como a vontade do poder é a abnegação. Abnegação é a afirmação suprema do não, para se concentrar exclusivamente na pura autonomia do querer do seu querer. É a ascese da conquista da autonomia: a cruz. Enquanto cruz, essa autonomia é, porém, a impossibilidade da subjetividade abrir-se à gratuidade da solidão perfeita do mistério. Manter-se nessa impossibilidade com rigor, como no limite da subjetividade, é abs-ter-se no retraimento do mistério. Essa abstenção é a essência do não matrimônio.

Tão somente quando nos abs-tivermos do autoasseguramento do nosso celibato, sendo ao toque gratuito da solidão perfeita do mistério; tão somente quando nos abnegarmos da posse do celibato para nos abrirmos à sua jovialidade seremos justificados na graça da virgindade consagrada da vida religiosa cristã.

A causa, isto é, o que toca o coração do problema do celibato, colocando-o na crise da referência do seu envio, é o próprio mistério da gratuidade na gratuidade do mistério. Ouçamos, assim, a legenda da estranha criatura que, ao não saber o saber da sua identidade, estava ao sabor da pureza, no jejum do coração:

> Naquele tempo, uma mulher apareceu no convento e desejou ver Mestre Eckhart.
> O irmão porteiro lhe perguntou: "Quem és tu?"
> "Não sei", respondeu a mulher.
> "Como? Tu não sabes quem és?"
> "Não. Eu não sou nem menina, nem mulher, nem marido, nem esposa, nem viúva, nem virgem, nem serva."
> O porteiro foi falar com Mestre Eckhart e lhe disse: "Vem ver uma criatura muito estranha. Pergunta-lhe quem ela é."
> O mestre fez assim como o porteiro lhe ordenara e recebeu a mesma resposta. Disse Mestre Eckhart à mulher: "Minha filha, o que dizes é bom. Mas explica-me o que entendes por tudo isso".
> Ela lhe respondeu: "Se eu fosse menina deveria ser inocente. Se fosse mulher deveria guardar na alma a palavra eterna. Se fosse marido deveria resistir a todo o mal. Se fosse esposa deveria ser fiel. Se fosse viúva deveria chorar. Se fosse virgem deveria ter a reverência da devoção. Se fosse serva deveria ser mais humilde do que todas as outras criaturas e servir de todo o coração. Mas como não faço nada disso, eu sou apenas uma coisa entre as outras coisas".
> Mestre Eckhart retirou-se no silêncio do convento e disse a seus discípulos: "Acabo de me encontrar com a pessoa mais pura deste mundo"[93].

## 18  Da vida fraterna[94]

### Introdução

Usualmente, nas ordens e congregações religiosas entende-se por vida fraterna o convívio dos religiosos numa comunidade.

Falar da vida fraterna, porém, não significa tanto falar do fato de existir o convívio entre os religiosos numa comunidade. Antes, falamos acerca daquilo que um tal convívio deveria ser.

---

93. MESTRE ECKHART. *O livro da divina consolação e outros textos seletos*. Petrópolis: Vozes, 1991, p. 202.

94. Tendo como título "A vida fraterna", este artigo foi publicado originalmente em *Grande Sinal*, vol. 29, n. 9, nov./1975, p. 676-685. Petrópolis.

Representamos o que deveria ser como fim, meta, objetivo ou ideia, norma e, também, como ideal. E dizemos: o fato do convívio deve orientar-ser conforme o ideal do convívio. O *é* do convívio tende ao que *deve ser* do convívio. O que congrega e motiva o convívio na comunidade é o ideal do convívio, aquilo que o convívio deveria ser. Por isso dizemos: é necessário ter clareza sobre aquilo que o convívio deveria ser, ter ideia clara e distinta do ideal para podermos viver o convívio. O ideal nos dá normas de como viver o convívio. Por isso, quando falamos da vida fraterna queremos encontrar a compreensão ideal do que ela seja.

Justamente aqui, porém, surge a dificuldade. O ideal, o que deveria ser é usualmente determinado por nosso desejo. Assim, muitas vezes, o ideal da vida fraterna é aquele convívio que gostaríamos que fosse. E quando a realidade do convívio não corresponde ao que gostaríamos que fosse dizemos que o convívio não é fraternal.

Em oposição a esse modo de ser que sempre escapa da necessidade para o mundo do desejo dizemos: é necessário assumir a realidade como ela é, e não como aquilo que gostaríamos que ela fosse. Mas aqui surge uma dificuldade. O que se deve entender por realidade? O fato bruto em sua simples factualidade? Quer, pois, dizer que nada podemos mudar? Um tal assumir não é deixar-se asfixiar na factualidade de uma resignação sem elã, sem a perspectiva do futuro, sem esperança? Não é isso uma opção absurda, algo semelhante ao heroísmo fanático do desespero?

Na realidade, a vida humana não tem o modo de ser de um fato ocorrente, de estar ali simplesmente como coisa. Por isso, em outras reflexões já repetimos muitas vezes que a realidade humana não pode ser compreendida com as categorias da factualidade. Pois a realidade humana não é factualidade, mas sim facticidade.

Com o termo *facticidade* queremos significar que a existência humana, para ser, deve se perfazer, ou melhor, *tem que* ser, cada vez, *o seu* ser, sendo já sempre situada dentro e a partir de uma compreensão do ser. Essa compreensão não é propriamente um ato do conhecimento, como se concebe na acepção usual, mas é, antes, o nosso próprio ser. Somos sempre, cada vez uma determinada compreensão do ser. O apanágio de *termos que* ser o nosso próprio *ser* mostra-nos que a palavra *ser*, tratando-se do *ser* da *existência humana*, não deve jamais ser entendida como *substantivo*, mas sempre como *verbo*; isto é, *ação de ser*. Isto significa que, no ser humano, *ser* é sempre e cada vez uma *tarefa*, uma *responsabilidade* e *responsabilização*. Somos, assim, responsáveis pelo que somos. O que quer dizer somos responsáveis pelo que somos? Significa que devemos assumir o que somos. *O nosso modo de ser*, isto é, o que diferencia o existir humano do existir das coisas é esse assumir.

Isto quer dizer que nós somos sempre *mais* do que um dado ou mais do que um fato simplesmente ocorrente. É nesse sentido que, como já dissemos numa das nossas reflexões, seja o que for que somos, mesmo que nada sejamos; seja o que for que fazemos, mesmo que nada façamos, não somos simplesmente; antes, sempre assumimos o nosso fazer, o nosso ser.

### Vida fraterna, o que é?

O que chamamos de vida humana tem esse modo de ser da responsabilidade pelo ser, que acima denominamos facticidade. É nesse sentido da facticidade que a nossa vida em fraternidade é responsável pela vida fraterna. É por isso que perguntamos: qual é a vida fraterna que é um convívio ideal entre os irmãos?

Assim, relembrando o que já muitas vezes alhures dissemos, nós somos aquilo que damos a nós mesmos, mas o que damos a nós mesmos é o que somos. Por exemplo: nós somos autênticos ou inautênticos, mais ou menos autênticos naquela compreensão da autenticidade que nos damos a nós mesmos, mas a compreensão da autenticidade que damos a nós mesmos mostra o que somos. Essa estrutura embaraçosa da nossa existência exprime-se nas palavras da Bíblia: "Se a vossa justiça não for maior do que a dos escribas e fariseus não entrareis no Reino dos Céus" (Mt 5,20); "Onde está o vosso tesouro estará o vosso coração" (Mt 6,21); "Não julgueis e não sereis julgados. Pois com o juízo com que julgardes sereis também julgados, e com a medida com que tiverdes medido também vós sereis medidos" (Mt 7,1-2).

O que é a vida fraterna? A resposta aqui não é informação, não é constatação ou averiguação de um fato, de um dado, mas uma convocação, um apelo; sim, uma pro-vocação interrogativa, ou melhor, investigativa: Quanto é que você dá a ela? O que você faz dela? Dê você a medida daquilo que seja a vida fraterna, pois o que ela é depende da medida do seu coração.

O que eu penso que deva ser a vida fraterna, o objeto do meu desejo, o que represento por vida fraterna trai a medida do meu coração.

Experimente examinar alguns exemplos cotidianos para ver essa estrutura:

• O que é o irmão? Até onde vai o âmbito do ser irmão?

• O que é convívio? Quando não é mais convívio?

- O que é comunidade?
- O que é presença ou ausência do irmão?
- O que é participar?
- O que é dialogar? etc.

Assim, se sondarmos o fundo do nosso coração, a partir de onde valorizamos e damos sentido à vida, percebemos a limitação de nossas medidas. Dessa limitação surge a distinção: bom e mau; valor e desvalor; autêntico e inautêntico. O que entra no âmbito da nossa medida é positivo. O que está além dele é negativo. E percebemos que a vida, a realidade, não se encaixa dentro da nossa medida. Ela a transborda, é inesgotavelmente maior do que ela.

Dessa observação surge, então, uma suspeita: será que a medida do nosso coração não se alarga à medida que auscultamos, acolhemos o novo sentido proveniente da vida, da realidade que está além, inesgotavelmente além da medida que nos damos a nós mesmos? Será que, com a ampliação do nosso coração, não começamos a ver a realidade diferente? Não será ali, nessa ausculta e nessa acolhida, que está a nossa responsabilidade mais radical e o nosso assumir essencial?

Tudo quanto transcende o âmbito da nossa medida é o outro. O outro se me apresenta como a diferença negativa daquilo que corresponde à medida que dou a mim mesmo. Ele se me apresenta como o que não sei, o que não domino, o que não posso, o que não gosto, como o que não quero etc. A grande realidade, a vida que está além dos nossos limites, se me apresenta como a provocação da diferença do outro.

Auscultar o novo sentido da vida, acolhê-lo, significa, portanto, assumir com responsabilidade a provocação da diferença do outro.

Assumir aqui não é simplesmente afirmar ou entrar em ação. É muito mais. Assumir significa, antes, sustentar o trabalho e o crescimento lento de uma busca num país novo, onde as medidas que me são até agora conhecidas não têm serventia. Trata-se, pois, da busca de uma nova medida, maior e mais profunda. Mas a busca de uma nova medida significa também a busca de uma outra compreensão da medida...

Uma tal busca é experiência. Experiência é o caminhar que, a cada passo, põe em perigo o que já andou para abrir-se ao outro desconhecido e, a partir da nova paisagem, redescobrir no já feito um novo sentido antes não percebido.

A *vida* fraterna é esse modo de ser chamado experiência. Experiência enquanto a busca do sentido originário do que seja o irmão. Mas a busca do sentido originário do que seja irmão, na realidade, é a busca do sentido radical do mandamento da boa-nova: *amai-vos uns aos outros como **eu** vos amei*. E isto, por sua vez, significa: buscar compreender como só o Deus de Jesus Cristo pode e sabe amar... (Mc 12,28-31; Jo 13,34-35).

Todo e qualquer acontecimento do nosso cotidiano, todo e qualquer encontro e encontrão com a diferença do outro é experiência dessa busca. As dificuldades e as alegrias da vida comunitária estão ali como provocações de e para essa experiência.

O encontro com a diferença do outro é, porém, uma provocação para o nosso próprio eu. Ao se chocar com a diferença do outro, todo o nosso eu repercute naquilo que constitui a sua identidade. Assim, o encontro com o outro é, no fundo, o encontro comigo mesmo. O outro mais próximo somos nós mesmos. A experiência da vida fraterna como a busca do sentido originário do que seja o irmão é, ao mesmo tempo, a experiência acerca de nós mesmos, a busca do sentido originário da nossa identidade. Portanto, a experiência da vida fraterna apresenta eu e o outro como dois momentos de uma mesma busca.

Hoje em dia, ao falarmos tanto do amor ao próximo, da acolhida do irmão, não estamos esquecendo que somente podemos acolher o outro na medida em que acolhemos a nós mesmos? Amar o próximo como *a si* mesmo!...

Não sei se você percebeu. O percurso da nossa reflexão fez mudar aos poucos a colocação da nossa questão! Não mais perguntamos como deve ser o convívio ideal da vida fraterna. Em vez disso, na situação em que vivemos, com tudo de bom e de ruim que ali acontece, estamos atentos ao novo sentido da vida, que continuamente aparece como o aceno do mistério insondável da boa-nova: *Amai-vos uns aos outros como **eu** vos amei*. O convívio fraterno é o lugar da aprendizagem, da ausculta e da acolhida, no modo de ser da experiência, do desvelar-se do modo de ser de Jesus Cristo, que é na mesma nascividade do Pai: jovialidade da gratuidade.

Vida fraterna é essa experiência. Vida fraterna é, portanto, o próprio caminhar da busca da nossa identidade radical, a busca do sentido radical do nosso viver, da nossa realização humana.

Assim sendo, surge uma questão: hoje, na renovação do espírito franciscano, falamos muito da importância da vida fraterna. E, ao acentuar a sua importância, referimo-nos a São Francisco. No entanto, é necessário examinar, com rigor, se o acento que hoje damos à vida fraterna tem a mesma importância da importância do acento dado por São Francisco. Não estamos hoje hipostatizando a vida fraterna como uma espécie de sociedade de convívio ideal dos nossos desejos; ao passo que, talvez, para São Francisco, a vida fraterna fosse o lugar de batalha, o caminho no qual e pelo qual se desvela o mistério da gratuidade de Deus?

## O diálogo

Diálogo é caminho. Ele nos envia para onde não sabemos nem queremos. Caminhar com outro só pode quem caminha só para e por si mesmo. A via do diálogo não pro-gride; antes se re-colhe no regresso do envio da via. No recolhimento do meu caminho o diálogo abre-se à paisagem do envio, em cujo mistério viajam outros caminhos.

O envio do mistério é a comunidade das vias. Comunidade que liberta o meu caminho para as diferenças das vias, acolhendo-as na comunhão da gratuidade.

A comunidade do diálogo é a festa da liberdade. A festa da liberdade celebra o meu caminho na jovialidade de ser na gratuidade. A jovialidade de ser re-corda o pudor e a cordialidade da diferença. No pudor e na cordialidade dessa comunhão habita a amizade cristã: a fraternidade.

O diálogo é caminho. Não, porém, um caminho já traçado de antemão. Por isso, não é colocação dos pontos de vista, não é oposição, nem pôr-se de acordo sobre duas posições. Ao iniciarmos o diálogo eu devo me dispor a ir parar num lugar e numa visão das coisas para mim desconhecidos; ou seja, ir parar lá onde nem sequer suspeitava que pudesse chegar.

Você quer dialogar com o outro para chegar ao acordo sobre uma comunidade ideal, o desejo do seu coração. O outro não se abre e, afirmando a sua posição, não cede. Ele é totalmente diferente de você. Diante de uma tal oposição você desanima. Culpa o fechamento do outro. Com isso você ficou com a sua razão, ficou parado. Não caminhou dentro de você. Se quiser caminhar com o outro você deve acolher esse fechamento como uma provocação e como um desafio que levem você a revisar a sua concepção de diálogo, de comunidade. Se fizer isso você começa a andar consigo mesmo, em direção a um eu mais profundo e vasto, você regressa para seu eu mais originário e vigoroso. Esse regresso, em vez de confirmar, de fazer progredir a sua posição, aquilo que você estava pensando e desejando, faz você se voltar para a sua posição jamais refletida criticamente e começar a interrogar: será que o meu modo de imaginar o diálogo e a comunidade não está fixo e estreito demais? Você perde a segurança orgulhosa de até agora, recolhe-se na humildade, sofre, tateia, fica parado na sombra de si mesmo. Mas, aos poucos, a sua visão se alarga. Surge uma nova paisagem, um novo modo de ver e sentir a realidade. Você começa a perceber que a vida não se encaixa no estreito enfoque do seu desejo e do seu plano. Começa a perceber que o outro, cada um de nós, cada qual por si, é uma caminhada diferente, que é uma história humana, uma aventura com o mistério do apelo divino. Assim, você começa a reconhecer, a respeitar o outro na sua diferença, no mistério da sua diferença. Com isso, começa a respeitar também a si mesmo, como o envio do mistério. Você começa a sentir que a bondade de Deus, a gratuidade de Deus se manifesta de várias maneiras. Acolher uma tal visão da realidade é ser comunitário. Assim, você se liberta e liberta os outros para dentro da comunidade do mistério que une e acolhe os diferentes modos de ser na bondade do seu mistério. Isso é a festa da liberdade: a fraternidade.

Por isso, o diálogo não é para eliminar, sintonizar as diferenças. Pois o diálogo não me leva jamais à igualdade, à uniformidade, mas sim à acolhida total da diferença do outro como dom de Deus. Portanto, só pode dialogar quem consegue manter a diferença, *em si* e no outro!

Diferença deixa de ser, nesse caso, oposição, e transforma-se num traçado característico do meu irmão que, graças a Deus, é diferente de mim.

Talvez, na nossa concepção usual do diálogo e da comunidade haja muita ilusão e falsa concepção do que seja a unidade humana. Unidade humana não é unidade das coisas, mas o vigor do Uno que se manifesta em diversidades.

### A tentação

Um ponto dificílimo de ser superado na realização da vida fraterna é o desânimo, a falta de fé na realidade da presença do mistério na fraternidade. Pois já tivemos decepções demais para ainda acreditar euforicamente que a comunidade possa melhorar assim como nós gostaríamos... No entanto, tais desejos se iludem acerca da realidade fundamental da Boa-nova. O Evangelho não fala tanto do que vai surgir, mas sim do *modo de ser*. O modo de ser do Evangelho não é o de resultado, da re-ação. Re-ação é quando só temos vigor e agimos se o resultado vier. O semeador do Evangelho não semeia porque vai brotar; semeia porque é generoso. A vida fraterna, que sempre ali está como o lugar de busca do sentido originário da gratuidade, jamais será compreendida se se lutar e trabalhar em função do resultado. Se começarmos assim, de antemão não vai dar resultado, pois já colocamos, logo de início, um limite para a vida fraterna. E sabemos de antemão o que ela é? Na convivência com o outro geralmente dizemos para nós mesmos: Eu serei bom se ele for bom como eu concebo o ser bom. Fazemo-nos, assim, escravos e dependentes de nós mesmos e do outro. Ora, a realidade humana, *a fortiori* a realidade divina, jamais ocorre como nós planejamos e delimitamos, como gostaríamos que se tornasse. O crescimento da vida fraterna é mistério da liberdade que escapa ao nosso controle. Se fosse controlável não seria mistério! Por isso, se ao semearmos esperarmos de antemão certos resultados, ficaremos frustrados dentro de pouco tempo. É necessário, pois, de antemão, tomar uma decidida atitude de tentar e tentar sempre de novo, com calma e serenidade, com o longo fôlego de quem tem como Pai um Deus de eternidade, como se estivesse tentando sempre de novo pela primeira vez. Essa coragem e essa capacidade de ser sempre novo é a jovialidade. O modo de ser de Jovis[95], de Deus. Por isso São Francisco, antes de morrer, disse aos seus discípulos alegremente: "Comecemos, irmãos, a servir ao Senhor Deus, porque até agora fizemos pouco ou nada"[96].

A vida fraterna é luta. No desdobrar-se dessa luta talvez comecemos a perceber que o sentido da luta pela realização da vida fraterna não é o de conseguir um *habitat*, seja material, seja espiritual, agradável e, até certo ponto, paradisíaco, idealístico. O sentido da luta pela realização da vida fraterna consiste em me purificar, cada vez mais, na dis-posição e na compreensão do que é gratuidade; isto é, amor. É como a pérola. Você coloca uma pedrinha dentro da concha. A concha se incomoda com o obstáculo e quer eliminá-lo, tentando cuspi-lo. A pedrinha não sai. A concha tenta cuspi-lo sempre de novo. E nessa tentativa, nessa luta, vai, aos poucos, surgindo a pérola. A concha pensara que a *solução* fosse eliminar a pedra. Não conseguiu, mas tentou. E dessa tentativa surgiu a pérola como dom da conquista, como a solução, como a doação do novo sentido da pedra. Assim, a concha reconciliou-se com a pedra e descobriu o verdadeiro sentido da dificuldade. O crescimento da pérola é a verdadeira libertação.

Mas, assim sendo, a vida fraterna é possível em qualquer situação e estrutura? Sim. Mas, então, para que nos esforçamos para melhorar a situação? Então não devemos mais criticar, dar sugestões de melhora, julgar se uma certa estrutura é boa, má, melhor, pior, ótima ou péssima? Essa pergunta não fisgou bem de que se trata, quando dizemos: a vida fraterna é possível em qualquer

---

95. Certamente, em sua procedência filológica "jovial" tem a ver mais com "jovem" do que com "Jovis". Porém, desviando-nos um pouco desta acertada concordância filológica e arriscando o chute de uma filologia de associação sonora, parece-nos que não seria nada mau se a juventude do jovem tivesse e conservasse a alegria divina, inesgotável em sua generosidade.

96. Cf. TEIXEIRA, C.M. (org.). *Fontes franciscanas e clarianas*. Op. cit., p. 269.

situação. A afirmação não diz que devemos ser passivos, resignados, indiferentes a tudo que acontece. Mas também não diz que não devemos sê-lo... Quer suportemos tudo com resignação, quer tentemos melhorar a situação, na medida de nossos esforços e compreensão, a nossa reflexão sempre nos diz: fica de ouvido atento para o mistério da gratuidade de Deus. Do contrário, fazemos da passividade e da atividade – sabemos nós o que é isto? – dogma e ideologia, e estancamos a fonte de novas possibilidades.

Por isso, a reflexão não diz que devemos rejeitar a comunidade que funciona bem para preferir a comunidade difícil. Se não o pudermos de outra maneira, é bom tentarmos formar uma comunidade harmoniosa. Mas se dissermos que o amor fraternal só pode ser vivido na comunidade assim harmoniosamente constituída – o que é ser harmonioso? –, dogmatizando-a como o ideal, e se, a partir dali, medirmos as outras comunidades como menos boas, então estamos fazendo uma discriminação "racial" diante de Deus e estamos dizendo que o mistério de Deus está dependendo das condições psicológicas e sociais das nossas comunidades. Essa atitude parece não estar bem de acordo com o modo de amar de Deus, que "faz nascer o sol para bons e maus, e chover sobre justos e injustos" (Mt 5,45).

No que concerne ao funcionamento de uma casa, cujo aspecto profissional envolve a lida com hospitais, creches, colégios, seminários, casas de formação etc., podem surgir certas situações em que se exige, por exemplo, a seleção dos membros e até, em casos extremos, a exclusão de um dos irmãos da comunidade. Muitas vezes, uma tal exclusão é também manifestação do amor fraternal. Mas, ao assumir a responsabilidade de fazer isso – uma vez que não nos resta senão fazê-lo –, devemos sempre dizer como o publicano: "Senhor, tem piedade de mim, pecador!" (Lc 18,13). É nessa atitude de humildade diante do mistério de Deus que reside o nosso amor fraternal.

Portanto, a nossa reflexão não está dizendo que não devemos agir com decisão, intervir etc. Mas diz: se uma situação não puder ser mudada e se compreendermos o que é a jovialidade de Deus, então poderemos dizer que também numa tal situação "impossível" é possível nos realizarmos no mistério do amor de Deus. E, à mercê desse vigor, tentar realizar, com sobriedade, o pouco que podemos, com todo entusiasmo, sem amargor, sem ilusão; porque o ideal da vida fraterna não é, nesse sentido, a uniformidade, mas o vigor que assume e suporta (leia-se: *sub-porta*) as diferenças, como Deus carrega todas as diferenças. Por isso, a comunidade cristã é cristã na medida em que suporta as diferenças. A comunidade que procura pela técnica, pela organização, pela busca de homogeneidade e afinidade eliminar as diferenças, entendendo-as como algo negativo, não tem, até mesmo psicologicamente, muita duração. Pois tal comunidade, ao ser norteada pelo método de cultivo de plantas em estufa, enfraquece as pessoas que, ao entrarem em contato com a dura e rica realidade humana, acabam morrendo. Em uma palavra: tal comunidade torna seus membros *superficiais* e pobres em experiências humanas. A reflexão não dá propriamente nenhuma orientação acerca do que deve ser feito num determinado caso. Ela tenta dizer a atitude e a concepção que deve estar atuando em tudo o que fazemos, não importando se fizermos ou não isto ou aquilo.

Mas somos fracos, "humanos", cheios de defeitos. Não é temeridade, utopia deslavada, ambicionarmos ser como é o Pai de Nosso Senhor Jesus Cristo? A provocação da Boa-nova é: "Sede perfeitos como o Pai celeste é perfeito!" (Mt 5,48). Mas um tal "ideal", em vez de nos dar força, não nos desanima constantemente, mostrando a cada passo o nosso fracasso? Sim. Mas nessas contínuas frustrações, por não conseguirmos nos apossar do dom da jovialidade, vamos nos abrindo para uma compreensão mais profunda do que é o vazio da acolhida, a pobreza que, livre de todo e qualquer orgulho e sentimento de posse e dominação, alegremente se dá à graça; isto é, à gratuidade de Deus: "Meu Deus e Tudo!"[97] A nossa frustração e o nosso desânimo vêm do fato de estarmos apegados ao nosso pequeno eu e querermos que ele seja o dono e o senhor das virtudes – para se elevar –, sem perceber que é muito mais vantajoso e inteligente transplantar em mim um outro e um maior eu que é o coração do Deus de Jesus Cristo. Se assim acontecer, continuaremos talvez tendo os mesmos defeitos, sentindo as mesmas dificuldades, jamais sentindo-nos como super-homens e santos, mas descobriremos, em tudo isso, a presença do outro Eu maior, que começa a se tornar o centro do nosso interesse. Com isso, mesmo os nossos fracassos começam a ficar pouco importantes e, assim, aos poucos, nos libertaremos para a jovialidade.

---

97. Cf. FASSINI, D. *Leitura espiritual e formação franciscana*. Petrópolis: Vozes, 1996, p. 18.

# VI
# Os afazeres espirituais

Afazeres espirituais são ações da nossa existência humana que, quando compreendida a partir da e na graça da fé, chamamos de cristã. Tudo o que somos e não somos; tudo o que fazemos e não fazemos; o ser do homem, em todas as suas manifestações as mais variegadas, tem até o âmago de si mesmo o modo de ser que hoje denominamos *existencial*. O que caracteriza a existência humana é o seu perfazer-se sempre de novo e de modo sempre novo, como possibilidade da liberdade de ter que ser, cada vez, na responsabilidade de constituir-se como mundo. Nessa tarefa de ser humano a existência pode e deve compreender-se, sempre de novo em repetições, como o envio da experiência e liberdade de ser "filho de Deus".

Usualmente entendemos o termo *repetição* como a rotina monótona e robotizada de um mecanismo sem vida, sem inteligência e criatividade. Por isso, está em voga fazermos campanha contra a rotina da vida cotidiana, tentando reanimar a vida espiritual, a vida comunitária e pessoal com *animações* de diferentes tipos e estilos. Muitas vezes, porém, atrás do afã dessas animações, agenciadas como antídotos contra a rotina cotidiana, pode se esconder uma mundividência, na qual o ser da vida e vitalidade, o ser do vigor e da vigência da existência humana é confundido com eflúvio, ímpetos, impulsos de um modo de ser do instinto, da "vitalidade" tipo "vitalista e espontânea", cujo modo de ser pode, até certo ponto, valer para plantas e animais; não, porém, para o modo de ser diferencial do ser humano, cuja essência é liberdade. Aqui, termos como *repetição*, *empenho*, *rotina*, *trabalho*, *fazer* e *bem-fazer* etc. estão todos referidos aos traços constitutivos do modo de ser da existência humana; são, portanto, por assim dizer, "categorias existenciais" da compreensão do ser e fazer-se da vida humana.

Como contínuas retomadas, repetições do mesmo modo de ser, as seguintes reflexões avulsas falam acerca de alguns afazeres da nossa existência humano-cristã.

## 19 Vida espiritual: trabalho ou ócio?[98]

Usualmente, quando falamos de vida espiritual a palavra *vida* leva-nos a pensar mais nas vivências ou nos afazeres, isto é, nas coisas que sentimos e fazemos, como, por exemplo, orações, meditações, caridade, afetos etc. No entanto, mais do que coisas que vivenciamos e fazemos, a vida é, antes de tudo, um nascer, crescer e consumar-se. É, pois, um caminho, um perfazer-se, um tornar-se. O caminho do perfazer-se denominamos, no Ocidente, de *formação*. É o que os gregos – pais da nossa civilização e da cultura ocidental – chamavam de *paideia*. Daí vem o nosso termo *pedagogia*.

A vida espiritual é, pois, formação do espírito. Em vez de formação costumamos também dizer cultivo. O cultivo, a cultura do campo, por exemplo, é um trabalho. Trabalho penoso, exigente, com suas características. O cultivo do espírito é também trabalho. Mas, logo esclarecemos: é um trabalho espiritual; ou seja, é um trabalho diferente do trabalho físico-material, quiçá até oposto a este. Mas como é esse trabalho mais em detalhes?

### Trabalho espiritual e físico-material

O espiritual é tido, por um lado, como pertencente a uma dimensão de ordem superior, sublime, nobre, sutil, além do corpo e dos sentidos físicos. Por isso, é compreendido também como livre das vicissitudes e das limitações do físico-material. E, exatamente por tudo isso, o espiritual não é apreensível, não é averiguável, não é mensurável pelos sentidos físicos.

Por outro lado, à proporção que o sensível, o físico, o material se tornam a medida e o critério da realidade, o espiritual começa a receber o significado de abstrato, interior, subjetivo, de fácil execução; sim, irreal. Ao passo que o físico-material começa a ter o significado de pesado, duro, difícil, palpável, concreto, mensurável, averiguável e, por isso mesmo, certo: é o real.

Essa ambiguidade de significação do espiritual passa, então, para a compreensão do trabalho espiritual, do cultivo do espírito, da formação na espiritualidade. E bem no fundo da nossa compreensão usual do que seja um trabalho espiritual jaz, latente, um "pré-conceito". Preconceito de que o espiritual e o seu cultivo não são propriamente um trabalho real e necessário, premente e útil, mas algo como um passatempo, um *hobby*, um luxo.

---

98. Publicado originalmente em *O Mensageiro de Santo Antônio*, vol. 38, n. 1, out./1995, p. 4-5. Santo André.

O trabalho espiritual, a partir dessa maneira "materialista" de ser considerado, só tem sentido e realidade se de alguma forma está em função de uma realidade físico-material, sensivelmente verificável. E, ao lhe ser atribuído, de certa maneira, um certo valor, o trabalho espiritual é instrumentalizado, funcionalizado dentro de uma ideologia utilitarista e pragmática, em vista de um outro trabalho com características do trabalho físico-material.

## Ócio e negócio: preconceito latente

Resumindo o que dissemos, de um modo caricatural temos: o trabalho espiritual não é propriamente trabalho, mas sim ócio; ao passo que o trabalho físico-material, este sim, é propriamente trabalho.

Latente no fundo da nossa mentalidade, este preconceito de que o trabalho espiritual é ócio implica uma compreensão do trabalho que, por assim dizer, inverteu o significado do uso de um binômio que os antigos formulavam com as palavras *ócio* e *negócio*. E, na esteira dessa inversão, operamos hoje a partir de uma palavra de ordem: o trabalho só é trabalho, e real, se for negócio.

O que significam, originariamente, as palavras *ócio* e *negócio*? Mas, antes, vejamos o que significa hoje, para nós, a palavra *ócio*?

Ócio, para nós, é um *dolce far niente*, uma espécie de repouso doce e agradável, de *relax*. A tranquilidade de alguém que não tem a necessidade de trabalhar. Um merecido descanso depois de um trabalho intenso, de uma tarefa cumprida. Ócio é um "não trabalho", de modo algum obrigatório; é um estar à vontade, sem a coação de ter que trabalhar.

É interessante observar que numa tal compreensão do ócio como não trabalho está sugerida uma compreensão bastante negativa do trabalho: trabalho é fadiga, desgaste; uma imposição, obrigação; algo que não se faria se não fosse necessário. Nessa sugestão o trabalho não seria um modo de ser da existência humana, digno de ser buscado como um valor positivo. Mas, por sua vez, também o ócio não aparece em tal compreensão como um valor positivo propriamente dito, pois não passa de ausência das fadigas e das imposições do trabalho.

No entanto, a palavra *ócio*, em latim *otium*, originariamente indicava uma outra coisa. Indicava não a ausência ou negação do trabalho, mas sim, precisamente, um modo todo próprio de ser do trabalho. Segundo essa antiga – para nós nova – colocação do que seja o ócio, haveria dois tipos de trabalho: um autêntico e outro inautêntico. O trabalho propriamente dito, o autêntico, chamava-se *otium*. O trabalho inautêntico, o modo deficiente do trabalho ser, chamava-se *negotium*. Temos, assim, o binômio: *otium* (ócio) e *negotium* (negócio).

### *Otium* (ócio): a proveniência das profissões liberais

O interessante é observar que negócio diz *negotium*, cujo prefixo *neg* ou *nec* é variante de *non*; isto é, não. Negócio, então, diz literalmente *não ócio*; isto é, um trabalho que não é um trabalho propriamente dito, mas sim um modo inautêntico, deficiente de ser do trabalho. Negócio seria um modo de ser do trabalho que, por não possuir aquela postura própria, aquela qualidade especial que o trabalho autêntico tem, diferencia-se do modo de ser do trabalho chamado ócio. Examinemos com mais vagar essa diferença.

Existe uma expressão em português que diz: "Negócio é negócio!" Significa: eu faço, eu dou, eu trabalho, mas você faz, dá, trabalha de volta, em troca; e também: eu vendo, isto é, eu dou se você paga. É o princípio do dar para receber, o também conhecido "Toma lá, dá cá!" Aqui, a ação está de tal maneira constituída, que nada é de graça, tudo é em função, no interesse do meu próprio agir. Aqui deve reinar a justiça e o direito, no sentido da obrigação de ter que equacionar e patrulhar a ação do dar e receber, para que seu sistema funcione adequadamente, em justa medida.

Por isso, no mundo do negócio, dar de graça acaba virando injustiça, um ato contra o direito. Pois pode transformar-se numa doação calculada para um lucro de retorno no futuro ou para eliminar um eventual concorrente. Certamente, uma vez estabelecido o sistema de negócio, o nosso senso de justiça deve exigir desse sistema que se respeite e se realize a regra do jogo de equacionamento adequado ao dar e receber. Assim, esse equacionamento começa a pertencer ao direito de todos. Mas isso não significa que esse tipo de trabalho-negócio, na sua totalidade, isto é, no seu modo de ser, seja o melhor, o mais adequado e o mais próprio do ser humano.

Existe, porém, um outro modo de ser-trabalho, que os antigos chamavam de ócio. Como é esse modo de trabalhar? É um trabalho livre que, mais tarde, deu origem às assim chamadas profissões liberais. Mas livre não no sentido de livre de obrigações e imposições! Portanto, não no sentido de um trabalho que possa ser feito se, quando e como quiser, conforme o gosto e o capricho de cada um. Também aqui no trabalho-ócio, ou melhor, aqui mais do que no negócio, existem obrigações e imposições. Ou, dito de um modo mais preciso: o trabalho-ócio no seu todo, ou seja, em todos os seus momentos, é obrigação e imposição.

Entretanto, o trabalho-ócio constitui-se de obrigações e imposições que não vêm de fora, mas de dentro de mim mesmo, da interioridade, do núcleo daquilo que há de mais nobre, mais caro e melhor em mim mesmo, da vontade boa, forte, clarividente, generosa do querer amar, absolutamente, infinitamente. Portanto, o trabalho-ócio é o trabalho da minha liberdade, o trabalho da liberação da dinâmica do meu amar.

### Doação: o modo de agir do Deus cristão

Assim, aqui uma ação não está associada a um pagamento, mas sim generosamente a serviço da liberação, cada vez maior e melhor, do próprio amar. Essa dinâmica da liberação da energia de busca, do querer, do amar chama-se doação, engajamento, dar-se a uma causa, abrir-se a um encontro. E não deve ser jamais superficial e irresponsavelmente confundida com o estar relacionada a um objetivo, ou com o "espontâneo" voluntarismo do capricho ou da veleidade.

Dessa maneira, esse modo de ser-trabalho, que se apresenta sob o termo *ócio*, hoje muito malcompreendido, é a essência do trabalho criativo. Mas criativo não no sentido de produtivo nem de novidadeiro, mas, sim, no sentido de doar-se para amar, conceber, cuidar, liberar, fazer nascer o que cresce na identidade de si mesmo; isto é, *deixar ser*. Esse é o modo da ação do Deus cristão, o seu modo de trabalhar. É, pois, o modo de agir e trabalhar de uma fonte.

Aqui, o trabalho, longe de decair num *dolce far niente*, é uma contínua dinâmica, cada vez mais responsável, de empenho generoso, humilde, cuidadoso, apaixonado e cordial para "per-fazer" a obra. E se examinarmos bem todos os trabalhos, inclusive os forçados, como também os trabalhos-negócios, buscando evidenciar o que esses, apesar de todas as defasagens e desumanidades, trouxeram de benefício à humanidade e de dignidade aos trabalhadores, descobriremos que tais trabalhos continham no seu seio uma participação no modo de ser do trabalho-ócio.

Mas, para o cultivo espiritual, é de decisiva importância perceber que esse modo de ser do trabalho livre não é algo opcional para nós, no sentido de uma alternativa que, se quisermos, podemos ou não assumir. Pois esse modo de ser do trabalho livre é, na realidade, a fonte da vida e dinâmica de todos os trabalhos; de tal sorte que, se a fonte desse modo de trabalho livre secar, o próprio sistema do trabalho-negócio, por mais que se legisle, que se patrulhe, não conseguirá mais manter a justeza e o direito do seu equacionamento, transformando-se, no seu todo, num sistema injusto, iníquo e desumano.

Não é por isso que, em nossa formação humana, quando todo mundo reivindica os seus direitos – ainda que com toda a razão –, mas se descuida de cultivar ou ignora totalmente, como tarefa essencial, a generosidade de doação a uma gratuidade no ser e no agir, tudo com o tempo decai de nível? E as próprias reivindicações dos direitos, embora mantendo toda a razão, transformam-se em injustiças, agressões indevidas e desuniões?

Esse modo de ser do agir, do fazer, é o "per-fazer-se". E a formação que cultiva essa dinâmica laboriosa da criatividade chama-se educação para a "perfeição". Essa educação não tinha, pois, nada a ver com o adestramento para o perfeccionismo. A palavra grega para indicar a ação assentada nesse modo livre do trabalho intenso, criativo, é *scholé*, de onde deriva a palavra *escola*. Isto significa que a escola era, ou deveria ser, uma instituição onde se cultivava e ensinava esse modo de ser do trabalho livre.

A vivacidade, o vigor, a vitalidade que brotam e crescem desse, nesse e como esse modo de ser do trabalho originário e autêntico, o seu sopro vital, chamamos, na grande tradição do Ocidente, de espírito. Ser espiritual, a vida espiritual, o cultivo da espiritualidade só é, pois, possível como o trabalho intenso, livre; isto é, assumido, responsável, na cordialidade intrépida dessa ação "per-feita" da criatividade no ser.

## 20 Meditação cristã?[99]

Hoje se fala de novo da necessidade de fazer meditação. Falamos de vários métodos de meditação, antigos e novos; alguns de cunho acentuadamente científico-psicológico, outros denotam a influência de outras religiões e terapias orientais. Esses métodos, quando bem orientados e praticados adequadamente, podem nos trazer grande serenidade e, quem sabe, conduzir-nos até a iluminação que eles prometem. Podem melhorar a saúde física, o equilíbrio emocional, trazer um bem-estar grande, curar doenças crônicas, desenvolver a mente. A grande dificuldade é, porém, nos exercitarmos todos os dias, pacientemente, com perseverança. Por melhor que seja, um método de nada vale, nada faz quando não é praticado, posto em obra, feito.

Sem diminuir em nada a validez e a utilidade dessas meditações para a humanidade, perguntemos se essas meditações têm muito ou algo a ver com

---

99. Publicado originalmente em *O Mensageiro de Santo Antônio*, vol. 38, n. 2, mar./1995, p. 4-5. Santo André.

meditação no sentido da espiritualidade cristã. Para não haver equívocos, não se trata de perguntar se, por sermos cristãos, podemos ou não praticar tipos de meditação que têm, por exemplo, influência das religiões orientais. Aqui nesse ponto há divergências de opinião e posição. Não vamos entrar nessa questão. A nossa pergunta é, apenas, se a meditação no sentido da espiritualidade cristã tem algo a ver com essas meditações. Perguntando com maior precisão: a compreensão usual e geral da meditação, nessa fala hodierna e badalada da utilidade e do valor da meditação, é igual à compreensão da meditação que temos na espiritualidade cristã?

Não sei se a resposta está certa, mas a tentação é a de responder: não, não é igual. Pois, no que concerne à meditação no sentido da espiritualidade cristã, trata-se de uma postura existencial toda própria, diferente de posições e colocações de meditações no sentido geral e usual. Com isso não se afirma que a meditação cristã seja melhor, superior às outras meditações. Aqui, quando se trata de fenômenos da existência humana, comparação de valores é um modo inadequado de abordar a realidade.

### Meditação e espiritualidade cristã

Para se perceber que a compreensão cristã da meditação não é igual à de meditações no sentido usual de hoje, vamos intuir o que é a meditação no sentido da espiritualidade cristã, considerando a figura de Maria Santíssima, virgem e mãe.

No Evangelho de Lucas, na noite do Natal de Jesus, um anjo aparece a alguns pastores da região e anuncia o nascimento do Senhor, dizendo:

> Não temais, pois vos anuncio uma grande alegria, que é para todo o povo: nasceu-vos hoje um Salvador, que é Cristo Senhor, na cidade de Davi. Este será o sinal: encontrareis o Menino envolto em panos e deitado numa manjedoura [...] os pastores disseram uns aos outros: "Vamos já para Belém, para ver o acontecimento que o Senhor nos manifestou". Foram com presteza e encontraram Maria, José e o Menino deitado numa manjedoura. Vendo, contaram sobre as coisas que lhes foram ditas sobre o Menino. Todos que ouviam maravilhavam-se com o que lhes diziam os pastores. E Lucas observa: "Maria conservava todas aquelas palavras, conjecturando em seu coração" (Lc 2,9-19).

O mesmo Evangelho de Lucas, quando fala de Jesus aos 12 anos, por ocasião da festa da Páscoa, relata a aflição de Maria e José, que procuram o Menino por toda a Jerusalém, e a alegria e a surpresa que tiveram ao encontrá-lo no templo entre os doutores. Diz Lucas:

> Quando o viram, admiraram-se, e a mãe lhe disse: "Filho, por que agiste assim conosco? Olha que teu pai e eu, aflitos, te procurávamos". E Ele lhes respondeu: "Por que me procuráveis? Não sabíeis que eu devia estar na casa de meu Pai?"

Observa o evangelista: "Eles não entenderam o que lhes dizia... E sua mãe conservava a lembrança de tudo isso no coração" (Lc 2,48-52).

Nas Bodas em Caná da Galileia, tendo acabado o vinho, disse a mãe para Jesus: "Eles não têm vinho". Respondeu-lhe Jesus: "Mulher, que há entre mim e ti? Ainda não chegou a minha hora". Disse a mãe aos servos: "Fazei tudo o que Ele vos disser" (Jo 2,3-5).

Na Sexta-feira Santa, diz São João: "Junto à cruz de Jesus estava de pé sua mãe [...]" (Jo 19,25).

Não sei se uma tal maneira de ler o Evangelho é legítima, mas, se a gente lê e relê esses raríssimos e breves relatos do Evangelho sobre Maria, aos poucos, através desses textos sóbrios, sente-se crescer, qual um fundo imenso e generoso na claridade suave de uma presença indizível, o vulto de Maria, discreta, silenciosa, cheia de pudor e continência no cuidado humilde e diligente de todas as coisas. Ela ali está no alvoroço do nascimento na pobreza do presépio; na resposta inesperada do filho, aos 12 anos, no templo, à aflição dos dias angustiantes da busca; no corre-corre dos afazeres de um casamento em Caná da Galileia; na morte do seu filho, de pé, junto à cruz: sempre e cada vez, na simplicidade serena e absoluta de um sim total. É a disponibilidade incondicional de doação do encontro do amor da Virgem e Mãe, que sempre e cada vez, em todas as vicissitudes da vida, desde o início até o fim, diz pronta e simplesmente, com toda alma e com todo o coração: "Eis aqui a serva do Senhor. Faça-se em mim segundo a tua palavra!" (Lc 1,38).

### A meditação de Maria

Maria, Virgem e Mãe! Virgem, na limpidez e vitalidade intacta da doação absoluta de amor; Mãe, na fecundidade generosa e inesgotável dessa doação. Não é ela a re-petição de e a sintonia e repercussão com Jesus Cristo, cujo alimento é fazer a vontade do Pai? (cf. Jo 4,34); a perfeita imitação de Jesus Cristo, que diz ao entrar no mundo: "Não quiseste sacrifícios nem oblações, mas me preparaste um corpo... Então eu disse: eis-me aqui, venho para fazer, ó Deus, a tua vontade"? (Hb 10,5-7). E é esse Jesus Cristo, filho de Maria, que, como diz São Paulo,

> subsistindo na condição de Deus, não pretendeu reter para si ser igual a Deus. Mas aniquilou-se a si mesmo, assumindo a condição de servo, tornando-se solidário com os homens. E, apresentando-se como simples homem, humilhou-se, feito obediente até a morte, até a morte da cruz (Fl 2,6-8).

Mas o que tem tudo isso a ver com a meditação?

Voltemos à nossa pergunta. A pergunta era: a compreensão usual da meditação, na fala hodierna e badalada da utilidade e do valor da meditação, é igual à compreensão da meditação que temos na espiritualidade cristã? E, como uma espécie de hipótese, colocamos a resposta: não, não é igual, pois tratam-se de existências diferentes.

A desigualdade, ou melhor, a diferença, aparece aqui nitidamente no vulto de Maria, que outra coisa não é do que a concretização viva, corpo a corpo, da imitação de Jesus Cristo, cuja vida, cuja existência é fazer a vontade do Pai. Quem foi mais próximo, mais semelhante a Jesus Cristo do que Maria Santíssima? Sendo mãe, ela foi a discípula, a mais achegada e mais fiel ao filho, pensando, sentindo, querendo e agindo como Ele e com Ele. Nesse sentido podemos dizer que é em Maria que se realiza de modo mais pleno e perfeito o que Jesus diz pessoalmente a cada um de nós, cristãos, seus discípulos: "Quem é minha mãe e quem são meus irmãos? [...] Eis minha mãe e meus irmãos: aquele que fizer a vontade de Deus, esse é meu irmão, minha irmã e minha mãe" (Mc 3,33-35).

É interessante observar que Maria Santíssima, no Evangelho, apenas é qualificada como aquela que faz a vontade de Deus: "Eis aqui a serva do Senhor. Faça-se em mim segundo a tua palavra". Nessa sobriedade da fala do Evangelho acerca de Maria não se oculta a imensidão, a profundidade incomensurável do ser de Maria, que em tudo, total e radicalmente, esteve junto de Jesus, silenciosa, discreta, como o ar, como o sopro vital que o encobre, o envolve, sendo em tudo como Ele, "segundo a vontade do Pai"?

Portanto, se quisermos falar da meditação cristã é necessário, antes de tudo, marcar bem a sua diferença ou a sua identidade, a qual poderemos caracterizar como um relacionamento pessoal de compromisso total e radical com Jesus Cristo, na sua imitação; ou melhor, no seguimento e discipulado, no projeto existencial que se formula: em tudo, desde o início até o fim, fazer a vontade de Deus.

## Nossos ídolos e o Deus de Jesus Cristo

Essa fala da espiritualidade cristã, no entanto, é inteiramente falsificada se eu entendo a "vontade de Deus" no sentido geral e usual. É que, muitas vezes, costumamos usar a expressão "vontade de Deus" para neutralizar o confronto pessoal, duro e corpo a corpo com o que, a partir de nós mesmos, chamamos de Deus, e, assim, nos pouparmos à tarefa inalienável de distinguir entre o deus, ou melhor, o ídolo que eu ajeito para mim mesmo, e o Deus de Jesus Cristo. Sem essa distinção não se realiza o verdadeiro encontro de amor com Deus. Por isso, se a expressão "Fazer a vontade de Deus" e expressões similares – como, por exemplo, "É vontade de Deus", "Foi Deus quem quis", "Se Deus quiser" – contiverem em si, por menor que seja, a ideia de fatalidade ou de resignação diante de um destino inevitável, bem como um ter de suportar porque não há outro jeito, então a compreensão cristã da vontade de Deus retrai-se, ou seja, não é de modo algum trazida à fala; antes, pelo contrário, é falsificada. Pois o conceito de Deus que está pressuposto atrás de uma tal acepção da vontade de Deus tem pouco a ver com o Deus de Jesus Cristo.

Fazer a vontade de Deus, na acepção da espiritualidade cristã, não é executar a ordem do patrão celeste, não é "conformar-se" ao arbítrio de um senhor absolutista, nem sequer é, resignado, deixar que o poderoso faça como Ele quer e acha melhor, pois Ele é aquele que tudo pode e tudo sabe.

Fazer a vontade de Deus no sentido cristão é, antes, querer, isto é, amar a Deus, revelado e testemunhado com a morte da cruz, por Jesus Cristo; amá-lo com todo o coração, com toda a alma e toda a mente e, nesse amor, procurar compreender cada vez mais o coração desse Deus, entrar totalmente na dinâmica do seu projeto, sentir, pensar, ser e agir como Ele; sim, querer, amar como Ele quer e ama. E na imensidão, na profundidade e no abismo desse amor, amar com Ele, como Ele todos os homens e todos os seres, o universo, no tempo e no espaço, pela eternidade afora (cf. Mt 22,37-39; Jo 13,12-15; 15,1-17).

Essa disposição amorosa de querer como e o que Deus quer, de amar como Ele ama, é relacionamento de abertura para e recepção do Tu-absoluto. É a disposição de total doação na incondicional abertura de si ao outro. Essa abertura é, ao mesmo tempo, o recolhimento para a intimidade a mais profunda de recepção do outro, na atenta ausculta do seu toque, do seu desejo, da sua vontade. Esse abrir-se, que se recolhe como que no toque da intensa ausculta obediente ao Tu-absoluto, aparece no olhar da face serena da *Pietá* de Michelangelo, no olhar atento da Virgem Maria na *Annunciazione* de Fra Angelico. É o que evoca a serenidade das figuras de *Cristo e do anjo*, de Paul Klee[100].

## O distintivo existencial do ser cristão

Tal engajamento por Jesus Cristo e pela sua revelação, o decidir-se inteiramente por Ele, que, tendo nos atingido com sua predileção anterior a toda a nossa iniciativa, fez-se nosso Caminho, Verdade e Vida (Jo 14,6), é o distintivo existencial do ser cristão. Trata-se, pois, da existência de encontro com Jesus Cristo. Aqui, tudo que se faz, tudo que se pensa, tudo que se sente não tem mais a fragmentação setorizada do modo de ser usual e geral. Tudo é impregnado desse singular encontro; tudo é animado e informado por esse encontro único. Por isso, numa tal existência cristã não há uma realidade geral e em si ocorrente que se divide em setores, aspectos, formas ou partes. Assim, se falo da meditação, da contemplação, da oração ou da ação, se celebro a liturgia, se trabalho na pastoral, se estou acordado ou dormindo – portanto, se estou nesta ou naquela situação –, faz-se mister ver que todas essas "realidades", todas essas "coisas" são realidades não porque ocorrem automaticamente, quais entes existentes por si e em si, constituindo a ocorrência do nosso ser humano, mas, antes, são realidades porque estão na dinâmica do engajamento total e absoluto do seguimento de Jesus Cristo. A palavra *cristão*, aqui nesta realidade nova e singular, não é adjetivo. É substantivo! Por isso, na expressão "meditação cristã", *meditação* é adjetivo e *cristã*, substantivo!

Se essa colocação for válida, se o ser cristão de algum modo for assim, então a meditação cristã não é meditação no sentido de um método, não é terapia, não é busca da perfeição, da melhoria da saúde, seja física ou mental, não é abertura da mente, serenidade, harmonia e equilíbrio, nem mesmo iluminação! Tudo isso seria ainda uma "burguesia" espiritualista. É, antes, simplesmente, diretamente o próprio trabalho engajado, suado do amor do seguimento de Jesus Cristo, a transpiração da imitação de Cristo. Não é outra coisa senão, com toda a mente, com toda a alma e com todo o coração, investigar, conjecturar, tentar entender melhor, cada vez mais profunda, vasta e originariamente, tudo o que foi dito sobre Jesus Cristo, por Jesus Cristo, como revelação. É guardar tudo isso no fundo do nosso coração e trazê-lo sempre de novo ao vigor da re-cordialização, isto é, à recordação, à lembrança, à memó-

---

100. Paul Klee (1879-1940): pintor alemão, nascido na Suíça, cujo nome está ligado, junto com o de Kandinsky e Gropius, à famosa escola de arte Bauhaus.

ria; ruminá-lo, buscando e tentando penetrar na dinâmica do projeto de amor do Deus de Jesus Cristo, que nos amou primeiro (cf. 1Jo 4,7-19).

Não é isso que está escrito no Evangelho acerca de Maria, Virgem e Mãe, quando nos diz que Maria, no Natal, conservava todas aquelas palavras, conjecturando, isto é, meditando em seu coração? Não é isso que ela, silenciosa e radicalmente, estava fazendo quando não entendeu a resposta do Menino Jesus no templo, mas conservava a lembrança de tudo isso no coração? Não é isso que Maria fazia quando, diante da resposta aparentemente dura do seu filho – "Mulher, que há entre mim e ti? Ainda não chegou minha hora" –, disse simplesmente aos servos: "Fazei tudo o que Ele vos disser"? E, de pé (!), junto à cruz, na agonia de seu filho Jesus, não é Maria o corpo da absoluta disponibilidade de uma entrega corpo a corpo, pra valer, que em tudo, pura e simplesmente, segue Jesus Cristo na sua obediência incondicional ao amor do Pai, até a morte, e morte da cruz?

Hoje se fala de novo na necessidade de parar e fazer meditação. E, mesmo na nossa espiritualidade, tentamos nos renovar e nos enriquecer, assimilando diferentes métodos de meditação, como, por exemplo: zen, meditação transcendental, animação carismática, yoga etc. Toda essa busca brota realmente da profunda consciência da nossa identidade e da diferença do ser cristão? Ou não é, antes, uma confusa dispersão por termos perdido, ou por nunca termos adquirido a compreensão essencial do que seja realmente ser cristão? Não é essa uma dispersão que nos afasta sempre mais da nossa identidade, dilui-nos numa consciência vaga, geral e indeterminada, onde tudo serve mais ou menos, porque de fato não buscamos pra valer nenhuma coisa? O que é a meditação cristã? Mas, antes, o que é ser cristão? O aprofundamento dessa questão essencial da nossa própria identidade nos acorda para a busca mais engajada do que somos e devemos ser em profundidade. E, quiçá, somente assim, ou seja, na medida em que buscamos a profundidade mais radical da nossa própria identidade, comecemos a ver outras meditações, meditações de outras religiões e de outros humanismos, não apenas como um método, não apenas como instrumento neutro, usável por qualquer um – portanto, também por nós cristãos –, mas sim também como engajamento e compromisso de vida ou morte, uma busca pra valer do mistério que historicamente tocou e atingiu um determinado povo, uma determinada religião ou uma determinada comunidade de homens.

E quem sabe assim, na medida em que cada uma dessas concreções históricas volta à raiz da sua origem e, na profunda sondagem da sua identidade se torna autenticamente ela mesma, comece a surgir uma real comunicação. Comunicação e diálogo, que fazem desaparecer toda e qualquer assimilação fácil do outro, desafiando-nos para a árdua e difícil, mas também aventureira e venturosa tarefa de um verdadeiro confronto sincero, amigo e fecundo na diferença; isto é, entre autênticas e verdadeiras identidades.

## 21 A boa vontade, a semente de mostarda[101]

Jesus compara o Reino de Deus à semente de mostarda:

> Com que compararemos o Reino de Deus? [...] É como o grão de mostarda que, na semeadura, é a menor de todas as sementes da terra; mas, depois de semeada, cresce e se torna maior do que todas as hortaliças, estende ramos tão grandes que as aves do céu podem abrigar-se à sua sombra (Mc 4,30-32).

Talvez possamos dizer que, do ponto de vista do nosso empenho para a realização do Reino de Deus, o elemento básico, digamos, "atômico", a partícula, a mais pequenina e substancial é a boa vontade. A boa vontade é também como o grão de mostarda do Evangelho.

Examinemos o que é e como é a boa vontade, seguindo as dicas do grande mestre da boa vontade, o Beato Egídio de Assis, um dos mais famosos companheiros de São Francisco de Assis. Frei Egídio foi irmão leigo. É considerado um dos maiores místicos franciscanos. Existe uma pequena biografia dele e a coleção de seus ditos nas *Fontes franciscanas*[102].

Segundo Frei Egídio, a boa vontade não deve ser confundida com o bom propósito ou o bom desejo. Assim, se você entende a "boa vontade" apenas como bom propósito ou desejo, essa não satisfaz a Deus. Pois, para Frei Egídio, a boa vontade é vontade mesmo! É querer pra valer. Nesse sentido, é querer de tal modo que faz, age. Uma vida vivida com uma tal boa vontade chama-se, segundo Frei Egídio, vida ativa! Na expressão "boa vontade", o adjetivo "boa" tem o significado de "per-feita", bem feita, algo que, atravessando (*per*, em latim) todas as etapas do processo de crescimento, se perfez, foi feito, tornou-se consumado, bem no ponto; portanto, perfeito. Boa vontade é, pois, a vontade na plenitude da sua essência, a vontade "em pessoa".

---

101. Publicado originalmente em *O Mensageiro de Santo Antônio*, vol. 38, n. 4, 1995, p. 4-5. Santo André.

102. Cf. TEIXEIRA, C.M. (org.). *Fontes franciscanas e clarianas*. Op. cit., p. 1.626-1.684.

## Inteligência, vontade e sentimento: faculdades da alma

Hoje distinguimos, na "psicologia" popularizada, três faculdades da alma: inteligência, vontade e sentimento. Acerca de cada uma elaboramos, temos um receio. Receamos que a inteligência desequilibre a vontade e o sentimento e nos faça "racionalistas". Receamos que a vontade, tomando conta das outras faculdades, transforme-nos em "voluntaristas". E visto que há bandos de "racionalistas" e "voluntaristas" – aliás, gente deveras antipática, diga-se de passagem –, receamos que o sentimento seja recalcado; isto é, torne-se a vítima de hoje em dia. Por isso, o sentimento deve ser e é tratado benignamente, com especial deferência; deve ser e é defendido, em certos meios, a todo custo. Assim, reservamos-lhe a honra de ser o representante da melhor coisa que temos; isto é, do amor. Dizemos, então: amor não é nem inteligência, nem vontade, mas sim sentimento. Por isso, quando ouvimos a afirmação de que a boa vontade é vontade mesmo, querer pra valer, querer que faz e age etc., tememos estar diante de um inveterado e fanático voluntarista que segura as calças com a vontade de aço ou se suspende do chão pelos cabelos com o seu querer. E exclamamos admirados: "Puxa! Que vontade de ferro!" Mas, no fundo, pensamos desconfiados: "É voluntarismo, é um querer racional demais. Não é para mim. Prefiro menos poder, mais ternura frágil de um coração cheio de sentimento. Gosto mais do amor!"

Talvez na espiritualidade da boa vontade, como a do Frei Egídio, a boa vontade deva ser entendida certamente como algo intenso, forte e vigoroso, mas de modo todo próprio, digamos, mais "natural", simples e direto, como, de imediato, concretamente, vivenciamos na vida, sem os "pre-conceitos" e "pre-juízos" provenientes de explicações psicológicas, pedagógicas, filosóficas etc.

## Bem-querer e benevolência: a dinâmica da vontade

De imediato e concretamene, vivenciamos a vontade, ou melhor, o querer, como um modo de ser existencial, impregnado de compreensão e afeição, no qual e com o qual nos realizamos naquilo que temos de mais belo, nobre e próprio de nós mesmos: o bem-querer, a benevolência. Bem-querer ou benevolência indicam um modo de ser todo próprio do amar. É interessante notar que as palavras *bem-querer* e *benevolência* indicam o amor, mas em ambas ocorrem os termos "bem" e "querer" ou "volência"; isto é, a dinâmica da vontade. Bem-querer e benevolência dizem boa vontade.

Na vontade como bem-querer ou benevolência, o querer é uma ação. Há ali uma atuação, imediata e espontânea, da nossa liberdade, uma doação do que de melhor e mais íntimo somos. É, pois, um doar-se a si mesmo, livre, ativo, sem coação de fora como deveres e obrigações impostas. Essa doação livre e espontânea é, antes, toda impregnada, vivificada por uma necessidade que vem de dentro, do âmago de nós mesmos, como impulso vivo e bem acordado, que foi atingido por uma afeição. Assim, a nossa liberdade já está sob o toque de uma afeição.

Essa afeição, por vir do âmago, do cerne da minha mais profunda interioridade, é algo inteiramente meu, íntimo, pessoal e livre. Mas, ao mesmo tempo, é algo anterior e superior a mim mesmo, como um *a priori* do toque, que sempre já me atingiu no fascínio e no enamoramento de um apelo, de um chamado que vem do "além" do meu mais profundo íntimo. Esse toque, esse apelo, no entanto, não se impõe como dever e obrigação que tolhe a minha liberdade. Antes, pelo contrário, desencadeia em mim, desperta o vigor, a força do que há de mais belo, livre e nobre em mim mesmo; acorda a benquerença, a benevolência, a boa vontade. E nunca somos tão autenticamente nós mesmos como quando somos boa vontade de doação, ao dizer: "Eu te quero bem, eu te amo, eis-me aqui". É a experiência da *noblesse oblige* (a nobreza obriga). Talvez essa "necessidade" livre da benquerença que me compromete, me liga de modo intenso e definitivo, muito mais e qualitativamente diferente do que a necessidade da imposição que vem de fora, é que me dá o verdadeiro e o originário sentido do *dever e obrigação humana*. É por isso que, em português, costumamos responder a um favor da benquerença dizendo "Obrigado!"

## Boa vontade: centelha divina no humano

A boa vontade como ação do bem-querer, da benevolência, é profundamente sentimento, não porque sentimentalmente a vivenciamos, mas porque o toque originário dessa ação é uma afeição profunda que vem do cerne mais íntimo de nós mesmos. Mas é, ao mesmo tempo, vontade pra valer, porque nessa ação o querer não é apenas um "gostaria que", "quereria que", portanto, um desejo, uma veleidade, mas sim o impulso de lance que se engaja, joga-se inteiramente sem reservas para dentro da doação de si. É, finalmente, plena atenção clarividente de inteligência da compreensão, que nítida e distintivamente se dispõe à busca e à investigação incondicional, na entrega ao inesperado da revelação do bem-amado. É, pois, a límpida disposição da dinâmica do dar-se e acolher: vontade boa, a boa vontade. Esse poder amar, o bem-querer, a benevolência é o que somos como filhos de Deus, é a imagem e semelhança de Deus, é a "centelha" de Deus em nós.

A nossa dificuldade hodierna de perceber direta e imediatamente a "coisa-ela-mesma boa vontade", a "coisa" mais evidente, simples e real que somos nós mesmos, é a tendência irresistível de entender a boa vontade como veleidade, desejo, como um "gostaria que" e, ao mesmo tempo, como um "ato psíquico"; isto é, como objeto do enfoque do ocular da psicologia.

Como foi dito acima, para Frei Egídio há uma diferença essencial entre boa vontade e o ato psíquico do desejo ou da veleidade. Tentemos ver a diferença através de um dito notável do santo frade.

> Um dia alguém se aproximou de Frei Egídio e disse: "O que posso fazer para sentir a suavidade de Deus?" Este respondeu: "Alguma vez Deus já te inspirou boa vontade?" Respondeu aquele: "Muitas vezes". Disse-lhe Frei Egídio, vociferando em altas vozes: "Por que, então, não guardaste aquela boa vontade e não te conduziste para um bem maior?"[103]

Por que Frei Egídio ficou zangado? Nervoso? O que há de tão grave e ruim na resposta "Muitas vezes", que fez o santo homem perder as estribeiras, a ponto de gritar: "Por que, então, não guardaste...?" Ou: há ali algo realmente tão decisivo e grave para desequilibrar um santo de Deus? A explosão à italiana de Frei Egídio é um ímpeto, uma mistura de cuidado, preocupação e indignação. É uma expressão daquela experiência insuportável por que passamos quando não sabemos mais o que fazer para ajudar alguém, e não nos resta senão dar um grito de alerta para chamar sua atenção, uma vez que cegamente avança para a perdição. É, ao mesmo tempo, um fluxo de indignação pela leviandade e alienação em que o outro vive. Mas por que ficar indignado pelo fato do outro estar assim alienado? É que Frei Egídio ama o irmão, interessa-se por ele, quer ajudá-lo e, ao mesmo tempo, sabe quem é e como é a boa vontade de Deus, do Pai que continuamente, sempre de novo, doa-se incansavelmente, todo e inteiro, inspirando ao homem a boa vontade. Nesse sentido, Deus "se mata" para inspirar a boa vontade. E o homem nem "se toca"; levianamente ri e diz, como que fazendo pouco caso: "Claro, muitas vezes já me deu a boa vontade".

### Viver no hálito de Deus

Egídio pergunta: "Alguma vez Deus já te inspirou boa vontade?" Inspirar significa soprar para dentro. É, pois, respiração "boca a boca" para reanimar,

---

103. Ibid., p. 1.662.

recuperar no outro o sopro da vida. Isso significa que a boa vontade que Deus boca a boca inspira para dentro de mim é o sopro vital dele mesmo. E o meu sopro, reanimado e recuperado no vigor, segue o fluxo e o ritmo dessa respiração de Deus, e assim eu volto à vida! A boa vontade é, portanto, segundo Deus? É isso mesmo, diz Frei Egídio. Isso significa que na boa vontade que surge, nasce em mim como benquerença, como benevolência, está o mesmo modo de ser da boa vontade, isto é, do amor de Deus? Certamente!

De repente levamos um susto. A boa vontade, o bem-querer, esse ato tão insignificante, tão passageiro e momentâneo, "algo" tão pequenino como semente de mostarda, revela-se como o elemento básico, principal da vida, que contém em si o mesmo modo de ser do Deus de amor, criador do universo. É, por assim dizer, uma minúscula, microexplosão atômica do abissal, onipotente, onisciente e onipresente vigor do Deus de amor. Só que, na Boa-nova, onipotência, onisciência e onipresença são todas palavras cujo sentido está todo e inteiramente colocado na perspectiva do poder humilde e suave do amor, do poder da absoluta boa vontade, da doação incondicional de si do Deus da misericórdia. E nós, cada um de nós, em cada um dos atos da boa vontade – por mínimo e insignificante que ele seja – participamos, em todos os afazeres e em todas as vicissitudes do nosso viver cotidiano, da imensidão e profundidade abissal desse poder do amor de Deus; com Ele colaboramos, nele e através dele atuamos na dinâmica da boa vontade no universo.

Sendo a boa vontade o vigor ordinário de todas as extraordinárias tempestades, explosões e terremotos, mas também de todo o nascer, crescer e consumar-se das estações do universo dos homens, então, cuidar, com solicitude e vigilância, da manutenção da boa vontade em nós e nos outros, com toda a limpidez e precisão, é talvez, ou melhor, certamente, o trabalho essencial do cotidiano afazer cristão.

> A palavra do *Senhor* foi dirigida a Elias neste teor: "O que estás fazendo aqui, Elias?" Ele respondeu: "Estou apaixonado pelo *Senhor* Deus todo-poderoso..." O *Senhor* respondeu: "Sai e põe-te de pé no monte, diante do *Senhor*! Eis que Ele vai passar". Houve então um grande furacão, tão violento que dilacerava os montes e despedaçava os rochedos diante do *Senhor*, mas o *Senhor* não estava no vento. Depois do vento houve um terremoto, mas o *Senhor* não estava no terremoto. Depois do terremoto houve fogo, mas o *Senhor* tampouco estava no fogo. Finalmente, passado o fogo, percebeu-se apenas uma brisa suave e amena. Quando Elias a sentiu encobriu o rosto com o manto... (1Rs 19,9-13). E o *Senhor* estava na brisa, no hálito da suavidade.

## 22 A autonomia da boa vontade[104]

Quando refletimos sobre a boa vontade, identificando-a com a semente de mostarda do Evangelho, dissemos que a boa vontade, esse ato tão insignificante, tão pequenino como semente de mostarda, é, na realidade, o elemento básico e principal da vida. Dissemos ainda que a boa vontade contém em si o mesmo modo dinâmico de ser do Deus de amor, criador do universo. Por fim, afirmamos que com ela participamos da imensidão e profundidade abissal desse poder do amor de Deus e com Ele colaboramos. Tentemos agora ver mais de perto como é o empenho e o desempenho dessa boa vontade focalizando-os mais como o perfazer-se; isto é, o processo dinâmico do trabalho da responsabilidade de ser, que hoje costumamos chamar de autonomia.

Como é, pois, o modo de ser do espírito, chamado autonomia? Muitas vezes, a palavra *autonomia* é ouvida como autossuficiência, no sentido de se bastar a si mesmo, de rejeitar e negar toda e qualquer dependência, uma espécie de orgulho humano desmedido. Examinemos melhor o seu significado, vendo as implicações significativas que se encontram no termo.

"Auto-nomia" se compõe de "auto" e "nomia". O significado usual da autonomia é independência, liberdade, o modo de ser dos que vivem segundo a sua própria lei. Mas o que significa mais profundamente "*o modo de ser dos que vivem segundo a sua própria lei*"? É que aqui a própria lei deve ser entendida como a lei própria da essência do ser humano. Examinemos, pois, o significado dos termos que compõem a palavra *autonomia*, para ver melhor o que é realmente a independência, a liberdade própria do homem.

### Responsabilidade de ser sempre "sim"

"Auto" vem do grego *autó*, que significa mesmo, em si, por e para si, pessoalmente, a partir de si. Mais propriamente, indica um movimento. Que tipo de movimento? Movimento que podemos descrever como erguer-se a si mesmo, destacar-se, realçar-se, alçar-se, colocar-se a si mesmo a partir de si. Nós diríamos: ficar de e em pé! De que se trata, pois, esse ficar de e em pé mais concretamente como autonomia? Trata-se da experiência bem conhecida nossa, ou seja, daquele impulso inicial de todos os nossos empenhos e desempenhos, de todas as nossas ações. Por mínima que seja a nossa vontade, toda e qualquer ação humana se inicia e se mantém iniciante sempre de novo em todas as

---

104. Publicado originalmente em *O Mensageiro de Santo Antônio*, vol. 38, n. 5, jun./1995, p. 4-5.

continuações e consumações como impulso livre originário de ser e ter que ser um "sim", a partir de si, para e por si. Aqui ninguém pode me substituir nessa responsabilidade de ter que ser um "sim" inicial e iniciante. Trata-se, pois, da miniexplosão da boa vontade, da vontade boa.

Assim, tudo no ser humano se caracteriza como um esforço de erguer-se a si mesmo. É nesse movimento que o homem se constitui como ele mesmo. Por isso, nada no homem é apenas ocorrência. Nada nele é simplesmente dado. Nenhum momento nele e dele é apenas fato. Ele é, antes de tudo e por excelência, sempre de novo e cada vez uma ação responsável de ser, um dever ser, um ter que ser. Assim, dizer que um homem está deitado e dorme como uma pedra, ou que alguém vegeta, é, na realidade, um modo de falar. Porque mesmo para ficar deitado num *dolce far niente*, ele deve alçar-se a si mesmo a partir de si.

Tudo isso ele não vê se fica na cama ocasionalmente, por alguns momentos. Mas, se permanecer deitado por três dias seguidos sentirá com certeza o peso da fadiga do ter que se manter no *far niente*. Com outras palavras, para o homem ser, ele deve ser *autó*. Por isso, as palavras *auto-móvel* ou *automático*, para se referir a uma máquina, denotam uma incompreensão total da palavra *autó* no sentido grego. O empenho humano como tal, isto é, como o movimento de ter que ser, de ter que se pôr, de se colocar a si mesmo a partir de si tem o modo de ser da boa vontade, da liberdade da vontade boa.

"Nomia" vem do grego *nómos*, que traduzimos por lei, prescrição, ordem, mas que significa também uso, costume, hábito. *Nómos*, por sua vez, vem do verbo *némein*, que significa repartir, partilhar, outorgar, conceder, conferir; receber como sua parte em uso, possuir, dominar, reger, administrar, habitar, cultivar a terra. Estranhamente, a partícula "*nem*", do *némein*, significa propriamente dobrar, curvar. Curioso é que todas essas múltiplas significações variantes querem indicar o *modo todo próprio do empenho humano*. Tentemos descrever esse modo todo próprio do empenho humano insinuado nas múltiplas significações do termo "nomia".

### Recorrendo à ajuda de uma legenda

Mas como se relacionam entre si todas essas significações variantes, implícitas na "nomia"? Comecemos, primeiro, perguntando o que tem a ver partilhar com curvar-se, dobrar-se? É que em todo e qualquer empenho humano o homem se dobra, se curva. E é nesse curvar-se sob o peso do desempenho da sua finitude, é nesse dobrar-se sobre si mesmo, para dentro de si, que o homem partilha de si consigo, participa de si para consigo, dá-se, outorga-se, concede-se e confere-se a si mesmo, e recebe-se a si mesmo como sua parte em uso. Mas todas essas insinuações querem dizer o quê? Talvez um exemplo possa salvar todo esse palavrório da reflexão acima.

Conta uma legenda japonesa que o famoso guerreiro do antigo Japão Kussunoki Massashige, celebérrimo pela sua inteligência e pelos seus lances geniais de estratégia, já na sua infância vivia no meio dos guerreiros. Uma vez, no castelo do seu pai, observava os guerreiros que, reunidos ao redor de um enorme sino de bronze suspenso por uma armação de grossas madeiras, estavam apostando quem deles conseguiria pôr em movimento o sino, que pesava toneladas. Mas nenhum deles, nem mesmo os mais hercúleos, conseguia mover o sino por um milímetro sequer, por mais ímpeto e violência que empregasse. O menino assistia a tudo isso com muito interesse. De repente, ofereceu-se para mover o sino, e lhes perguntou se podia usar todo o tempo de que necessita para tal empreendimento. Meio zombeteiros, meio admirados, mas achando graça, os guerreiros desafiaram-no a realizar o seu propósito. O menino colou todo o seu *corpo* ao sino e, sem pressa, sem ânsia, suavemente, mas com toda a possibilidade de seu pequenino *corpo*, empenhou-se *corpo* a *corpo*, ele todo e inteiro, a empurrar o sino *com o seu exíguo e finito corpo*[105] até onde podia e soltava, empurrava e soltava, como que sondando o tempo do sino, cordialmente, sempre de novo e sempre novo; como que recebendo e dando parte do sino e parte de si, numa simbiose, num intercâmbio amigo, por horas a fio. E pouco a pouco, de início imperceptivelmente, mas depois visivelmente, o enorme sino começou a balançar...

No movimento desse pequenino corpo colado ao sino se dá, numa simultaneidade viva, um dar e receber todo próprio, bem diferente do "dar e receber" dos guerreiros que, com violência e força bruta, arremessavam-se contra o sino. Na realidade, nesse modo dos guerreiros não há um dar e receber. Há, sim, um dar socos, empurrões e pontapés. Se houver, por acaso, um empurrar aparentemente parecido com o do menino, no qual o guerreiro cola o seu corpo no sino e empurra, no próprio modo de empurrar do guerreiro surge certamente uma diferença fundamental. Aqui, o guerreiro não acolhe a inércia do sino no seu peso como uma doação amiga. Por isso, ele opõe a sua força bruta

---

105. Grifamos o termo *corpo* para sugerir que nesse modo de *ser de todo, inteiro* e "responsabilizado" está o pivô da significação *curvar-se*, implícita na palavra autonomia. Numa existência humana cujo "ser" é gordo-adiposo, esparramado, disperso, jamais se chega à autonomia, por mais fofa e bela que seja a vida... "humana" (?!).

contra a força da inércia do sino para subjugá-la. Como a força da inércia do sino é muito maior do que a do guerreiro, o dar-se do guerreiro se embate contra um paredão do sino. O sino lhe é, pois, uma impossibilidade inimiga.

### Não poder como abismo de possibilidades

Bem diferente é o empurrar do menino. Na experiência do corpo do menino colado ao sino a imensidão das toneladas do sino não é uma impossibilidade inimiga ao corpo finito. É que o corpo da possibilidade finita do menino não sabe o que pode (cf. Mt 6,3). *Não* sabe, não quer, não é o que pode. Em que sentido? No sentido de não ter referência de cálculo, de uma medida determinada como quantidade de uma coisa, a partir do que pode, do que quer e do que é. Sentindo a massa gigantesca do sino, o menino, ao empurrá-lo, dá-se todo e inteiro ao que não pode. Aliás, ele não pensa se pode ou não pode, por não saber. Só pensa, isto é, só se concentra nessa doação. E nessa entrega cordial, a impossibilidade não é tratada como inimiga, como uma negação calculada e determinada da sua possibilidade finita, mas como um não poder que é um abismo de possibilidades, o qual ele não tem sob o seu poder. Não o tem porque é o abismo que o tem, o envolve, chama e convoca.

Doar-se cordialmente, corpo a corpo, todo e inteiro no empenho humilde de tentar mover o impossível não é mais a atitude de querer poder subjugar o impossível. Não é também a atitude de se entregar à impossibilidade, como quem é dominado e subjugado contra a vontade; digamos, resignado. É, antes, uma atitude na qual o homem se dispõe a deixar-se embalar pela força que o transcende, sendo carregado por ela, fluindo nela. Doando-se como possibilidade finita todo e inteiro à impossibilidade, o menino recebe a sua própria finitude de volta, fluindo na dinâmica abissal do que não pode. Dinâmica abissal em que, para dentro e a partir da qual a possibilidade finita se alça, se ergue, toma pé como a criatividade disposta de ser e deixar ser. O sino não é inimigo. Não é paredão do contra. É o maior, o imenso. O grande. É impossibilidade, não como exclusão da minha possibilidade, mas sim como a possibilidade anterior, infinita, que permite, dá-me a possibilidade alegre da finitude agraciada. A "im-possibilidade" não é negação da possibilidade. Antes, é onde a possibilidade finita nada como peixe na imensidão do mar.

Esse erguer-se, esse alçar-se na dinâmica do impossível não é um pôr-se de pé, heroico, digamos, de um Prometeu, isto é, da afirmação do eu, nem um desafio revoltado contra o trágico destino impossível. É, sim, um curvar-se, um dobrar-se para dentro da possibilidade finita. Possibilidade finita, isto é, a finitude, sentida agora não mais como privação indevida da infinitude a que tem direito, mas como um vigor todo próprio, intrépido e cordial. A saber, o vigor cheio de graça de ser o nada da sua possibilidade. Não ser, pois, a sua possibilidade, para poder ser como a total disponibilidade de querer e ter que ser sempre de novo alegria e gratidão. Alegria e gratidão de poder se responsabilizar; isto é, de responder ao amor do abismo infinito. A esse vigor dobrado para dentro de si como recolhimento ponderado do corpo finito bem disposto o homem o sente como parte de si, próprio de si, e ao mesmo tempo como porção da imensidão abissal, doada a si como a sua parte para o seu uso.

E, segundo os gregos, dos quais vem a palavra *autonomia*, é nesse uso que o homem habita a terra. É desse uso que surgem as leis, cidades, constituições, costumes, reinos. É nesse uso do modo de ser do empenho livre humano que se cultiva a terra, ordenam-se as casas, as habitações, os hábitos. É assim que se constitui a morada na Terra dos Homens. É a autonomia. É por isso e nesse sentido que *nómos*, *némein* se refere ao uso, costume, *habitat*; ao dominar, reger, administrar, habitar, cultivar a terra.

Depois de tudo isso que se disse da autonomia pensemos o seguinte: que no conto de Kussunoki Massashige, em vez do menino miniguerreiro sábio estivesse você, eu, cristão, seguidor de Jesus Cristo; e em vez do sino, ali estivesse a imensidão inacessível do Deus do amor infinito, que vem a mim de encontro, empurrando como o menino empurrava o sino, de todo o coração, dando-se a mim como pode, corpo a corpo, inteiramente colado a mim. E que nesse vir de encontro a mim me recebe todo inteiro como sou e posso, sem restrições, sem senões, de toda boa vontade de que Ele é capaz...

Não é assim que, aos poucos, começamos a entender o que significa a autonomia dos filhos diletos de Deus, na baila divina da sua boa vontade?

## 23 A imitação[106]

Imitação, diz o *Dicionário Aurélio*, é ato ou efeito de imitar. Imitar é, por sua vez, "reproduzir, arremedar, falsificar", mas também "assemelhar-se a, tomar como modelo"; e isto, "fazendo ou tentando fazer exatamente o que faz o outro".

---

106. Publicado originalmente em *O Mensageiro de Santo Antônio*, vol. 38, n. 6, jul.-ago./1995. Santo André.

Hoje, a palavra *imitação*, no uso comum, puxou pelo fio de significação menor, que vai na linha do reproduzir, copiar, repetir, macaquear. Assim, imitar é ato de macaco ou de papagaio que "dá uma" de homem. Como nem macaco nem papagaio são realmente homens, as macaquices e o papaguear não são gestos humanos nem fala humana. Daí que a imitação é cópia dissimulada, é plágio, falsificação. Como a cópia é reprodução, apenas repetição mecânica, não vem à fala nada de novo. Por isso, na cópia, mesmo que seja a mais perfeita, não há nem originalidade nem criatividade. Como tal, imitação é coisa de gente sem iniciativa, sem empreendimento criativo: imitação é apenas reprodução. É, pois, um ato inadequado, um ato de baixo nível do ser humano, cuja essência é liberdade e criatividade.

## Imitação: aprendizagem no fazer

Certamente, não é por esse fio menor que a imitação de Cristo compreendeu o seu discipulado. É que a imitação possui também o fio do seu sentido maior. Na linha desse fio maior, imitação significa assemelhar-se a, ter alguém por modelo, e isto fazendo com precisão e rigor, ou tentando fazer realmente o que faz o outro. É, pois, uma aprendizagem no fazer.

O pivô dessa assemelhação e assimilação está no fazer realmente, com rigor e precisão, o que faz o outro.

Uma das pressuposições elementares dessa aprendizagem no fazer é que o outro seja mestre; portanto, melhor, mais experimentado, mais hábil, superior a mim. Aqui, quanto mais impossível a imitação, quanto mais o outro é diferente tanto maior a possibilidade da exigência e a chance de ter que me transcender; isto é, a possibilidade de ter que engajar, a partir de mim mesmo, a saber, livremente, todo o empenho da minha possibilidade, para além da possibilidade de todo o meu ser. Portanto, esse modo de imitação, longe de ser acomodado, sem iniciativa e criatividade, é, pelo contrário, a máxima exigência de engajamento e de trabalho livres na dinâmica da aprendizagem. Nesta dinâmica da aprendizagem sou convocado a manter-me continuamente no pique da iniciativa inventiva, na atenta e inteligente observação interpretativa dos movimentos do outro, agilizando e flexibilizando todo o meu ser na prontidão obediente para seguir o outro na fluência de seus gestos e movimentos inesperados, arbitrários; sim, inesperados. É o ponto de salto na ausculta da espera do inesperado.

Imitação, nesse sentido, diz, portanto: o corpo a corpo do contato imediato, o *full contact*, na dinâmica do encontro.

## O mestre, os noviços e a velha

Tentemos intuir esse modo de ser da imitação com um exemplo tirado das histórias da antiga Ásia.

Num mosteiro onde os noviços se exercitavam intensamente na aprendizagem da meditação para obter a iluminação havia um velho mestre muito exigente. Tal mestre falava, sempre de novo, aos noviços da necessidade e da importância de imitar os mestres do passado na disposição espiritual de plena atenção, na espera do inesperado; isto é, da iluminação. Os noviços liam, estudavam os escritos desses mestres e tentavam imitá-los na postura, na fala, na mentalidade. Com isso, consideravam-se bastante aplicados e até bons na aprendizagem do caminho da iluminação. A única coisa, porém, que os demovia dessa convicção era a fala do velho mestre. Pois este, sempre de novo, apresentava-lhes como modelo de imitação uma velha mulher, pobre, viúva, analfabeta, dona de um pequeno mas bem ajeitado bar. A velha viúva sobrevivia servindo chá, doces de arroz e bolinhos aos viajantes e peregrinos.

Os noviços eram assíduos frequentadores desse barzinho nas dependências do mosteiro e, por isso, conheciam bem a dita cuja velha. Não se via nada de extraordinário nela. Surgiu, então, entre os noviços, a curiosidade: "Por que o mestre coloca justo esta mulher, leiga, analfabeta, como exemplo para nós que, dia e noite, nos dedicamos às coisas espirituais, como verdadeiros profissionais que somos da vida de meditação e contemplação? Será que esta velha é realmente tão boa, tão iluminada assim nas coisas espirituais, a ponto de nos servir de exemplo e modelo?" Por isso, não demorou muito para que alguns dos noviços, os "melhores", resolvessem colocar a velha à prova. Enquanto fingiam frequentar o bar tão somente interessados em tomar chá, submetiam a velha, a modo de tira-teima, a algumas perguntas bem espirituais. Assim, aos poucos, tornou-se um costume, no tempo dedicado ao recreio, os noviços, ao caminhar pela cercania do mosteiro, dirigirem-se para o bar da velha senhora; alguns para tomar chá, outros para examiná-la. E a velha "iluminada", avistando os noviços, acompanhava seus gestos, seu modo de andar e falar, e distinguia quem era quem e o intento com que cada um vinha ao bar.

Sucedeu que um dia, aos que vieram somente para tomar chá, a velha serviu cordialmente, na antessala, chá, doces e bolinhos em abundância. Mas, os que vieram com a intenção de examiná-la, convidou para que se dirigissem um por um, separadamente e em particular, para uma sala nos fundos do bar, pois, como lhes confidenciara, mereciam uma recepção especial. E a recepção foi deveras especial. A velha conduziu esses noviços, um de cada vez, até a entrada do seu pequeno quarto de meditação. Ela entrou no recinto primeiro e, depois de algum tempo, convidou o respectivo noviço a entrar. No entanto, ao atravessar o limiar do pequeno quarto semiescuro, o noviço recebia uma violenta paulada, aplicada com cabo de vassoura; e, apavorado, voltava para o mosteiro com um enorme galo na cabeça raspada.

À tarde, na hora da convocação vesperal, o velho mestre disse aos noviços que ostentavam galos em suas cabeças raspadas: "Como podem realmente, corpo a corpo, imitar os mestres antigos na sua espera atenta do inesperado, se, estando distraídos na vida, vocês não conseguem sequer se desviar da suave paulada de uma velha senhora? Por acaso, vocês se esqueceram que a meditação não é uma coisa mística, feita na sala e na hora dos exercícios espirituais, mas sim um estar ali na disposição da vigilância e da plena atenção; um estar no *full contact* da luta e do trabalho, medindo-se continuamente com a vida?"

## Seguimento de Jesus enquanto empenho

A aprendizagem do seguimento de Jesus Cristo, isto é, a espiritualidade cristã, a teologia, a nossa vida cristã, enquanto estudo, isto é, enquanto empenho[107], não deveria ter essas características da imitação no seu sentido maior, nesse nu e cru da imediatez do realismo no seguimento, a modo do método da "suave" paulada da velha mestra analfabeta, dona de um bar à beira do caminho, na cercania de um mosteiro?

O grau de criatividade e originalidade aqui exigido é, sem dúvida, muito maior do que aquele da criatividade e originalidade, que simplesmente se solta, se entrega subjetivamente ao bel-prazer, ao seu gosto, ao seu modo de ser, seguindo a sua própria medida na espontaneidade. Pois, na imitação, queremos livremente dar tudo de nós – ou melhor, mais do que tudo de nós mesmos – na aventura de querer ser totalmente o outro Absoluto, na submissão de todo o nosso ser à liberdade do Deus de Jesus Cristo, tranquilamente, cientes de que essa liberdade absoluta é mais do que a nossa, a mais íntima, a mais profunda, a mais autônoma liberdade.

Mas o que significa corpo a corpo, *full contact*, quando se trata de Deus e suas "coisas espirituais"? Que se possa entrar em contato real, corpo a corpo, com a paulada da velha senhora do bar na cercania do mosteiro é compreensível. Mas, o que vem a ser um realismo de imediatez corpo a corpo com Jesus Cristo e com o Deus de Jesus Cristo, cuja presença não é física nem factual

---

107. Em latim, empenho diz-se *studium*, de que provém a palavra *estudo*.

presente? Deixando que esta questão nos seja a motivação para uma outra reflexão, ouçamos, por ora, uma admoestação de São Francisco de Assis, que assim falou sobre a imitação de Cristo:

> Consideremos, Irmãos, o *Bom Pastor* que, *para salvar as suas ovelhas,* suportou a paixão da cruz. As ovelhas do Senhor seguiram-no *na tribulação e na perseguição,* na vergonha *e na fome,* na enfermidade e na tentação e em tudo o mais; e disso receberam do Senhor a vida sempiterna. Por isso, é grande vergonha para nós, servos de Deus, que os santos tenham feito obras e nós queiramos receber glória e honra apenas por citá-las[108].

## 24 A pessoa, o corpo do encontro[109]

Como já entrevemos no desdobrar-se de nossa reflexão, a imitação é uma aprendizagem que possui um modo de ser todo próprio, *sui generis.* Para esse tipo de aprendizagem é de importância decisiva a disposição positiva do aprendiz de pôr-se na disponibilidade da aprendizagem. Mas é também muito importante "cair nas mãos" de um bom mestre. É nesse sentido que os velhos chineses diziam: "Se tu estás com muita pressa de aprender gasta ao menos três anos para procurar um ótimo mestre!" Já imaginou cair nas mãos de um grande mestre como, por exemplo, Santo Tomás de Aquino, São Boaventura, Mestre Eckhart, Platão, Aristóteles, ou, digamos, um anjo – serafim, querubim, Gabriel –, que nos pegasse pelas mãos e nos ensinasse?

Mas basta que nos dediquemos à leitura das Sagradas Escrituras para nos dar conta do que essas nos dizem constantemente, a saber, que o próprio Deus, Ele mesmo em pessoa, o Espírito Santo nos ensina todas as coisas! Deveríamos uma vez fazer um levantamento, tanto no Novo como no Antigo Testamento, para sentirmos vivamente a grande boa vontade de Deus de nos ensinar! E se fizermos esse levantamento acerca dessa boa vontade de Deus de nos ensinar, considerando-a principalmente nas experiências de iluminação que tiveram os grandes místicos e santos de todos os tempos, ficaremos impressionados ao perceber quão pouco acreditamos em tudo isso, a ponto de, no fundo, sermos indiferentes diante desse Mestre de todos os mestres e preferirmos passar anos

---

108. Cf. TEIXEIRA, C.M. (org.). *Fontes franciscanas e clarianas.* Op. cit., p. 98-99.

109. Publicado originalmente em *O Mensageiro de Santo Antônio,* vol. 38, n. 7, set./1995, p. 4-5. Santo André.

a fio gastando fortunas para fazer cursos com certos professores que são especialistas, por exemplo, em psicologia, cuja origem não se sabe lá muito bem qual seja, nem de onde vem...

### Bom mestre e volume de trabalho

Numa aprendizagem, uma vez que temos um bom mestre, o decisivo é o volume de trabalho. Mas por que é importante o volume de trabalho? Para formar e promover a familiaridade com o mestre e sua matéria. Como a expressão "familiarizar-se" nos diz, é necessário entrar e ser familiar ao mestre e à sua matéria. Na família estamos todos os dias juntos, uns próximos dos outros, estamos em contato, corpo a corpo na busca, na intimidade do trabalho, num diálogo, confronto e desafio constantes com o mestre.

Digamos que para obter um doutorado, para adquirir habilidade esportiva, para aprender uma profissão de alta tecnologia, para nos tornarmos competentes nas pesquisas, gastamos anos a fio – sim, toda a vida, dia a dia, horas e horas – engajando-nos neste ou naquele trabalho de uma aprendizagem. Experimentemos, então, fazer uma estatística para ver quantas horas gastamos nesse trabalho, em dez anos. Imaginemos agora alguém, fazendo todo esse trabalho, gastando 20, 30, 40, 60 anos só para entrar, corpo a corpo, em contato imediato com Deus, para se tornar familiar a Ele, ter intimidade com Ele, de tal sorte que Ele lhe revele os mais abscônditos segredos do seu coração, ensinando tudo acerca de todas as coisas...!

Mas como se faz isso, como é possível o contato imediato, corpo a corpo com Deus, se Ele é o Pai que habita numa luz inacessível? Não estamos aqui fazendo confusão, ao dar e aplicar exemplos de aprendizagem do estudo humano – cujo mestre é visível, material e físico – à aprendizagem do estudo cujo mestre é o próprio Deus, que transcende todas as nossas medidas, todos os nossos sentidos físicos e espirituais? Não é assim que aqui não há contato pessoal, corpo a corpo, mas sim um relacionamento mediado; isto é, sempre através da mediação de mestres visíveis?

O interessante dessa objeção é que ela nos aponta um equívoco que raras vezes percebemos. O equívoco de identificar o visível, o físico com o imediato, com o contato direto, com o corpo a corpo. Por causa dessa identificação equivocada, o que não é visível, o que não é físico não é imediato, não é contato direto, não é corpo a corpo! Logo, mediato!?

### Visível físico e pessoal: o equívoco

Junto dessa equivocação coexiste um outro equívoco: o de identificar o visível físico e o sensível – já identificados com o imediato, com o contato direto e corpo a corpo – com o pessoal. E, por sua vez, o equívoco de, muitas vezes, identificar o que não é visível – já identificado com o mediato – com o que não é pessoal, no sentido de mediado pelo grupo, pela sociedade, instituição etc. Por isso, quando dizemos, por exemplo, que para alguém ser ensinado diretamente por Jesus Cristo seria necessário tê-lo fisicamente presente, ou seja, seria necessário ter um contato imediato, direto e pessoalmente com Ele, estamos, na verdade, agenciando todas essas equivocações. E continuamos a operar nos mesmos equívocos quando dizemos que, visto que viveu há dois mil anos, Jesus Cristo só pode nos ensinar, indireta e mediatamente, através das pessoas, de mestres atuais, da Igreja etc.; ou seja, de mediações que nos cercam, como comunidades e instituições.

E, no entanto, se examinarmos bem, perceberemos que o problema é bem outro. A questão do imediato ou mediato, do contato corpo a corpo direto ou mediato e indireto, é um problema da familiarização. Não está relacionada nem com o visível ou invisível, nem com o físico ou espiritual, nem com pessoal ou institucional. Mas em que sentido?

Todas as coisas com as quais nos familiarizamos depois de um longo convívio de empenho, estudo, confronto, tornam-se próximas de nós; nós as tocamos. Sim, elas nos tocam, tornam-se imediatas para nós. E todas as coisas que nos são estranhas e longínquas não nos tocam, não têm relacionamento direto conosco. Devem, assim, ser mediadas pelas coisas que nos são mais familiares. Mas todas as coisas que se nos tornam familiares, para que possam ser familiares, pressupõem de nós uma decisão de assumi-las e, na medida em que se nos tornam cada vez mais familiares, exigem cada vez mais que nós as assumamos corpo a corpo.

Com outras palavras, o que experimentamos como pessoal, direto, imediato, corpo a corpo, contato pele a pele não tem propriamente nada a ver com o físico, sensível, individual, corporal como tal. Mas tem tudo a ver com o índice de transformação no meu modo de ser, uma vez que eleva o meu ser a uma qualificação até então não existente.

### Empenho decisivo, intenso e engajado

Esse modo de ser qualificado, esse quilate novo do ser, que foi, acima, também designado como corpo a corpo, imediato, contato direto, só se dá no e através do empenho. E quanto mais decisivo, intenso e engajado for, e quanto mais se aproximar de uma busca de vida ou morte, na qual o homem põe em jogo todo o seu ser, tanto mais pessoal se torna o empenho.

Entrementes, é muito difícil não nos equivocarmos entendendo esse pessoal como subjetivo e individual. Mas perguntemos: O que é o oposto do pessoal? O impessoal? O grupal, o comunitário? Para que seja pessoal deve haver só uma pessoa? (Leia-se indivíduo.) Quando há mais de uma pessoa caracteriza-se o impessoal? Ou caracteriza-se o comunitário? Percebemos logo que aqui reina uma confusão. A nossa compreensão usual do pessoal e comunitário está confusa. Discutir e examinar mais detalhada e aprofundadamente essa questão seria matéria para uma outra reflexão. Assim sendo, observemos apenas que essa confusão vem em parte porque temos na nossa mente o seguinte esquema: um sujeito = o pessoal; mais de um sujeito (i. é, mais sujeitos) = grupo, comunidade.

Deixemos de lado, por completo, esse esquema e olhemos com simplicidade e diretamente o fenômeno. O que percebemos? Percebemos que, quanto mais a intensidade da experiência se torna forte, profunda, familiarizada, assumida num trabalho de engajamento para valer, tanto mais a experiência se torna única, cada vez minha, singular. Então, sendo assim singular, percebemos o que quer dizer pessoal. Pessoal é quando a minha existência alcança a densidade de um corpo a corpo, na radical seriedade de ter que ser, sem poder transferir essa tarefa de ser a um outro. Mas essa singularidade e "unicidade" não têm muito a ver com o um no sentido numérico quantitativo, mas sim com a inexorabilidade, com a "inalienabilidade", com a intensidade absoluta da identificação do encontro. E essa intensificação absoluta da singularidade do encontro não tem nada a ver com o individual, o privativo e o subjetivo, pois essas denominações não possuem o quilate todo próprio do ser, que caracteriza o pessoal; isto é, a absoluta doação de si e a abertura transcendente total e universal ao outro.

O grande pensador do fenômeno do encontro, Martin Buber, relata-nos a seguinte história:

> Submeteram ao Rabi Mendel a seguinte questão: "As Escrituras (Ex 36,5-6) relatam que Moisés, ao lhe contarem que o povo trazia oferendas demais para a construção do tabernáculo, mandou ordenar no acampamento que ninguém mais trabalhasse no santuário. Qual é o nexo disso? Pois se Moisés precisava apenas ordenar que não se trouxessem mais oferendas?!" Ele explicou: "É sabido que aqueles artesãos eram grandes santos e com o seu trabalho produziam santos

resultados. Quando um deles batia com o martelo na bigorna e outro cravava o machado na madeira, o eco ressoava nos corações de todo o povo que os ouvia, e o sagrado anseio os incitava a trazer mais do que o necessário. Por isso mandou Moisés que os artesãos parassem a sua faina"[110].

O corpo a corpo da percussão da martelada de cada santo é o corpo do encontro, isto é, a pessoa ela mesma na imediatez da doação do encontro com Deus. O que há de mais comunitário e social, o que há de mais "uni-versal" do que uma tal singularidade?

## 25 O bem-fazer[111]

No interior de Minas Gerais, nas regiões de Tambacuri, conta-se, entre o povo, uma versão "teológica" bastante pitoresca da criação dos anjos. A história é narrada de maneira tosca, marota e gostosa, impossível de ser repetida por quem não é profundamente simples no rigor e na vitalidade seca dos que habitam aquelas terras. Por isso, o que segue não passa de um relatório mal--elaborado das ideias que a história desperta na gente, ideias essas que são como ecos longínquos de uma realidade esquecida há muito tempo, mas que recordam algo importante para nós hoje.

No início da criação, lá estava o Filho, o "futuro" Deus encarnado, Jesus Cristo, sentado no chão do paraíso com uma pequenina bacia cheia de água cristalina das montanhas. Molhava com cuidado a ponta do dedo indicador e o dobrava por um instante, segurando-o com o polegar. E, com decisão, solta-va-o num lance suave mas certeiro, catapultando somente uma ou duas gotas de água bem redondas. As gotas giravam alegres no ar, traçando uma curva bem bonita, e saíam voando, transformadas em belíssimos anjos bem bolados.

De súbito, o Filho foi chamado pelo Espírito Santo para junto do Pai. É que surgira um imprevisto grave e se fazia necessário uma reunião de emergência. Então, o "futuro" Jesus Cristo chamou lúcifer, o seu assistente (é que naquele tempo, embora já por demais ambicioso, lúcifer era ainda anjo – e de reputação). Entregou-lhe a bacia de água e lhe pediu que continuasse a obra.

---

110. "Os ruídos do trabalho". In: BUBER, M. *Histórias do rabi*. 2. ed. São Paulo: Perspectiva, 1995, p. 451.

111. Publicado originalmente em *O Mensageiro de Santo Antônio*, vol. 38, n. 8, out./1995, p. 4-5. Santo André.

De início, lúcifer continuou deitando ao ar gotas de água, cada vez uma, com cuidado. Mas logo começou a se irritar com a demora da fabricação. Por que ficar nessa lenga-lenga obsoleta da fabricação caseira, a modo de "um por um", "um de cada vez", se a gente tem duas mãos, em cada mão cinco dedos, e, portanto, dez possibilidades? Por que não racionalizar a fabricação e, em vez de um de cada vez, não lançar dez de cada vez e agilizar, acelerar a produção, lucrar dez vezes mais?

Buscou, pois, um enorme tonel, encheu-o com água da torneira, enfiou os braços na água e, com dedos, mãos e antebraços ensopados de água, começou a gesticular de qualquer jeito, freneticamente, jogando, respingando, espalhando água por todos os lados, numa total confusão.

Quando Jesus Cristo voltou da reunião encontrou o chão atapetado, sujo de monstros, pequenos, médios e grandes, feios, disformes, fragmentos de alguma coisa parecida com gente, que gemiam, grunhiam e se contorciam numa medonha algazarra. E, no meio dessa massa desfigurada, lúcifer, coberto de pedaços de braços, pernas, orelhas e rostos e transformado num monstro mais confuso do que todos os outros.

Assim, do malfazer de lúcifer nasceram, em vez de bons anjos, monstros, que depois receberam o nome de demônios.

### O modo de ser do amor primeiro

A história, ao narrar pitorescamente a criação dos anjos, fala-nos do modo de ser de Deus, que fez o universo como o bem. "E Deus viu tudo quanto havia feito e achou que tudo estava muito bem" (Gn 1,31). Esse modo de ser é o modo de ser do amor primeiro, que tudo fez com o cuidado, com a doação e a ternura do primeiro amor, um por um, um de cada vez. A confusão criada pelo descuido de lúcifer apenas realça mais o cuidado da dedicação do Criador. Esse modo de ser do primeiro amor de quem nos amou primeiro (1Jo 4,19) chama-se, na espiritualidade antiga, de "o bem-fazer".

O bem-fazer é, portanto, o modo de ser próprio do Deus criador. Modo de ser este que aparece na história mineira no cuidado, na dedicação e na ternura do Filho ao fazer os anjos. A nossa grande dificuldade de sentir com gratidão e espanto o dogma cristão da criação, quando rezamos "Creio em Deus Pai todo-poderoso, criador do céu e da terra", reside no fato de desviarmos o pivô da questão, isto é, da busca, na direção de uma explicação cosmológica do surgimento do universo.

No entanto, a orientação essencial da experiência cristã da criação está, em primeiro lugar, concentrada no cuidado e no amor de Deus para conosco. A doutrina cristã da criação, mais do que querer explicar-nos como surgiu o mundo, revela-nos o cuidado e o amor de Deus, cujo modo de ser do bem-fazer outra coisa não é senão a concreção, o vir à fala da boa-nova do Deus de amor que, com toda a sua ternura e todo o seu empenho, fez-nos seus filhos e vem ao nosso encontro na intimidade do relacionamento familiar, cheio de cuidado e diligência.

Trata-se, pois, da boa-nova da nossa filiação divina em Jesus Cristo e, através de nós, da "filiação" de todo o universo[112]. Se existimos como somos, com tudo o que somos e não somos, pelo simples fato de existirmos somos filhos do amor que nos amou primeiro, que nos ama sempre de novo no cuidado, na dedicação e na ternura do primeiro amor.

O frescor, o primor desse ardor abissal de Deus, é de tamanha humildade e retraimento no pudor do seu mistério, que necessitamos de igual delicadeza e humildade para percebermos que a existência, o simples fato "bruto" de ser já é a concreção do ardente amor do Deus de Jesus Cristo, que está, a cada instante e para sempre, dando-nos a sua vida a cada um de nós, a um por um, a um de cada vez, de modo único, singular, todo próprio e pessoal.

### O bem-fazer como modo de ser

Ser filho significa ter o mesmo sangue, o mesmo jeito, o mesmo modo de ser dos pais; ser imagem e semelhança sua. Assim, esse modo de ser da criação, isto é, o bem-fazer, é também o nosso modo de ser, que deve estar presente em tudo o que somos e não somos, em tudo o que fazemos e não fazemos. O bem-fazer é, portanto, o modo de ser do amor misericordioso de Deus, que é o modo de ser essencial do cristão.

Existe um opúsculo medieval que fala de uma maneira muito viva desse bem-fazer; chama-se *Os ditos do beato Frei Egídio de Assis*[113].

Frei Egídio foi um dos primeiros companheiros de São Francisco de Assis. No capítulo que se intitula "Da ociosidade" conta-se que um dia um frade, impressionado pela fala de Frei Egídio sobre o verdadeiro sentido do nosso

---

112. Cf. "Cântico do irmão sol". In: TEIXEIRA, C.M. (org.). *Fontes franciscanas e clarianas.* Op. cit., p. 104-105.

113. Cf. ibid., p. 1.634-1.684.

viver, disse-lhe: "Pai, a mim me parece que nós não sabemos ainda conhecer os nossos bens". Ao que Frei Egídio respondeu:

> Irmão meu, coisa certa é que cada um exerce o ofício que aprendeu, porque ninguém pode bem trabalhar se primeiramente não aprender; pelo que quero que saibas, irmão meu, que a mais nobre arte que há no mundo é a de bem-fazer, e quem a pode saber se não a aprender? Bendito o homem a quem nenhuma coisa criada pode dar má edificação! Mas ainda mais bendito é aquele que, de todas as coisas que vir ou ouvir, receber por si próprio boa edificação[114].

Comentemos apenas uma frase desse texto do beato Frei Egídio sobre o bem-fazer: "Nós não sabemos ainda conhecer os nossos bens".

Chamamos de bens as propriedades, as posses e tudo o que a elas pertence, como o acervo de objetos herdados dos pais ou adquiridos e que constituem a base, o fundo, o patrimônio capaz de assegurar a subsistência e trazer rendas e lucros. Os bens assim entendidos como propriedades e posses constituem a substância do nosso cotidiano, são o que nos dá a subsistência, o sustento, a consistência da vida. Os bens nos dão assentamento, firmeza e segurança, dão-nos um *habitat*, uma "estância", um "lar", um "em casa". No fundo, os bens indicam o modo de ser substancial, o assentamento no habitar a terra dos homens.

### Possuídos pelos nossos bens

Certamente, em uma primeira instância, os bens não parecem indicar propriamente um modo de ser, mas sim os haveres, objetos e coisas que possuímos. Mas tudo quanto possuímos não diz somente que nós possuímos, mas também que tudo isso nos possui; ou seja, que somos por tudo isso possuídos. Os haveres, os "teres" são, na realidade, prolongamentos de nós mesmos; ou melhor, são o que nós mesmos somos; são e mostram a nossa "tenência"; revelam e traem a nossa atinência ao que pertencemos.

Assim, os bens indicam, originariamente, não tanto os "teres", as coisas que temos, mas sim o "tesouro do meu coração" (Mt 6,21). E o tesouro do coração é aquilo a partir do qual e em busca do qual isto ou aquilo se torna propriedade, atinência, corporificação substancial da própria busca; isto é, do projeto do engajamento da minha vida.

---

114. SILVEIRA, I. & REIS, O. (orgs.). *Escritos e biografias de São Francisco de Assis* – Crônicas e outros testemunhos do primeiro século franciscano. Petrópolis: Vozes/Cefepal/Família Franciscana do Brasil, 1981, p. 1.275-1.276.

Porém, como é difícil acordar para uma vida de engajamento na qual tudo o que fazemos e não fazemos, sim, tudo o que somos e não somos, cada instante, cada dever do cotidiano, transforma-se na propriedade de uma atinência! Quanto é difícil acordar para uma vida de engajamento em cujo vigor, em cuja afeição nada é um "tanto faz", mas tudo; isto é, cada coisa, uma por uma, uma de cada vez, é sempre "tudo faz"; é, portanto, o bem-fazer, o bem-fazer da "gente que faz".

Esse modo de ser substancial é bem diferente do modo de ser "a-voado" do viver acidental e ocasional, de uma vida sem eira nem beira, na qual nenhuma coisa se define, se assenta e se integra como lugar de recolhimento da habitação; onde tudo está espalhado, escancarado como terreno baldio e abandonado, sem cuidado, cultivo e edificação.

Os antigos denominavam o terreno baldio e selvagem de "imundo"; isto é, não mundo. Terreno cultivado, bem ordenado, tornado habitável era, então, o mundo. O surgimento do mundo só se dá no nascer, crescer e consumar-se no modo de ser substancial do tornar-se propriedade, atinência, pertença do engajamento da minha própria existência humana, onde tudo é o empenho afeiçoado e cuidado; isto é, a cura do bem-fazer.

A partir de tudo o que dissemos acima podemos agora escutar com mais acuidade a exclamação do frade: "[...] nós não sabemos ainda conhecer os nossos bens!" E uma outra versão – agora latina – desse mesmo texto do Beato Egídio de Assis, diz: "Talvez morramos antes que conheçamos o nosso bem e antes que experimentemos algo do bem!"[115]

Assim, ao dizer "Não sabemos ainda conhecer...", "Talvez morramos antes que conheçamos...", esse frade, que por anos a fio tentou seguir Jesus Cristo como cristão, está colocando uma questão decisiva, questão de vida ou morte para nós cristãos. A saber: *Qual é, ou seja, o que fazer e como fazer o bem-fazer na vida cristã? Como sair da indiferença da nossa vida cristã "tradicionalistamente tradicionalista" e "tradicionalistamente progressista" para acordar ao elã, ao primor da boa-nova, na novidade substancial da tradição, isto é, da fidelidade à dinâmica do originário, de modo bem assentado, progredindo engajadamente na essência da vida de Jesus Cristo, vivida, cada dia, no bem-fazer do "um por um", do "cada vez um"?*

Quem sabe possamos obter uma dica para o encaminhamento dessa questão vital e decisiva escutando a resposta que Frei Egídio deu ao confrade; ou

---

115. Cf. TEIXEIRA, C.M. (org.). *Fontes franciscanas e clarianas*. Op. cit., p. 1.645.

seja, deixando que as palavras desse homem santíssimo e contemplativo crepitem como faíscas da ardente fornalha da sua vida evangélica, como acenos nítidos da espiritualidade franciscana. Assim sendo, retomemos seu dito. Só que agora em uma outra versão latina. Ei-lo:

> Então disse-lhe um certo frade: "Talvez morramos antes que conheçamos o nosso bem e antes que experimentemos algo do bem". Respondeu Frei Egídio: "Os curtidores conhecem as peles; os sapateiros, os calçados; os ferreiros, o ferro; e o mesmo se pode dizer das outras profissões. Como pode, porém, o homem saber da profissão que nunca estudou? Crês tu que os grandes senhores dão grandes dons aos homens estultos e insanos? De jeito nenhum!"[116]

Que tal se a nossa profissão for a vida cristã, o seguimento de Jesus Cristo? Se for assim, o estudo é importante: o estudo do bem-fazer e o bem-fazer do estudo...

# 26  A perfeição[117]

Costuma-se dizer que a espiritualidade antiga era uma espiritualidade de busca da perfeição. Perfeição pessoal, particular, busca de um aprimoramento de si mesmo, uma *performance*. E mesmo que esse aprimoramento fosse na área das virtudes, da santidade, da união com Deus etc., em última instância essa busca da perfeição, no seu modo de ser, seria uma busca de si mesmo. Portanto, uma espiritualidade privativa, particular, sem uma perspectiva essencial de abertura para os irmãos. Provavelmente essa "apreciação" acerca da espiritualidade antiga não faz jus à "coisa ela mesma" da busca da perfeição cristã na grande tradição do Ocidente cristão.

Aliás, o adjetivo "cristão(ã)" se refere a Jesus Cristo e ao seu seguimento. E se quisermos saber o que é a perfeição cristã devemos tentar entender o conceito da perfeição também a partir da referência a Jesus Cristo e ao seu seguimento. Que essa busca possa ser interpretada e até ser vivida como uma busca de *performance* humana, em seus diferentes níveis de "introversão pessoal" ou "extroversão social", em acentuações de aspecto privativo particular ou de aspecto comunitário social, parece ser uma questão à parte, questão

---

116. Ibid.

117. Publicado originalmente em *O Mensageiro de Santo Antônio*, vol. 38, n. 9, nov./1995, p. 4-5. Santo André.

que pressupõe uma melhor análise do que se quer dizer quando falamos do individual e social, do particular e comunitário como categorias próprias do fenômeno humano.

Aqui, sem entrar nessas intrincadas questões, tentemos apenas entender melhor a palavra *perfeição*. Talvez uma compreensão mais adequada do que significa a palavra *perfeição* nos limpe a área, para uma melhor colocação da questão acerca da espiritualidade cristã, seja ela antiga ou nova.

*Perfeição* vem da palavra latina *perfectio*. *Perfectio*, por sua vez, vem do verbo latino *perficere*, que significa levar algo à consumação; fazer algo do princípio até o fim, vulgo "de cabo a rabo". Compõe-se de duas palavras: *per* e *ficere* ou *facere*. *Per* significa através; atravessando do início até o fim; de lado a lado; de uma extremidade à outra. Indica, pois, a continuidade de uma ação e sua persistência até o fim, custe o que custar. *Ficere* ou *facere* (*facio, feci, factum, facere*) significa fazer. Per-feição é a ação de fazer, do princípio até o fim; isto é, a ação do per-fazer.

### *Facere* (fazer) – O que é fazer?

Usualmente lançamos mão do verbo "fazer" no sentido de fabricar, construir e, hoje em dia, vem aplicado também com o sentido de agir, acionar, agenciar. No entanto, parece que o verbo *facere*, isto é, fazer, no seu sentido mais elementar e arcaico, significa em primeiro lugar pôr, colocar, colocar a modo de fundação; isto é, fundar. Portanto, construir, edificar sim, mas no sentido de fundar; isto é, lançar o fundamento, cuja ação simbólica é o lançamento da pedra fundamental. Mas como é o fundar?

Fundar significa construir; ou melhor, dar início à construção no sentido de assentar os alicerces, edificar desde as bases, alicerçar. E representamos o processo da construção como colocar uma camada em cima da outra, assim a modo de acréscimo sucessivo em cima de uma laje básica, de fundamento, de alicerce, de piso. Essa maneira estática de representar a construção não nos dá o toque, o caráter próprio do verbo *fazer* como pôr, colocar a modo de fundação, fundar. Pois essa vê somente de fora, externamente, a ação de fazer, materializando-se estaticamente. Com outras palavras, não vê o fazer, vê o feito, o que foi produzido pelo fazer.

Assim, para captar o próprio do fazer como fundar é necessário imaginar dinamicamente a própria ação de fazer; isto é, é necessário sentir a colocação do alicerce como o lance de toda construção. Para que isso se mostre coloquemo-nos numa situação bastante insólita: estejamos na pele de um São

Cristóvão. Sejamos Cristóvão naquele exato momento em que, ao carregar o Menino Deus nos ombros, transportando-o de uma a outra margem de um rio perigoso, começa a afundar sob o peso quase insuportável do infante e, por isso, é obrigado a dar um passo após outro, com todo o cuidado e com toda a força de que dispõe, firmando-se cada vez com toda a atenção e diligência para não escorregar. E, na outra margem, acompanhemos o olhar interrogador e assustado desse gigante carregador que tinha a impressão de levar consigo o universo inteiro às costas. Atendamos o Menino Jesus que, sorrindo, lhe responde: carregaste não só o universo, mas também Aquele que cria, carregando o universo. Cristóvão, *Christophorus*, é, pois, aquele que carrega o Cristo que, por sua vez, carrega o universo.

Nessa situação incomum de estar na pele, de ser Cristóvão, sintamos todo o nosso corpo por dentro, principalmente a sola dos pés. A sola dos pés que está colada ao leito do rio, seja este arenoso ou de pedras lisas e escorregadias, é o alicerce. Na medida em que o peso de cima aumenta, a sola dos pés suporta (sub-porta), isto é, carrega a partir de baixo o peso que vem de cima. O peso que me sobrevém de cima desencadeia na sola dos pés uma reação a partir de baixo. Essa reação é como acréscimo, como crescimento, aumento do esforço de sustentação, que brota de baixo, a partir da sola dos pés e quase simultaneamente sobe por todo o corpo, a modo de repercussão correspondente à percussão do peso. Isto significa: a cada movimento do andar, passo por passo, devo colocar, pôr, na medida cada vez certa, a partir de mim, com toda a atenção, a força de sustentação como resposta, como repercussão ao peso que vem de cima como percussão.

De onde vem essa força da resposta? De mim, de dentro, do âmago de mim, do fundo do meu próprio ser. Mas, ao assim colocar os pés, passo por passo, medindo-me com o peso, dando-me ao peso como força de sustentação que faço subir da sola dos pés para cima, sinto o meu corpo curvado sob o peso – da ponta da cabeça até a sola dos pés –, como um todo prenhe de força, continuamente alimentado pela força da sustentação.

De onde vem, onde está o centro dessa força de sustentação, que se corporifica como um todo prenhe de forças? Onde está, pois, o alicerce dinâmico desse todo? O colocar-se passo a passo como alicerce, cada vez de novo para não escorregar, para não sucumbir sob o peso, esse medir-se com o peso recebe sim a sua força a partir de dentro de mim. Só que este dentro não pode ser confundido como um fundamento no sentido de alicerce, como laje básica, mas deve, antes, ser compreendido como abertura plena de vigor da possibilidade, uma intensidade abissal, a partir da qual e para dentro da qual eu me coloco, ponho-me ali, tomando pé como vigor portador, sustentador do peso, como o todo de mim mesmo.

Com outras palavras, cada colocação, cada posição, cada iniciar dá-se e, ao mesmo tempo, já se deu no instante do pôr-se de pé como lance do todo de mim mesmo: Cristóvão, carregando, assumindo a preciosa carga divina.

Esse modo de ser que, ao pôr-se, lança-se como o todo e, no instante do lance, com o risco de perder-se, de não se dar, firma-se, toma pé a partir de e na possibilidade abissal (a vida) ali presente antes do toque inicial, chama-se fundar. Esse modo de ser é o fazer no seu sentido elementar e originário.

Fundar é, portanto, fazer-se, perfazer-se. O per-fazer-se da espiritualidade é fazer nesse sentido de fundar-se, colocar-se, pôr-se de pé, alicerçar-se.

A essência da espiritualidade cristã é, como dissemos, o seguimento de Jesus Cristo, que disse: "Se queres ser perfeito... segue-me" (Mt 19,21). Pôr-se de pé para ir, para caminhar, para seguir já é o primeiro passo do caminhar. É o pôr-se a caminho, ou o aviar-se. A vida humana, assumida como estar na dinâmica do aviar-se, chamava-se na Idade Média *in via*; isto é, em via, em caminho, a caminho. E o *know-how* da experiência do *in via* era *scivias* (Hildegard von Bingen); isto é, "sabe/conhece as vias".

Porém, é sintomático que digamos, sem refletir muito, "o pôr-se de pé para ir, o aviar-se já é o primeiro passo do caminhar!" Pois esse primeiro passo, quando é pôr-se de pé no sentido de colocar-se como a fundação, não é o primeiro de toda uma série de passos. É o lance do todo no instante do toque. É, portanto, um salto. É por isso que Jesus, quando nos convida a aviar-nos no seguimento, diz: "vende tudo e dá aos pobres". Por que aos pobres? Porque os pobres gastam imediatamente tudo o que recebem, uma vez que se encontram na indigência de vida ou morte, na luta pela sobrevivência. Dar aos pobres é não mais receber de volta. Com outras palavras, Jesus nos diz:

> Se queres ser perfeito, se queres colocar-te no lance do todo do teu ser, se queres fundar-te, fazer-te, perfazer-te, então, salta! No ponto do salto, no instante do salto, avia-te, funda-te, coloca-te de tal modo que tenhas tudo: início, meio e fim; percute de tal modo que, nessa percussão, possas tocar todas as repercussões desse toque!

Perfeição é, pois, a permanência na dinâmica do fazer; aqui compreendido como pôr-se, colocar-se a modo da fundação num salto. Perfeição é, pois, a ação originária da vida.

Talvez considerando esse modo de compreender devidamente, apropriadamente a perfeição, a assim chamada espiritualidade da perfeição não tenha nada a ver com o humanismo particularista e privativo, mas, antes, tudo a ver com o modo de ser e o modo de agir da decisão de seguimento.

## 27 As dificuldades, um mal necessário?[118]

Na vida, consideramos as dificuldades que nos vêm de encontro como mal desnecessário e, quando não tem jeito mesmo, como um mal necessário.

Na vida, principalmente na espiritual, é decisivo para o progresso examinar bem qual a minha postura diante das dificuldades.

Hoje em dia, há uma tendência na sociedade de associar, de antemão, a dificuldade à turma dos inimigos do progresso e do bem-estar. Assim, na onda dessa tendência, costumamos, por exemplo, clamar diante das dificuldades: "Este trabalho é muito importante, mas é tão difícil!", ou então: "Eu quero este caminho e sei que é verdadeiro, mas é tão árdua a sua caminhada; sim, tão difícil!" É que, com esse negócio de "tão difícil" estamos, no fundo, dizendo que "assim não vai!"

Certamente, na vida há um caminho adequado, bom e necessário, onde a categoria, isto é, o conceito fundamental, que se expressa "vai" e "não vai", pode servir de critério e medida de avaliação da boa ou menos boa fluência de uma viagem da vida. É por isso que, como saudação, gostamos de perguntar aos amigos com quem nos encontramos: "Como vai?" Mas é também verdade que, por outro lado, costumamos "entrar pelo cano na vida" e nos entalar nela, sem encontrar a saída, porque não sabemos como lidar com as nossas dificuldades.

A seguir, a modo de um "faz de conta espiritual", vamos enfileirar algumas dicas referentes a "como sobreviver às dificuldades". A expressão "faz de conta espiritual" quer dizer que na vida, e *a fortiori* na vida espiritual, o que assim refletimos, escrevemos muitas vezes não serve, não funciona, quando a luta é para valer. Assim, essas nossas reflexões à margem da espiritualidade são como que "brincadeira de casinha" da vida espiritual, se comparadas às verdadeiras vicissitudes e labutas do empenho da vida espiritual. Mas o "fazer de conta que" pode ser também uma espécie de treino ou exercício simulado

---

118. Publicado originalmente em *O Mensageiro de Santo Antônio*, vol. 40, n. 5, jun./1997, p. 5-7. Santo André.

para a vida real. Como exercício simulado, caso seja ruim, vira "brincadeira de casinha"; caso seja bom ou muito bom, pode preparar-me e adestrar-me para a guerra. Mas, uma vez que não são boas, nossas reflexões não passam, no fundo, de um "fazer de conta" espiritual. Quem sabe, porém, essas possam expressar-nos, mesmo que seja apenas só isso, a boa vontade de querer ser espiritual. Isto posto, brinquemos seriamente de espiritual, propondo-nos o que segue a modo de dicas banais de sobrevivência no meio das dificuldades:

• Se eu puder eliminar as dificuldades, elimino-as.

• Se não puder eliminá-las, restando-me apenas delas fugir, afasto-me para longe, para fora do seu alcance. Fugir, no entanto, não significa iludir-me achando que me afastei da dificuldade, enquanto esta ainda permanece realmente ali. Não quero, pois, bancar o avestruz. Aliás, dizem que o avestruz não é tão tolo como o tachamos. Dizem que, ao se encontrar em situação de perigo, risco, sob ameaça, o avestruz não enterra a cabeça na areia, mas, antes, foge à disparada, correndo mesmo, desembestadamente!

• Se, depois de tentar uma ou diversas vezes, averiguar que não é possível nem eliminar nem fugir das dificuldades, então, deixo de lado com decisão, imediata e claramente, a tentativa e o desejo de eliminá-las ou fugir delas. Decido-me, portanto, firme e nitidamente, por encarar e enfrentar as dificuldades. A determinação clara dessa decisão é importante para não me desgastar à toa. O que desgasta uma pessoa não reside tanto nas dificuldades, mas sim na indecisão da alma que fica balançando entre duas ou mais possibilidades, não assumindo com determinação e nitidez nenhuma delas.

Uma vez que me decidi por encarar e enfrentar as dificuldades, coloco-me o objetivo de uma tal determinação. O objetivo é o que me motiva a pôr-me a caminho de uma possibilidade concreta e realmente escolhida. Sem esse objetivo caio sempre de novo na indecisão e não tenho uma linha firme de orientação que me sustente na vida. Esse objetivo não deve ser imediatista. Deve ser bem-pensado, útil e pessoal para o meu próprio bem, na linha do crescimento da minha maturidade e grandeza humana (Mt 6,19-21). Pessoal aqui não significa individualista, egoísta, mas sim o que serve realmente para o crescimento da identidade. E linha firme de orientação não significa uma ideologia fixa, imóvel e dogmatizada, mas uma evidência concreta, dinâmica e viva. É que firme não é igual a fixo. Firmeza é a qualidade do que está bem-pensado, ponderado, assentado. Um objetivo como, por exemplo, fazer "sacrifícios", "fazer caridade para os outros", "libertar-se de dificuldades", "não sofrer", é imediatista e muito pouco refletido, pouco assentado na vida. Um tal objetivo é pequeno demais para poder sustentar-me por longo tempo na caminhada, pois é de curto fôlego. Devo, pois, dar a mim mesmo um objetivo que me seja mais tarde útil para a vida toda. É necessário dar-me o tempo de buscar esse grande e bem-assentado objetivo. O Evangelho, por exemplo, diz-me que o radical e o maior objetivo da vida é o empenho de todo o meu ser em tornar-me perfeito como o Pai; isto é, como o Deus de Jesus Cristo. A saber, fortalecer, enriquecer, provar e ampliar a experiência da vida em todas as suas modalidades – inclusive as negativas, para não dizer de preferência –, de tal sorte que o meu coração, a minha alma, a minha mente cresçam a ponto de ser um coração, uma alma e uma mente do "tamanho do ser de Deus". Dito com outras palavras: amar os inimigos, para ser filho do Pai que está nos céus, para ser perfeito como Ele é perfeito (Mt 5,43-48); amar a Deus de todo o coração, de toda a alma e de todo o entendimento, e amar ao próximo como a si mesmo (Mt 22,37-40); amar até o fim e, como o Mestre e Senhor, lavar os pés uns dos outros (Jo 13,1-15); permanecer no amor do Pai e de Jesus Cristo, que nos ordena que nos amemos uns aos outros (Jo 15,1-17).

Uma vez determinado, colocar esse objetivo como horizonte a partir de onde eu interpreto e "valorizo" as dificuldades. Para interpretar as dificuldades em função do meu objetivo é necessário inteligência e visão de longo alcance, que vê mais o próprio futuro e o crescimento da identidade do que o imediato agradável ou desagradável de agora. É necessário também conscientizar-me da necessidade de trazer à memória – isto é, à re-cordação, à "re-cordialização" – o meu objetivo.

Ao caminhar nessa vida de experiência no crescimento da identidade é necessário ter bem claro para si mesmo que o sofrimento, de *per se*, como curtição da vida, já é uma clínica para o crescimento. Todos nós somos, de alguma forma, mais ou menos neuróticos; acometidos pela insônia, pelo medo, por uma demasiada preocupação, pela sensibilidade exagerada à opinião dos outros a nosso respeito, por pouca resistência às intempéries da vida, pela insegurança etc. Essas "neuroses" normais só podem ser clinicadas se eu as vivencio, sofro-as e, ao vivenciá-las, tento dar-lhes uma interpretação na linha do crescimento da minha identidade. É necessário, pois, aproveitar-me da vida e das suas vicissitudes para aprender a me clinicar. Uma tal clínica é a melhor terapia. E não ter medo de sofrer. Os músculos espirituais só se fortalecem carregando o peso da vida.

Mas, no caminhar, de vez em quando é possível desabafar, explodir, espernear, para descarregar emoções maldigeridas. Se procuro sempre de novo voltar-me ao objetivo não devo incomodar-me muito se de vez em quando, ou até muitas vezes, recaio em explosões emocionais. Explodir assim e recomeçar de novo, humilde e cordialmente, é um grande exercício de humildade cristã. Não quero ser, nessas coisas, idiotamente mascarado de perfeccionista, mas ser finito, ingenuamente vivo e vulnerável. E quando me acalmar, voltar ao objetivo da caminhada.

Se não consigo realizar os passos dessa caminhada, de modo a perfazer-me a contento, se não consigo ser perfeito, não devo incomodar-me com isso; antes, devo ir treinando-me indiretamente na caminhada, empenhando-me em pequenas coisas que consigo fazer com mais facilidade. Por exemplo: se sou muito sensível à critica dos outros, treinar-me para ser mais curtido quando essas me forem dirigidas. Como? Lançando mão da, digamos, "realidade virtual". Por exemplo: na meditação ou no exame de consciência, colocar-me diante de mim mesmo e "mandar brasa", criticando a mim mesmo, dizendo de mim para comigo mesmo as piores coisas. Assim, acostumar-me a me enfrentar, pouco a pouco.

Uma outra pequena coisa na qual posso me treinar é, se sou muito impaciente com os outros, ficar à toa, por exemplo, quando espero o ônibus que está atrasado, quando espero uma visita ou telefonema. Um outro treino, ainda, consiste em, se sou muito pedante e meticuloso e gasto demasiadamente energia com detalhes, romper com essa mania de perfeccionismo, deixando, por exemplo, de vez quando, de propósito, o quarto sujo, por alguns dias; deixando, portanto, que as coisas se avacalhem só para exercitar-me em deixar ser a realidade como ocorre, e não como eu gostaria que fosse. Em suma, devo buscar ter muita iniciativa e vivacidade nesse exercício de aproveitar-me de tudo para melhor trabalhar o crescimento na identidade.

E, com o tempo, aprender a escutar mais os inimigos do que os amigos, no que se refere às críticas. O olhar do inimigo – e também do verdadeiro amigo! – é crítico e, na sua malícia – ou, sendo o amigo, na sua bondade –, pode ser muito clarividente, embora possa exagerar as dimensões. Aproveitar-me, pois, dos inimigos para descobrir em mim defeitos que um amigo, ou semiamigo, agindo de modo agradável ou ingênuo, não consegue e não me faz ver.

Na perspectiva às quais as dicas dadas acenam é-me dado sentir o quanto se faz necessário, com o tempo, abrir-me completamente ao tempo oportuno do crescimento na vida. O vigor do céu e da terra não é precipitado, ligeirinho, afobado; é grande, imenso, profundo, cuidadoso como a paciência da terra, que tudo suporta, tudo faz viger e revigora, tudo envolve e alimenta. Assim, no crescimento da identidade, não ficar se fustigando, censurando, culpando-se como alguém que só conhece o pequeno ritmo e espaço do seu eu ensimesmado. Acreditar – ou melhor: olhar confiante para dentro da imensidão, profundidade e vitalidade da bondade do céu e da terra – e ali trabalhar intensamente, dia a dia, com muito empenho, mas com a alma bem assentada no tempo e no ritmo do que é infinitamente maior do que eu. E então pensar: se não crescer como quero e espero, nada se perdeu, pois existo embalado pela bondade e interesse dessa imensidão dos céus, acenada por nós cristãos quando dizemos: "Pai nosso que estais nos céus".

Diz, pois, o poeta Hölderlin acerca do tempo de crescimento:

> Pois odeia
> O Deus sensato
> Crescimento intempestivo[119].

## 28 O elementar[120]

Na tradição da espiritualidade sempre se deu muita importância à meditação. E justamente hoje, na era da velocidade, do afã do agenciamento produtivo cada vez mais acelerado, começamos a sentir e falar de novo sobre a utilidade e a necessidade da meditação.

Só que esse nosso interesse moderno pela meditação pode estar influenciado pela onda consumista da busca do *relax* psicológico em meio a tantos afazeres, solicitações e exigências, pressões e necessidades desencadeadas pela vida moderna. Hoje começamos a valorizar a meditação sob o ponto de vista terapêutico. Esse modo de enfocar e valorizar a meditação pode ser útil e legítimo, trazendo-nos um bem-estar muito grande na saúde como também uma harmonia, uma serenidade maior.

Mas se nos detivermos tão somente nesse enfoque terapêutico da meditação, embora válido e de utilidade, anemiza-se a verdadeira virtude do que

---

119. "Denn es hasset / Der sinnende Gott / Unzeitiges Wachstum." Cf. "Aus dem Motivkreis der Titanenhymne" (Do motivo dos titãs). In: HÖLDERLIN, F. *Gedichte*. Zurique: Atlantis, 1944, p. 354.

120. Publicado originalmente em *O Mensageiro de Santo Antônio*, vol. 40, n. 3, abr./1997, p. 5-7. Santo André.

na espiritualidade chamamos de meditação. Pois, aqui, meditação é uma ação, um trabalho árduo, sofrido e paciente, não tanto na busca ou na recuperação da saúde, mas sim na descoberta e na assimilação de um sentido de vida mais profundo, transcendente, que foi chamado pela tradição do Ocidente de espírito. Há até quem sacrifique a própria saúde corporal por amor a esse sentido maior da vida. Vai daí que a essência da meditação reside em ser espiritual e não tanto em ser terapêutica.

Essa distinção entre a perspectiva terapêutica da meditação e a sua essência espiritual é um tema que necessita de melhor colocação, mais diferenciada e aprofundada. Implica uma reflexão muito difícil acerca de uma força dominante na nossa sociedade consumista; uma força que tem a capacidade de transmutar tudo o que cai sob a sua influência em produtos de agenciamento do bem-estar material e do gozo sensível psico-físico-corporal.

Assim, sob o domínio de tal força, uma peregrinação se transmuta em turismo; os ritos religiosos e suas festas em folclore; a luta e o confronto mortal em *shows* e demonstrações; o sagrado em vivências; o amor em sentimento – quando não em sentimentalismo; o trabalho em ocupação; a miséria e a pobreza dos desamparados em notícias. Contudo, apesar de todos os benefícios a nós proporcionados, pode ser que nesse tipo de busca se escamoteie também uma participação dessa tendência hodierna de "processamento" e "manipulação" epocais.

No que segue, não iremos nos ater a esse tema. Aqui vamos fazer apenas rápidas considerações sobre alguns pontos elementares que podem vir a ser úteis à meditação, não tanto entendida como prática terapêutica, mas sim como trabalho espiritual. As dicas que aqui serão mencionadas podem ser encontradas, com muito maior clareza e melhores explicações, em qualquer manual que verse sobre a prática da meditação, seja a de cunho cristão, como aquela de outras religiões e mundividências não cristãs.

### Na meditação é necessário assentar-se

Assentar-se é uma expressão para indicar uma atitude e um estado da alma que você deve adquirir por meio de empenho e exercícios. Quando você agita uma garrafa de vinho caseiro, e no fundo dela há borra, esta sobe e mistura-se com o vinho, que se torna turvo. Em seguida, se você coloca a garrafa sobre a mesa, deixando-a um tempo parada, a borra desce, sedimenta-se no fundo e o vinho torna-se transparente e limpo. Assim acontece também com a nossa mente. Que a nossa mente esteja agitada, que o pensar, o querer, o sentir estejam turvos, você muitas vezes só percebe quando para. Parar é necessário primeiramente para se perceber que a mente está agitada, poluída, confusa e turbulenta. Mas também para que a mente se aquiete, para que a agitação se assente, como a borra que desce para o fundo da garrafa, e para que se fique com a mente serena e transparente é necessário continuar parado. Parar aqui, no entanto, deve ser entendido em seu sentido mais elementar; a saber, fisicamente. É, pois, parar elementarmente. Por exemplo, sentar-se numa cadeira no quarto; ajoelhar-se diante do sacrário; ficar de pé num canto silencioso do jardim, debaixo de uma árvore; deitar-se sobre um tapete etc. Parar elementarmente é, pois, ficar fisicamente imóvel, colocar o corpo em repouso, como se este fosse uma garrafa que contém dentro de si o vinho precioso que, no caso da meditação, é a nossa mente. Paradoxalmente, quando você assim o fizer, o que cada vez mais vai se agitar será seu pensamento, sentimento, sua vontade. O seu pensar, a sua vontade e o seu sentimento acharão tudo isso sem sentido, uma perda de tempo insuportável, artificial e ridícula. Por isso, você sentirá a tentação de se mexer, de ir embora, de fazer uma outra coisa mais "útil". O exercício, porém, consiste em empenhar-se para, com a maior simplicidade e "sem-vergonhice", não se mexer fisicamente. Digamos, em vez de "sem-vergonhice", com grande "cordialidade". E, por sua vez, consiste em desprezar soberanamente todos os movimentos e agitações mentais, em não dar ouvidos aos zumbidos dos arrazoados "espirituais" da mente, em não levar em conta seus sentimentos, seus pensamentos, seus desejos; mas também não combatê-los, simplesmente ignorá-los. Simplesmente ficar parado, sem se mexer, suportando cordialmente que as agitações mentais passem sobre você como ventos e chuvas de uma tempestade.

### Na meditação é necessário ser pobre

Esse assentar-se fisicamente parece que não tem nada a ver com meditação e espírito. No entanto, é um dos elementos primitivos, básicos e primários de uma meditação real. Criar, portanto, dentro de si, uma atitude, uma mentalidade, sim, um gosto para exercícios pobres, sóbrios e elementares, é o segredo inicial na aprendizagem da meditação. É necessário compreender e experimentar que a riqueza espiritual só é dada a pessoas que têm a coragem e a inteligência de primeiro concentrar-se numa coisa simples, pobre e elementar; portanto, criar uma mentalidade que considere o simples e tão somente ficar parado fisicamente por 30 a 60 minutos como uma grande coisa, preciosa, gostosa, digna de ser aperfeiçoada cada vez mais.

## Na meditação é necessário ser como espelho

O espelho espelha uma rosa, e com isso não se torna róseo, não se torna belo e colorido como a rosa; mas, antes, permanece espelho, transparente, sem cor, sem nada. Pode espelhar o excremento o mais nojento e, no entanto, permanece como antes, transparente, sem cor, sem nada. Por quê? Porque mantém-se fiel à sua função, atém-se rigorosamente à sua tarefa de apenas espelhar, de apenas registrar o ocorrido. Portanto, não valoriza, não valora, não toma partido, não intervém, não julga. Apenas considera, observa, vê, registra, capta como é. Portanto, depois de ter conseguido a arte de ficar parado fisicamente, de estar sem se mexer, quieto, gostosamente em *relax*, apenas sentindo o corpo e os movimentos de suas vivências, é necessário tornar-se como espelho: aprender a arte de apenas registrar todas as coisas que ocorrem dentro e fora de você; a saber, suas próprias vivências internas, tais como: pensamentos, volições, sentimentos, imaginações e sensações; e também os estímulos que vêm de fora, como, por exemplo: sons, barulhos, ventos, mudanças de temperatura etc. Portanto, registrar tudo, todas as vivências internas e externas, como se a gente fosse um espelho limpidamente transparente que apenas registra tudo. Com outras palavras, aprender a relacionar-se consigo mesmo e com tudo o que vai na alma, como se estivesse observando um estranho. Disciplinar, pois, a mente no sentido de se ver tranquilamente como se é.

## Na meditação tornamo-nos mais finos e diferenciados em ver a realidade dentro e fora de nós

Uma pessoa que se exercita longa e pacientemente nos itens acima insinuados começa, com o tempo, a enxergar melhor. Aqui não é necessário preocupar-se em querer enxergar melhor, pois o simples fato de se tornar sereno e ter a mente bem assentada resulta na capacidade de intuir claramente, com finura, diferenciadamente. Então, tudo começa a aparecer na claridade do *medium* da transparência da sua mente; de tal modo que o dentro e o fora perdem a sua significação, pois tudo, isto é, cada coisa, vem a você cada vez como é, simplesmente dentro, isto é, no *medium* da transparência de si, que é anterior à fixação classificatória.

A partir dessa transparência da serenidade você começará a ver, em situações vindouras, sobretudo no discutir, ponderar, refletir ou ler um texto, sejam as nuanças de ideias, os preconceitos, as perspectivas e possibilidades implícitas, como as pré-compreensões e pressuposições ocultas; ou seja, você aprenderá a ler nas entrelinhas, começará a saber refletir.

### Na meditação é necessário amar a materialidade do fazer corpo a corpo

Alguém que é muito impetuoso e vital, ou sublime e "espiritual", poderia objetar dizendo: "Tudo isso é algo muito apoucado, primário e elementar! Com tais exercícios concentrados em 'coisinhas' nada se consegue na vida espiritual! É necessário mais elã, mais vivência, animações espirituais, mais movimento e ação, mais métodos eficientes de acionamentos...!"

Ainda que todas essas exigências maiores, espirituais sejam apregoadas, não é assim que acontece na prática. Na realidade do corpo a corpo com as coisas do espírito, a verdadeira dificuldade somente surge e é sentida como real quando se faz de fato. Por isso, por mais que se fale, que se sinta, que se exija isto ou aquilo maior, tudo muda, tudo é bem diferente quando eu agarro a busca espiritual com ambas as mãos numa luta corpo a corpo e a pratico, faço-a eu mesmo, carregando concretamente todo o peso de mim mesmo e tudo o que isso implica.

Nós humanos, queiramos ou não, somos corporais. Ser corporal é uma experiência do espírito, experiência de um modo de ser todo próprio da existência humana, que se chama finitude. Sua essência consiste em ter que ser cada vez na coragem de ser. Não há nada no homem que não esteja referido intimamente a esse vigor da finitude. Por isso é que necessitamos de todo o nosso empenho para podermos de fato fazer uma "coisinha" tão simples como ficar parado, quieto, por 30, 60, 120 minutos, sem fazer nada: o elementar.

Na meditação é necessário, pois, compreender e gostar do apoucado elementar que outra coisa não do que o tesouro precioso da nossa finitude humana.

Queremos meditar e bem? Fazer de fato a meditação? Não tanto como terapia da saúde, mas como trabalho espiritual? O primeiro momento básico para criar a condição da possibilidade de uma tal meditação é parar, segurar fisicamente esse meu corpo no ânimo da nossa finitude. O empenho cordial com que se doa a uma tarefa tão simplória e elementar já é, na realidade, plenamente a dinâmica do espírito humano, do sopro vital da existência humana, cujo coração generoso pulsa intrepidamente na finitude, no vigor da encarnação.

## 29 A vocação franciscana[121]

O título "A vocação franciscana" é grande demais para a presente reflexão, pois promete uma reflexão ou exposição bastante completa sobre a vocação franciscana. O que segue, no entanto, não passa de reflexões avulsas e incompletas, de curta-metragem – ou melhor, de curto fôlego – sobre um problema. Sobre um problema que pode não ser nenhum problema. Ele o é somente para mim que não sei bem o que é vocação nem o que é o franciscano.

Hoje fala-se muito da necessidade de descobrir o específico da nossa vocação franciscana. Pergunta-se com insistência: o que é o específico da nossa vocação, o específico que é assinalado pelo adjetivo "franciscano"?

Por que, a partir de que interesse queremos ter clareza sobre o específico da nossa vocação? Que me importa uma tal busca? Para que, por que fazer tanta questão de ser franciscano? Não o fazemos só porque já estamos na Ordem? Talvez eu não saiba muito bem por que e para que vim parar nessa situação chamada "ser franciscano". Mas já que estou nela, devo, afinal, procurar uma justificação para dar sentido à minha existência.

Talvez a minha "pertinência" à Ordem Franciscana se fundamente na certeza de que o ser franciscano é algo especial. Algo como o "espírito de grupo", que nos distingue dos outros grupos, nos motiva, nos dá orgulho de pertencer a um partido tão singular. Hoje essa certeza parece estar em crise. Visivelmente não se percebe mais, com tanta certeza, em que nós franciscanos nos distinguimos dos jesuítas, dominicanos, salesianos etc. Torna-se indiferente eu ser isto ou aquilo. Disso surge a pergunta: por que ser ainda franciscano? O que é o específico do franciscano?

Poderia se apelar para o espírito do fundador e dizer: o que diferencia as ordens e as congregações, o que lhes dá o específico é o espírito do fundador. Visivelmente, isto é, no seu fazer, na sua organização, as ordens e as congregações se uni-formizam cada vez mais. Mas o espírito que anima – por exemplo, a sua ação pastoral – é diferente em cada ordem e congregação. O específico não está no fazer, mas sim no ser. E o que determina o ser é o espírito do fundador.

Mas justamente aqui surge a objeção: o que é mais importante, Jesus Cristo e o seu Evangelho ou o nosso fundador e a sua regra? Não é mais simples e

---

121. Publicado originalmente em *Documentos Franciscanos*, n. 10, 1972, p. 10-18. Belo Horizonte: Cefepal.

vigoroso, sim, essencial, preocuparmo-nos exclusivamente em sermos cristãos autênticos, sem nos incomodarmos se somos ou não franciscanos, jesuítas, carmelitas etc.?

A questão essencial não é a de ser franciscano. O que importa é ser cristão. São Francisco é apenas uma das concreções de Jesus Cristo. Deixemos de lado o específico franciscano. Voltemos diretamente à fonte, ao genérico: a Jesus Cristo. O importante não é a vocação franciscana. O único necessário é a vocação cristã. E isso justamente nessa época de decisão historial, na qual está em jogo o sentido do *ser cristão*. Não temos tempo de ficar ensimesmados no privatismo partidário. É necessário abrir-nos ao essencial, com todo o vigor de espírito que ainda nos resta nessa era de secularização.

Na linha dessa argumentação, no entanto, posso ir mais longe e dizer: por que parar no ser cristão? Hoje, quando o homem no seu *ser humano* é ameaçado na raiz mais íntima, não temos tempo de ficar ensimesmados no privatismo cristão. O problema não é o de ser ou não ser cristão, mas sim de ser ou não ser humano. Por que privilegiar a Jesus Cristo e a sua mensagem? Ele é apenas uma das concreções da revelação do mistério chamado Deus. O que importa em Jesus Cristo não é o partido cristão, mas sim a essência do humano que nele se revelou.

Mas Jesus Cristo não nos revelou o humano, e sim o divino. O humano se determina a partir desse divino, revelado em Jesus Cristo. Pois bem, mas por que você privilegia o divino, revelado em Jesus Cristo? O mistério de Deus e o Deus do mistério não pode se revelar também, tão bem ou até mesmo melhor, em outras concreções como, por exemplo, Buda, Maomé, Confúcio, sim, até mesmo num ateu?

Você talvez poderá salvar o privilégio cristão dizendo: lá onde o mistério de Deus e o Deus do mistério se revela na sua gratuidade, lá está o cristão. O adjetivo *cristão* não indica somente o que se dá no âmbito da concreção chamada Jesus Cristo e sua Igreja, mas também em todas as outras modalidades concretas, nas quais Deus se torna presente a seu modo. Mas, nesse caso, por que você faz questão de chamar tudo isso de cristão? E como você justifica a sua pertinência ao grupo de homens que se chamam cristãos? Por que você não se torna budista? Não é, pois, indiferente ser cristão, budista ou até mesmo ateu?

Ateu? Isso não! Pois, afinal de contas, devemos ter um último critério de nossa existência. O ateu é justamente aquele que nega a última razão de ser da existência: Deus. Mas de quem é esse último critério da existência? Não é nosso? Um critério para a nossa própria segurança? Quem me dá o direito de delimitar a gratuidade da revelação do mistério de Deus? Com que direito afirmo que Deus não pode se revelar na própria negação de Deus? Afinal, como sei com tanta certeza que a negação de Deus é exatamente a impossibilidade da presença do mistério de Deus? Eu que afirmo como a verdade da minha fé que Deus é onipresente, por que não consigo afirmar com jovialidade que Ele está também presente no ateísmo? Não estou me apossando com exclusividade do mistério de Deus? De onde vem que não sou capaz de deixar Deus ser Ele mesmo no seu mistério, mesmo que a sua liberdade, sim, a sua liberdade, destrua toda a minha concepção do bem e do mal, do verdadeiro e do falso? (cf. Mt 5,20.44-48).

Esta reflexão não soa muito católica. Parece implicar uma porção de coisas que não se coadunam bem com o que sabemos de Deus, de Jesus Cristo e do cristianismo. Tentemos não ouvir esse som destoante, para nos concentrarmos somente num ponto essencial que a reflexão, apesar de ser dissonante, parece querer nos sugerir.

O que a reflexão nos insinua na sua ambiguidade? Ela nos diz que a nossa reflexão, quando fala de vocação, entende a vocação a partir da subjetividade do nosso eu; que a vocação originariamente é uma referência que não vem de nós, mas sim da gratuidade do mistério de Deus.

Mas, isso sabemos perfeitamente. Para que repetir uma coisa tão óbvia, já conhecida? No entanto, será que sabemos de fato que a vocação é a referência da gratuidade de Deus? Por que então surgem problemas como os questionados acima?

Quando perguntamos pelo específico da vocação franciscana ou da vocação cristã buscamos o porquê da nossa vocação. Perguntamos: Por que sou franciscano? Por que sou cristão?

O que se entende aqui por vocação? Pode-se entender por vocação a minha situação de ser atualmente cristão e franciscano. Essa situação implica a história, o destinar-se da minha vida. Vocação nesse sentido é o destino atual da minha vida. Posso, porém, chamar de vocação o que determinou esse destino. Algo como o instante do encontro, onde se inicia e se envia a história do meu destinar-se como cristão e franciscano.

Mas o que se entende, pelo termo *porquê*, quando perguntamos: por que sou cristão? Por que sou franciscano? Usualmente, "porquê" assinala a busca do motivo: o que motivou o meu destino cristão e franciscano?

Na perspectiva dessa pergunta pela motivação do meu destino atual surgem diversas respostas que nos deixam atrapalhados: o motivo por que sou cristão e franciscano foram meus pais; foi o meu vigário; um missionário; um professor; foi a influência de um amigo; foi a ambição de me promover; uma crise religiosa profunda; o medo do inferno; uma visita ocasional feita ao seminário; o fato de ter nascido numa família tradicionalmente cristã; a leitura dos escritos de São Francisco; o desejo de vestir aquele "uniforme" tão estranho aos meus olhos de criança etc. Muitas vezes esses motivos são tão banais e acidentais que nem sequer deles nos recordamos. São raras as vocações para as quais a pessoa convocada pode apresentar como motivo a experiência profunda e decisiva de uma conversão, de um apelo sensível do destinar-se para a existência cristã e franciscana.

Mas todos esses motivos, inclusive as experiências profundas do envio, podem ser explicados como motivos meramente humanos, como condicionamentos sociológicos, psicológicos, pedagógicos etc. Jamais temos a certeza de ter sido Deus o motor determinante do nosso destino.

Você, no entanto, pode precisar a reflexão anterior, dizendo: esses motivos não são causas da nossa vocação. A causa propriamente dita da vocação é Deus. Esses motivos acima mencionados são apenas ocasiões que Deus assume para manifestar o seu apelo. Mas quando e como percebo esse apelo? Uma tal explicação não é uma interpretação teológica posterior para justificar a minha situação?

E na linha dessa explicação teológica, por que não posso dizer que, em última análise, tudo é vocação de Deus? Por que o fato de eu ter nascido numa família cristã e por isso ser cristão é mais vocação de Deus do que o fato de meu amigo nascer numa família budista e hoje ele ser um budista convicto? Tudo o que acontece não depende pois do envio de Deus? Com outras palavras, ao afirmar que Deus é a causa da nossa vocação cristã e franciscana afirmo também que Ele é a causa da vocação budista, taoista, maometana etc. Enfim, a causa de cada um dos destinos da existência humana.

Isto significa: cada destino da existência humana é vocação de Deus. Considerada, portanto, a partir da referência do mistério de Deus que se envia como o sentido de cada existência humana, a vocação coincide com a história de cada destino humano. Nesse sentido, a vocação somente *é* na concreção historial de cada existência.

Isso, por sua vez, significa que a vocação, considerada como a referência do mistério de Deus no destinar-se de cada existência humana, não se deixa indagar a partir de uma pergunta que busca o específico de uma vocação. Pois o específico é uma categoria comum normativa, fora de toda e qualquer concreção.

Portanto, a busca do porquê da vocação leva-nos a atribuir a Deus a causalidade da vocação. Mas Deus não se deixa captar com algo específico, pois Ele não é nenhuma coisa. Ele só se torna presente como o envio na concreção historial de cada destino humano.

Mas, se é assim, que sentido tem a busca do específico na nossa existência franciscana ou cristã? Não é ela a tentativa da nossa subjetividade de fundamentar e assegurar a própria situação, a partir de si, e não a partir da gratuidade do envio de Deus? Queremos ter a certeza da nossa vocação. A certeza exige objetividade. Objetividade me dá o porquê e o para quê do meu fazer. Para eu viver, para eu agir, para eu querer preciso saber o que está diante de mim. Saber o que está diante de mim é representar. Representar é ter ideias claras e distintas, saber o específico das coisas. Somente ao saber o específico das coisas posso assegurar a sua posse.

O que acontece, porém, se o porquê, isto é, a origem da vocação e a própria existência como a concreção da nossa história não se deixam objetivar, não se deixam dominar pelo projeto da nossa subjetividade? Se a verdade do envio do mistério de Deus jamais se constitui como certeza, mas sim como a abertura gratuita à liberdade de Deus, na concreção historial de cada existência?

A pergunta pelo específico da nossa vocação franciscana torna-se, assim, problemática. E, ao mesmo tempo, surge a necessidade de descobrir o modo de ser do saber que seja mais adequado com o modo de ser da vocação na sua concreção historial.

Numa reflexão acima caracterizamos a vocação como o instante do encontro, onde se inicia e se envia a história do meu destinar-me. No fenômeno "encontro" podemos ver melhor em que consiste o modo de ser da concreção historial chamada vocação.

Imagine você um casal que festeja suas bodas de ouro. Cercados de filhos e netos, os dois recordam a história do seu encontro. Aparentemente essa história é representada como uma sucessão linear de fatos cronológicos. Nessa linha cronológica há o início e o fim. O início se localiza naquele ponto da linha cronológica, digamos, no dia 5 de maio de 1920, às 18h30min, quando os dois se viram pela primeira vez. Numa esquina da rua os dois dão um encontrão. Com enorme galo na cabeça os dois se desculpam e sorriem. E começa toda a história. O fim dessa história se localiza naquele ponto da linha cronológica, onde os dois, cercados de filhos e netos, festejam as bodas. Essa representação cronológica, no entanto, é somente a superfície de um processo de concreção.

Como se estrutura o movimento interior dessa concreção? Numa contínua retomada de interpretações.

O primeiro encontro como encontrão, algo totalmente casual, leva os dois a sentirem mútua simpatia. O galo na cabeça é retomado, a partir do sorriso, numa nova interpretação. Três dias depois desse encontrão os dois se encontram casualmente numa loja. Recordam-se do primeiro encontro, conversam, dão-se a conhecer. O primeiro encontro é agora interpretado, a partir do segundo, como o início necessário, constitutivo do segundo encontro, e este como a continuação necessária do primeiro. Ficam amigos. Brigam, reconciliam-se. Em cada um desses acontecimentos cada um dos encontros anteriores é retomado, é interpretado de novo, é reintegrado dentro do processo da interpretação da interpretação da interpretação. E nesse movimento de mútua e recíproca interpretação começa a se definir, a clarear o sentido do primeiro encontro.

Trata-se, portanto, de uma estrutura processual em que cada passo nasce do outro numa implicação de progressão que não é simplesmente uma evolução, mas sim a constituição, a criação do destino. Nesse destinar-se, cada momento retoma os passos já percorridos para dar-lhes novo sentido dentro da totalidade que brota do recolhimento da situação presente, decidindo com isso o rumo do passo seguinte.

O tempo, nessa estrutura, não é uma sucessão de trechos homogêneos cronológicos. Antes, cada passo constitui o *kairós*; isto é, o tempo oportuno da vocação decisiva. Ali há, portanto, momento exato de guinada; momento exato, onde o vigor do encontro perde o seu fôlego para deixar-se cair num recolhimento; há momento exato, onde do recolhimento da queda renascem novos impulsos; há também o momento exato, onde todo o elã do encontro se esvai num esgotamento necessário e se prepara para a acolhida de toda uma nova dimensão do encontro. O momento exato é o tempo oportuno, o tempo do encontro, o tempo da história, o tempo concreto da vocação. Este tempo da vocação não existe em si. Por isso, ele não é previsível, não é controlável. Ele nasce no seio de um processo que concresce de dentro como a vigência da vida que, num certo ponto crítico e bem preciso, salta para uma nova decisão, dando neste salto uma nova orientação à totalidade do processo. O ponto-final nesse movimento não é um ponto de chegada, como no caso do traçado linear cronológico, mas como que a última ressonância, a consumação da totalidade. Nessa consumação o todo está presente na retomada; retomada que é mais um remate da obra do que um ponto-final. Quanto mais se avança mais se torna presente o passado como a presença do sentido da totalidade. De tal sorte que o fim *é* lá onde se revela o sentido total do começo, como o envio historial da totalidade de uma existência: a morte.

Portanto, nessa estrutura, a morte não é o fim, mas sim o desvelamento da totalidade do sentido da história de uma existência.

Experimente agora imergir no movimento desse processo e andar o caminho dessa concreção. Isto é o saber concreto: a experiência originária. Você verá então que os momentos da vida não são criados por você, não estão sob o poder da nossa dominação. Eles nos sobrevêm. O nosso saber, em referência a esse ad-vento, é ausculta. Na concreção, somente sabemos na ausculta, caminhando; qual atleta que, ao correr, vai auscultando a voz da energia que cresce em si para o salto decisivo. O saber aqui é abandono, obediência à voz do envio que se manifesta em cada passo da concreção. A minha vida é, portanto, uma abertura (*ex*) que deixa ser a vida, que acolhe a superveniência do tempo oportuno – isto é, do tempo da vocação – e nesse abandonar-se constitui-se (*siste*) como a vida con-vocada: a *ex-sistência* historial.

O que é a vocação, quem é Deus, como é o seu apelo, nós não o podemos saber de antemão, no modo de saber assegurativo e previsível, como o específico de uma coisa. Deus, o seu mistério, Deus, a sua vocação só se nos dá na ausculta, em via da concreção ex-sistencial.

Mas, se é assim, tudo que acontece, os fatos, os mais banais da nossa vida podem ser a clareira do recolhimento do sentido que evoca a vocação do mistério de Deus como o destinar-se da existência. Evocação que jamais constitui a fixação da certeza, mas que dá a disposição de ausculta, de acolhida, o ouvido atento que percebe, na retomada contínua da interpretação, o sentido concrescente da provocação de Deus. Um tal saber de ausculta, no entanto, tem a sua maneira própria de perguntar. Ele jamais pergunta fora da sua situação, abstratamente. Não pergunta pelo específico, não pergunta por quê, para quê, como alguém que busca uma coisa. Antes, ele experimenta *em-via* qual o sentido da sua situação historial concreta. Por isso, em vez de perguntar por que sou franciscano, por que sou cristão, dispõe-se a aperceber qual o sentido originante, qual a evocação dessa situação historial de ser franciscano e cristão. Para uma tal pergunta não interessa o específico do franciscano, o específico do cristão. O que lhe interessa é aguçar o ouvido para a evocação do mistério de Deus que só se manifesta, sempre e cada vez, em concreções. Uma tal pergunta toma muito a sério a sua situação concreta de ser franciscano. Pois não lhe é indiferente ser ou não ser franciscano. Não, porém, por um inter-esse partidário, mas porque ele sabe: a evocação de Deus só é na concreção existencial. Por isso, qual artista, para quem o material não é indiferente, mas sim necessário para a consumação como obra, uma tal pergunta não põe em questão o material; isto é, a situação. A sua preocupação contínua está unicamente nisto: qual o sentido nascente que sempre de novo se envia e vem à fala na concreção como o retraimento desvelante do mistério de Deus?

Essa seriedade em referência à sua situação historial, longe de ser uma absolutização partidária e ideológica da sua posição, é, antes, a profunda compreensão da gratuidade de Deus que se envia como a gratificação de toda e qualquer situação, tornando-a cada vez absolutamente boa, como a necessidade concreta e historial da referência do mistério da liberdade de Deus. Por isso, embora tome radicalmente a sério o ser franciscano, sabe com profunda humildade que o mistério de Deus e o Deus do mistério está presente também, total e radicalmente, em outras concreções. E isso até nas concreções onde todo o nosso saber, todo o nosso sentir não veem mais nenhum sentido, até mesmo no abismo do absurdo inominável.

A afirmação da gratuidade absoluta de Deus em cada concreção historial, até mesmo no absurdo, é o sentido da cruz de Nosso Senhor Jesus Cristo[122]. A cruz é, portanto, a jovialidade de ser no mistério da liberdade do amor de Deus. Talvez seja a partir desse sentido fundamental que devemos retomar a pergunta: quem é em concreto Jesus Cristo? Quem é em concreto São Francisco?

Ser na jovialidade do mistério da gratuidade de Deus é ser menor; isto é, amar a Senhora Pobreza, ser franciscano.

Se é isto ser franciscano, talvez o problema dessas reflexões não seja nenhum problema. Mas por que fazemos problema de um problema que não é nenhum problema?

*Esta* é a questão essencial da vocação franciscana!...

## 30 Formação permanente?[123]

A presente reflexão não diz nada de útil sobre a realidade objetiva da formação permanente. Pois embora fale da formação permanente, não sabe o que se entende em geral, e o que ela mesma entende por formação permanente.

---

122. Cf. "Como a caminhar expôs São Francisco a Frei Leão as coisas que constituem a perfeita alegria". In: TEIXEIRA, C.M. (org.). *Fontes franciscanas e clarianas*. Op. cit., p. 1.501-1.503.

123. Publicado originalmente em *REB*, vol. 32, n. 128, dez./1972, p. 787-795. Petrópolis.

Essa ignorância é o ponto de interrogação do título. O ponto de interrogação é o desengonço de uma curva. Ao tentar completar o círculo completo do seu vigor, se desvia e decai, para terminar numa posição que quer colocar os pontos nos is. Com isso, a reflexão acaba "dormindo no ponto", sem conseguir aclarar com maior profundidade a essência da formação permanente como o envio do mistério no ser da subjetividade.

Formação permanente é uma dessas necessidades provenientes da necessidade de renovação. Na influência do movimento renovador, formação permanente significa reformar a formação já recebida numa permanente preocupação de renová-la. Formação permanente é, pois, a permanência no vigor na formação. Mas o que é isto, a permanência no vigor da formação, a formação permanente?

A necessidade de formação permanente pode ser entendida como uma reação contra a permanência da formação. Uma vez recebida a formação, instalamo-nos na permanência dessa formação. O tempo avança. Abrem-se novos horizontes. Surgem provocações de novas realidades. Nós, porém, permanecemos enquadrados naquela formação de outrora, não evoluímos. Por exemplo, uma formação teológica, considerada perigosamente avançada há 20 anos, pode ser hoje ultraconservadora. Uma tal teologia permaneceu fossilizada na sua forma. O fluir do tempo a fez obsoleta. O seu erro consistiu em ela não se renovar permanentemente, conforme a necessidade dos tempos. É, portanto, necessário permanecer na fluência da evolução, renovando, revisando permanentemente a nossa formação: a reformação permanente.

Essa necessidade se articula em cursos de "recauchutagem". A recauchutagem, no entanto, não renova o pneu. Só escamoteia a superfície do pneu já gasto, prolongando-lhe a agonia: e reformação permanente não atinge a essência da formação; apenas desencadeia o moto-perpétuo de informações que se sucedem uma à outra, sem dar o tempo oportuno à questão essencial: o que é isto, a formação?

Ao reagir contra a permanência da formação, a reformação permanente opera no mesmo nível do erro que pretende combater: entende a formação como informação.

A produtividade da informação evolui e se instaura como o conglomerado de informações sobre os diversos aspectos do saber. Para se ter a certeza de estar a par das coisas é necessário falar da história, sociologia, psicologia, antropologia, biologia, teologia, filosofia, de meios de comunicação, da linguística etc. Informa-se tanto, que o espírito se esgota na quantificação do saber. Perde a forma e começa a sofrer de anemia espiritual. Este esgotamento da cordialidade do espírito nos leva à reflexão. À reflexão essencial que nós, religiosos, esquecemos muitas vezes no afã da reformação.

A questão essencial que move a reflexão se formula: o que é a essência da formação religiosa?

Se falamos da formação permanente, o inter-esse da fala é a formação religiosa. Não se trata, portanto, da formação sociológica, psicológica, teológica etc. Perguntamos, pois, pelo próprio da formação que diz respeito à nossa existência: à existência religiosa.

E aqui surge uma objeção, pois hoje se fala muito de formar o homem todo: da formação integral. Na perspectiva da formação integral, a formação religiosa é só um aspecto. E o religioso não é só religioso, mas um todo-humano. O erro da formação antiga foi o da unilateralidade. Absolutizou-se a parte religiosa e se descuidou de desenvolver outras partes integrantes do todo-humano.

A objeção parece muito razoável. Você, porém, fica desconfiado: como é que se deve entender esse "o homem todo"? As partes do homem todo são, por exemplo, algo como pedaços de um bolo? Se falta um pedaço num bolo você não tem mais o bolo todo. A unilateralidade da formação religiosa exclusiva é algo como a carência de outras partes que completam o todo; em nosso caso, o homem?

O fatal nesse tipo de totalidade é o seguinte: a parte complementar também é parte. Assim, dizendo que a parte religiosa é só uma parte, você diz, ao mesmo tempo, que o resto complementar, integrante do todo é também parte. Você é como aquele filho do diplomata. Ele diz à mãe: "Mamãe, posso comer um pedaço do bolo?" A mãe: "Pode sim, meu filho!" O garoto corta um pedacinho e leva o pedaço restante. Aliás, quantas partes deve ter o homem todo para que seja de fato um todo?

Você protesta: "Mas isto que foi apresentado é uma caricatura! A formação integral não opera num tal modelo ingênuo de totalidade!"

Mas é que a gente fica desconfiado... Tomemos, como exemplo, um curso de renovação cuja finalidade é a formação da vida religiosa. Em tal curso, a vida religiosa é enfocada costumeiramente sob diversos aspectos. Assim, temos o enfoque psicológico, pedagógico, teológico, filosófico, sociológico etc. da vida religiosa. Atrás desta abordagem da questão, que conceito de totalidade se oculta como algo obviamente aceito na sua validez? Cada enfoque é uma totalidade? Que tipo de totalidade? É parte? Que tipo de parte? Pedaço?

Parte? Função? Articulação? Estrutura? Como se relaciona cada um dos enfoques entre si? A vida religiosa é uma realidade objetivável como um objeto das ciências? E mesmo que o fosse, sabemos nós o que acontece à realidade, quando os diversos enfoques científicos a objetivam como o tema do seu saber? A partir de onde falam as ciências? Sabemos nós qual o fundamento da ciência sociológica, psicológica, teológica, pedagógica etc., quando aborda o seu objeto, a partir e dentro do seu horizonte? Horizonte que se chama saber? O conceito de objeto, que serve de pressuposição às abordagens das ciências, diz a mesma coisa que a realidade?

Talvez você fique aborrecido com tantas perguntas ignorantes: "Meu Deus, este bendito cristão ainda não sabe que as ciências estão a serviço da objetividade? Que elas elucidam cada vez mais e melhor os aspectos da realidade? E que, justamente por isso, quanto mais aspectos de um objeto conheço tanto mais me aproximo da coisa ela mesma?"

Provavelmente, é à mercê da ignorância que não consigo ver o que para você é evidente. E como você vê melhor e mais do que eu, talvez não consiga ver por que não vejo o que você vê com clareza. Por isso, tento dizer-lhe a minha dificuldade com um exemplo.

No livro *Diálogos com Ionesco*, Claude Bonnefoy pergunta a Eugène Ionesco sobre a sua peça teatral *Tueur sans gages*, que, na interpretação do autor, representa a ideia da cidade radiosa. Fala Eugène Ionesco:

> A luz é o mundo transfigurado. É, por exemplo, na primavera, a metamorfose gloriosa do caminho lamacento da minha infância. De uma só vez, o mundo adquire uma beleza inexplicável... Lembro-me que certo dia um pessimista chegou à minha casa. Naquele tempo, eu morava num rés do chão, na rua Claude Terrasse. Minha filha era ainda um bebê e não dispúnhamos de muito espaço: havíamos posto sua roupa a secar dentro de casa. Ora bem, este amigo chegou dizendo que aquilo não era vida, que a vida não era bela, que havia a indignidade, a tristeza, que tudo era sórdido, que nossa casa era triste e feia etc. E eu respondi: "Mas eu acho que é muito, muito linda; essas roupas penduradas no cordel ao meio do quarto – é muito bonito isso". O amigo me olhou, admirado e desdenhoso. "Sim" – insisti eu –, "basta saber olhar bem, é preciso ver. É admirável. Não importa qual seja a maravilha, tudo é uma epifania gloriosa, o mais pequeno objeto resplandece". Porque, repentinamente, eu tivera a impressão de que a roupa, sobre o cordel, era de uma beleza insólita, o mundo virgem, refulgente. Eu conseguira vê-la com olhos de pintor para suas qualidades de luz. A partir disso, tudo parecia belo,

tudo se transfigurava. Do mesmo modo, veja essa casa em frente à minha. Ela é feia, com suas janelas triangulares. Pois bem, ela resplandece, se eu a olho com amor e boa vontade; quero dizer, ela se ilumina subitamente, é um fato que se manifesta. Todo mundo pode ter essas impressões[124].

Olhar com amor e boa vontade: manifestação radiosa do coração da realidade – a luz, a luminosidade; a jovialidade de ser.

Mãe de família, lavadeira "ignorante", sem estudos. Pendura roupas lavadas no cordel. Camisas minúsculas, calcinhas de criança. Suspensas, desanimadas, sem vida, pingando gotas de água. De repente, sopra o vento. As roupas se agitam, dançam, enchem-se de vida, saltitam no cordel, quais duendes travessos, na alegria de viver. E a mãe sorri, na acolhida do espírito de vida[125].

De onde vem essa referência do sopro da vida que alegra o coração da mãe? Da maravilha do mistério da vida que Ionesco chama de epifania gloriosa da luz: a luminosidade. A maravilha do mistério da vida e da vida do mistério não é isto ou aquilo. Não é um objeto entre outros objetos. É o *medium* da jovialidade, da coragem de ser, a partir e dentro do qual cada coisa é maravilhosa. É, portanto, uma totalidade. Totalidade que possibilita a mãe ver e não ver tudo sob o enfoque do maravilhoso. Na medida em que a mãe é colhida por e acolhe essa totalidade, ela con-cresce para o olhar cordial da realidade. Essa totalidade tem a sua lógica interna, suas leis, seu modo de crescimento, seu modo próprio de aparecer: o sentido da vida. A mãe "ignorante" do saber, que vive na fluência nasciva do mistério da jovialidade, da vida, não precisa de outros enfoques para ver a maravilha das coisas. E quem não está ainda desperto para a acolhida dessa fluência só pode se abrir a ela, a partir da e-vocação e referência, a partir da lógica; isto é, do recolhimento da própria totalidade do mistério.

O sentido da vida não é, portanto, um objetivo para o qual a vida deve tender. É, antes, o vigor da jovialidade que nos ad-vém a partir e dentro da totalidade chamada mistério da vida. O mistério se envia em concreções e exige, como a condição lógica da sua manifestação, a acolhida de uma ausculta rigorosa, no próprio viver dessas concreções. Concreções que são os afazeres da nossa existência, sem exceção de isto ou aquilo.

---

124. BONNEFOY, C. *Diálogos com Ionesco*. Rio de Janeiro: Mundo Musical, 1972, p. 22-23.

125. Cf. "How the great wind came to beacon house". In: CHESTERTON, G.K. *Manalive*. Londres: Darwen Finlayson, 1962, p. 9-22.

Esse modo de ser da acolhida como a ausculta rigorosa do sentido é o vigor do mistério da vida, é o que os antigos chamavam de *espírito*. E a cura, isto é, o cultivo cordial do espírito, chama-se *espiritualidade*.

Digamos que o *próprio* da formação religiosa é a espiritualidade, é o cultivo cordial do espírito. Mas o próprio da cura, do cultivo é deixar ser o sentido do mistério, é a ausculta do ad-vento da jovialidade da maravilha, é ser todo ouvido à referência da gratuidade do ser. E isso é tudo. Tudo que articula e mobiliza toda uma existência, exigindo-lhe a dedicação radical do fazer, sentir e pensar, o engajamento total e totalizante da liberdade.

A minha dificuldade, portanto, consiste nisto: se a formação religiosa é o amor radical e totalizante do espírito, por que a consideramos unilateral, por que a achamos demasiadamente pouca, a ponto de sentirmos a necessidade de completá-la com enfoques científicos, cuja estrutura não é a acolhida do espírito, mas sim o poder do saber? O poder do saber que se exacerba na escalação do fazer e da informação para superar a insuficiência cardíaca; isto é, a ausência da cordialidade do espírito.

Você talvez objete: "Isto é uma visão muito pessimista das ciências, da conquista maravilhosa do homem de hoje".

Pode ser. Certamente, um sintoma de ignorância. Pois não sei o que é a essência das ciências. Mas de onde as ciências recebem o seu vigor, a sua essência? A partir e dentro de que *medium* recebem elas o seu enfoque? Esta questão essencial pelo vigor das ciências pode ser colocada a partir e dentro do horizonte das ciências? O que acontece se a colocação desta questão só for possível a partir do espírito?

Vejamos um simples exemplo da experiência da cor.

No quadro *Tief im Wald* (Profundo na floresta), de Paul Klee, o verde é o viço do verdor no mistério da floresta. Ali você é colhido pela fala do mistério que, como o verdor, se revela, ao se retrair no silêncio re-colhido da profundidade: a cor verde da floresta. Nessa colheita da fala do mistério você vê o pudor e a maravilha da vida: o verdor. O vigia da floresta não tem dificuldade em ser no recolhimento desse verdor: ele vê naturalmente a cor, porque já tem olhos abertos a partir do verdor. Mas a psicologia da cor consegue abrir os olhos para o verdor: a cor? A análise química da tinta consegue abrir os olhos para o verdor: a cor? A crítica e a história da arte conseguem abrir os olhos para o verdor: a cor? O que acontece nesses enfoques científicos com a realidade: a cor? Ela deixa de ser o *medium*, a totalidade da fluência originária. É objetivada como um elemento da rede do projeto, a partir do qual o verdor, a cor é reduzida à impressão psíquica, à sensação fisiológica, ao impulso nevrálgico, a moléculas, aos átomos, à tinta, à influência de escolas, ao produto da técnica estética etc. Ao ser objetivada, a cor passa a ser uma outra coisa, não é mais a totalidade do envio do mistério, mas sim articulação de uma outra totalidade. Essa outra totalidade, cujo vigor mobiliza os diversos enfoques científicos, é o *saber*. O saber, no entanto, não sabe a partir de onde ele exerce a sua dominação. Na estrutura de sua dominação, manifesta-se um modo de ser que difere radicalmente do modo de ser do espírito. O saber não deixa a cor ser cor na sua nascividade. Pois ele a apreende nas malhas do seu projeto, impondo-lhe as condições prévias da sua aparição. Diante dessa imposição, a cor se retrai no pudor do seu mistério, abandonando o saber à sua própria limitação. Assim, o saber só consegue ver o que ele consegue projetar. Com isso, somente se encontra a si mesmo. A análise química, por exemplo, apenas encontra a tinta, jamais a cor. Por mais detalhado, refinado e exato que seja o seu fazer, a análise química somente pode se deparar com um produto químico, produto do seu fazer. Jamais consegue saltar para "algo" diferente de si.

O que acontece com a cor acontece então com tudo, com todos os entes; portanto, com Deus, homem, liberdade, vida, com a vida religiosa, sim, com o próprio saber.

No fundo, todos os enfoques da ciência e suas ramificações se estruturam num mesmo modo de ser: do ser do saber. As diferentes totalidades que constituem as diversas perspectivas da ciência são modulações, variações da mesma estrutura: do saber. Do saber que, ao se modular em diferentes níveis e diferentes campos, se mantém como a escalação, como a potencialização da sua autoidentidade, assegurando assim o seu poderio de domínio e conservação. Essa tendência de autoasseguramento nivela a pujança da vida, sua múltipla diferenciação e suas concreções nascivas à uniformidade do seu projeto, à igualdade da sua unidimensionalidade. Assim, o modo de ser chamado saber transforma a riqueza e a diferença das concreções em meros aspectos, em meras "partes" de um todo, que é ele mesmo e que projeta como ideal de formação chamado homem-sujeito integral: o homem todo. Na medida em que se processa a potencialização desse seu modo de ser, o saber multiplica e acelera o acionamento da sua modulação, constitui sempre novas especializações do saber, reforma permanentemente as suas informações. Este *frenesi* expansionista, porém, é sintoma de sua fraqueza. O saber, abandonado pela gratuidade nasciva do mistério da vida, não acolhe mais a nova vida a partir da sua raiz. Entregue a si mesmo, só se agita, multiplicando repetições de si mesmo numa frequência sempre mais crescente, e ilude-se a si mesmo na vivência do poder, na produção e progresso. E não percebe que esse quinhão de vigor que inflacionariamente tenta absolutizar, ele o recebe à mercê do envio do mistério da vida que se retrai como a gratuidade desse impulso dominador do próprio saber.

O homem todo, o homem integral, em seus diversos aspectos integrantes – objetos e temas de diferentes ciências –, é, pois, uma e mesma coisa: a dominação do modo de ser chamado saber, modo de ser que a filosofia denomina subjetividade. A formação do homem todo sob diversos enfoques científicos é, pois, o produto da subjetividade.

Mas em que consiste a essência da subjetividade? Não o sabemos. No entanto, hoje, começamos a vislumbrar algumas insinuações acerca do que seja a subjetividade; insinuações estas que nos fazem refletir. As manifestações do modo de ser subjetividade, o nosso saber, o nosso *frenesi* de produtividade, a realização como eficiência e poder, o planejamento, a contínua reformação da nossa informática, a necessidade de certeza na objetividade, tudo isso não é a saudade e a fuga da vitalidade do mistério? Não é a busca desesperada de autoasseguramento, reduzindo, diminuindo a grandeza e a profundidade inesgotável do mistério à medida uniforme e manipulável do nosso eu, a fim de pormos o mistério a serviço de nossa autossegurança? Mas, com isso, estancamos a fonte do nosso vigor, medimo-nos somente conosco mesmos, dentro da uniformidade e mediocridade da medida que podemos dar a nós mesmos. Assim, o nosso olhar se atrofia cada vez mais, tornando-se insensível à novidade e à nascividade da dimensão que, na sua originariedade, no seu vigor e na sua grandeza silenciosa, está, por assim dizer, *aquém* do nosso medir e calcular.

Ser atingido pela e abrir-se à referência dessa dimensão originária que está aquém do nosso ser é o espírito. Espírito não é uma coisa oposta ao corpo. É, antes, o modo de ser radical; isto é, a partir do vigor da raiz do ser.

Essa raiz do ser se chama mistério. Mas o mistério não é o que está além do nosso alcance. Não é o estranho longínquo, o misterioso, o enigmático, o abstrato. Ele é, pelo contrário, o aquém; isto é, a referência da intimidade mais íntima da interioridade de nós mesmos. A língua alemã ainda conserva os vestígios do sentido essencial do mistério. Mistério em alemão diz *Ge-heimnis*. O prefixo *Ge* significa o conjunto, o ajuntamento, a colheita, a acolhida, o recolhimento, a concentração, a intensidade plena da presença. *Heimnis* vem do *Heim*. *Heim* é o lar, a morada, o em-casa, a *Heimat*, o *habitat*. O mistério, *Geheimnis* é, portanto, o recolhimento, a recolhida, a acolhida no resguardo e no pudor do em-casa. O mistério é, pois, a origem, a nascividade da raiz, do *habitat* de nós mesmos, o abismo da intimidade do ser. Todos os nomes como Deus, Transcendência, *Selbst*, *Psiqué*, Ser são definições, pelas quais a dominação do saber tenta, na teologia, na filosofia, na psicologia, aprisionar e assegurar a nascividade do mistério. Como dissemos, o modo de ser que perfaz a abertura e acolhida, ausculta a pertinência do mistério é o espírito. E como dissemos também acima, a espiritualidade não é outra coisa do que o cuidado, a cura, o cultivo, o amor do espírito. Espiritualidade, portanto, não é disciplina de ensino. Não é doutrina. Não é ciência do saber. Não é objeto nem meio de formação. É, antes, um modo de ser radical, mais radical do que todo fazer e não fazer da subjetividade.

Se você quiser vislumbrar por um instante como é esse modo de ser radical chamado espírito, leia, por favor, bem devagar, 1Cor 12,31–13,13. Mas não reduzir a profundidade e a extensão desse modo de ser ao fazer e não fazer de um amor do próximo, de uma ação social, de um serviço ao mundo, da virtude denominada amor de Deus, mas conservar o pudor e a grandeza desse hino no silêncio do retraimento do seu mistério.

A grandeza do espírito, porém, não está nem no poder, nem na grandiosidade. Não está no extraordinário, mas sim no pouco da radicalidade que se chama a experiência da gratuidade. Assim, o espírito está no sorriso da mãe iletrada, na maravilha de uma casa perdida na Rua Claude Terrasse, no arrependimento do pecador, na impotência do saber, na dureza da morte, no absurdo da loucura, em tudo, lá onde o homem é colhido por e acolhe a graça do mistério. Essa radicalidade é a essência do homem: a liberdade. Ela é, portanto, a essência da realização humana, a perfeição do homem como homem, o verdadeiro sentido da integração, da totalidade.

O espírito, por ser a abertura acolhedora da gratuidade como liberdade, jamais é uma aquisição e posse. Ele é sempre em-via em cada concreção da existência cotidiana, sempre novo, sempre nascente, permanentemente na abertura da acolhida.

Essa maneira de ser se chama essencialização. O sentido originário da palavra *forma* é essência; isto é, o vigor de ser na jovialidade da graça. Portanto, formação é essencialização; a saber, vigência da jovialidade de ser na gratuidade do mistério. *Formação permanente* significaria neste caso: a permanência sempre nova na acolhida e no recolhimento da cordialidade do mistério, *permanência no coração da gratuidade*.

Se é assim, a formação permanente se torna uma questão essencial da nossa existência, a provocação da cura do espírito que nos questiona a cada passo do fazer produtivo do nosso saber: formação permanente?

Como o ponto de interrogação, o início e o fim da nossa reflexão, ouçamos uma velha palavra do espírito, cuja jovialidade se conserva no pudor da sua antiguidade. Da velhice que se torna para nós a ausculta do futuro, a acolhida do advento no princípio, se formos dis-postos a ouvi-la com bons olhos do amor e da boa vontade, a ponto de ver na ausculta a face oculta da imobilidade como a morada da gratuidade.

> Havia um homem que ficava tão perturbado ao contemplar sua sombra e tão mal-humorado com as suas próprias pegadas, que achou melhor livrar-se de ambas. O método encontrado por ele foi o da fuga, tanto de uma como de outra.
>
> Levantou-se e pôs-se a correr. Mas, sempre que colocava o pé no chão, aparecia outro pé, enquanto a sua sombra o acompanhava, sem a menor dificuldade.
>
> Atribuiu o seu erro ao fato de que não estava correndo como devia. Então, pôs-se a correr, cada vez mais, sem parar, até que caiu morto por terra.
>
> O erro dele foi o de não ter percebido que, se apenas pisasse num lugar sombrio, a sua sombra desapareceria e, se se sentasse ficando imóvel, não apareceriam mais as suas pegadas[126].

## 31 A criança[127]

> Naquele tempo, aproximaram-se de Jesus os discípulos dizendo: "Quem é o maior no Reino dos Céus?" Chamando uma criança, Jesus colocou-a no meio deles e lhes disse: "Em verdade vos digo, se não vos converterdes e não vos fizerdes como crianças não entrareis no Reino dos Céus. Pois aquele que se humilhar como esta criança é o maior no Reino dos Céus" (Mt 18,1-5).

Costumamos garantir a dignidade de pessoas adultas dizendo que o Evangelho não está nos convidando a ser infantis. Só que o adulto infantil apenas

---

126. "A fuga da sombra". In: MERTON, T. *A via de Chuang Tzu*. Op. cit., p. 197-198.

127. Publicado originalmente em *O Mensageiro de Santo Antônio*, vol. 38, n. 10, dez./1995, p. 4-5. Santo André.

consegue ser como se fosse criança, pois não possui a suficiente hombridade de ser para se converter, para virar criança, para se tornar como criança.

Usualmente entendemos mal a palavrinha "como". Entendemos o como na acepção de como se fosse, de não de verdade, só na aparência. Mas, de fato, *como* significa: na realidade, de modo essencial, na maneira da própria identidade da coisa ela mesma. É nesse sentido que dizemos, por exemplo: "Eu te peço como teu irmão que respeites a memória dos nossos pais". Por isso, se um adulto macaqueia a criança, imitando a sua entonação de voz, fazendo trejeitos e caretas como ele acha que a criança faz, não está sendo como criança, mas apenas fingindo ser criança, sendo criança de mentirinha. Para ser como – isto é, ser para valer, na mesma identidade, no mesmo modo de ser – é necessário virar, ser inteiramente outro, "con-verter-se", renascer. Isso significa ser, sentir, pensar inteiramente, totalmente diferente: fazer a *metanoia*, a mudança da mente. Não se trata, pois, de travestir-se. Não se trata de representar como se fosse. Trata-se, sim, de ser. Mas ser, para a existência humana, não quer dizer ocorrer simplesmente como um dado, como um fato, mas sim tornar-se, isto é, assumir, responsabilizar-se por, trabalhar a busca da conquista de uma transformação. E isso a existência humana o faz no querer e compreender. Por isso é necessário, antes de mais nada, trabalhar intensamente para compreender com precisão o *como* da criança.

Para mostrar este *como* da criança Jesus diz, no Evangelho: "Aquele que se humilhar como esta criança [...]" Mas o que significa, aqui, humilhar-se?

### Humilhação: indignidade ou crescimento?

Para nós, usualmente, humilhar-se quer dizer rebaixar-se, desprezar-se. Por isso, quando sou por outro humilhado ou quando humilho o outro, humilhar, ser humilhado significa uma ação ou uma situação indignas do ser humano, contrárias ao direito e à dignidade do homem. Nesse sentido, receber humilhação é um dos sofrimentos mais insuportáveis para nós, seres humanos.

Há, porém, uma ação dentro da busca humana que livremente assume ser humilhado como treinamento, para forjar o ser no poder e na capacitação do suportar, do aguentar a dor da humilhação. Nesse sentido "estoico" de "malhação", humilhar-se é ascese; isto é, treinamento para ser forte, para ser "samurai"... Seria essa dureza, esse domínio de si, a condição para entrar no Reino dos Céus?

A figura "frágil" da criança parece responder: não! Mas não é necessário ter disciplina, ter uma boa porção da coragem de ser, uma disposição pronta para poder ser um bom cristão, para entrar no Reino dos Céus? Sim, mas talvez não nesse estilo de ascese dos atletas "samurais" de Deus... É que disciplina, na espiritualidade cristã, diz antes a vitalidade e a dinâmica do discipulado, no seguimento de Jesus Cristo que se humilhou e foi obediente ao Pai até o extremo da humilhação da cruz.

Entrementes, a boa-nova de Jesus Cristo diz: a condição para entrar no Reino dos Céus é ser como este pequenino, ser humilde, humilhado como criança.

Para captarmos o ponto nevrálgico da "humilhação" como vigor do Reino dos Céus vamos recorrer a um pequeno comentário que se encontra no dicionário chamado *Chave linguística do Novo Testamento*. Explicando a significação da palavra grega correspondente a humilhar-se (*tapeinou*), o texto diz, entre outras coisas, o seguinte:

> O humilhado (*tapeinós*) é como criança. A criança está toda ela, no pensar e no querer, aberta ao e concentrada no pequeno, no insignificante e limitado num estreito âmbito. Ela não está impulsionada por uma ânsia do poder, mas realiza em plenitude dentro do pequeno reino a ela concedido, a sua tarefa, cheia de amor; esse modo de ser separa a humildade de Jesus da abnegação ascética[128].

Descrevamos com mais detalhes esse modo de ser do pequenino. O pivô da questão é a gente enxergar bem essa abertura e concentração, essa expansão e esse recolhimento que aparecem como pequenino, apoucado, dentro do limite estreito. Nós diríamos que há no pequenino algo como uma "pimentinha"; isto é, pequenino mas concentrado, intenso, sem sombra de supérfluo, todo inteiro, algo limpidamente âmago, a coisa ela mesma e nada mais. No pequenino, seu sim é sim, seu não é não; não há um pé atrás, um amuado "não sei o quê".

### Pequenino: dinâmica da doação plena

Não se trata, pois, do pequeno, delimitado e bitolado no sentido de "mundinho" mesquinho. É, antes, o contente; isto é, o plenamente contido na sua

---

128. Mt 18,4: "To Tapeinós (das Niedrige, Gemeine) gleicht d. Kinde darin, dass er in seinem Denken u. Wollen auf d. Kleine, Unscheinbare und in enge Grenzen Gefasste gerichtet ist, er wird nicht vom Machtwillen getrieben, sond. vollbringt im kleinen, ihm zugeteilten Bereich den ihm aufgetragenen Dienst mit völliger Liebe; das trennt d. Demut Jesu von aller asketischen Selbstentehrung." In: RIENECKER, F. *Sprachlicher Schlüssel zum Griechischen Neuen Testament*. 12. ed. Giessen-Basel: Brunnen, 1966, p. 47 [Tradução nossa].

possibilidade, sempre se dando todo e inteiro, com amor, naquilo que pode, sem se comparar com outros, sem se complicar para fora de si, na medida em que não é ele mesmo. Aqui não há nada de parado, instalado, nada de murcho e desalentado, mas também nada de um ressentido agredir-se, forçar-se para além do que é, no sentido de chicotear-se, incentivar-se desesperadamente. O que há ali no pequenino é a dinâmica da doação plena, o estar ali cheio, trabalhando com todo o seu ser, satisfeito, aplicado, a ponto de se esquecer completamente de si, absorto no, doado à tarefa do aqui e agora. Assim, nessa terra do pequenino tudo é simples; isto é, uno, modestamente natural, verdadeiro, sem empáfia e pretensão.

Se assim olharmos a criança, no seu ser nascivo, o que aparentemente parece frágil, entregue e desamparado, é, antes, a exposição corpo a corpo dessa doação simples, cheia de generosidade humilde e natural da vida nascente. É a inocência da jovialidade de ser. Esse estar ali aberto e contido na doação simples de si, na ternura e vigor de uma docilidade humilde na recepção, essa pureza da vitalidade de ser é o *como* da criança, a condição da possibilidade para entrar no Reino dos Céus. Quem é nesse modo de ser do pequenino é o maior. Este é, segundo Jesus, o *quantum*, a medida para avaliar a grandeza no Reino dos Céus. É nesse pequenino âmago da vida cristã que está concentrado o ânimo do céu e da terra. É a partir deste sentido da grandeza que a letra chinesa para grande vem desenhada como um homem atravessado horizontalmente no meio, na altura da barriga, pelo traço que significa o uno ou um. Esse traço, que é uma linha, representa a linha do horizonte, lá onde se dá a união do céu e da terra. Assim, toda coisa que nasce e cresce como o âmago, o cerne, o pequenino concentrado da disposição da terra e da ternura do céu é grande, não importando se é um grão de areia, uma flor do campo, um lixeiro ou um sol, um baobá, um rei.

O Evangelho, a boa-nova da encarnação, ao nos pedir que estejamos atentos para ver em tudo acenos do pequenino, da dinâmica da doação plena e limpidamente devotada ao aqui e agora, não está querendo dizer que a humildade da criança é a porciúncula, a porçãozinha da grandeza do Pai, que é o amor que nos amou primeiro? Grandeza que aparece não como poder de dominação, como esplendor de glória terrificante, mas sim como a pobreza, humildade e pequenez da vida recém-nascida do presépio, que nos revela o grande mistério do seu poder, do amor que se doa com toda a inocência e jovialidade da sua ternura!

Que no fundo da alma da nossa mais íntima humanidade nasça sempre de novo o menino, sem o qual não poderemos jamais entrar no Reino dos Céus!

Pois diz o Senhor: "Em verdade vos digo, se não vos converterdes e não vos fizerdes como crianças, não entrareis no Reino dos Céus. Pois aquele que se humilhar como esta criança é o maior no Reino dos Céus" (Mt 18,1-5).

## 32 O bom exemplo[129]

Diante de um tão "sério" modo de "vestir a camisa" da vida espiritual, deixando-a tão durinha e engomada com princípios, normas e conveniências, bate aquela vontade de tirar o colarinho ou a gravata, desabotoar a camisa e ficar bem à vontade. E, então, andar, caminhar dando pulos, soltando a voz, berrando pelo mundo cristão afora, sem eira nem beira, livre de medidas, de modelos e padrões que nos patrulham por todos os lados...

Pois, não é assim que, ao dizermos "a vida espiritual seria tão boa se não fosse o 'bendito' bom exemplo!", estamos, talvez, sem nos dar conta, expressando uma tal necessidade de "desburocratização" do espírito? E para quem está à beira do colapso de sua "boa imagem exemplar", por outros criada – como, por exemplo, "cristão(ã) exemplar", "religioso(a) padrão do ano", "modelo perfeito de esposo(a)", "modelo de virtude" – talvez possa servir de consolo a seguinte observação, atribuída ao alemão Wilhelm Busch (1832-1908; desenhista e poeta):

> Em tua vida,
> Está em ruína a tua fama?
> Arruinada mesmo, pra valer?!
> Eia pois,
> Agora sim!
> Podes viver
> À vontade![130]

Decididamente, não gostamos nem de dar nem de receber bons exemplos. É que instintivamente sentimos que ser colocados, ou colocar alguém,

---

129. Publicado originalmente em *O Mensageiro de Santo Antônio*, vol. 39, n. 3, abr./1996, p. 4-5. Santo André.

130. "Ist der Ruf erst ruiniert, / Lebt es sich ganz ungeniert." Atribui-se este ditado tanto a Wilhelm Busch quanto a Bertold Brecht. Mas o que de fato se sabe é que tal ditado foi publicamente recitado, pela primeira vez pelo cabaretista Werner Kroll, em 1945. A autoria desse ditado, porém, nunca foi impressa em obra; de modo que, no decorrer do tempo, sua origem mantém-se na obscuridade. Cf. SCHÖPLIN, J. *Angebliche Zitate* [Disponível em http://www.wilhelm-busch-seiten.de/werke/zitate2.html – Acesso em 22/03/2005].

como exemplo a ser copiado nos sabe à edificação piegas, um tanto infantil, alheia à consciência moderna da busca da autoidentidade e autonomia. No entanto, na nossa vida cristã, falamos tanto da necessidade de dar bons exemplos, temos diante de nós tantos exemplos, modelos, protótipos de santos e santas a seguir...

Você dirá: a validade de seguir um protótipo ou um ideal não está em questão. O que repugna é a artificialidade e a afetação com que se nos é imposto, como a "crianças boazinhas de Primeira Comunhão", um tipo de "espiritualidade de edificação". O fato de a docilidade inocente da criança ser mudada para a seriedade mortal e patética de uma militância política, a modo de apelos e convocações dos sistemas totalitários, não elimina nem diminui, antes aumenta, a sensação de artificialidade e afetação de um tal "exemplarismo" patético-heroico, que, diga-se de passagem, esteve tão claramente presente nas propagandas nazistas.

Embora não seja o "seguimento do exemplo" a nos repugnar, mas a artificialidade e a afetação que o acompanham, mesmo assim não gostamos de dar bom exemplo. Por quê? Seria por que sentimos constrangimento e vergonha quando somos colocados ou nos colocamos como os primeiros, os melhores, e também como exemplos e protótipos a serem seguidos? Por acaso, seria por que não queremos ser os primeiros e melhores? Talvez não seja bem isso. Talvez seja porque não somos tão ingenuamente otários, a ponto de não saber ou, ao menos, de não desconfiar que há ou pode haver gente melhor do que nós (cf. Lc 14,5-11). Vai daí que, como numa espécie de cacoete moralista, repetimos o *slogan* já batido: "Por mais que sejamos exemplares e perfeitos, ficamos sempre aquém do que deveríamos ser!"

Talvez não faça bem à nossa alma deixar nossa compreensão do que seja exemplo em tal nível de indefinição. Tentemos, pois, ver melhor o que é exemplo na espiritualidade cristã, lançando mão de uma história. Ei-la:

> Em sua juventude, o Rabi Itzhak morava em casa do seu sogro e tinha por vizinho um ferreiro. Este acordava de madrugada e começava a bater na sua bigorna de tal modo que o barulho ressoava nos ouvidos do moço adormecido. Ele acordou e pensou: "Se esse homem pode arrancar-se do sono tão cedo por causa de um trabalho fugaz e de um ganho material, será que eu não posso fazer o mesmo para o serviço de Deus eterno?" No dia seguinte levantou-se antes do ferreiro. Este, ao entrar na oficina, ouviu o jovem erudito lendo o seu livro à janela, em voz baixa, e isto o irritou: "Este homem não tem necessidade e já está no trabalho! Não vou deixar que leve a melhor!"

Na noite seguinte, levantou-se antes de Itzhak. Mas o jovem rabi aceitou a porfia e venceu-a. Tempos depois ele costumava dizer: "Tudo o que consegui eu o devo principalmente a um ferreiro"[131].

A palavra *exemplo* significa, propriamente, o que foi destacado do conjunto de coisas que têm as mesmas características. Assim, quando de uma junta de vacas leiteiras realço, saliento uma que melhor pareça representar o ser da vaca leiteira, eu, na verdade, destaco, elejo o exemplo, o exemplar. Exposições de produtos são feitas tomando por base tais exemplares.

Por isso, quando hoje falamos de exemplo ou exemplar fixamos a atenção em cima da coisa concreta, ali presente como exemplar. O exemplar é o primeiro, o melhor, a ponta, o *top*. É o recordista, o detentor do valor máximo, da medida padrão. Nessa colocação, o que vem depois do exemplar é secundário, de qualidade menor; é o que já era, o superado, o não mais "atual", o menos "real". O protótipo aqui é o *top model*. E embora digamos continuamente que sempre há a possibilidade do mais, que o "ideal" jamais é alcançado; que o primeiro sempre deve se superar a si mesmo; no concreto, na realidade, o primeiro, a ponta, o *top* é o próprio padrão, o detentor do título de campeão, o máximo. Nessa perspectiva, dar exemplo significa deixar ser apontado ou apontar para si e declarar: "Vejam! Assim é que deve ser! Eis o modelo, o exemplar, o padrão a ser seguido!"

À primeira vista, a história do ferreiro dá a impressão de estar dizendo que seguir exemplo é entrar na disputa pelo primeiro lugar no engajar-se no trabalho; a saber, acordar mais cedo, antes do outro, ser o campeão da produtividade matinal.

No entanto, ao examinarmos bem a história, evidencia-se que, embora nela se use o termo *porfia* para o relacionamento entre o ferreiro e o rabi, o pivô da questão do "querer acordar mais cedo do que o outro" não está na ambição de ser o primeiro. Ao menos não é isso que fica evidente como o interesse do rabi. Se bem ponderamos, veremos que o que move tanto o ferreiro como rabino é ser cada qual sempre mais o melhor em si e para si mesmo. Por isso diz o rabi: "Se este homem pode arrancar-se do sono tão cedo por causa de um trabalho fugaz e de ganho material, será que eu não posso fazer o mesmo para o serviço de Deus eterno?" E o ferreiro diz: "Este homem não tem necessidade e já está no trabalho!" No fundo, um está sendo incentivado pelo outro a dar o melhor de si a si mesmo: ser ele mesmo.

---

131. "O ferreiro". In: BUBER, M. *Histórias do rabi*. São Paulo: Perspectiva, 1995, p. 552.

Mas há uma grande diferença entre o ferreiro e o rabi. Pois o ferreiro diz irritado: "Não vou deixar que leve a melhor!" Ao passo que o rabi diz maravilhado e interessado: "Será que não posso fazer o mesmo para o serviço de Deus eterno?"

O que move o ferreiro a superar-se, a ser o primeiro para si e a dar o melhor de si, é não deixar que o outro o vença. Aqui, o ponto de referência é a perfeição de si como exemplar, como padrão; a ambição de se saber melhor do que o outro, de ser o primeiro. Ao passo que o que move o empenho do rabi é o serviço ao Deus eterno. Na situação em que se encontra o rabi, seguir o exemplo do ferreiro significa deixar que o melhor, o destacado, o realçado do outro recorde, isto é, reacenda no coração o primeiro amor de doação ao serviço do Deus eterno. Enquanto, no intento do ferreiro, o melhor do outro reacende a ambição de busca de si mesmo, no intento do rabi a provocação do outro para dar o melhor de si leva-o a superar-se mais e mais a si, a transcender-se na doação de si Àquele que o chamou e o escolheu para louvá-lo, servi-lo, amá-lo e adorá-lo. No ferreiro, a provocação do outro para dar o melhor de si não o faz transcender, a não ser para dentro de si mesmo, para o amor, o louvor, e a adoração de si mesmo. O rabi, seguindo o exemplo do outro, abre-se ao encontro do Outro; ao passo que o ferreiro, seguindo o exemplo do outro, fecha-se em si mesmo, transcende-se para dentro de si, ensimesmando-se.

Assim se fechando, o ferreiro não tem em si mesmo nenhuma outra possibilidade a não ser a si mesmo. O seu vigor de transcendência, ao circular vazio em si mesmo para dentro de si, só se move enquanto houver o vigor de si mesmo; e desse modo, não recebendo nenhum abastecimento de fora, desgasta-se. A expressão desse autodesgaste e esgotamento é a irritação, a agressividade que trai a carência de um vigor fontal. Na atitude do rabi dá-se o contrário, pois o transcender-se na doação ao serviço do Deus eterno revigora-o continuamente, não a partir de si, mas sim da possibilidade inesgotável da fonte abissal, a partir e para dentro da qual o seu transcender-se se doa.

Depois dessa descrição imperfeita do modo de ser do ferreiro e do rabi, que seguem mutuamente um o exemplo do outro, talvez possamos determinar melhor o que devemos entender por exemplo e, assim, evidenciar por que na espiritualidade cristã damos grande importância em seguir e ser exemplo. Pois, segundo o exemplo da narração, seguir o exemplo do outro não significa copiar o modelo, encaixar-se na "fôrma", macaquear, mas sim deixar-se atingir pelo destaque, realce do outro.

O destaque e o realce do outro aqui é o outro enquanto se dá a si o melhor de si. Esse dar-se a si o melhor de si é a autonomia, o exercício da liberdade como vencer-se, superar-se, transcender-se a si mesmo: o empenho da doação de si. Por isso, aqui, seguir, receber o exemplo, jamais pode ser dependência, submissão escrava ou fanática. Seguir é, antes, emulação, evocação, provocação e desafio, pois o que aqui está em jogo é, na medida em que vejo o outro dando a si o melhor de si, eu dar a mim o melhor de mim. Aqui todo o trabalho, o que e o como devo fazer está referido à minha própria autonomia. E isto de tal sorte, que nesse dar-me a mim mesmo o melhor de mim, eu jamais posso ser ajudado ou substituído por outro. Assim, ao seguir o exemplo, eu sou o exemplo; ao receber o exemplo, eu dou o exemplo.

Cada vez que esquecemos que o núcleo, a essência do exemplo é esse exercitar-se da autonomia, o dar-se a si mesmo o melhor de si, o melhor, o destaque, o exemplo passa a ser entendido como o máximo, o primeiro, como a medida padrão, o exemplar.

Mas se o exemplo é a dinâmica da autonomia da doação de si, então dar e receber exemplo não tem muito a ver com apontar-se ou ser apontado, exibir-se como modelo para os outros. Pois num tal exercício de autonomia, o engajar-se corpo a corpo no dar-se a si o melhor de si é tão direto e assumido, tão trabalhoso e trabalhado, que não possui na sua dinâmica nenhum espaço livre para ficar olhando-se e mostrando-se para o outro como modelo e exemplo. Antes, a pessoa está de tal maneira "enterrada até o pescoço", no empenho e desempenho do perfazer-se, que até estranha se alguém a aponta como exemplar e modelo, pois tudo isso lhe soa como coisa de luxo, supérflua, acessória, anexa, algo inteiramente alienado do que ela está fazendo pra valer.

Tal doação total de si ao melhor de si pode, porém, virar uma espécie de autoconsciência da superioridade de si; algo como uma cegueira e febre da autolatria, que se endurece numa autoavaliação e autovalorização patético-cômica e egocêntrica, uma vez que, como no caso do ferreiro, o doar-se não se abre ao encontro de uma realidade, de uma causa maior.

Somente quando – como se deu com o Rabi Itzhak – toda a busca do melhor de si é, por exemplo, oferenda ao serviço do Deus eterno, todo o empenho e desempenho de dar-se o melhor de si torna-se cada vez mais um serviço cordial, humilde, cheio de gratidão, benignidade e generosidade, cujo exemplo, cujo destaque, para nós cristãos, outra coisa não é do que deixar-se conduzir em tudo pelo único destaque, pelo único exemplo do homem cristão, a saber, Jesus Cristo, e seu Pai misericordioso.

Não é, quiçá, por tudo isso que sentimos vergonha e constrangimento de ser colocados como exemplo para os outros? Pois, assim diz Jesus:

> Mas vós não vos deixeis chamar de rabi, porque um só é vosso Mestre, e todos vós sois irmãos. Nem chameis pai a ninguém na terra, porque um só é vosso Pai, aquele que está nos céus. Nem vos façais chamar doutores, porque um só é vosso doutor, o Cristo. O maior entre vós seja o vosso servo (Mt 23,8-11).

# VII
# Chatice de usuais pré-conceitos

Algo é chato quando não apresenta dimensão de fundo, quando não é prenhe de possibilidades, quando é unidimensional, achatado na superficialidade da factualidade objetivista e subjetivista. Na espiritualidade, ao refletirmos acerca da vida e do espírito, da experiência e da existência, acerca da liberdade, da finitude, da divindade, da humanidade, da alma, do espírito e do coração, sim, acerca do perfazer-se na existência cotidiana do nosso viver em espírito, certos "conceitos" pré-fixados, certas "categorias" podem sempre de novo nos tolher a visão na tentativa e tentação de adentrarmos o caminho da vida espiritual. Trata-se de alguns binômios em voga, dos quais nem nos damos conta, pois neles operamos sem analisá-los; ou seja, sem perscrutar o sentido do ser de suas pressuposições.

Por considerarmos os conceitos e pré-conceitos *coisas da mente*, e entendermos a *mente* como uma espécie de realidade "meio apagada", abstrata, digamos, "espiritual-subjetiva" e *coisas da cabeça*, não damos muita importância à atuação deles na existência humana, no seu perfazer-se e na ação transformadora do mundo.

No entanto, na grande tradição do pensamento ocidental, mente (*lógos* e *nõus* – grego; *mens*, *intellectus* e *ratio* – latim) se refere à esfera ou à dimensão, a mais intensa, vigorosa e livre da constituição do ser. Tanto é assim que, no pensamento medieval, por exemplo, mente indicava o ápice, o pique, o mais intenso da essência humana, lá onde se dá a incandenscência do contato com a divindade. Atendo-nos a uma linguagem mais comezinha, hoje diríamos que mente indicava, para o pensar medieval, o registro central, o mais básico e elementar da totalidade do sistema de estruturação do todo. Assim, no que concerne a esta compreensão, quando no registro central houver equivocação, confusão, troca de direções, então o todo da compreensão e da ação fica inteiramente afetado e inutilizado.

Na atenção ao horizonte dessa compreensão reúnem-se neste capítulo reflexões que tentam mostrar o pivô da questão, a saber, o endurecimento da nossa mente, por conta de uma bitola, de bloqueios, de pré-conceitos usuais que nos impossibilitam o pensar, o sopesar as palavras, as situações, problemas e soluções. Mesmo depois de anos dedicados à academia, não sabemos agilizar a mente fora do adestramento de "chatos" pré-conceitos. Daí não permanecermos mais na experiência de buscar na inteligibilidade a evidência de todo um horizonte, de todo um mundo riquíssimo de possibilidades. Do mesmo modo, vai daí também que toda a tentativa de compreender e dizer acerca da experiência de Deus sofra muitos bloqueios que a impedem de ver com clareza a estruturação interna do que e como seja a *experiência* e a experiência *de Deus*.

Dentre tais causadores de bloqueio sobressaem-se o esquema *sujeito-objeto*, onipresente em todas as nossas representações da realidade; o binômio *individual(pessoal)-social*; a questão acerca da possibilidade de ter *certeza* de que *coisas transcendentes* aos nossos sentidos e à nossa razão sejam realmente *verdadeiras*, isto é, *reais*; e, ainda, a compreensão do *tempo*. Assim, no que segue ensaiamos algumas reflexões esporádicas, sem muita penetração nem competência, acerca da "chatice" desses batidos pré-conceitos que nos bitolam, nos bloqueiam o sentido e a direção das possibilidades do pensar.

## 33 O esquema sujeito-objeto[132]

### O subjetivo e o objetivo

Dez fios de cabelo numa calva absoluta é objetivamente muito, mas subjetivamente pouco. Mas um fio de cabelo na sopa é objetivamente pouco, mas subjetivamente muito. Pelo que parece, o ser do subjetivo e do objetivo é bastante relativo. Depende da situação.

O que é, afinal, o subjetivo e o objetivo?

Na mentalidade usual, as qualificações subjetivo e objetivo conotam valorização. Nessa valorização, o objetivo leva a melhor. Tanto assim que, por exemplo, numa sentença como "Chega de opiniões apenas subjetivas! É necessário averiguar os fatos objetivamente!", de que tantas vezes nos valemos, o adjetivo *objetivo* significa real, verdadeiro, certo, comum; e o adjetivo *subjetivo* significa relativo, pouco real, incerto, menos verdadeiro, ponto de vista particular.

---

132. Publicado originalmente em *O Mensageiro de Santo Antônio*, vol. 39, n. 4, mai./1996, p. 4-5 (1ª parte); n. 5, jun./1996, p. 4-5 (2ª parte). Santo André.

O protótipo da objetividade é, por exemplo, a matemática; o protótipo do subjetivo, por sua vez, a religião. Na objetividade matemática, o que é, é, o que não é, não é. Certo ou errado. Válido ou inválido. De tal sorte que, se seguirmos corretamente os passos do raciocínio que tal objetividade exige, poderemos com segurança calcular todas as consequências e tirar de antemão conclusões certas. As enunciações matemáticas valem para todos, de modo igual, em qualquer lugar e em qualquer tempo. Ao passo que na religião tudo parece ser de modo contrário ao da matemática. Ali, os conteúdos das enunciações parecem sempre depender da mundividência de cada religião. São, por assim dizer, sempre pontos de vista, dogmas e doutrinas de cada religião. Valem e são endereçados somente para os seus fiéis. Sempre próprias de cada religião, as "verdades" religiosas são particulares; isto é, não valem para todos nem de igual jeito nem sequer em toda parte e em todos os tempos.

### Subjetividade na "sacristia" da vida pessoal

Assim, numa civilização como a nossa, moderna, onde a matemática e o seu modo de ser são dominantes das ciências, cuja atuação transforma a realidade e nos cerca de e por toda parte com produtos da sua indústria e criatividade, a objetividade se transforma aos poucos em critério da verdade e da realidade, da universalidade, do comum. Por sua vez, entendido como objetividade, isto é, como aquilo que vale para todos, em toda a parte e em todos os tempos, o comum passa aos poucos a ser entendido como a opinião pública, o público; isto é, aquilo que é afirmado ou negado, aceito ou rejeitado pela maioria. Assim, a opinião pública, o público tornam-se critério da verdade e critério que determina o que é social e o que é particular. Nesta colocação, a subjetividade é marginalizada para a "sacristia" da vida privativa, pessoal ou individual. O lugar da religião não é o social, não é o público, mas sim o íntimo, o privativo, o sentimento, a vivência de cada um.

Embora essa maneira de colocar a questão do subjetivo e do objetivo seja bastante simplificada e superficial, espreita-nos uma suspeita que nos faz questionar: não é assim que, na espiritualidade, sem o percebermos, introjetamos mais ou menos uma tal valorização e acabamos considerando-a como coisa subjetiva? Pois não é assim que pensamos: a espiritualidade é boa, é necessária ou ao menos útil para o setor pessoal, íntimo, privativo; mas para a atuação social e pública, para transformar a realidade é necessário sair de si para a objetividade do mundo público, social, universal e comum?

Esse modo de pensar e agir, cujo pressuposto é a valorização acima descrita do subjetivo e do objetivo, quando referido aos sujeitos e agentes da religião, diz: "Não basta a espiritualidade religiosa, não basta o cultivo somente de si, subjetivo, e da sua perfeição; é necessário abrir-se para a ação social e pública!" Quando referido aos sujeitos e agentes contrários à religião, diz: "Religião e seus similares... que fiquem na sacristia da intimidade pessoal e não se metam na política!"

Aqui, tanto os que são pró como os que são contra usam, no fundo, a mesma linguagem, têm "pressupostos filosóficos" iguais.

É muito penoso, complicado mesmo falar dos pressupostos filosóficos, pois tal empreendimento exige muito conhecimento, competência e erudição. Uma vez que carecemos desses requisitos, nesta reflexão não nos aventuraremos numa tal análise dos pressupostos filosóficos do que é subjetivo e objetivo, do que constitui a essência do binômio sujeito-objeto. Vamos tecer aqui apenas algumas considerações ingênuas e diletantes, só para ficar com "pulgas atrás das orelhas" a respeito desse negócio, tão comum e obviamente aceito, de chamar a espiritualidade de subjetiva, privativa, particular e apenas pessoal; ou melhor, de chamar de subjetivo tudo o que não é assimilável pelo modo de ser da objetividade moderna. Essa obviedade é como uma série de trombadas no engarrafamento de uma fila de carros a caminho da praia. O último, que não tem lá muita culpa de tudo, é apontado por todos como culpado... No nosso caso, o último é o subjetivo.

### O que é o sujeito e o que é o objeto?

O que queremos dizer quando afirmamos que algo é subjetivo ou objetivo? Respondemos: subjetivo se refere ao sujeito; objetivo, ao objeto. Mas o que é o sujeito e o que é o objeto, assim banalmente, aqui e agora?

Suponhamos que o "assim banalmente, aqui e agora" seja uma situação na qual eu me encontre doido de preocupação porque, numa excursão à Mata Atlântica, perdi-me completamente; estou sozinho, arrepiado só em pensar na noite que se aproxima. O que é aqui, nessa situação, o sujeito e o objeto, o subjetivo e o objetivo? O sujeito sou eu, só, perdido na imensidão da mata. O objeto? Objetos são: esta árvore, esta pedra, aquele ruído sinistro que vem não sei de onde, o burburinho de um riacho que se oculta na floresta, e, principalmente, a Mata Atlântica que me cerca (que, por sua vez, é um conjunto de árvores e outras coisas mais). Eu, sujeito, cá; lá, o objeto, diante ou ao redor de mim. Eu, sujeito, aqui dentro desta carcaça chamada meu corpo, com to-

293

das as suas sensações, emoções, ideias e vivências; e lá, o objeto, ali presente, indiferente à minha angústia, a coisa em si, brutalmente ali real. O que é o real, o que é a coisa, o objeto diante de mim, parece-nos evidente. Ali, tudo é obviamente, naturalmente claro, objetivo, em si; sim, real, verdadeiro. Mas e o sujeito? Dizemos: o sujeito sou eu. Quem? E aponto para mim mesmo: este sujeito aqui! Diante de mim, aquele objeto, aquela coisa lá. Enquanto... eu?!? Aquele dedo apontado... Para onde? Para o meu peito. Mas e este eu, para o qual aponto, onde está? Ora, aqui! Aqui... Mas onde? Quando aponto para mim mesmo, onde está, nisto que aponto como sujeito, este "mim mesmo"? Atrás do coração? Atrás dos pulmões? Dentro do estômago? Acima do fígado?

E começamos a ficar um tanto perplexos e confusos, pois... Sigamos, então, o percurso do movimento que termina, nesse ato de apontar, com o dedo indicador sobre mim mesmo. Tenho diante de mim, ou melhor, ao redor de mim, a floresta que me envolve. Dentro da floresta sou um ponto minúsculo, que está diante de um tronco caído. A floresta é objetivo. O tronco também. Estou vendo o tronco; entre o tronco e eu está o chão úmido que me molha os pés. Os meus olhos rastreiam o tronco, passo a passo o chão molhado, encontram os pés, sobem pelo corpo até a altura do pescoço, descem seguindo o braço direito e chegam na extremidade do dedo indicador, que está apontando o meu peito. E eu digo: "Eu, aqui, o sujeito!"

### Um ponto que tudo abrange

A esta altura, perguntemos: tudo o que meus olhos rastrearam, etapa por etapa, os meus próprios olhos e eu mesmo, o eu mesmo, apontado com todos os "seus" órgãos internos, não são objetos, não são objetivos? E o que é esse sujeito-eu que tudo isso observa, julga, sente, valoriza na medida em que aponta para si mesmo? Se está em mim, o que é este "mim"? O corpo? A alma? O espírito? A consciência? Onde é que vemos, encontramos algo como sujeito, alma, espírito, consciência? E logo retrucamos: "Mas alma, espírito, consciência, tudo isso é invisível, insensível..." Mas, então, o que é? É nada? Fumaça? Ilusão? É real, realmente? E se é, é objeto? Um objeto chamado "sujeito"? Mas sujeito como? Em que sentido? Quem é, o que é, como é o ser desse quem, que é um ponto dentro da imensidão da floresta que, por sua vez, é uma minúscula área da terra, que é um grão de areia na vastidão abissal do universo... E, no entanto, ainda que infinitamente pequeno, perdido neste universo, um ponto que é capaz de julgar, pensar, avaliar todo esse universo infinito dentro do qual está.

Essa estranha coisa que somos nós mesmos, que tudo abrange, tudo capta, inclusive a si mesma, tudo representa como isto e aquilo, seja coisa visível ou invisível, é objeto? Ou é sujeito?

De repente, minha "mente" ilumina-se e surge-me uma resposta "genial": é objeto e sujeito ao mesmo tempo! Objeto enquanto captado e observado; sujeito enquanto capta e observa. Mas, se com isso representamos o sujeito, o observador como um objeto "diante de mim", e assim ficamos marcando passo, não dissemos nada, não vimos nada, não sentimos nada...

Na realidade, isso que chamamos de sujeito e que se opõe ao objeto não é nada dessas "coisas". A "coisa" ela mesma é muito mais simples; porém, difícil de ser percebida e de ser dita...

É objeto enquanto observado e captado; é sujeito enquanto capta e observa; e o observador, enquanto captado e observado, é objeto... de um outro observador que é, por sua vez, observado, e é objeto, e assim indefinidamente?!...

Nada disso acontece. É que... estou inteiramente perdido na Mata Atlântica. Já é noite. Uma densa escuridão envolve-me, estranhos ruídos por toda parte, os gemidos, os suspiros da mata virgem... De súbito, estalo seco de galhos pisados... Depois, silêncio... De novo estalido... Algo se aproxima! Não consigo me orientar, perceber de onde me vem a ameaça. Tento dominar o pânico que me sobe do fundo obscuro de mim mesmo... Objetivo? Subjetivo? Observado e observador? Enquanto capta, sujeito? Enquanto é captado, objeto?... Estas questões não existem. São coisas que não têm nada a ver com a coisa ela mesma, agora e aqui. Pois sou todo inteiro um "corpo teso", atingido e afetado pela angústia da noite na floresta. Aqui, nem eu, nem a mim, nem floresta, nem os estalidos dos galhos pisados, nem cada momento do meu sentir, imaginar, pensar e vivenciar são objetos que um sujeito apavorado tem.

Tudo e cada "coisa", tanto "dentro" de mim como "fora", outra coisa não é do que "pulsações", "modificações" de toda a extensão, de toda a presença e pregnância de ser, cuja intensidade e densidade perfaz todo um mundo de situação, a qual, no nosso exemplo acima descrito, nomeamos desajeitadamente de "perdido inteiramente na Mata Atlântica": presença povoada de mil e uma diferentes perspectivas e profundidades da vida e da morte, abrangendo, implicando tudo, todos os entes na sua totalidade. Esse tipo, ou melhor, esse modo de ser da totalidade se chama "dimensão". O que denominamos de "sujeito" – e sempre entendemos como um objeto todo estranho – deve, na realidade, ser entendido como dimensão. Ao se revelar e se abrir como dimensão o sujeito recebe o nome de "existência humana". A existência humana, portanto, não é nem sujeito nem objeto, mas sim uma totalidade, toda própria, viva e existencial, riquíssima em significados, possibilidades, riscos e realizações. Qualificá-la como "subjetiva", privativa, particular e individual é não possuir a sensibilidade vital para a realidade básica e própria do ser humano.

Mas como é o modo de ser chamado "dimensão"?

### Dimensão enquanto mundo

A dimensão só é ao ser vivida. Principalmente a dimensão chamada existência humana. Só é compreensível em sendo. Em sendo, abre-se a dimensão como todo um mundo de significações, entidades, vivências, estruturações e possibilidades. É, assim, cada vez, universo, totalidade, mundo. Aqui não tem sentido perguntar se é subjetivo ou objetivo. Se é particular ou geral. Pois é mundo, totalidade, universo: cada vez dimensão.

Nesse sentido, o mundo da religião é dimensão. Não é nem subjetivo, nem objetivo, nem uma mistura de ambos. É um todo próprio, com sua própria lógica, suas próprias leis e perspectivas que não podem ser reduzidas a, substituídas ou simplificadas por leis, normas e lógica de uma outra totalidade ou dimensão. Dentro da própria dimensão há o autêntico e o inautêntico, o falso e o verdadeiro. Mas "dela" como totalidade, por ser o todo, não tem sentido falar de certo e errado, particular e comum ou geral, privativo e social, subjetivo e objetivo.

### "Coisificação" do ser humano

Se, no entanto, quisermos de alguma forma usar para dimensão tais binômios, estes devem ser entendidos dentro de cada dimensão, cada vez de modo diferente, segundo o sentido próprio ditado pelo próprio de cada dimensão. No sentido usual e corrente nas nossas discussões e nos nossos discursos, todas essas categorias – como subjetivo e objetivo, privativo e social, particular e comum – são, por sua vez, categorias e conceitos próprios de uma dimensão, na qual tanto o ser humano como tudo quanto não é ser humano é, por assim dizer, "pontuado", substantivado, posicionado como bloco "coisificado", a partir de uma visão panorâmica.

Por isso, quando descrevemos uma situação existencial, como aquela em que se está "perdido inteiramente na Mata Atlântica", e começamos a perguntar "É o tronco objetivo? O dedo que aponta o sujeito eu é objeto? Onde está e o que é o sujeito, o 'a mim mesmo'? etc.", nós não estamos sendo a presença prenhe do mundo, da totalidade da dimensão existencial "perdida inteiramente na Mata Atlântica". Estamos sendo, isto sim, uma outra dimensão em que, como que de um ponto de vista "fora" da situação, numa visão panorâmica "objetiva", não "participativa", neutra, indiferente, localizamos cada "realidade" no enfoque dessa viseira generalizante, falando sobre isto e aquilo como coisas, blocos, átomos, pontos fixos, e ligando-os entre si numa rede geométrica de significado vazio, geral, abstrato, sem vida e concreção. Essa visualização longínqua, essa mundivisão "televisiva" é uma dimensão que chamamos de "o objetivo".

Mas, então, o que é o subjetivo? O subjetivo é o que aparece dentro dessa dimensão objetiva como se fosse um dos elementos "pontuais" integrantes da maneira de ser dessa dimensão "coisificante" objetiva. Com isso, o subjetivo oculta no seu bojo o que é "realmente"; a saber, o modo de ser da dimensão existência humana que é, cada vez, a totalidade própria como situação existencial; é todo um mundo de realidades, comunhão e comunidade de seres vivos concretos, cada vez universo na simbiose de possibilidades e realidades.

### Pingos d'água sobre a mesa lisa

Como a reflexão desandou numa "especulação pseudofilosófica" não muito esclarecedora, vamos parar de fazer tantos arrazoados confusos e dar um exemplo.

Digamos que sobre a minha mesa encontram-se espalhadas gotas de água provenientes da chuva que, entrando por uma brecha no telhado, formaram uma goteira no meu quarto. São 21 pingos d'água, uns menores, outros maiores, que se dividem em duas pequenas poças d'água. A superfície da mesa é chata, uniforme, lisa, sem muita diferença. As gotas e poças d'água também não se diferenciam muito entre si, a não ser pela quantidade e pelas formas geométricas. Quanto mais me distancio da mesa e tenho uma visão longínquo-panorâmica, tanto mais neutra e indiferenciada se torna a paisagem: só alguns pontos sobre uma mesa de superfície lisa e homogênea.

Mas bem outra paisagem se descortinaria caso eu conseguisse, por exemplo, entrar, através de um possante microscópio, para dentro da paisagem interior de uma gota d'água. Ali se abriria todo um mundo habitado por diferentes tipos de seres estranhos, riquíssimos em detalhes de formas e constituições "fisiológicas", movimentando-se, relacionando-se, reproduzindo-se e devorando-se mutuamente, no meio de uma floresta de seres parecidos com plantas e fungos. Assim, em cada gota encontraríamos todo um mundo, e, nesse mundo, mundos e mundos; e em cada ente que os povoaria, por sua vez, toda uma estrutura que perfaria de novo todo um mundo de realidades.

E ainda: se focalizássemos uma pequena parcela da superfície da mesa, sobre a qual se espalham as gotas como se fossem pontos isolados entre si, descobriríamos, com surpresa, que também essa superfície, aparentemente tão lisa e homogênea, apresenta acidentes "geográficos" variados, vales e montanhas, sulcos profundos e abismos, também povoados por micróbios e bacilos de variados tipos e constituições.

Nossa reflexão questionou qual é o significado próprio dos termos *subjetivo* e *objetivo*. A pergunta foi feita porque queríamos colocar em dúvida a legitimidade do costume de qualificar a espiritualidade como pertencente à área de realidades conhecidas como subjetivas, privativas e particulares. Após todos esses palavrórios – principalmente depois do exemplo acima mencionado –, talvez possamos desconfiar...

### A lição de voo de Guillaumet

Assim sendo, talvez já não seja tão difícil pressentir a necessidade da seguinte suspeita: não é assim que, o que de costume é denominado subjetivo, particular e privativo, como o oposto do geral, comum e social, só o é quando visto pelo olho nu usual que, de longe, sem penetração na estrutura interna da coisa ela mesma, vagueia superficial e presunçosamente por sobre as coisas, falando de tudo, opinando sobre tudo, a partir de um ponto de vista geral, abstrato, longínquo e, no fundo, indiferente à coisa ela mesma? Por isso, talvez tudo que seja profundamente humano e divino, tudo que seja espírito e vida (2Cor 3,6), não se deixando jamais compreender através desse tipo de "espírito de supervisão avoada", seja tachado como algo privativo, pessoal, intimista e espiritualista, algo, portanto, contrário ao social e comunitário. Daí que essa mesma supervisão generalizada e "objetivista" da vida e do ser humano esteja quiçá necessitando de uma lição de voo como a de Guillaumet, um aviador engajado na terra dos homens; portanto, uma lição de voo de um verdadeiro aviador, e não de um "avoador".

Assim escreve Saint-Exupéry:

> [...] desenrolei meus mapas e pedi-lhe para rever um pouco, ali comigo, a rota da viagem... Mas que estranha lição de geografia recebi! Guillaumet não me ensinava a Espanha: ele fazia da Espanha uma amiga para mim. Não falava nem de hidrografia, nem de populações, nem de pecuária. Não me falava de Guadix, mas de três laran-

jeiras que existem num campo próximo a Guadix: "Desconfie delas; é bom assinalá-las aí no mapa..." E as três laranjeiras tomavam mais espaço na carta do que a Serra Nevada. Não me falava de Lorca, mas de uma simples fazenda perto de Lorca. Uma fazenda viva. E falava do fazendeiro. E da fazendeira. E aquele casal perdido no espaço, a quinhentos quilômetros de nós, assumia uma importância desmesurada. Bem instalados na vertente de sua montanha, como guardas de um farol, sob as estrelas, aquele homem e aquela mulher estavam sempre prontos a socorrer homens. Tirávamos assim do esquecimento, de sua inconcebível obscuridade, detalhes ignorados por todos os geógrafos do mundo [...][133].

Esse modo de ser da aprendizagem na terra dos homens também pode ser colhido na introdução que Saint-Exupéry faz ao seu livro, pois, ao descrever com precisão a dimensão "existência humana", diz-nos em que consiste a essência do subjetivo, do seguinte modo:

Mais coisas sobre nós mesmos nos ensina a terra que todos os livros. Porque nos oferece resistência. Ao se medir com um obstáculo, o homem aprende a se conhecer; para superá-lo, entretanto, ele precisa de ferramenta. Uma plaina, uma charrua. O camponês, em sua labuta, vai arrancando lentamente alguns segredos à natureza; e a verdade que ele obtém é universal. Assim o avião, ferramenta das linhas aéreas, envolve o homem em todos os velhos problemas.
Trago sempre nos olhos a imagem de minha primeira noite de voo, na Argentina – uma noite escura onde apenas cintilavam, como estrelas, pequenas luzes perdidas na planície. Cada uma dessas luzes marcava, no oceano da escuridão, o milagre de uma consciência. Sob aquele teto alguém lia, ou meditava, ou fazia confidências. Naquela outra casa alguém sondava o espaço ou se consumia em cálculos sobre a nebulosa de Andrômeda. Mais além seria, talvez, a hora do amor. De longe em longe brilhavam esses fogos no campo, como que pedindo sustento. Até os mais discretos: o do poeta, o do professor, o do carpinteiro. Mas entre essas estrelas, tantos homens adormecidos... É preciso que a gente tente se reunir. É preciso que a gente faça um esforço para se comunicar com algumas dessas luzes que brilham, de longe em longe, ao longo da planura[134].

---

133. SAINT-EXUPÉRY, A. *Terra dos homens*. São Paulo: Círculo do Livro, 1991, p. 14-15.

134. Ibid., p. 9-10.

Na espiritualidade, comunicar-se com o indivíduo, com a pessoa, a exemplo de São Francisco de Assis, é reunir-se à fonte da vida e da luz da comunidade da terra dos homens e da cidade de Deus.

## 34 O pessoal e o social[135]

Há um chiste que diz: "Chato é aquele a quem a gente pergunta *Como vai?* e ele responde explicando..." Sem querer que o que segue seja um "responder explicando" o que consideramos óbvio e simples, vamos insistir, deixar "pingar" ainda uma vez, mais uma dose de reflexão acerca do tema "o objetivo e o subjetivo". Desta vez, porém, retomemos nossas vaguezas intencionais abordando esse tema sob a perspectiva do binômio *"pessoal(individual)-social"*.

A questão em foco consiste no seguinte: por mais que digamos que a espiritualidade é a busca do crescimento na dimensão chamada "existência humana", por mais que insistamos que se trata de uma totalidade, não conseguimos nos livrar da "evidência" de que a espiritualidade diz respeito à "pessoa" ou ao íntimo individual, à esfera da existência humana chamada interior; e que essa esfera interior, a "pessoa" (o íntimo individual, a vida interior) não coincide com o que chamamos de social e comunitário. Pois, diga-se o que disser, a pessoa é sempre cada vez um; a sociedade, a comunidade, sempre mais que um, muitos.

E advertimos: "Mas, não são duas coisas diferentes?" Certamente que sim. São complementares, mas diferentes e, muitas vezes, até opostas se não tomamos o devido cuidado de equilibrar o seu cultivo. Não é assim que há muitas pessoas que cuidam da perfeição da sua vida espiritual, da sua vida interior, rezando muito, comungando todos os dias, lendo e estudando autores místicos, sendo até consideradas religioso-piedosas, mas que não se interessam em absoluto pelas questões sociais, pela pobreza e miséria no mundo? Com outras palavras, não é comum nos depararmos com pessoas que vivem a sua boa-vida "burguesa", mantendo mentalidade terrivelmente "tradicionalista" e ignorando por completo todos os documentos e pensamentos que a própria Igreja emitiu e emite sobre questões candentes da sociedade atual?

---

135. Publicado originalmente em *O Mensageiro de Santo Antônio*, vol. 39, n. 6, jul.-ago./1996, p. 4-5. Santo André.

## Cultivar o pessoal ou engajar-se no social?

Algumas pessoas perguntam: "Os desafios lançados pela humanidade atual à Igreja de Cristo poderiam ser compreendidos e enfrentados só através da espiritualidade? Do cultivo 'pessoal' da vida interior? Não teriam razão os que qualificam a espiritualidade como subjetiva, privativa, 'pessoal' e intimista? Ela não deveria ser diferente, ou seja, deixar-se confrontar com e pelo social, com as questões e necessidades da sociedade, da humanidade, da pluralidade universal dos homens?"

Por outro lado, os defensores da vida espiritual argumentam: "De que adianta trabalhar e engajar-se nas questões sociais, se com isso negligencia-se a vida espiritual? Há no mundo de hoje milhares de homens e mulheres que se doam aos irmãos marginalizados pela sociedade e que, no entanto, nem sequer creem em Deus!"

E se você, por acaso, for religioso ou religiosa, a dose de questionamentos aumenta: "Por que, afinal, entrou para a sua ordem ou congregação? Para se doar à causa dos pobres ou para se santificar? Para consagrar toda a sua vida às questões sociais ou para se doar a Deus em oração, penitência, conversão e obras de misericórdia? Se foi para se doar às questões sociais, para que se tornar religioso? Não bastaria ser cristão leigo engajado? Na condição de leigo, você não estaria muito mais livre de estruturas, leis e obrigações 'particulares' das instituições religiosas; podendo dispor-se inteiramente à missão e à causa em questão?"

"Ora, mas em que consiste, afinal, a missão dos religiosos? Acaso não seria seguir a Jesus Cristo, cujo novo mandamento é amarmo-nos uns aos outros como Ele nos amou? (Jo 13,34). E a essência do cristianismo não estaria no amor a Deus e ao próximo? Tudo isso não está escrito nos evangelhos, de modo terrivelmente, incondicionalmente, inexoravelmente claro"? (cf. Mt 22,37-40; 25,31-46 etc.).

## O espiritual-pessoal na espiritualidade cristã

Podemos prosseguir indefinidamente com esse "bate-papo", em que cada "partido" aduz a seu favor argumentos sempre de algum modo "convincentes". Porém, a questão assim colocada não nos conduz à compreensão verdadeira do que venha a ser espiritual-pessoal no sentido da espiritualidade cristã. Pois toda essa polêmica já está impostada nas pressuposições tacitamente admitidas como óbvias e sem problemas, e que, embora sempre digam algo de correto a favor de quem as usa, falsificam a busca em outras direções.

Exemplifiquemos com a colocação cuja pressuposição em funcionamento é a de visualizar o pessoal e o social a partir do binômio subjetivo-objetivo: o pessoal é da área íntima subjetiva. O subjetivo é privativo. O privativo refere-se a um indivíduo. Quem só fica no indivíduo é individualista, é alguém fechado em si, ensimesmado. Já o social é objetivo. O que é objetivo é comum a todos. Quem ama o que é comum a todos é aberto para os outros, é comunitário e público. É uma pessoa que se torna útil para a sociedade. Mas... pode ser também o contrário: o que é objetivo e geral, o que é do público é algo sem o comprometimento próprio cada vez seu; é neutro e indiferente por ser geral; é massa, sem atingir o ser humano na sua profundidade.

Portanto, nessas polêmicas que acabamos de mencionar, a tendência é denegrir o pessoal, reduzindo-o ao egoísmo individualista, e, por sua vez, denegrir o social, reduzindo-o à massificação despersonalizante. Tais polêmicas estão, em muitos casos, apenas afirmando que uma pessoa não pode ser egoísta, individualista, ensimesmada, centrando-se apenas em si mesma; nem ser alguém sem identidade pessoal, exteriorizado, um extrovertido superficial e massificado. O nível da discussão, numa tal impostação, torna-se muito baixo. E à medida que se abaixa o nível de pensamento numa tal discussão sobe numa proporção inversa a temperatura do esquentamento emocional...

Como sair desse vaivém dentro da bitola do problema malcolocado, no qual tanto uma como outra posição, antagônicas, jamais examinam suas pressuposições? Tentemos seguir brevemente uma pista que, talvez, nos conduza para fora desse envolvimento, libertando-nos, talvez, dessa vertigem, da dissimulação do assédio enfadonho, provocado por uma espécie de esclerose mental.

### Determinação numérico-quantitativa de um e muitos

Em primeiro lugar, na busca da compreensão do que venha a ser pessoal e social devemos nos livrar definitivamente da determinação numérico-quantitativa de um e muitos, em que o pessoal vem sempre confundido com um (pessoal = um) e o social com o que é mais do que um, com muitos (social = mais do que um, muitos). Se assim não procedermos, corre-se o risco da pessoa mais comunitária do mundo – Jesus Cristo – ser considerada, no meio de cinco milhões de nazistas unidos no fanatismo massificante de uma ideologia aviltante, um individualista egoísta, um inimigo do "social", uma vez que se opõe ao comum, aliena-se inteiramente do comunitário nazista.

Mas, para romper com essa maneira "quantitativa" de pensar o pessoal e o social, faz-se necessário que nos desvencilhemos de uma concepção "coisista" do ser humano, em que este vem representado como se a sua essência consistisse em ser uma "coisa-bloco", identificada com o corpo-físico "natural" que, por sua vez, tem dentro de si algo como "matéria" volátil, energético-sutil denominada eu, sujeito, alma, espírito etc. Em segundo lugar, devemos nos acostumar a entender a essência do ser humano, o que ele é no seu vigor central e fundamental, como dimensão "existência humana", da maneira como foi descrita, de modo certamente muito imperfeito, nas colocações anteriores.

Se assim o fizermos, teremos a possibilidade de "separar" o próprio do humano enquanto liberdade, espírito, pessoa, vida humana, doação, amor, da coisificação que está na representação do ser humano como esta "coisa-bloco", como físico, como "indivíduo"; e abrir-se também à possibilidade de intuir diretamente a essência do humano como uma realidade altamente pessoal própria, no sentido de "ter que ser" cada vez na dinâmica da liberdade, da responsabilidade de ser. Portanto, intuir o próprio do humano como essa realidade livre, viva, que jamais deve ser compreendida como coisa, mas antes como pessoa. A pessoa humana indica e é, pois, ao mesmo tempo, aquilo que cada pessoa, todas as pessoas têm de melhor como doação e engajamento de si mesmas. Alguém que assim se doa, tanto faz se para isto ou aquilo, se para um único indivíduo ou para muitos, se para uma causa particular ou para uma causa comum, é comunitária, é social.

Assim, se intuirmos realmente a essência do humano como uma realidade altamente pessoal própria, logo haveremos de perceber que o pessoal e o social são momentos constitutivos da existência humana, de tal sorte que o pessoal e o social dizem o mesmo, embora não do mesmo jeito. Em outras palavras, toda e qualquer busca que o ser humano empreende, agencia e assume é pessoal, uma vez que essa busca é uma realidade livre, viva, não coisa mas pessoa; isto é, indica e é ao mesmo tempo aquilo que todas as pessoas têm de melhor como doação e engajamento corpo a corpo de si mesmas.

### *Persona*: máscara usada no teatro antigo

A palavra *pessoa*, muito mais do que indivíduo, sujeito ou eu, indica o modo de ser próprio da dimensão existência humana. É que palavras como *indivíduo* – o último núcleo não mais divisível –, *sujeito* – o que foi lançado embaixo, o que subjaz ali como fundamento – e *eu* – o centro-cerne de atribuições e referências – conotam sempre um algo, uma coisa como um bloco ali ocorrente em si mesmo. Ao passo que a palavra *pessoa* ou *pessoal* indica engajamento e doação de si, feitas cada vez inteiramente no *medium* da criatividade e novidade da liberdade.

Costuma-se explicar que a palavra *pessoa* (*persona*) era usada para designar a máscara usada pelos atores antigos na representação teatral, visando caracterizar o tipo humano do personagem, o seu perfil e o seu papel; e, ao mesmo tempo, para aumentar a ressonância do som das palavras que pronunciavam. No entanto, parece que a origem da palavra *persona* é incerta. Mas o que importa é que a pessoa recebe, no cristianismo, uma significação toda própria; tão própria que é irredutível a outras explicações. Ou seja, no cristianismo, a significação de pessoa só pode ser entendida nela mesma.

Por isso, tentar compreender o que é pessoa e pessoal a partir de diferentes explicações, provenientes de outras experiências que não sejam a cristã, é tentar entender o mais profundo, o mais vasto, o mais alto, sublime e o mais originário e próprio reduzindo-o a uma outra experiência menos profunda, menos universal, menos alta, menos sublime e menos originária e própria. Com outras palavras, é querer entender o maior pelo menor.

E se perguntarmos em que consiste ser pessoa como cristão, receberemos a resposta vinda do próprio Deus, de Jesus Cristo: ser pessoa é ser filho de Deus, é filiação divina. Ser filho consiste em ter o mesmo sangue, o mesmo modo de ser do pai. Isso significa que ser pessoa, ser pessoal no cristianismo é ser como o Pai de Jesus Cristo, a partir e no seguimento, na imitação de Jesus Cristo. Ser como o Pai de Jesus Cristo, seguindo a Jesus Cristo – isto é, fazer a vontade do Pai assim como Jesus Cristo a fez – é a essência da vida espiritual na espiritualidade cristã. O que a espiritualidade cristã chama de vida interior, de vida espiritual é simplesmente, *tout court*, ser como o Deus de Jesus Cristo, recebendo com gratidão a filiação de Deus em e através de Jesus Cristo. É ser cristão.

### Espírito: sopro vital necessário para a vida

Como se manifesta "concretamente" esse ser filho de Deus, essa participação no sangue de Deus, no seguimento de Jesus Cristo? Manifesta-se, como diz São Francisco de Assis, no

> atentar para que, acima de tudo, devemos desejar ter o Espírito do Senhor e seu santo modo de operar; orar sempre a Ele com o coração puro; ter humildade e paciência na perseguição e na enfermidade; amar aqueles que nos perseguem, repreendem e acusam, pois diz o Senhor: "Amai os vossos inimigos e orai pelos que vos perseguem

e caluniam" (cf. Mt 5,44). "Felizes os que padecem perseguição por causa da justiça, porque deles é o Reino dos Céus" (Mt 5,10). "Quem perseverar até o fim, este será salvo" (Mt 10,22)[136].

Mas o que tem a ver uma tal atitude "passiva" da espiritualidade medieval com o ser pessoa, o ser igual ao Pai de Jesus Cristo? O que tem a ver com o espírito do Senhor e sua santa operação?

Espírito significa o sopro vital, aquilo que é o mais elementar e necessário para se viver, a respiração. Operação significa ação, trabalho artesanal de criação, engajamento para que surja uma obra perfeita. Mas o sopro vital, o engajamento da ação criadora do Pai de Jesus Cristo aparece, manifesta-se, revela-se em Jesus Cristo, seu Filho primogênito, no seu modo de ser e de operar.

De repente, talvez possamos ser surpreendidos por um susto, uma suspeita de que "orar sempre ao Senhor com o coração puro; ter humildade e paciência na perseguição e na enfermidade; amar aqueles que nos perseguem, repreendem e acusam" esconde o modo de ser do sopro vital e da atuação criadora do Pai de Jesus Cristo. Modo de ser da vida de Deus que,

> subsistindo na condição de Deus, não pretendeu reter para si ser igual a Deus. Mas aniquilou-se a si mesmo, assumindo a condição de servo, tornando-se solidário com os homens. E, apresentando-se como simples homem, humilhou-se, feito obediente até a morte, até a morte da cruz (Fl 2,6-8).

Modo de ser do sopro vital e da dinâmica de Deus, cujo amor "para conosco se manifestou por ter enviado ao mundo seu Filho unigênito, a fim de vivermos por Ele" (1Jo 4,9); cujo amor consiste em Ele ter nos amado primeiro (cf. 1Jo 4,19).

Isso significa, então, que ser pessoa, ser pessoal, ser espiritual, ou seja, viver a partir do sopro vital de Deus, é ser igual a Jesus Cristo, que é igual ao Pai. Isto é, amar como Deus mesmo ama e se doa a cada coisa, a cada um de nós, considerando cada ente como único, singular, tudo, cada vez, cada vez de novo, intensamente, corpo a corpo, como fez Jesus Cristo, que deu sua última gota de sangue em "solidariedade aos homens".

Se é assim, por que ficarmos, hoje, discutindo o tempo todo a espiritualidade cristã, no sentido de buscar saber se devemos ser pessoais ou sociais, se

---

136. TEIXEIRA, C.M. (org.). *Fontes franciscanas e clarianas*. Petrópolis: Vozes, 2004, p. 164.

devemos ou não equilibrar o pessoal com o social, se é perigoso ou não dedicar-se apenas ao pessoal ou ao espiritual, ao social ou ao comunitário, uma vez que a única e absoluta tarefa da vida cristã é essa missão perigosa, arriscada e fascinante de ser divino na doação, de todo o coração, de corpo e alma, pessoalmente, como fez Jesus Cristo, nosso Guia, Mestre e Senhor?

## 35 Uma dúvida, apenas...[137]

Dizem que os alemães já nascem filósofos... Segundo uma anedota, um menino alemão, do interior da Baviera, cumprindo uma lição de casa, que consistia em bolar uma redação com o título "O nosso pároco", escreveu o seguinte: "O nosso pároco é como o Senhor Deus. Em dias de semana, invisível; aos domingos, incompreensível".

A invisibilidade do pároco, por conta do nunca se encontrar em casa durante a semana, e a incompreensibilidade dos seus sermões dominicais, que "voam" por cima das cabeças dos fiéis, não têm nada a ver com o transcendente, com o divino e o sobrenatural. E, embora possa vir a ser frustrante para os paroquianos, não há nessa situação relacional com seu pároco nada de invisível e incompreensível.

Mas, quando se trata das "coisas" de Deus, das "coisas" espirituais, o invisível e o incompreensível começam a ter implicações mais existenciais; isto é, começam a tocar e a atingir dimensões mais profundas da nossa própria existência. Vai daí a questão: Como posso ter certeza de que todas essas coisas transcendentes aos nossos sentidos e à nossa razão, das quais falamos na espiritualidade cristã, são realmente verdadeiras; isto é, reais?

### Mundo sensível e suprassensível

Na tradição do Ocidente, na filosofia, a realidade que se pode apreender pelos sentidos corporais se chama "mundo sensível"; a realidade não captável pelos sentidos corporais, "mundo suprassensível". Em grego, "*supra*", para além, "trans" se diz "*metá*"; e as coisas captáveis pelos sentidos corporais, "*tà physiká*". Assim, o mundo suprassensível recebeu, no Ocidente, o nome "*metà tà physiká*", que, encurtado, resultou na metafísica, isto é, a realidade *supra* ou transensível. As "coisas" do mundo suprassensível são invisíveis e incom-

---

137. Publicado originalmente em *O Mensageiro de Santo Antônio*, vol. 39, n. 2, mai./1996, p. 4-5. Santo André.

preensíveis aos sentidos corporais. Segundo a tradição, porém, elas podem ser captadas pela razão. No Ocidente, a razão exerceu e exerce um papel importante e decisivo, de tal sorte que, na filosofia, a essência do homem foi definida como animal racional.

Só que nessa definição, segundo a tradição ocidental, animal não significava bicho, bruto, "animal", mas sim vivente pleno de ânimo, um ser cuja vigência é poder e dever mover-se a si mesmo a partir de si. E o racional não significava intelectualizado, racionalista, abstrato-formal, mas se referia à "ratio" (razão), que era tradução latina do "lógos" e "nous" gregos. "Lógos" e, igualmente, "nous" indicavam aquela realidade fundamental própria do homem de ajuntar, recolher e acolher o sentido mais vasto, mais profundo e mais originário de todas as coisas na unidade, deixando cada vez ser o ente como o todo, como o universo. A razão, nesse sentido autêntico do pensamento ocidental, é o que costumamos chamar de "espírito" na linguagem usual.

As "coisas" metafísicas – portanto, os entes do mundo suprassensível – só são apreendidas pela razão, pelo espírito.

Acontece que aqui começa a surgir uma confusão. Pois como entes da realidade suprassensível encontramos, por exemplo, Deus, a alma, a imortalidade, a liberdade; enfim, todas as assim chamadas "coisas espirituais". Estas "coisas" não são coisas no sentido de corpos físicos, coisas vegetais ou animais, mas sim realidades referidas aos entes; ora todos eles vivos, mas com as características de pessoa – como alma, espírito, Deus e tudo o que a eles se refere –, ora também invisíveis, supra, ou melhor, não sensíveis – por exemplo: os conceitos, as relações lógicas, os números, as proporções matemáticas –, em suma, tudo quanto temos como idealidades. As idealidades não são coisas, mas também não são espíritos, não são vidas, pessoas; são "coisas" ideais, objetos das ciências lógico-formais.

Assim, de um lado temos os entes espirituais, como o reino das almas, dos espíritos, de Deus e tudo quanto a eles se refere; e do outro, todo o reino de idealidades que são objetos das ciências formais; como, por exemplo, a lógica e a matemática.

Na espiritualidade cristã, quando falamos da realidade transcendente, invisível, suprassensível – que muitas vezes é chamada de "supra" ou "sobrenatural" – não estamos evidentemente falando do reino das idealidades. Por isso, na espiritualidade, se eu digo "Esta pessoa não é muito espiritual!", não adianta objetar dizendo: "Mas ela é um gênio na matemática!"

## Idealidades: reino abstrato-formal

Nós, homens de hoje, não temos nenhuma dificuldade em lidar com esse mundo invisível de idealidades. Pelo contrário, movemo-nos à vontade nesse reino abstrato-formal das idealidades, a ponto de, conseguindo explicar tudo a partir das "racionalidades" ideais, lógico-formais, só admitirmos esse modo de ser como a medida e o critério únicos da certeza e da verdade. A realidade, na sua complexidade concreta, pode e deve ser reduzida à "realidade" lógico-formal, pois só nesse fundo, nessa última instância da certeza e verdade, podemos ter a plena posse, o pleno controle de todas as coisas. Por isso, as realidades que não têm esse modo de ser, essa evidência, essas sequências e concatenações das idealidades são vistas por nós com desconfiança, pois não são objetivas, mas subjetivas. E temos dificuldade em aceitar a realidade metafísica, como Deus, alma, sua imortalidade, pois tudo isso nos cheira a religião, crença, mundividência que muito bem pode se constituir numa sabedoria paradigmática do bem-viver, mas não na verdade como tal, objetiva.

Assim, a metafísica, a realidade suprassensível, o seu saber, começaram a entrar em descrédito, foram deixados de lado como uma mundividência do passado ou algo como uma crença subjetiva, religiosa ou sectária.

E, muitas vezes, nós que buscamos a espiritualidade cristã pensamos e sentimos que defender a metafísica, afirmar a existência dessa realidade é a atitude básica e elementar da espiritualidade e teologia cristãs. Assim sendo, dedicamo-nos a mostrar que Deus existe, que alma e espírito existem. Mas, uma vez que estamos, sem nos aperceber, presos continuamente ao sensível corporal, representamos Deus, alma e espírito a modo de um corpo físico; certamente não tão grosseiro, não tão bloco como coisa, mas sim algo mais sutil, algo como energia. Com tal representação ficamos, por fim, um tanto confusos, porque percebemos que também outras religiões ou mundividências defendem a "realidade" dos espíritos com tamanha concreteza e "realismo", a modo de corpos sutis e energias...

No afã dessa luta podemos, no entanto, estar esquecidos de uma coisa muito estranha e importante. É que, na espiritualidade cristã, quando dizemos que a realidade do Deus de Jesus Cristo e do seu reino é invisível, é incompreensível, talvez não estejamos lá metidos nessa polêmica, nessa busca da certeza da existência e da validez da realidade metafísica e de suas "coisas" espirituais. Pois o invisível, o incompreensível, na espiritualidade cristã, não é sinônimo de metafísico, de suprassensível, de sobrenatural, mas sim de inacessível. É nesse sentido que São Francisco de Assis admoesta seus irmãos, fazendo-os pensar, recordando, chamando a atenção sobre o *corpo do Senhor*: "O Pai habita numa luz inacessível. O espírito é Deus, e a Deus ninguém jamais viu. Por isso, Ele não pode ser visto senão no espírito..."[138]

Isso significa que o invisível, o incompreensível não está só referido, como no caso da metafísica, aos sentidos corporais, mas também aos "sentidos" racionais. Em outras palavras, o Pai e o seu reino ultrapassam, ou melhor, são inacessíveis a toda e qualquer possibilidade humana, mesmo que essa possibilidade seja a mais vasta, a mais profunda e a mais criativa, nobre e espiritual do homem. Aqui evidencia-se o sentido que faz São Francisco recordar que "o espírito é Deus", pois o espírito, o espiritual só é espírito e espiritual se for Deus.

### Deus é espírito ou espírito é Deus?

Não sei se você percebeu, mas há uma grande diferença entre dizer "Deus é espírito" e dizer: "espírito é Deus". Pois ao dizer *Deus é espírito*, eu estou na verdade classificando Deus entre os entes, entre as "coisas espirituais". E, com isso, eu concluo que, já que sou homem – ou seja, pelo fato de ser homem – tenho em mim o espírito, sou espiritual, posso captar Deus, ver a Deus, uma vez que Ele é também espiritual. Um tal Deus pode ser, assim, objeto do meu ver espiritual. Mas, se *espírito é Deus*, ou seja, se tudo que eu, a partir de minha dimensão humana, chamo de espírito e espiritual, só é espírito e espiritual na medida em que for Deus; então, por mais espiritual, nobre, profundo e originário que eu seja, enquanto eu não for o próprio Deus, enquanto não tiver, como diz São Francisco de Assis, "o espírito do Senhor e seu santo modo de operar"[139], eu jamais compreenderei a Deus e as suas coisas.

Em outras palavras, só compreendo o Deus de Jesus Cristo, o Pai, se me tornar Ele; isto é, seu filho em Jesus Cristo, no seguimento de Jesus Cristo, no encontro corpo a corpo, na busca engajada, humilde e devotada da sua imitação. Ou melhor: em, por e através do acolhimento de Jesus Cristo, da recepção do corpo de Cristo entram em jogo os sentidos corporais, os "sentidos" vitais, os "sentidos" anímicos e espirituais; enfim, todo o coração, toda a alma e toda a mente, isto é, todo o meu ser.

---

138. Cf. "Admoestações: 1. Do Corpo do Senhor". In: TEIXEIRA, C.M. (org.). *Fontes franciscanas e clarianas*. Op. cit., p. 95-96.

139. Cf. "Cântico do irmão sol". In: TEIXEIRA, C.M. (org.). *Fontes franciscanas e clarianas*. Op. cit., p. 164.

Ter o espírito do Senhor é uma busca que constitui todo o meu mais entranhado empenho e desempenho. Mas todo esse empenho outra coisa não é senão a possibilidade que me foi gratuitamente concedida pela acolhida amorosa do Pai e pela acolhida humilde que faço deste amor primeiro, em cujo encontro não sou eu quem tem o espírito do Senhor, mas é o espírito do Senhor que me tem como seu filho muito amado no seu Filho Jesus Cristo.

Se é assim, de repente atravessa a espinha dorsal da nossa espiritualidade uma espécie de calafrio – digamos, apenas uma dúvida? –, não sei bem se de susto ou de alegria: será que ao discutirmos demais, digamos, "filosoficamente", a certeza dos entes transcendentes, não estamos caindo fora de uma realidade absolutamente imediata, própria e direta, que me atinge no âmago da minha existência; âmago da existência a que posso e devo me abrir, na imediatez da seriedade mortal da fé, dizendo: "Meu Senhor e meu Deus"? (Jo 20,28). E se, por vezes, na espiritualidade discutimos demais, buscando certeza acerca do que não é de nossa possibilidade, não seria porque nos esquecemos que a seriedade da fé cristã não é nenhuma crença, nenhuma espécie de "fazer fé", mas antes alegre e grata acolhida e recepção do amor inacessível, isto é, gratuito que nos amou primeiro?

## 36 Tempo[140]

Hoje entendemos por tempo aquilo que o relógio indica. O tempo, que o relógio tem e que tem o relógio, é o tempo que serve ao relógio e dele se serve para marcar o seu tempo. O relógio do tempo se chama cronômetro. O tempo medido por meio do cronômetro é o tempo cronológico. O tempo cronológico é aquele tempo cuja medida é constituída da unidade elementar chamada segundo. 60 segundos equivalem a 1 minuto; 60 minutos, a 1 hora; 24 horas, a um dia. E assim, 365 dias perfazem 1 ano, e 100 anos, um século. No entanto, esta unidade elementar pode, por sua vez, ser dividida infinitesimalmente em direção ao menor, mínimo e nulo, portanto ao nada; e, ao mesmo tempo, ser multiplicada indefinidamente em direção ao maior, máximo, portanto ao tudo. O todo da medida do tempo cronológico é, portanto, uma série de sucessão indefinida, estendida e suspensa entre o nada e o tudo.

---

140. Publicado originalmente em *O Mensageiro de Santo Antônio*, vol. 40, n. 1, jan.-fev./1997, p. 4-5. Santo André.

O estranho e, ao mesmo tempo, o admirável é que toda essa sucessão aberta, estendida e suspensa entre o nada e o tudo, em cujo "entre" ela é, tem o modo de ser homogêneo, sempre em toda parte, a cada momento igual. Por isso, aqui não há nenhuma diferença qualitativa. A única diferença possível é a quantitativa dos momentos constitutivos do tempo entre si. E mesmo a diferença quantitativa não está determinada de antemão em si, mas é apenas uma espécie de acentuação momentânea, relativa a diferentes perspectivas de enfoque momentâneo do observador interessado.

Por ser uma medida sempre e em toda parte igual, em e por si, e isso para toda e qualquer pessoa, independente de suas situações pessoais, a medida do tempo cronológico é considerada como objetiva. Assim, ela serve de ponto de referência para toda e qualquer medição de permanência, passagem e transformação das coisas. Assim, o tique-taque do relógio, cuja precisão pode ser aperfeiçoada sempre mais, segundo o progresso das nossas tecnologias, é a medida do tempo básica para a nossa vida moderna. Já imaginou o que aconteceria ao trânsito de uma cidade como São Paulo sem o tempo do relógio? Esse tempo cronológico, que aparentemente é apenas um meio de medir o tempo objetivo, quando mais atentamente examinado, mostra-se como um modo de ser que hoje domina todo o mundo; ordenando-o, estruturando-o, comandando-o e transformando-o. Modo de ser, aliás, que está debaixo de, na raiz do gigantesco projeto de dominação do universo sob o interesse do cálculo de asseguramento e apropriação do ser.

### Tempo psicológico

No entanto, por mais vasto, geral e dominante que seja esse tempo do relógio e o seu respectivo modo de ser, bem outra coisa é o jeito de ser da vida e suas circunstâncias. Organizamos, agilizamos e estruturamos o universo segundo o tempo cronológico; mas nós não vivemos a nossa vida segundo o tempo do relógio! Mas como? Não vivemos acossados pelo relógio? Não saímos e entramos disto e daquilo, conforme o relógio? Não realizamos coisas que, de modo mais próximo, tocam o próprio do nosso ser, dentro de uma determinada duração do tempo, medida segundo o relógio? Certamente. Organizamos, estruturamos a vida e suas circunstâncias conforme o tempo do relógio, mas nós não as vivenciamos imediatamente como cronológicas!

Digamos, por exemplo, que eu esteja ouvindo um sermão dominical. O padre, em vez de fazer homilia, despeja em cima dos fiéis algo parecido com um discurso político-partidário de um cabo eleitoral. Fico irritado com o sermão, não somente porque no discurso o pároco ataca o meu partido, mas sobretudo porque, a meu ver, um discurso político de tal teor não condiz com a ação comunitária eucarística. Por isso, entediado, não vejo a hora de o sermão acabar. Olho continuamente, ostensivamente para o meu relógio de pulso. Os segundos, os minutos não passam. O tempo parece uma eternidade! No entanto, o cronômetro, regularmente, ordenada e objetivamente, só "tique-taqueou" sua unidade uniforme e igual. Do início ao fim do sermão, o tempo do relógio marcou objetivamente 30 minutos. 1.800 assinalações, marcas com tique-taques, que posso constatar, ver, comprovar objetivamente. Nós dizemos: realmente. Cronologicamente passaram-se apenas 30 minutos. Vivencialmente experimentamos uma eternidade. De tal modo que, caso o sermão ainda continuasse, digamos, por mais 10 minutos, a minha "eternidade" tornar-se-ia a *aeviternidade* desesperante do inferno de Dante!

Ao sair da missa, encontro-me com um colega de trabalho. Como sei que ele é do partido político do pároco e, ainda por cima, seu fã, não toco no conteúdo da pregação, mas queixo-me dizendo que o sermão foi longo demais. O colega, no entanto, responde-me surpreso: "Mas o padre falou só 30 minutos!" Sem dúvida, como discurso eleitoral de um comício, uma tal fala poderia ser considerada realmente, objetivamente, se não curta, ao menos não longa demais. Mas, ao mesmo tempo, era notório que o colega estava vibrando por conta da propaganda do candidato dele, a que o sermão se prestara. Desses 30 minutos, tanto a vivência que em mim causou tédio quanto a vivência que levou meu colega ao entusiasmo não podem ser constatadas com o relógio do tempo cronológico, pois ambas são "coisa" subjetiva. Nós dizemos: irreal, apenas impressão, sentimento, conforme o ponto de vista do meu interesse. Portanto, referido ao tempo objetivo que é real, esse tempo de vivência é irreal. Este tempo irreal, interior ou subjetivo chamamos de tempo psicológico.

### Diferenças do tempo

Entremos no uso de uma tal divisão do tempo, a saber, de tempo objetivo e tempo subjetivo e examinemos o fenômeno "Ano Novo" e a passagem do Ano Velho para o Ano Novo. A partir do tempo objetivo, aquele momento de passagem no qual o Ano Velho morre e o Ano Novo nasce não passa de um indiferente, um objetivo tique-taque; considerado real sim, mas tão igual a todo e qualquer tique-taque de cada momento do minuto, da hora, do dia, do ano, do século, do milênio etc. Por que então tanto barulho? Por que os foguetes, os fogos de artifício, o *réveillon*, os parabéns, os votos de felicidades, os bons desejos, tantos cumprimentos; para que, afinal, tanta festa? De onde vem esse entusiasmo do subjetivo, do irreal que, concentrando-se a princípio numa atenção, diríamos, de "vida ou morte", toda voltada para aquele insignificante tique-taque da passagem e tomada pelo silêncio mortal de espera, irrompe logo a seguir num grito de vida, esperança e alegria? Subjetivo e irreal, todo esse interesse, toda essa vitalidade, boa vontade, bons propósitos, expectativas, anelos e projetos?

Certamente, o tique-taque do tempo cronológico pode ser medido, averiguado, previsto e calculado. É objetivo. Mas o que é que lhe confere a sua importância como momento decisivo da passagem? Como, a partir de onde é dada a esse tique-taque a decisão acerca do velho e do novo? Não é justamente a partir desse *medium* do interesse da vida, que chamamos de irreal por ser subjetivo? Não é o tempo interior, o tempo psicológico que faz percutir e ressoar o toque decisivo da vinda do novo ano, tirando, destacando da indiferença monótona, o tique-taque sempre igual da objetividade, sem vida nem fascínio, das coisas mortas, transformando-o no in-stante da passagem decisiva?

## O tempo como *kairós*

Os antigos gregos, os pais da nossa civilização ocidental, chamavam esse momento de percussão vibrante do inter-esse decisivo da vida de *kairós*. *Kairós* é tempo. Não no sentido do fluir homogêneo do tique-taquear cronológico. Mas sim no sentido do momento devido, do instante oportuno. *Kairós* é, pois, o tempo oportuno, o tempo de decisão. Talvez, o que denominamos de tempo psicológico e interior seja um modo um tanto inadequado de nomear e interpretar exatamente esse *kairós*, o tempo da decisão. Tempo aqui é vigência, percussão, o ritmo e a vibração, a presença plena da atuação.

É nesse instante do tempo da decisão que nos é dado entrar na aventura de um lance, no qual nos responsabilizamos pelo que foi e é, e nos dispomos a assumir de antemão, na boa vontade de querer e ter que ser, o que há de vir, o futuro, o vindouro.

Esse modo de temporalizar-se – isto é, de tornar-se, surgir, crescer e consumar-se, no ritmo e na vigência de uma tal disposição de ser – é privilégio do ser humano. Aqui, nós humanos não somos coisas simplesmente dadas através do fluir indefinido do tique-taque cósmico, cronológico. Ou melhor: também o somos, mas como que responsabilizados, como que incumbidos de dar um sentido a tudo isso, de arrancar desse indiferente fluir de coisas mortas a vida, o sentido, a meta, o destinar-se; enfim, a história. Não como criador de tudo isso, não como senhor e dono de tudo isso, mas sim como convidados a participar num imenso plano de humanização do universo. Ser o tempo de decisão, ser a medida oportuna, adequada, plena e transbordante dessa co-criação é o nosso ritmo, é o nosso balanço, a nossa "ginga" de ser livres; isto é, responsáveis na decisão de ser e deixar ser, de liberar, de libertar em cada e em todas as coisas a essência, a vigência do seu próprio ser.

### Tempo e liberdade

Talvez festejemos tanto, gritemos tanto, sim, lancemo-nos como que desvairados na alegria, mas também na angústia do momento decisivo da passagem do tique do Ano Velho para o taque do Novo, porque somos, saibamo-lo ou não, existências, cujo ser é a tarefa de se dispor cada vez de novo, a cada momento – portanto, a cada in-stante do fluir cronológico – como responsabilizados pelo tempo decisivo da história do universo. Sim, nós somos, nós mesmos como existência, tempo e tempos de decisão, a abertura, a clareira de todas as coisas, a percussão e repercussão dos ritmos de ser de todas as coisas.

Assim diz o relato de uma antiquíssima e, por isso mesmo, novíssima experiência da humanidade, revelada na escrita sagrada do Coélet:

> Tudo tem o seu tempo, há um momento oportuno para cada coisa debaixo do céu. Tempo de nascer e tempo de morrer; tempo de plantar, e tempo de colher; tempo de matar, e tempo de sarar; tempo de destruir e tempo de construir; tempo de chorar, e tempo de rir; tempo de gemer, e tempo de dançar; tempo de atirar pedras, e tempo de ajuntá-las; tempo de abraçar, e tempo de se separar; tempo de buscar, e tempo de perder; tempo de guardar, e tempo de jogar fora; tempo de rasgar, e tempo de costurar; tempo de calar, e tempo de falar; tempo de amar, e tempo de odiar; tempo de guerra, e tempo de paz (Ecl 3,1-8).

O que vem a ser todos esses tempos? Seriam, por acaso, o tempo do destino de um fluir fatal, frio e "inexorável"? Ou não se desvela aqui antes, decididamente antes, o tempo oportuno da incumbência responsável, para cuja recordação, para cuja renovada presença cordial, somos chamados, a cada instante do tempo da vida, a acordar, dizendo, desejando "Feliz Ano Novo!"?

# À guisa de uma conclusão

Todas as incursões a que nos propomos nestas reflexões outra coisa não são do que gostar de ser e de inter-agir, a modo de modulações, na proximidade da busca, da questão sempre disponível ao seu buscado, ao seu questionado: *O que é isto, a espiritualidade?*

Talvez a maneira, a mais própria, da espiritualidade se dizer seja a de modulações, a modo de variações e variantes de um mesmo tema que sempre de novo e cada vez novo vem à tona, sem que se possa dizer tudo de uma vez e de um único modo; carecendo, portanto, sempre dizer cada vez o todo, em diferentes decisões de definição e afinação, por entoações como este e aquele "algo".

O grande risco da espiritualidade é, querendo dizer em demasia, nada dizer, e, querendo ser sóbria e enxuta, tornar-se grã-fina, pusilânime e apoucada; podendo virar fundamentalista, sofisticada; ora dogmática, ora liberal; ora ativista na mundividência, na ideologia, em filosofemas e cientificismos; ora espiritualista, ensimesmada em eflúvios vivenciais e "místicas" "passivistas". No entanto, se todas essas muitas outras "fôrmas" de "espiritualidade" dão-nos, de alguma forma, força e vida, tal se deve à nossa alma, à assim chamada *alma do povo de Deus*, que, no fundo, no íntimo o mais íntimo da existência, possui o faro certeiro de vislumbrar, seja na superfície, onde reina decadência, banalidade, sim, interesses particulares egoístas, camuflados de religiosidade, como atrás ou no mais pro-fundo de todas as nossas mixórdias, uma radical-outra presença silenciosa, oculta na sombra do retraimento-humildade da Deidade incarnada na terra dos homens. Na espiritualidade cristã, onde em toda a parte perseguimos os vestígios da boa-nova do seguimento de Jesus Cristo, mistério da Deidade incarnada, é necessário sempre de novo retornar à sombra dessa gratuidade. Essa *sombra* não é a sombra da morte nem a frescura intimista e "burguesa" da *sombra e água fresca*, mas sim o centro, o meio oculto bem na raiz da nossa existência, onde, segundo Mestre Eckhardt, somos nascidos continuamente pelo toque da gratuidade e jovialidade do Pai de Jesus Cristo, incansável e diligentemente fazendo-nos seus filhos no seu Filho Unigênito.

Ouçamos, pois, uma vez mais, ou seja, re-coloquemos, re-pitamos a admoestação de Chuang Tzu:

> Havia um homem que ficava tão perturbado ao contemplar sua sombra e tão mal-humorado com as suas próprias pegadas que achou melhor livrar-se de ambas. O método encontrado por ele foi o da fuga, tanto de uma como de outra.
>
> Levantou-se e pôs-se a correr. Mas, sempre que colocava o pé no chão, aparecia outro pé, enquanto a sua sombra o acompanhava, sem a menor dificuldade.
>
> Atribuiu o seu erro ao fato de que não estava correndo como devia. Então, pôs-se a correr, cada vez mais, sem parar, até que caiu morto por terra.
>
> O erro dele foi o de não ter percebido que, se apenas pisasse num lugar sombrio, a sua sombra desapareceria e, se se sentasse ficando imóvel, não apareceriam mais as suas pegadas[141].

Convém, porém, examinar se, hoje, a boa sombra não emigrou dos conventos, dos centros de espiritualidade, de meditação e contemplação, para o fundo do quintal do mundo secular, retraindo-se seja na solidão cinzenta das estações do metrô e das ruas desertas nas noites abandonadas, como no corre-corre do trânsito em sua hora do *rush*, em seus intermináveis congestionamentos etc. Enfim: não é assim que, hoje, a boa sombra da gratuidade da boa-nova do Deus de Jesus Cristo gosta de retrair-se no fundo oculto e desprezado da cidade de pedra, onde a existência humana, sendo pobre, é valente, buscando corpo a corpo a sua sobre-vivência, procurando tenaz e sofridamente o sentido da sua identidade, na angústia do tédio, no deserto da monotonia cotidiana, nos afazeres frenéticos, nos prazeres e nas alegrias fugazes, mas gratuitamente usufruídos de quem não tem mais nada a perder?

---

141. "A fuga da sombra". In: MERTON, T. *A via de Chuang Tzu*. Op. cit., p. 197-198.

# Referências

**Fontes**

ANGELUS SILESIUS [JOHANNES SCHEFFLER]. *Cherubinischer Wanders-mann, oder Geist-Reiche Sinn- und Schluss-Reime zur Göttlichen beschauligkeit anleitende.* [...] herausgegeben von Louise Gnädinger nach dem Text von Glatz 1675. Zurique: Manesse, 1986 [Ed. bras.: ANGELUS SILESIUS. *O peregrino querubínico.* São Paulo: Paulus, 1996].

ARISTÓTELES. *Metaphysics.* Oxford, 1924 [Ed. de W.D. Ross] [Ed. bras.: ARISTÓTELES. *Metafísica.* São Paulo: Loyola, 2002 [Trad. da versão italiana com texto grego ao lado] [Org. de G. Reale].

*Bíblia Sagrada.* Petrópolis: Vozes, 1982 [Coord. de Frei Ludovico Garmus, OFM].

FERREIRA, A.B.H. *Novo Aurélio século XXI* – O dicionário da língua portu-guesa. 3. ed. totalmente revista e ampliada. Rio de Janeiro: Nova Fronteira, 1999.

*Fontes franciscanas e clarianas.* Petrópolis: Vozes, 2004 [Org. de Celso Márcio Teixeira, OFM].

MEISTER ECKHART. *Deutsche Predigten und Traktate.* Munique: Carl Han-ser, 1977 [Ed. e vertido para o alemão moderno por Josef Quint].

MESTRE ECKHART. *O livro da divina consolação e outros textos seletos.* Pe-trópolis: Vozes, 1991.

MERTON, T. *A via de Chuang Tzu.* 4. ed. Petrópolis: Vozes, 1984.

RIENECKER, F. *Sprachlicher Schlüssel zum Griechischen Neuen Testament.* 12. ed. Giessen-Basel: Brunnen, 1966.

SANT'AGOSTINO. *Le confessioni* – Edizione latino-italina. Vol. 1. Roma: Città Nuova, 1991 [Nuova Biblioteca Agostiniana] [Ed. bras.: SANTO AGOSTINHO. *Confissões.* Bragança Paulista: Edusf, 2003].

SILVEIRA, I. & REIS, O. (org.). *Escritos e biografias de São Francisco de Assis* – Crônicas e outros testemunhos do primeiro século franciscano. Petrópolis: Vozes/Cefepal/Família Franciscana do Brasil, 1981.

WALDE, A. *Lateinisches Etymologisches Wörterbuch.* Vol. 1. Heidelberg: Carl Winter-Universitätsverlag, 1965.

**Outras obras citadas**

BONNEFOY, C. *Diálogos com Ionesco.* Rio de Janeiro: Mundo Musical, 1972.

BUBER, M. *Histórias do rabi.* 2. ed. São Paulo: Perspectiva, 1995.

BUZZI, A.R. *Itinerário* – A clínica do humano. Petrópolis: Vozes, 1977.

CHESTERTON, G.K. *Manalive.* Londres: Darwen Finlayson, 1962.

_____. *Tremendous trifles.* 12. ed. Londres: Methuen, 1930.

FASSINI, D. *Leitura espiritual e formação franciscana.* Petrópolis: Vozes, 1996.

HARADA, H. *Em comentando I Fioretti* – Reflexões franciscanas intempestivas. Bragança Paulista: Edusf, 2003.

HEBEL, J.P. *Werke.* Vol. 3. Zurique/Berlim: Atlantis, 1940.

HEIDEGGER, M. *Holzwege.* Frankfurt am Main: Vittorio Klostermann, 1994.

HÖLDERLIN, F. *Gedichte* – Einleitung von Emil Staiger. Zurique: Atlantis, 1944.

KLEE, P. *Das bildnerische Denken.* Basel/Stuttgart: Schwabe, 1964 [Ed. bras.: KLEE, P. *Sobre a arte moderna e outros ensaios.* Rio de Janeiro: Zahar, 2001].

NIETZSCHE, F. *Götzen-Dämmerung.* Vol. 6. Munique/Berlim: Deutscher Taschenbuch/Walter de Gruyter, 1980.

NISING, H.; SUDBRACK, J. & EICHLER, C. *Zwischen Rosen und Schatten* – Ikebana-Meditationen zu Gedichten unseren Zeit. Munique: Groh, 1979.

ROMBACH, H. *Strukturontologie* – Eine Phänomenologie der Freiheit. Friburgo/Munique: Karl Alber, 1971.

_____ *Substanz, System, Struktur.* Vol. 2. Friburgo/Munique: Karl Alber, 1966.

SAINT-EXUPÉRY, A. *O pequeno príncipe.* 47. ed. Rio de Janeiro: Agir, 1999.

_____. *Terra dos homens*. São Paulo: Círculo do Livro, 1991.

SCHUBACK, M.S.C. (org.). *Ensaios de filosofia* – Homenagem a Emmanuel Carneiro Leão. Petrópolis: Vozes, 1999.

WITTGENSTEIN, L. *Tractatus logico-philosophicus*. São Paulo: Edusp, 2001.